소선지서 강해설교

스가랴

오직 나의 신으로

소선지서 강해설교

스가랴

—————

오직 나의 신으로

김서택 지음

홍성사

우리의 희망이신 그리스도

오늘 우리 시대에 가장 필요한 단어가 있다면 그것은 바로 '희망'일 것입니다. 지금 우리는 지속되는 경제난과 정치적인 혼란으로 점점 희망이 사라져 가는 시대, 어느 누구도 책임 있게 희망을 이야기하는 사람이 없는 시대에 살고 있습니다. 그러나 우리 믿는 사람들은 바로 이런 때 그리스도 안에서 희망을 말할 수 있어야 합니다.

스가랴 당시 유다 백성들은 바벨론에서 돌아와 성전을 재건했음에도 불구하고 희망을 가지지 못했습니다. 전 세계가 강대국들을 중심으로 격동하는 데 비해 그들이 지은 성전은 너무나도 미약해 보였기 때문입니다.

그런 백성들에게 스가랴는 화석류나무 가운데 계신 말 탄 분의 환상을 보여 주었습니다(1:8). 그는 바로 주의 백성들이 고난당할 때마다 함께하셨던 그리스도십니다. 그리스도는 나귀를 타고 예루살렘에 입성하실 것이며(9:9) 은 삼십에 팔리실 것입니다(11:12). 그리고 그 의로운 희생을 통해 믿는 자들에게 하나님의 신을 부어 주실 것입니다.

　오늘 이 시대의 희망은 교회 안에 부어지는 이 성령의 능력에 있습니다. 말씀과 성령으로 큰 부흥을 일으키는 것만이 우리의 유일한 희망입니다.

　이 책을 만드느라 수고하신 홍성사 여러분들께 감사를 드립니다. 특히 원고 정리에 수고하신 정상윤 자매와 대구 동부교회 손일영 자매에게 감사를 드립니다.

2005년 1월
대구 수성교 옆에서
김의택

차 례

■일러두기
1. 이 책은 2004년 2월부터 7월까지 대구 동부교회에서 설교한 내용을 정리한 것입니다.
2. 본문에 인용된 성경구절의 문장부호는 *New International Version*을 참고로, 편집자가 첨부한 것입니다.

1

너희는 내게로 돌아오라

스가랴 1:1-6

1:1 다리오 왕 2년 8월에 여호와의 말씀이 잇도의 손자 베레갸의 아들 선지자 스가랴에게
임하니라. 가라사대

2 "나 여호와가 무리의 열조에게 심히 진노하였느니라.

3 그러므로 너는 무리에게 고하기를 '만군의 여호와께서 이처럼 이르시되 너희는
내게로 돌아오라. 나 만군의 여호와의 말이니라. 그리하면 내가 너희에게로 돌아가리라.
나 만군의 여호와의 말이니라.

4 너희 열조를 본받지 말라. 옛적 선지자들이 그들에게 외쳐 가로되 만군의 여호와께서
말씀하시기를 너희가 악한 길, 악한 행실을 떠나서 돌아오라 하셨다 하나 그들이 듣지
않고 내게 귀를 기울이지 아니하였느니라. 나 여호와의 말이니라.

5 너희 열조가 어디 있느냐? 선지자들이 영원히 살겠느냐?

6 내가 종 선지자들에게 명한 내 말과 내 전례들이 어찌 네 열조에게 임하지
아니하였느냐? 그러므로 그들이 돌쳐 이르기를 만군의 여호와께서 우리 길대로, 우리
행위대로 우리에게 행하시려고 뜻하신 것을 우리에게 행하셨도다 하였다 하셨느니라'
하라."

1:1-6

청소년이나 청년들이 자신의 가능성을 얼마나 꽃피우느냐는 그들이 과연 어떤 선생이나 코치를 만나느냐에 따라 결정됩니다. 사실 그들은 거의 무한대의 가능성을 가지고 있다고 할 수 있습니다. 단지 자신의 소질을 발견하지 못하거나 그 소질을 키워 줄 선생을 만나지 못한 탓에, 혼자서 조금 몸부림쳐 보다가 대부분 평범하게 인생을 마치는 것일 뿐입니다. 그러나 세계적인 대가를 만나 훈련받을 기회를 얻을 수만 있다면, 그 사람의 인생은 크게 변화될 것입니다.

그런데 우리는 단순히 세계적인 대가를 만난 정도가 아니라 온 우주를 창조하신 하나님을 만난 사람들입니다. 그렇다면 거의 무한대로 능력 있는 삶을 살고 있어야 정상입니다. 그런데 그렇게 살지 못하는 것은 우리의 믿음이 부족하기 때문입니다. 예수님은 "진실로 너희에게 이르노니 너희가 만일 믿음이 한 겨자씨만큼만 있으면 이 산을 명하여 여기서 저기로 옮기라 하여도 옮길 것이요 또 너희가 못할 것이 없으리라"(마 17:20)라고 하셨습니다. 이것은 우리가 온전한 믿음으로 나아가기만 하면 불가능한 일이 없다는 뜻입니다.

오늘날 젊은이들은 저마다 무언가에 미쳐 있습니다. 게임에 미치거나 인터넷에 미치거나 영화와 음악에 미쳐 있습니다. 반면에, 그리스도인들 중에는 하나님께 미쳐 있는 사람이 별로 없는 것 같습니다. 하나님은 우리에게 "왜 세상 것에는 미치면서 나에게는 미치지 못하느냐?"라고 책망하십니다.

무언가에 미친 사람은 앞뒤 가리지 않고 무조건 그것을 좋아하며, 그것을 얻기 위해 몸부림칩니다. 예를 들어 사랑에 미친 젊은 남녀는 마치 눈에 아무것도 보이지 않는 사람들처럼 서로의 사랑을 얻거나 지키기 위해 애를 씁니다. 하나님은 우리가 하나님의 능력으로 무한대의 삶을 살 수 있다고 말씀하십니다. 그런데 우리는 그 말씀을 믿지 못해서 하나님께 미치지 못하고 있습니다.

이 세상의 좋은 것들과 하나님의 관계를 생각해 보십시오. 우리가 어떤 그림을 좋아한다면 그 그림을 그린 사람도 좋아할 것입니다. 또 어떤 곡을 좋아한다면 그 곡을 작곡한 사람도 좋아할 것입니다. 물론 그림은 좋아하면서 화가는 좋아하지 않거나 곡은 좋아하면서 작곡가는 싫어하는 경우도 없지는 않습니다. 사람들이 그토록 좋아하는 세상의 부귀나 영화나 지식이나 물질은 전부 하나님의 작품으로서 그 자체가 나쁜 것은 아닙니다. 그것들은 일종의 가능성이라고 말할 수 있습니다. 중요한 점은 그 가능성을 어떻게 사용하느냐 하는 것입니다. 젊음이라는 가능성을 방탕한 생활로 낭비하는 사람도 있고, 돈이라는 가능성을 자신만을 위해 오용하는 사람도 있으며, 지식이라는 가능성을 자기 것으로 여겨 교만해지는 사람도 있고, 권력이라는 가능성을 악한 일에 이용하는 사람도 있습니다.

하나님이 우리에게 요구하시는 것이 무엇입니까? 이러한 젊음이나 돈이나 지식이나 권력보다 하나님을 더 사랑할 수는 없느냐는 것입니다. 돈이 있든지 없든지 간에, 지식이 있든지 없든지 간에 한결같이 하나님 앞에 겸손할 수는 없느냐는 것입니다. 그것은 그리 쉬운 일이 아닙니다. 어렵고 힘든 시절에는 하나님을 사랑하던 사람도 어느 정도 돈이 생기고 유명해지면 사랑이 식어서 결국 자신이 받았던 축복을 놓쳐 버리는 경우가 허다합니다.

한번 이혼한 부부가 재결합하기는 쉽지 않습니다. 그래서 사람들은 이혼하기 전에 별거 기간을 갖는 경우가 많습니다. 불화를 일으킨 문제에 대해 각자 다시 한 번 진지하게 생각하는 기간을 갖는 것입니다. 물론 그런 기간을 갖는다고 해서 문제가 자동적으로 해소되는 것은 아닙니다. 그 기간을 통해 갈등의 원인을 찾고 그것을 제거해야 다시 결합할 수 있습니다.

스가랴 선지자가 활동하던 시기는 유다 백성들이 바벨론에서 돌아온 직후였습니다. 예루살렘에 돌아오기를 그토록 소망했던 유다 백성들을 맞이한 것은 거대한 폐허 더미였습니다. 무너진 성전을 재건하려는 시도는 여러 가지 어려움으로 좌절되었고, 성전은 무려 15년 동안이나 방치되었습니다. 하나님은 학개 선지자를 통해 성전 재건을 다시 시작하라고 명하셨습니다. 이것은 유다 백성들의 몸은 돌아왔지만, 마음은 하나님께 온전히 돌아오지 않았음을 보여 줍니다.

하나님은 70년간의 포로생활을 일종의 별거 기간으로 여겨서 "그 기간 동안 너희가 무엇 때문에 포로생활을 했으며, 무엇 때문에 이 땅에서 쫓겨났는지 진지하게 생각해 보았느냐?"라고 묻고 계십니다. 그리고 그들이 조상들의 패역한 죄를 진정으로 회개하고 돌아온다면 하나님도 그들에게로 돌아가겠다고 약속하십니다.

스가랴의 사명

스가랴의 사명과 학개의 사명은 어떤 점에서 달랐습니까? "다리오 왕 2년 8월에 여호와의 말씀이 잇도의 손자 베레갸의 아들 선지자 스가랴에게 임하니라"(1:1).

스가랴는 학개와 같은 시기에 말씀을 전했습니다. "다리오 왕 2년 8

월"은 학개가 성전 재건을 촉구한 다리오 왕 2년 6월에서 두 달이 지난 때입니다. 그러니까 하나님의 말씀이 유다 백성들에게 가장 빈번하게 주어진 시기는 바벨론에서 돌아온 직후가 아니라 그로부터 15년이 지난 때였던 것입니다.

유다 백성들은 돌아오자마자 성전을 짓겠다고 열심을 냈지만, 그것은 믿음에서 나온 열심이 아니라 인간적인 열심이었습니다. 인간적인 열심은 오래가지 않는 법입니다. 그들도 여러 가지 어려움이 발생하자 무려 15년 동안이나 성전을 폐허 속에 팽개쳐 놓고 저마다 자기 집을 짓고 자기 농사를 짓느라 바쁘게 지냈습니다. 그 15년은 유다 백성들의 마음이 얼마나 나약하고 이기적인지, 그들이 가진 신앙의 실체가 얼마나 형편없는 것인지 드러내 주는 기간이었습니다. 그 15년이 지나면서부터 하나님의 말씀이 이중적으로 임하기 시작했습니다.

우선 하나님은 학개를 통해 성전 재건을 다시 시작하라는 강한 명령을 내리셨습니다. 그리고 스가랴를 통해 그 성전을 중심으로 이루어질 구원 계획을 보여 주셨습니다. 이를테면 학개가 건축 기술자의 역할을 했다면, 스가랴는 그 건물 안을 단장하는 인테리어 디자이너의 역할을 했던 것입니다. 학개는 성전 재건을 중단하고 있는 유다 백성들에게 다시 그 일을 시작할 것을 촉구했습니다. 그래서 그의 예언은 아주 거칠고 사실적인 것이 특징입니다. 이를테면 공사판에서 들을 수 있는 거칠고 투박한 말투를 떠올리면 되겠습니다. 그에 비해 스가랴는 전반부에서 무려 여덟 가지의 환상을 전하고 있는데, 그것은 전부 성전을 중심으로 이루어질 하나님의 구원 계획을 보여 주는 환상들입니다. 그러니까 이미 완공된 건물 내부를 섬세하게 장식하는 인테리어 작업에 비유할 수 있는 것입니다.

바벨론에서 돌아온 유다 백성들이 짓고 있었던 초라한 성전에는 아주 어려운 문제가 걸려 있었습니다. 그것은 과연 이 성전이 포로생활 이전의 성전과 같은 역할을 할 수 있겠느냐 하는 문제였습니다. 포로생활

이전에 있었던 솔로몬 성전은 신정정치의 상징이었습니다. 하나님은 그 성전을 통해 이스라엘 백성들을 다스리셨고 온 세상을 통치하셨습니다. 그런데 겨우 5만여 명의 난민들이 이방 왕 고레스의 도움으로 짓는 이 초라한 성전이 과연 과거의 성전이 감당했던 그 역할을 감당할 수 있겠습니까?

하나님은 스가랴를 통해 무려 여덟 가지의 환상과 그리스도에 대한 분명한 예언을 주심으로써 이 초라한 성전이 온 세상에 미칠 영향력과 여기에서 일어날 놀라운 구원의 역사에 대해 말씀해 주고 계십니다. 이제 하나님은 더 이상 예루살렘 성전에 갇혀 계시지 않을 것입니다. 하나님이 성전을 재건하라고 명하시는 것은 유다 백성들을 그 안으로 불러 모으시기 위해서가 아닙니다. 하나님은 위대한 성령의 불을 전 세계에 퍼뜨리고자 하십니다. 이 성전은 그 봉화대의 역할을 하게 될 것입니다.

혹시 현실적인 어려움 때문에 실망해서 오랫동안 중단하고 있는 하나님 나라의 비전은 없습니까? 우리는 하나님의 구원을 너무 좁게 생각해서 실망할 때가 많습니다. 그러나 하나님의 구원 계획은 우리가 생각하는 좁은 범위 그 이상의 것입니다.

과거와 단절하라

하나님은 유다 백성들에게 조상들의 죄를 정리하라고 말씀하십니다. "나 여호와가 무리의 열조에게 심히 진노하였느니라"(1:2).

지금 유다 백성들은 과거에 집착하고 있습니다. 과거를 기준 삼아 지금 자신들이 하는 일이 너무 초라하다고 생각하고 있는 것입니다. 그러나 하나님은 그 과거가 어떤 과거였는지 진지하게 생각해 보라고 말씀하십니다. "너희가 기준으로 삼는 과거가 과연 어떤 과거냐? 겉은 화려했을지 몰라도 속은 썩을 대로 썩었던 과거 아니냐? 그런데 그런 과거를 기준으로 삼아 무슨 유익을 얻으려 하느냐? 너희는 과거와 단절해야 한다."

유다가 멸망해서 바벨론으로 끌려간 이유가 무엇입니까? 그 조상들이 말씀을 떠나 심히 범죄했기 때문입니다. 조상들이 저지른 첫 번째 죄는 성전의 기능을 죽여 버린 것이었습니다. 과거 성전의 외양은 화려하고 장엄했지만 그 기능은 완전히 죽어 있었습니다. 성전은 무엇을 위해 존재하는 곳입니까? 죄를 치료하기 위해 존재하는 곳입니다. 성전은 죄를 치료하는 병원과 같습니다. 그런데 죄를 치료하지 못할 때 성전은 죄인들의 집합소로 전락해 버립니다. 병원이 병을 치료하지 못할 때 병자들의 수용소로 전락하는 것이나 마찬가지입니다.

죄를 치료하는 성전의 기능을 제대로 수행하려면 무엇보다 말씀을 선포해야 합니다. 죄가 무엇이며 얼마나 위험한 것인지 백성들에게 가르쳐서 진심으로 하나님 앞에 나아가 회개하게 해야 합니다. 성전 건물이 얼마나 화려한가, 얼마나 많은 사람들이 거기 모이고 있는가는 중요치 않습니다. 그곳에서 참된 말씀이 선포되고 있는가, 사람들이 그 말씀을 받아들여서 회개하는 역사가 일어나고 있는가가 중요한 것입니다. 하나님의 말씀을 권세 있게 선포해서 사람들이 그 말씀에 전폭적으로 복종하게 하는 것, 성령의 강력한 역사로 사람들의 죄를 태우고 그들을 변화시키는 것이야말로 성전이 감당해야 할 본질적인 기능입니다. 그 기능만 살아 있었다면 예루살렘은 망하지 않았을 것입니다. 그러나 예루살렘에는 사람들의 비위를 맞추어 주는 거짓 선지자들의 설교만 가득 차 있었을 뿐, 진정한 말씀도 없었고 회개의 눈물도 없었으며 변하여 새사람 되게 하는 역사도 없었습니다. 그래서 망한 것입니다.

조상들이 저지른 두 번째 죄는 삶과 예배가 일치되지 못한 것이었습니다. 그야말로 '예배 따로, 삶 따로'였습니다. 원래 예배란 삶의 열매를 그대로 가져와 하나님께 바치는 것입니다. 승리했으면 승리한 삶을 그대로 가져와 "하나님, 제가 부족한 믿음으로 살았는데도 이기게 해 주시니 감사합니다!" 하면서 기쁨의 예배를 드리고, 죄에 빠져 실패했으면 실패한 삶을 그대로 가져와 비통한 눈물을 흘리면서 "하나님, 이번에는 실패했습니다" 하면서 회개의 예배를 드리는 것입니다.

그런데 유다 백성들은 삶과 예배가 일치되지 않았습니다. 그들은 죄를 지어도 회개하지 않았습니다. 오히려 더 화려하게 치장하고 나아와 "하나님, 이렇게 축복해 주시니 기뻐 죽겠어요!" 하면서 자신을 자랑하려 했습니다. 울면서 회개해도 모자랄 판국에 오히려 잘못된 방법으로 돈 번 것을 자랑하며 허세를 부린 것입니다.

하나님이 원하시는 것은 상한 심령으로 드리는 제사입니다. 백성들은 제단 위에서 죽어 가는 짐승을 보면서 자신의 심장이 도려내지는 것 같은 아픔을 느껴야 합니다. 병원에 진찰 받으러 가는 사람이 진하게 화장하고 화려하게 차려입을 필요가 있겠습니까? 오히려 아픈 모습 그대로 가야 제대로 된 치료를 받을 수 있습니다. 그런데 유다 백성들의 예배는 위선으로 가득 차 있었습니다. 죄를 많이 지은 날일수록 더 거룩한 모습으로 앉아 있었습니다.

세 번째 죄는 노골적으로 우상을 섬긴 것이었습니다. 이것이 유다를 멸망시킨 치명적인 원인이었습니다. 그들은 보란 듯이 우상을 섬겼으며, 아예 성전 안에까지 우상을 들여놓았습니다. 그것은 하루아침에 벌어진 일이 아니었습니다. 입으로는 하나님의 백성이라고 말하지만 실제로는 신앙이 전혀 없는 자들, 어려서부터 기독교 문화에 접촉하기는 했지만 실제로는 거듭난 체험이 없는 자들이 점차 늘어남으로써 초래된 결과였습니다. 미션스쿨을 다녔다고 해서 전부 신앙인이 아닌 것처럼 유다 백성이라고 해서 전부 믿음이 있었던 것은 아닙니다. 믿음은 들음에서 나는 것입니다. 그런데 부모들이 결사적으로 자녀들에게 말씀을 가르쳐서 거듭나게 할 생각은 하지 않고 '믿는 집안에서 태어났으니 당연히 믿겠지, 뭐' 하면서 안일하게 주저앉아 있으니까 그 자녀들이 반발심으로 보란 듯이 하나님을 비판하며 우상을 섬기는 일이 벌어진 것입니다.

유다가 살아남기 위해서는 죽도록 복음을 전해서 자녀들을 거듭나게 했어야 합니다. 그렇게 하지 않았기 때문에 어느새 우상이 유다를 뒤덮어 버린 것입니다. 부모는 먹고사는 문제나 교육 문제보다 자녀들을 진정한 신자로 만드는 문제를 더 심각하게 생각해야 합니다. '믿는 집 애니까 당연히 잘 믿겠지', '유아세례도 받았고 어렸을 때부터 교회 다녔으니까 언젠가는 돌아오겠지' 하면서 안일하게 주저앉아 있으면 안 됩니다. 경제적으로는 좀 못사는 한이 있더라도 목숨 걸고 말씀을 지키며 자녀들을 부지런히 가르쳐서 확실한 신자로 만들어야 합니다. 그러면 가정의 다른 어려운 문제들은 하나님이 친히 해결해 주십니다. 그러나 눈에 보이는 문제들에 떠밀려서 말씀을 뒷전으로 밀어내면 결국 우상이 그 자리를 차지해 버립니다.

유다 백성들은 이제 막 바벨론에서 돌아왔습니다. 하나님은 '70년 동안 깨달은 바가 있겠지. 조상들이 무슨 짓을 하다가 망했는지 이제는 분명히 알았겠지'라고 생각하셨습니다. 그런데 그들은 오히려 과거의 외적인 영화와 번지르르했던 성전을 기준 삼아 현재의 초라한 형편을 불평하고 있었으며, 자신들을 망하게 만든 조상들의 행위를 따르고 있었습니다. "너희 열조를 본받지 말라. 옛적 선지자들이 그들에게 외쳐 가로되 '만군의 여호와께서 말씀하시기를 너희가 악한 길, 악한 행실에서 떠나서 돌아오라 하셨다' 하나 그들이 듣지 않고 내게 귀를 기울이지 아니하였느니라. 나 여호와의 말이니라"(3:4).

저는 바벨론에서 돌아온 유다 백성들이 곧장 우상을 섬겼다고는 생각지 않습니다. 그러나 우상숭배의 초기 증세는 이미 나타나고 있었습니다. 그들은 말씀은 소홀히 한 채 자기 집을 짓고 자기 농사를 짓는 데 급급했습니다. 하나님의 백성에게 가장 중요한 일은 목숨 걸고 말씀을 붙드는 것이며 하나님께 미치는 것입니다.

하나님을 제대로 알면 자연히 미치게 되어 있습니다. "네 마음과 뜻과 정성을 다하여 하나님을 사랑하라"라는 것은 하나님께 미치라는 말과 같습니다. 그런데 실제로 우리는 하나님께 잘 미치지 않습니다. 오히려 미친 것처럼 보일까 봐 자꾸 주저하면서 계산할 때가 더 많습니다. 무언가에 미친 사람은 자기 모습을 부끄러워하지 않으며 자기가 좋아하는 것을 향해 앞뒤 가리지 않고 돌진하는 법입니다. 우리도 남들이 보든 말든 뜨겁게 찬양할 수는 없습니까? 남들이 보든 말든 뜨겁게 기도할 수는 없습니까? '내가 이렇게 믿어도 굶어죽지 않을까?' 라는 식의 계산일랑 집어치우고 무모하게 하나님을 사랑할 수는 없습니까?

하나님은 예루살렘으로 돌아온 소수의 난민들에 대해 특별한 계획을 가지고 계셨습니다. 그것은 단순히 솔로몬 시대의 영광으로 복귀시키려는 계획이 아니었습니다. 하나님은 그들을 믿음의 선구자로 삼고자 하셨습니다. 군대로 치면 적진 한가운데 뛰어들어가 본대가 올 때까지 진지를 구축하고 믿음의 깃발을 높이 든 채 진지를 사수하는 선발대로 삼고자 하신 것입니다.

이제 얼마 후면 그리스도께서 온 세상을 뒤엎는 위대한 출애굽의 역사를 일으키실 것입니다. 그때까지 그들은 선구자로서 예루살렘 성전을 지키며 율법을 사수해야 합니다. 앞으로 이 성전을 무너뜨리고 믿음을 빼앗으려는 사탄의 공격이 수도 없이 밀려올 것입니다. 그들에게는 그리스도가 오시고 성령의 시대가 도래할 때까지 그 모든 공격을 이겨 내며 믿음을 지킬 사명이 있었습니다.

치열한 전투 상황에서 부대장이 소대원들에게 적진 깊숙이 들어가 고지를 빼앗고 본대가 올 때까지 그곳을 사수하라는 명령을 내립니다. 그런데 그 소대원들이 포병의 지원을 받아 고지를 빼앗는 데 성공했다면, 그 다음에는 무슨 일을 해야 합니까? 재빨리 진지를 구축하고 그곳을 방어할 모든 준비를 갖추어야 합니다. 밤이 되면 그곳을 되찾으려는 적군들이 새까맣게 몰려올 것입니다. 고지를 빼앗았다고 해서 계란 풀어서 라면 끓여 먹고 "왜 계란이 상한 거야? 신경질 나 죽겠네. 납품업자가 대체 누구야?" 하면서 불평하고 있으면 안 됩니다. 한시라도 빨리 진지를 구축하고 공격에 대비해야 합니다.

바벨론에서 돌아온 유다 백성들은 본대가 아니라 선발대였습니다. 그들은 전 세계적인 구원이 이루어질 때까지 성전을 사수해야 했습니다. 그런데도 무려 15년 동안이나 성전은 방치해 둔 채 자기 집만 화려하게 지어 놓고 먹고사는 일에 몰두한 것입니다.

우리는 그들을 이해할 수 있습니다. 그들은 너무나 오랫동안 자기 집 없이, 자기 생활 없이 살아왔습니다. 그러다가 자기 나라에 돌아와 자기 땅을 갖게 되었으니 얼마나 하고 싶은 일도 많고 갖고 싶은 것도 많았겠습니까? 게다가 성전을 지으려 하니 사마리아 사람들도 와서 방해하고 바사 왕도 금지령을 내렸습니다. 그러니까 그냥 포기한 채 자기 집 짓고 자기 생활을 한 것입니다. 하나님은 "나라를 빼앗기고 70년 동안 포로생활을 했으면 무언가 깨달은 바가 있어야 하는 것 아니냐? 왜 포로생활 이전과 똑같은 옛 생활로 돌아가려 하느냐?"라고 책망하십니다.

물론 이들과 그 조상들 사이에는 중대한 차이가 있었습니다. 그것은 이들에게 하나님의 말씀을 두려워하는 마음이 있었다는 것입니다. 조상들은 선지자가 말씀을 전할 때 자신들이 외려 더 큰 소리로 떠들었습니다. 그런데 환난을 겪은 후손들은 선지자들이 말씀을 전할 때 일단은 무릎을 꿇고 귀를 기울일 줄 알았습니다. 이것이 70년의 대가를 치르고 배운 바였습니다.

오늘 우리 사회가 이렇게 소망 없는 곳으로 변한 이유가 무엇입니까? 교회의 중요한 기능이 죽어 버렸기 때문입니다. 물론 외적으로는 상당히 화려해졌습니다. 전 세계가 부러워할 정도로 많은 인원이 모일 뿐 아니라 건물도 웅장해졌고 의식도 화려해졌습니다. 그러나 교회의 기능은 죽어 버렸습니다. 교회는 죄를 치료하는 곳이 되어야 합니다. 끊임없이 말씀을 선포해서 사람들의 죄를 지적하고 회개로 이끌 때에만 살아남을 수 있습니다. 그런데 문제는 사람들이 죄 설교를 듣기 싫어한다는 것입니다. 남들 앞에서 울면서 회개하기를 싫어해요. 이렇게 교회에서 말씀의 증거가 죽고 회개의 눈물이 사라지며 새사람 되는 역사가 희귀해지니까 세상이 더 병들어 버린 것입니다. 계모임 하듯이 모여서 웃고 떠들고 고기 구워 먹고 서로 칭찬하면서 추켜세워 주면 자기들끼리는 좋을 수 있습니다. 그러나 그동안 나라는 중병이 들어 버립니다.

우리는 '교회 잘 다니는 사람이 좋은 신자'라는 생각부터 버려야 합니다. 좀 관계가 불편해지더라도 성경을 있는 그대로 외쳐서 울게 만들어야 합니다. 자기 죄를 깨달아서 울든지 분해서 울든지 울게 만들어야 해요. 그래야 이 나라에 소망이 생깁니다. 그런데 요즘 기독교는 너무 고상해져서 더 이상 죄 이야기를 하려 들지 않습니다.

예수님이 설교하실 때에는 귀신들린 사람들이 찾아와 소리를 지르기도 했고, 병자의 친구들이 지붕을 뚫고 침상을 달아 내리기도 했으며, 반대자들이 몰려와 고소할 틈을 엿보기도 했습니다. 한마디로 전쟁터였던 것입니다. 예수님은 그 가운데서 말씀으로 사람들을 살리고 치료하셨습니다.

하나님 나라는 아직 온전히 이루어지지 않았습니다. 우리는 특공대로 겨우 진지를 구축한 처지입니다. 잠시 후면 사탄의 엄청난 공격이 시작될 것입니다. 정신을 차릴 수 없을 정도로 맹렬하게 총과 대포를 쏘아 대면서 공격해 올 것입니다. 우리는 마지막 한 사람까지 진리를 사수할 각오를 하고 있어야 합니다. 그렇게 하지 않고 마치 하나님 나라가 온전히 임한 것처럼 자신이 좋아하는 생활을 즐기면서 세상 즐거움을 찾는 사람은 유다의 전철을 그대로 밟는 것입니다.

세상 즐거움이나 찾으며 살기에는 영적인 전쟁이 너무 치열합니다. 우리는 다시 한 번 이 땅에 성령의 역사가 일어나기까지 기도의 망부석이 될 각오를 해야 합니다. '나는 내 기도의 자리를 사수하겠다. 이 자리에서 기도하다가 죽겠다'라는 각오로 힘써 기도하며 말씀을 지키고 전해야지, 마치 전쟁이 다 끝난 것처럼 '나만 잘되면 된다. 우리 집만 편하면 된다. 우리 애만 좋은 대학 들어가면 된다'라는 생각으로 주저앉아 있으면 안 됩니다.

내게로 돌아오라

하나님은 돌아온 유다 백성들에게 이렇게 말씀하십니다. "그러므로 너는 무리에게 고하기를 '만군의 여호와께서 이처럼 이르시되 너희는 내게로 돌아오라. 나 만군의 여호와의 말이니라. 그리하면 내가 너희에게로 돌아가리라. 나 만군의 여호와의 말이니라'"(1:3).

하나님은 말씀 한마디 한마디마다 "나 만군의 여호와의 말이니라"라는 말씀을 덧붙이십니다. 그것은 이 말씀이 얼마나 진지하고 참된 하나님의 요청인지를 강조하기 위한 것입니다. 그런데 이 말씀을 들을 때 우리에게 생기는 의문이 한 가지 있습니다. 바벨론에는 아직 돌아오지 않은 수십만 명의 유다 백성들이 남아 있습니다. 그들과 달리 이 땅으로 돌아온 소수의 사람들은 이미 하나님께로 돌아온 것이 아닙니까? 그런데 또 어디로 돌아오라는 것입니까?

그 대답이 4절에 나옵니다. "너희 열조를 본받지 말라. 옛적 선지자들이 그들에게 외쳐 가로되 '만군의 여호와께서 말씀하시기를 너희가 악한 길, 악한 행실을 떠나서 돌아오라 하셨다' 하나 그들이 듣지 않고 내게 귀를 기울이지 아니하였느니라. 나 여호와의 말이니라."

과거와 단절하는 것은 어려운 일입니다. 현재의 나는 과거를 통해 만들어진 존재이기 때문입니다. 특히 자녀가 부모의 영향을 끊기란 굉장히 어렵습니다. 부모는 나를 낳고 길러 주신 분들이기 때문에 그 영향이 내 몸 속에 배어 있고 내 체질 속에 녹아 있습니다. 사람은 자기도 모르는 사이에 부모를 닮게 되어 있습니다. 부모는 사랑으로 자녀를 기르지만 그들 역시 사람이기 때문에 분노로 가르칠 때가 있고 몹쓸 죄를 지을 때도 있습니다. 그럴 때 자식들은 그 분노와 죄를 그대로 물려받게 됩니다.

수년 전에 '저주의 대물림'이라는 주제를 놓고 신학적 논쟁이 벌어진 적이 있습니다. 저주가 대물림된다는 것은 잘못된 생각입니다. 대물림되는 것은 저주가 아니라 분노입니다. 부모가 분노로 자식을 키우면 상처를 받은 자녀가 부모를 원망하고 미워하면서 똑같이 닮아 가게 되고, 결국 자신도 분노로 자녀를 키우게 됩니다. 이처럼 부모의 영향을 끊지 못한 자녀는 부모를 닮으면서 늙어 갑니다. 오히려 부모와 부딪치고 싸우던 자녀, 부모를 단호하게 부정했던 자녀가 부모의 영향에서 벗어나 자기 나름대로의 인생을 살아가는 경우가 많습니다.

이처럼 분노의 유전도 무섭지만, 나쁜 행실의 유전도 무섭습니다. 부모가 성적으로 문란한 생활을 할 때 자녀도 도덕적인 불감증에 걸려서 자신도 모르게 그 문란한 생활을 답습할 가능성이 큽니다. 그렇기 때문에 새로운 삶을 살려면 '아버지가 틀렸다'라는 사실부터 인정해야 합니다. 하나님 앞에서든지 사람들 앞에서든지 "아무리 나를 키워 주신 아버지지만 어머니를 버린 것은 죄다"라든지 "우리 아버지는 알코올중독자였기 때문에 나는 어른아이로 자랐다"라는 사실을 인정해야 부모의 잘못된 영향을 끊을 수가 있습니다. 집안의 수치라고 생각해서 쉬쉬하고 덮어 버리거나 "그래도 아버지는 나를 사랑하셨다"라는 식으로 자꾸 과거를 두둔하려 들면 자기도 모르게 닮아 가게 되어 있습니다.

하나님은 바벨론에서 돌아온 유다 백성들이 조상들에 대해 철저하게 반성하고 "우리 조상들은 하나님 앞에 죄인이었다. 우리 할아버지 할머니는 우상숭배자였다"라는 사실을 인정하는 시간을 갖기 원하셨습니다. 집 짓고 농사짓는 일은 잠시 미루어둔 채 '우리는 왜 망할 수밖에 없었는가? 이제 어떻게 새로운 삶을 시작해야 하는가?'에 대해 생각하는 시간을 갖기 원하셨습니다. 그들은 "이제 과거의 기억은 지우겠다. 더 이상 과거의 영화와 지금 우리의 형편을 비교하지 않겠다. 완전히 새롭게 시작하겠다"라고 결단해야 했습니다. 그런데 문제는 그들이 조상들의 죄를 그리 심각하게 생각지 않았다는 것입니다.

하나님은 그들에게 조상들의 악한 길과 행실에서 떠나 하나님께로 돌아오라고 말씀하시며, 그래야 하나님도 그들에게 돌아가겠다고 하십니다. 그렇다면 어떻게 해야 하나님께로 돌아갈 수 있을까요? 하나님을 위해 많은 일을 해야 돌아갈 수 있는 것이 아닙니다. 하나님께 돌아가려면 무엇보다 자기 자신의 참모습을 보아야 합니다. 자신이 하나님 앞에 의롭게 살 수 없는 존재라는 사실, 영적인 중증 장애인이라는 사실을 깨달아야 합니다. 그래야 진심으로 하나님의 도움을 호소할 수 있습니다. "제 힘으로는 아무것도 할 수가 없습니다! 제발 저를 책임져 주십시오!"라고 외치면서 자신을 전적으로 맡길 수 있습니다. 이것이 돌아가는 것입니다.

구약 이스라엘 백성들이 성전에서 드렸던 제사에는 '우리 힘으로는 죄를 씻을 수 없습니다' 라는 고백이 담겨 있었습니다. 하나님은 그 고백을 믿음으로 여겨서 그들의 죄를 사해 주셨고 은혜를 내려 주셨습니다. 신념은 '나는 할 수 있다' 라고 생각하는 것이지만, 믿음은 '나는 할 수 없다. 하나님만 하실 수 있다' 라고 고백하는 것입니다. 예를 들어 암에 걸린 사람이 자기 의지로 낫기 위해 식이요법을 한다든지 운동을 하는 것이 신념이라면, 이제 자기 힘으로는 도저히 고칠 수 없다고 생각해서 수술대 위에 눕는 것이 믿음입니다.

하나님께로 돌아간다는 것은 내 모든 자랑과 소유와 능력을 포기하고 하나님의 수술대 위에 눕는 것입니다. 그러면 하나님이 치료할 부분은 치료하고 수술할 부분은 수술해서 보잘것없는 우리의 인생을 사용하기 시작하십니다. 그것을 존귀하게 사용하시느냐, 천하게 사용하시느냐는 전적으로 하나님께 달린 일입니다. 우리는 어떤 상황에서든지 감사하면서 성령 충만하게 살아가면 됩니다.

사실 하나님께 자기 삶의 주도권을 맡긴다는 것은 그리 쉬운 일이 아닙니다. 아무래도 내가 직접 나서서 해결하는 편이 나을 것 같다는 생각이 자꾸만 듭니다. 괜히 하나님께 맡겼다가 돌보아 주시지 않으면 나만 손해 아닙니까? 그래서 스스로 많은 계획들을 세워 놓고 "이것은 이렇게 해 주세요. 저것은 저렇게 해 주세요"라고 요구하는 경우가 많은데, 그런 것은 믿음이 아닙니다. "하나님이 직접 계획을 세워 주십시오. 저는 그대로 따라가겠습니다"라고 말씀드리는 것이 믿음입니다.

믿음은 내가 내 삶을 스스로 책임질 수 없음을 인정하고 하나님께 전부 맡기는 것입니다. 그랬다가 하나님이 나를 중요하게 써 주지 않으시면 어떻게 합니까? 하나님께 인생을 맡겼는데 생각지도 않은 오지에 선교사로 보내 버리시면 어떻게 합니까? 결혼 문제를 맡겼는데 내 마음에 들지 않는 남자를 구해 주시면 어떻게 합니까? 걱정하지 마십시오. 하나님은 신실하신 분입니다. 하나님은 나보다 더 나의 행복에 관심이 많으시다는 것을 믿으십시오. 어떻게 해서든지 나에게 가장 좋은 것을 주기 원하시며 가장 좋은 길로 인도하기 원하신다는 것을 믿으십시오.

돌아온 유다 백성들은 자기 집을 짓고 자기 농사를 짓으며 자기 자녀들을 키우기에 앞서 심령의 부흥부터 일으켰어야 합니다. 하나님이 오늘 우리에게 원하시는 일도 그것입니다. 우리는 세상에서 사는 문제를 생각하느라 하나님을 생각지 못할 때가 많습니다. 몸만 교회에 와서 앉아 있지, 마음은 세상 걱정으로 가득 차 있을 때가 많은 것입니다. 그러나 하나님은 그것이 우선이 아니라고 하십니다. 예수님은 라오디게아 교회에 "내가 문 밖에 서서 두드리노니"(계 3:20)라고 말씀하셨습니다. 라오디게아 교회는 주님 없이 많은 계획을 세웠고 많은 행사를 벌였습니다. 그러나 주님은 밖에서 문을 두드리면서 "너희의 그 많은 계획, 그 많은 잔치가 중요한 것이 아니라 내가 너희의 중심이 되는 일이 중요하다. 무엇보다 먼저 나에게 문을 열어라"라고 말씀하셨습니다.

유다 백성들의 간절한 소원은 과거의 영광을 되찾는 것이었습니다. 그들은 자꾸 과거를 기준으로 삼으려 했습니다. 무슨 일을 해도 "옛날에는 그러지 않았는데"라는 식으로 평가했습니다. 그러나 그 과거가 어떤 과거입니까? 너무나도 열심히 하나님의 진노를 불러일으켰던 과거 아닙니까? 하나님은 그 열조를 본받지 말라고 하십니다.

이제 하나님이 하시려는 일은 과거와 같은 신정국가를 회복시키는 것이 아닙니다. 하나님은 전 우주적인 출애굽의 역사를 일으키실 것입니다. 그들에게는 그 역사의 선구자요 새벽별로서 그때까지 성전을 지키고 율법을 지키며 언약을 지킬 사명이 있었습니다. 그러면 이 초라한 성전에 상상할 수도 없었던 성령의 역사가 나타날 것입니다.

하나님은 유다 백성들이 영혼을 치료하고 살리는 역할을 감당하기 원하셨습니다. 그렇다고 물질적인 축복은 아예 주지 않으신다는 뜻은 아닙니다. 물질적인 축복은 부산물로 따라오게 되어 있습니다. 먼저 그 나라와 그 의를 구하면 다른 것들도 더하여 주실 것입니다. 우리는 단순히 바른 신앙을 되찾은 것에만 만족하면 안 됩니다. '나는 선구자다. 주님이 큰 부흥의 역사를 일으키실 때까지 이 믿음을 지켜야 한다'라는 자세를 가져야 하나님이 기뻐하십니다.

5절을 보십시오. "너희 열조가 어디 있느냐? 선지자들이 영원히 살겠느냐?"

말씀에 불순종하던 조상들은 전부 죽었습니다. 선지자들의 말대로 그들의 죄 때문에 멸망한 것입니다. "'내가 종 선지자들에게 명한 내 말과 내 전례들이 어찌 네 열조에게 임하지 아니하였느냐? 그러므로 그들이 돌쳐 이르기를 만군의 여호와께서 우리 길대로, 우리 행위대로 우리에게 행하시려고 뜻하신 것을 우리에게 행하였도다 하였다 하셨느니라' 하라"(1:6).

범죄한 조상들도 사라졌고 그때 말씀을 전했던 선지자들도 사라졌지만, 그들이 전한 말씀은 남아서 성취되었습니다. 선지자들이 살아 있을 당시에는 아마 그들이 전하는 말씀이 공허하게 들렸을 것입니다. 그러나 그 모든 말씀은 사실이었고 그 말씀대로 조상들은 전부 멸망당했습니다. 그렇다면 이제 그들이 해야 할 일은 무엇입니까? 조상의 길을 버리고 성취의 능력이 있는 그 선지자들의 말씀을 붙드는 것입니다.

오늘 주님이 우리에게 원하시는 것이 무엇입니까? 우리는 무엇 때문에 이렇게 하나님 앞에 나와 말씀을 듣고 기도하는 것입니까? 그것은 바로 이 자리에 주님의 깃발을 꽂고 큰 부흥의 역사가 나타날 때까지 진리를 사수하기 위해서입니다. 우리는 우리에게 주어진 말씀을 생명처럼 붙들어야 합니다. 한 사람이 죽으면 그 다음 사람이 붙들고, 그 사람이 죽으면 또 그 다음 사람이 붙들어서 끝까지 말씀을 사수하는 것이 주님이 우리를 부르신 목적입니다.

교회의 진정한 역할은 하나님의 진리를 드러내는 것입니다. 이것은 목사들이 해야 할 일이 아니라 우리 모두가 해야 할 일입니다. 교인들이 진리를 듣기 위해 모이지 않으면, 목사도 진리를 연구하지 않습니다. 또 교인들이 모인다 해도 진리를 중요하게 여기지 않으면 진리가 온전히 밝혀지지 않습니다. 진리를 더욱더 밝혀 달라고 기도합시다. "나는 바른 신앙을 찾았으니 이제 돈 벌러 가자! 집 지으러 가자!"라고 말하지 마십시오. 이 진리를 붙들고 기도의 자리를 지키면서 "하나님, 이 민족을 불쌍히 여기소서! 하나님의 큰 구원 역사를 다시 한 번 일으켜 주소서!"라고 간구하십시오.

과거에 잘나가던 때와 비교하지 마시기 바랍니다. 사람들은 "왕년에는……"이라는 말을 자주 하는데, 그렇게 잘나가던 왕년에 실제로 한 짓이 무엇이었습니까? 술 마시고 제멋대로 산 것 아닙니까? 그런데 왜 자꾸 그때와 비교하면서 "내가 새벽에도 일어나서 기도하는데 왜 가게에 손님이 더 떨어지는 거야?", "왕년에는 잘나갔는데 왜 예수 믿고 난 후에 더 가난해지는 거야?"라고 불평합니까? 설사 그런 생각이 들더라도 과감하게 끊어 버리시기 바랍니다. 과거에 성공한 경험이 있다 해도 그것은 주님이 은혜로 허락하신 것이지 내 공로가 아닙니다. 잘나가던 왕년에 대한 미련은 그만 털어 버리고 겸손한 마음으로 주님이 새로이 빚어 주실 영광스러운 모습을 바라보십시오. 교회에 다닌다고 해서 하나님께 다 돌아온 것처럼 안주하지 말고, 하나님께 미친 사람이 되기를, 진리에 미친 사람이 되기를 사모하십시오.

2

말 탄 자의 환상

스가랴 1:7-15

1:7 다리오 왕 2년 11월 곧 스밧 월 24일에 잇도의 손자 베레갸의 아들 선지자 스가랴에게 여호와의 말씀이 임하여 이르시니라.

8 내가 밤에 보니 사람이 홍마를 타고 골짜기 속 화석류나무 사이에 섰고 그 뒤에는 홍마와 자마와 백마가 있기로

9 내가 가로되 "내 주여, 이들이 무엇이니이까?" 내게 말하는 천사가 내게 이르되 "이들이 무엇인지 내가 네게 보이리라" 하매

10 화석류나무 사이에 선 자가 대답하여 가로되 "이는 여호와께서 땅에 두루 다니라고 보내신 자들이니라."

11 그들이 화석류나무 사이에 선 여호와의 사자에게 고하되 "우리가 땅에 두루 다녀 보니 온 땅이 평안하여 정온하더이다."

12 여호와의 사자가 응하여 가로되 "만군의 여호와여, 여호와께서 언제까지 예루살렘과 유다 성읍들을 긍휼히 여기지 아니하시려나이까? 이를 노하신 지 70년이 되었나이다" 하매

13 여호와께서 내게 말하는 천사에게 선한 말씀, 위로하는 말씀으로 대답하시더라.

14 내게 말하는 천사가 내게 이르되 "너는 외쳐 이르기를 '만군의 여호와의 말씀에 내가 예루살렘을 위하며 시온을 위하여 크게 질투하며

15 안일한 열국을 심히 진노하나니 나는 조금만 노하였거늘 그들은 힘을 내어 고난을 더하였음이라.'"

온 땅이 얼어붙었던 겨울이 지나면 따뜻한 봄이 찾아옵니다. 예전에는 봄이 오는 소식을 가장 먼저 들을 수 있는 곳이 시냇가였습니다. 아낙네들이 빨래하러 가면 얼음 속으로 졸졸졸 시냇물 흐르는 소리가 들리고 냇가에는 버들강아지가 흔들리고 있습니다. 그러면 봄이 오고 있는 것입니다. 구약 시대에는 성전의 금등대가 그런 역할을 했습니다. 금등대는 살구나무 꽃 모양으로 되어 있었는데, 살구나무는 광야에서 가장 먼저 피는 꽃이었습니다.

요즘 세상 돌아가는 소식을 가장 먼저 접하는 곳은 신문사나 텔레비전 방송국의 보도본부 내지는 편집실일 것입니다. 우리는 세상이 어떻게 돌아가고 있는지, 밤새 무슨 일이 일어났는지 알기 위해 아침마다 신문을 읽고 텔레비전 뉴스를 듣습니다. 그런데 신문이나 텔레비전 뉴스보다 훨씬 더 먼저 세상의 움직임을 느끼는 곳이 있습니다. 그곳은 바로 성전입니다. 하나님의 백성들이 모여서 예배드리고 기도하는 가운데 하나님의 은혜로운 말씀이 선포되고 기도가 응답되며 젊은이들이 몰려들기 시작할 때, 우리는 하나님이 다시 한 번 이 땅을 축복하시며 큰 부흥의 역사를 일으키고자 하신다는 사실을 가장 먼저 인지하게 됩니다. 이 축복이 신문이나 텔레비전 뉴스에서도 감지할 만큼 가시적인 현상으로 나타나는 것은 그로부터 몇 년 후의 일입니다.

우리가 드라마나 영화를 볼 때에는 줄거리를 몰라서 가슴을 졸이면서도 실제가 아니라는 것을 알기 때문에 어느 정도 여유를 가질 수 있습니다. 그러나 사회에 어떤 사건들이 일어날 때에는 실제적인 영향을 받습니다. 예를 들어 영화에서는 전쟁이 터지고 사람들이 죽어 나가도 아무 영향을 받지 않지만, 사회에 큰 사건이 터지거나 경제상황이 악화되면 바로 영향을 받는 것입니다.

오늘 성경은 텔레비전 드라마나 영화에 각본이 있듯이, 세상에서 일어나는 일에도 각본이 있다고 말씀합니다. 그 각본을 미리 안다면 세상에서 어떤 일이 일어나든지 지나치게 두려워하거나 절망할 필요가 없을 것입니다. 각본을 정하는 분은 하나님이시며 그것을 이루어 나가는 분도 하나님이시기 때문입니다.

성경에는 '묵시' 라는 것이 있습니다. 대표적인 묵시는 요한계시록입니다. 그런데 스가랴서에도 요한계시록에 나오는 것과 비슷한 묵시의 환상이 여러 가지 나오고 있습니다. '묵시' 라는 말에는 '장막을 걷어서 내부를 보여 준다' 라는 뜻이 들어 있습니다. 연극 무대에는 큰 막이 있어서 내부를 볼 수 없게 되어 있습니다. 연극이 시작되기 전, 배우와 스탭들은 그 막 뒤에서 무대장치나 그 밖의 공연 준비를 합니다. 그 막 뒤를 보는 방법은 두 가지입니다. 한 가지는 연극이 시작되기 전에 막 뒤로 돌아가 준비상황을 보는 것인데, 관계자 외에는 아무나 그렇게 할 수 없습니다. 또 한 가지는 막이 오를 때까지 기다렸다가 정식으로 공연되는 연극을 보는 것입니다. 성경에서 말하는 묵시는 첫 번째 방법에 해당합니다. 막이 오르기 전에 살짝 뒤로 돌아가서 미리 준비상황을 보는 것입니다. 그러면 미처 정리가 끝나지 않아 어수선한 상태이기는 하지만, 그래도 누가 주인공이며 연극이 어떤 식으로 진행될는지는 어느 정도 짐작할 수가 있습니다.

하나님의 백성들은 사건이 터지고 난 후에야 비로소 '하나님이 이런 일을 하셨구나'라고 깨닫는 사람들이 아닙니다. 우리는 무대 막이 오르기 전에 이미 누가 주인공이며 어떤 식으로 역사의 드라마가 흘러갈지 짐작할 수 있습니다. 그러니까 남들은 다 절망할 때 여유를 부리며, 반대로 남들은 다 여유를 부릴 때 다음에 올 일을 생각하고 긴장하는 것입니다.

오늘날이야말로 하나님의 묵시가 대단히 필요한 때입니다. 모든 상황이 안개 속을 헤매는 것 같아서 도저히 미래를 예측할 수가 없기 때문입니다. 이럴 때 우리는 말씀을 통해 무대 막 뒤로 살짝 돌아가, 지금 이 시대가 어떻게 흘러가고 있는지 살펴볼 필요가 있습니다.

스가랴 당시 유다 백성들은 바벨론에서 돌아와 무너진 성전을 재건하고자 했습니다. 그러면서도 그들의 마음에는 두려움이 있었습니다. 나라가 채 회복되지도 못한 상태에서 성전을 짓다가 페르시아에 반역하는 세력으로 낙인 찍혀 또다시 멸망당할 수도 있었기 때문입니다. 그들이 믿음을 가지고 담대하게 성전 재건을 진행하지 못한 중대한 이유가 여기 있었습니다. 아직 페르시아의 지배를 받는 상태에서 성전을 재건하는 것은 자칫 독립운동이나 페르시아에 대한 반역 행위로 비칠 수 있었습니다. 정치상황이 극도로 불안정할 때에는 자라처럼 목을 잔뜩 움츠린 채 숨을 죽이고 지내야 겨우 목숨을 부지할 수 있는 법입니다. 그런데 이처럼 불리한 상황에서 굳이 성전을 짓다가 페르시아의 의심을 살 필요가 있겠습니까?

하나님은 이처럼 두려워하고 있는 유다 백성들에게 무려 여덟 가지의 환상을 보여 주십니다. 즉, 눈에 보이는 현실 이면에서 하나님이 무엇을 준비하고 계시며, 무슨 일이 어떻게 진행되어 가고 있는지 보여 주시는 것입니다. 겉으로만 보면 페르시아가 온 세계를 다스리고 있는 것 같지만, 실제로는 페르시아도 하나의 배우에 불과합니다. 무대 뒤에서 모든 역사를 감독하고 계신 분은 하나님이십니다.

하나님의 뜻을 잘 모를 때에는 조용히 엎드려 있는 편이 지혜롭습니다. 그러나 하나님의 뜻이 분명해졌을 때에는 한낱 배우를 두려워할 것이 아니라 모든 역사의 연출자이신 하나님을 믿고 과감하게 앞장서야 합니다. 이 묵시를 보지 못한 사람은 성전을 짓는 일이 페르시아에 대한 반역으로 보일까 봐 두려워할 수 있습니다. 그러나 이 묵시를 본 사람은 성전을 짓는 자신들이야말로 역사의 주인공이며 페르시아는 엑스트라에 불과하다는 것을 알게 됩니다. 주인공과 엑스트라 사이에는 큰 차이가 있습니다. 그 차이를 깨달을 때 두려움 없이 담대하게 하나님의 뜻을 향해 나아갈 수 있습니다.

화석류나무 사이에 선 말 탄 자

지금 유다 백성들이 궁금해하고 있는 점은 과연 성전 재건이 자신들의 안전에 도움이 되겠느냐, 오히려 해가 되겠느냐 하는 것이었습니다. 하나님은 그들에게 화석류나무 사이에 선 말 탄 자의 환상을 보여 주십니다. "다리오 왕 2년 11월 곧 스밧 월 24일에 잇도의 손자 베레갸의 아들 선지자 스가랴에게 여호와의 말씀이 임하여 이르시니라. 내가 밤에 보니 사람이 홍마를 타고 골짜기 속 화석류나무 사이에 섰고 그 뒤에는 홍마와 자마와 백마가 있기로"(1:7-8).

하나님이 스가랴에게 가장 먼저 보이신 것은 골짜기 속에 서 있는 화석류나무였습니다. 화석류는 우리나라에 없는 나무이기 때문에 구체적으로 어떤 종류의 나무인지 감을 잡기가 어렵습니다. 화석류는 팔레스타인에서 흔히 볼 수 있는 키 작은 관목으로서 일 년 내내 푸른 잎이 달려 있는 상록수입니다. 이 나무는 흰 꽃을 피우며, 상처를 입을수록 좋은 향기를 내는 것으로 알려져 있습니다. 화석류는 고난에 처한 하나님의 백성을 가리키는 일종의 상징이었습니다.

우리나라 군사독재 시대에는 인동초라는 풀이 많이 언급되었습니다.

인동초는 얼어붙은 동토에서도 푸른 빛을 내면서 봄이 오기를 기다리는 풀로서, 무서운 군사독재 아래에서도 생명력을 잃지 않고 살아 있는 민중 내지는 민주화에 대한 열망을 상징했습니다. 마찬가지로 성경은 골짜기 같은 고난과 환난 속에서도 끝까지 말씀을 붙드는 하나님의 백성, 밟히면 밟힐수록, 꺾이면 꺾일수록 더 짙은 향기를 내는 하나님의 백성을 화석류나무에 비유하고 있습니다.

이와 비슷한 상징으로 양을 치던 모세의 걸음을 멈추게 했던 사막의 가시떨기를 들 수 있습니다. 가시떨기는 볼품없이 앙상한 나무로서, 아마 모세는 사막을 지나다니면서 그 나무를 자주 보았을 것입니다. 그 볼품없는 나무는 고난 받는 이스라엘 민족의 모습과 비슷한 데가 있었습니다. 그런데 어느 날, 그 나무에 불이 붙어서 꺼지지 않는 기이한 장면을 보게 된 모세는 그 장면을 좀더 자세히 살펴보러 갔다가 하나님을 만나게 되었습니다.

깊은 골짜기에서 자라는 화석류는 바벨론과 페르시아의 통치 하에서도 생명력을 잃지 않고 살아 있는 이스라엘 민족을 나타내는 나무였습니다. 그런데 스가랴는 그 화석류나무 가운데 한 사람이 홍마를 타고서 계신 것을 보았습니다. 그리고 그 뒤에는 홍마와 자마와 백마가 서 있었습니다. 11절은 이 말 탄 분을 "여호와의 사자"라고 부르고 있습니다. 이 사자는 단순한 천사가 아니라, 구약성경에서 늘 이스라엘 백성들과 함께하셨던 제2위 하나님이십니다.

여기에서 주목해야 할 것은 역사를 주장하시는 주인공이 다름아닌 화석류나무 가운데 서 계신다는 사실입니다. 주인공이 어디 서 있느냐가 중요합니다. 역사는 주인공이 서 있는 바로 그 자리에서 시작되기 때문입니다. 역사의 주인공이신 여호와의 사자는 페르시아의 왕궁에 계시지도 않았고 애굽의 대학에 계시지도 않았습니다. 포로생활에서 돌아와 여러 가지 악조건 속에서 성전을 짓다가 포기하고 있는 유다 백성들 가운데 계셨습니다. 하나님께로부터 오는 축복의 소식을 가장 먼저 들을 수 있는 곳은 바로 이곳입니다.

하나님은 유다 백성들을 화석류나무에 비유하심으로써 그들의 고난을 친히 알고 계시다는 사실을 보여 주셨습니다. 나 혼자 고생하는 것과 누군가 내 고생을 알아주는 사람이 있다는 것 사이에는 굉장한 차이가 있습니다. 나 혼자 고생하는 것은 말 그대로 생고생입니다. 마치 끝없는 광야를 혼자 걸어가는 것과 같습니다. 그러나 누군가 내 고생을 알아주면 마음의 짐이 반으로 줄어들 뿐 아니라 실제적인 도움을 받을 수 있는 길도 열리게 됩니다. 내가 겪고 있는 어려운 문제를 어떤 신실한 성도가 알게 되어 "제가 그 문제를 꼭 기억하고 있겠습니다"라고 말한다면, 그 사람은 반드시 나를 위해 기도해 줄 것이며 당장은 도와주지 못해도 기회가 생기면 틀림없이 도와줄 것입니다. 더구나 하나님이 "네 고생을 내가 알고 있다"라고 말씀하신다면, 나를 건져 낼 계획 또한 세우고 계신 것이 분명합니다.

어려운 상황 속에서도 예배 중에 듣는 말씀이 나에게 적용이 되고 위로가 됩니까? 그렇다면 하나님이 내 어려움을 기억하고 계시며 능력의 손길로 나와 함께하고 계신 것입니다. 나는 이 어려움으로 죽지 않을 뿐 아니라 하나님의 기적으로 다시 일어설 것입니다. 그러므로 하나님의 백성들이 살 수 있는 길은 세상에서 어떻게든 살아 보려고 자기 혼자 몸부림치는 것이 아닙니다. 성도들이 함께 모여 예배드리고 기도하는 곳으로 나아가야 거기에서 주님을 만날 수 있으며 하나님의 응답을 받을 수 있습니다.

하나님은 화석류나무를 보여 주심으로써 유다 백성들의 어려움을 친히 알고 계실 뿐 아니라 보잘것없는 그들을 통해 큰일을 행하려 하신다는 사실을 알려 주셨습니다. 사실 이것만으로도 얼마나 큰 위로가 되는지 모릅니다. 그런데 하나님은 단지 나무만 보여 주시는 데 그치지 않고 그 가운데 서 계신 하나님의 사자를 보여 주셨습니다. 이 사자는 앗수르 군대 185,000명을 단 하룻밤에 죽이신 분입니다. 이런 분이 말을 타고 그들 가운데 서 계시다는 것은 이제 아무도 그들을 괴롭히지 못하며 그들의 눈에서 눈물이 흐르게 하지 못한다는 뜻입니다. 바벨론도, 페르시아도, 로마도 그들을 건드릴 수 없습니다. 유다 백성들은 독립도 하지 않은 상태에서 성전을 짓는 일이 행여라도 페르시아에 반역행위로 비치지는 않을까 두려워했습니다. 그러나 하나님은 자신이 그들 가운데 좌정하고 계시다는 것, 따라서 페르시아는 절대 그들을 건드릴 수 없다는 것을 환상을 통해 확신시켜 주셨습니다.

하나님의 사자가 붉은 말을 타고 서 계시다는 것은 무엇을 의미할까요? 그가 전쟁을 준비하신다는 것입니다. 그는 이 보잘것없는 유다 백성들을 사용해서 마귀를 뒤엎으려 하십니다. 그리스도의 전쟁은 눈에 보이는 사람을 상대하는 것이 아닙니다. 눈에 보이지 않는 마귀를 상대해서 그 세력을 쳐부수고 그의 종으로 매여 있던 사람들을 건져 내는 것입니다.

이 사자의 뒤에는 또 다른 홍마와 자마와 백마가 대기하고 있습니다. 이것은 하나님의 계획이 한 차례만 실현되는 것이 아니라 여러 차례 다양한 방법으로 이루어질 것을 보여 줍니다. 하나님은 골짜기 깊숙이 숨어 있는 이 보잘것없는 화석류나무를 통해 온 세계의 판도를 바꾸어 놓으실 것입니다.

스가랴의 질문과 사자들의 답변

스가랴는 화석류나무가 무엇인지, 그리고 말 탄 분이 누구신지 이해했던 것 같습니다. 그러나 그 뒤에 있는 세 마리 말의 정체는 알지 못했습니다. 그래서 질문을 던지고 있습니다. "내가 가로되 '내 주여, 이들이 무엇이니이까?' 내게 말하는 천사가 내게 이르되 '이들이 무엇인지 내가 네게 보이리라' 하매 화석류나무 사이에 선 자가 대답하여 가로되 '이는 여호와께서 땅에 두루 다니라고 보내신 자들이니라'"(1:9-10).

이 장면을 보면 세 사람이 서로 대화를 주고받고 있습니다. 한 천사가 스가랴의 질문에 대답해 주겠다고 나서는데, 실제로 대답을 해 주는 이는 그 천사가 아니라 말을 타고 있는 여호와의 사자입니다. 원래 묵시에는 사회자가 등장해서 묵시 받는 사람을 다른 세계로 인도해 주기도 하고 어려운 문제에 대해 설명해 주기도 하는 법입니다. 그런데 여기에서는 갑자기 극중인물이 튀어나와 묵시 받는 사람의 질문에 대답하고 있습니다. 이를테면 난해한 연극을 보던 사람이 옆 친구에게 "저게 무슨 뜻이냐?"라고 물었는데, 갑자기 배우가 튀어나와 "그건 이런 뜻이야"라고 대답해 준 것과 같습니다. 그 순간 배우는 관객을 연극 속으로 끌어들이는 것입니다. 마찬가지로 말 탄 분이 직접 스가랴에게 대답해 주신 데에는 스가랴를 더 이상 관객의 위치에 두지 않고 연극의 주역으로 초청한다는 뜻이 담겨 있습니다. 하나님은 말씀을 듣는 성도들을 하나님의 환상 가운데로 초청하시며 역사 가운데로 초청하십니다.

요한계시록에도 비슷한 장면이 나옵니다. 요한은 보좌에 앉으신 이가 가지고 계신 책의 인봉을 떼야 구원 역사가 이루어질 텐데 아무도 뗄 사람이 없는 것을 보고 큰 소리로 통곡합니다. 그러자 묵시 속의 인물인 장로 한 사람이 튀어나와 그를 위로하면서 다윗의 뿌리가 이 인봉을 뗄 것이라고 말해 줍니다. 그 순간 요한은 관객의 자리에 머물러 있는 것이 아니라 그 묵시 안으로 직접 들어간 것입니다. 스가랴도 마찬가지입니다. 지금까지는 객관적인 입장에서 환상을 보고 있었습니다. 그런데 대체 이 말들이 무엇을 의미하는지 궁금해서 견딜 수가 없었습니다. 그래서 질문을 던졌더니 말 탄 분이 직접 대답해 주셨습니다.

그런데 그 대답의 내용이 좀 실망스럽습니다. "땅에 두루 다니라고 보내신 자들이니라." 지금 유다 백성들은 굉장히 어려운 처지에 놓여 있습니다. 그들은 돈도 없고 힘도 없습니다. 더욱이 성전을 꼭 지어야 한다는 확신도 없습니다. 그런데 하나님은 온 세상을 두루 다니며 형편을 알아보게 하려고 이 말들을 보내신다는 것입니다. 일분일초가 급한 이때 무슨 형편을 또 알아보신다는 것입니까? 당장 무슨 역사라도 일으켜 주셔야 하는 것 아닙니까?

그러나 우리가 알아보는 것과 하나님이 알아보시는 것 사이에는 근본적인 차이가 있습니다. 우리가 알아보는 것은 말 그대로 알아보기만 하는 것이지만, 하나님이 알아보신다는 것은 이미 심판이 임박했다는 뜻입니다. 하나님의 사자들이 알아보기 위해 찾아가는 곳에는 곧바로 심판이 임하게 되어 있습니다. 소돔과 고모라도 천사들이 방문한 다음날 불길에 휩싸이지 않았습니까? 더욱이 지금 하나님이 보내시는 천사들은 말까지 타고 있습니다. 그러니 얼마나 신속하게 심판이 이루어지겠습니까?

스가랴의 환상이 보여 주는 바가 무엇입니까? 유다 백성들이 볼 때 자신들이 짓고 있는 성전은 너무나 초라한 것이었습니다. 그러나 이 성전에는 하나님이 좌정해 계십니다. 하나님은 이 성전을 통해 세계를 심판하기도 하시고 구원하기도 하실 것입니다. 이 작은 성전을 통해 마귀의 세력을 쳐부수며 전 세계 사람들을 건지는 위대한 구원을 이루실 것입니다. 볼품없는 화석류나무에 숨어 있던 천사들도 이 성전 문을 열고 전 세계를 향해 달려나갈 것입니다.

유다 백성들은 괜히 성전을 짓다가 페르시아 왕의 오해를 사서 공격을 받게 되지는 않을까 두려워했습니다. 그러나 하나님은 페르시아 왕은 엑스트라에 불과하니 두려워하지 말고 그들이 해야 할 일을 하라고 말씀하십니다. 여기에서 우리는 하나님의 백성들이 세상 돌아가는 일에 너무 민감해서는 안 되는 이유를 알게 됩니다. 우리 눈에는 부자와 권력자들이야말로 역사의 주인공이고 우리는 할 일이 하나도 없는 사람들인 것 같습니다. 그러나 우리에게는 그들보다 훨씬 더 중요한 역할이 있습니다. 그것은 부흥을 위해 함께 모여서 기도하는 것입니다. 그렇게만 한다면 세상의 향방에 대해 그리 염려하지 않아도 됩니다. 주인공만 제 역할을 잘 감당하면 나머지 엑스트라들은 자동적으로 따라오게 되어 있기 때문입니다.

여기에서 우리는 말들의 색이 각기 다른 데 주목하게 됩니다. 한 말은 붉은 색이고 한 말은 자색이고 한 말은 흰색입니다. 아마도 자색은 붉은 색과 흰색의 중간인 갈색 또는 회색을 가리키는 것이 아닌가 합니다. 이것은 하나님의 구원이 여러 단계의 다양한 과정을 거쳐 이루어진다는 사실을 보여 주는 듯합니다.

페르시아 이후 세계는 격동기를 거치게 됩니다. 알렉산더라는 엄청난 정복자가 세운 제국은 그의 사후에 넷으로 분할되고, 그 후 로마가 전 세계를 무력으로 정복하여 '팍스 로마나'를 이루게 됩니다. 그리고 그리스도는 바로 그 로마를 복음으로 정복하심으로써 전 세계를 정복하십니다. 그리스도는 아무나 상대하시지 않습니다. 페르시아와 싸우고 알렉산더와 싸우고 톨레미 왕조와 싸우고 그러시지 않습니다. 세상에서 내로라 하는 자들은 전부 나서서 싸우게 하신 후에 마지막에 남는 최강자를 단숨에 때려 눕히십니다. 마치 다윗이 블레셋의 여러 장수들과 싸우는 대신 골리앗 한 사람을 쳐 죽임으로써 승리를 거둔 것과 같습니다. 그리스도는 악하고 강한 자들이 줄줄이 나타나기를 조용히 기다리십니다. 그동안 하나님의 백성들은 고난 가운데 인내하면서 말씀과 기도로 준비하게 하십니다. 그러다가 결정적인 순간이 오면 가장 강한 원수를 쓰러뜨림으로써 단번에 온 세상을 정복하십니다.

오늘 우리는 세상을 바라보며 두려워하고 있습니다. 이자율이 얼마며 환율은 얼마인지, 주가는 어떻게 변하고 있으며 대기업의 공채율은 어떻게 되는지 불안하게 지켜보고 있습니다. 하나님은 이럴 때 하나님의 묵시와 환상을 보라고 말씀하십니다. 중요한 것은 이 모든 현상의 배후에 누가 계시며 그의 의도가 무엇이냐 하는 점입니다.

하나님이 우리나라에 시련을 주신 것은 우리를 사랑하시기 때문입니다. 그동안 우리는 흥청망청 살면서도 '과연 이런 식으로 살아도 될까'라는 불안을 느끼고 있었습니다. 하나님이 우리를 진짜 버리기로 작정하셨다면 IMF 같은 어려움은 오지 않았을 것입니다. 우리의 콧대를 납작하게 꺾어서 정신을 차리게 하신 것 자체가 우리를 사랑하신다는 증거입니다. 하나님은 우리를 살리시려고 이런 일을 일으키신 것입니다. 그렇기 때문에 단번의 조처로 정치나 경제가 회생할 것을 기대하면 안 됩니다. 1, 2년 안에 예전처럼 잘살게 된다는 말은 거짓말입니다. 아니, 그렇게 빨리 예전으로 되돌아가 버리면 안 됩니다. 아무런 변화 없이 예전으로 되돌아가 버리면 이 고생은 전혀 의미 없는 것이 되어 버립니다. 우리는 이 어려움을 계기로 새로운 질서, 새로운 삶의 방식을 만들어 내야 합니다. 일확천금을 벌겠다는 생각, 집이나 땅을 사서 큰돈을 벌겠다는 생각을 버리고 땀 흘린 만큼 벌어서 살 결심을 해야 하며, 참으로 가치 있는 것이 무엇인지 찾아낼 생각을 해야 합니다. IMF를 넘겼다고 위기가 완전히 끝난 것은 아닙니다. 하나님의 징계 방법은 무궁무진하게 많습니다. 우리는 우리의 정신자세부터 뜯어고칠 생각을 해야 합니다.

지금까지 교회는 기업의 경영 마인드를 가지고 성장해 왔습니다. 그러나 그런 시대는 이제 끝났습니다. 교회는 말씀을 밝히는 본연의 역할을 되찾아야 합니다. 사람들의 죄를 치료하고 가치관을 치료하며 삶을 변화시키는 역할을 되찾아야 합니다. 그래야만 이 나라에 소망이 생길 수 있습니다. 우리는 이 일에 방관자가 아니라 주역으로 초청받은 사람들입니다.

너무 평안하다!

하나님이 보내신 사자들은 세상을 돌아본 후에 이렇게 보고합니다. "그들이 화석류나무 사이에 선 여호와의 사자에게 고하되 '우리가 땅에 두루 다녀 보니 온 땅이 평안하여 정온하더이다'"(1:11).

여기에서 "평안하여"라는 것은 평화롭다는 뜻이고, "정온하더이다"라는 것은 조용하다는 뜻입니다. 다시 말해서 하나님의 사자들은 "정말 이상하네요. 세상이 이렇게 평화롭고 조용하면 안 되는데 사람들이 너무너무 편안하게 잘 지내고 있네요"라고 보고했습니다. 이것은 하나님께서 세상이 시끄럽고 요란한 것을 좋아하신다는 말이 아니라, 사람들에게 조금이라도 양심의 가책이 있다면 결코 이렇게 평화롭고 조용하게 살 수 없다는 말입니다. 지금 세상에서 부귀와 영화를 누리고 있는 자들은 전부 다른 나라를 약탈하고 도둑질해서 잘살게 된 자들입니다. 이들에게 조금이라도 양심이 있다면 갈등하거나 뉘우치는 흔적이 있어야 하는데, 그들은 너무나 행복하고 평안하게 잘살고 있었습니다.

하나님은 그것을 참을 수 없다고 말씀하십니다. "내게 말하는 천사가 내게 이르되 '너는 외쳐 이르기를 만군의 여호와의 말씀에 내가 예루살렘을 위하며 시온을 위하여 크게 질투하며 안일한 열국을 심히 진노하나니 나는 조금만 노하였거늘 그들은 힘을 내어 고난을 더하였음이라'" (1:14-15).

하나님은 바벨론과 주변 강대국들의 손에 예루살렘의 심판을 맡기셨습니다. 그런데 그들은 하나님보다 더 크게 진노해서 엄청난 보복을 퍼부었습니다. 그리고 그토록 무자비하게 예루살렘을 파괴했으면서도 조금도 미안해하는 눈치 없이 평안하게 살고 있었습니다. 우리는 하나님의 처사가 잘 이해되지 않습니다. 그렇게 유다를 사랑하신다면 처음부터 바벨론에게 심판을 맡기지 마시든지, 이왕 바벨론에게 맡겼으면 뉘우치지 마시든지 해야 하는 것 아닙니까? 이렇게 모든 상황이 끝난 후에야 바벨론이 너무 심하게 굴었다고 분노하시는 이유가 무엇입니까?

지금 하나님은 후회하시는 것이 아닙니다. 하나님은 결코 후회하시지 않습니다. 하나님이 유다를 바벨론의 손에 넘겨주신 것은 그들을 사랑해서이지 완전히 멸망시키기 위해서가 아니었습니다. 하나님은 그들의 아픔을 보고 계셨습니다. 바벨론이 유다를 짓밟고 예루살렘을 부술 때 백성들이 느꼈던 고통을 똑같이 느끼셨습니다. 아무리 하나님의 허락으로 바벨론이 유다를 점령했다 해도 하나님의 백성들을 그렇게까지 짓밟고 멸망시킨 죄는 면제되지 않습니다. 하나님은 그들에게 물으십니다. "내 백성이 범죄해서 너희 손에 심판을 당하게는 했다마는 그래도 그들은 너희에 비해 수십 배 수백 배 의로운 자들이다. 그런데 그런 자들을 그렇게 짓밟아 놓고서도 마음 편하게 살 수 있느냐?"

하나님이 자기 백성들에게 어려움을 주시는 것은 그들을 괴롭히고 멸망시키기 위해서가 아니라 더 거룩하고 순결하게 만들기 위해서입니다. 그렇기 때문에 그들이 고생할 때 주변에서 조금이라도 불쌍히 여기는 마음을 가지고 그들을 도와주기 바라십니다. 또 도와주지는 못한다 하더라도 고생하는 그들 앞에서 아무 생각 없이 흥청망청 살지 않기를 바라십니다.

예수 믿는 사람도 직장을 잃을 수 있고, 결혼이 늦어질 수 있으며, 아기를 낳지 못할 수 있고, 사업이 망해서 인생 밑바닥으로 떨어질 수 있습니다. 하나님은 조금만 고생시키려 하시지만, 세상은 아예 바닥으로 내팽개쳐 버립니다. 실패한 하나님의 백성들 앞에서 실컷 먹고 마시면서 그들의 마음을 더 비참하게 만듭니다. 하나님은 그런 자들의 교만을 절대 그냥 두지 않겠다고 하십니다. 어려움을 겪는 성도들의 문제를 직접 해결해 주지는 못한다 하더라도, 적어도 그들을 인격적으로 무시하거나 멸시하지는 말아야 하며 완전히 등을 돌리지는 말아야 합니다. 하나님은 누군가 고생하는 성도들에게 사소한 위로의 말이라도 건네 주기를 바라시며 작은 물질이라도 나누어 주기를 바라십니다.

바벨론이 예루살렘 성을 공격하면서도 다른 한편으로는 쓰러진 자를 일으켜 세워 주었다면, 쇠사슬을 채워 끌고 가면서도 도중에 물이라도 주면서 쉬게 해 주었다면 망하지 않았을 것입니다. 그러나 그들은 예루살렘의 폐허 위에서 술을 마시고 춤을 추었으며, 끌려가는 유다 백성들을 학대했습니다. 하나님은 그들에 대해 "너희는 끝났다. 너희는 계속 살 가치가 없다"라는 판단을 내리셨습니다.

우리나라가 가능성 있는 나라인지 아닌지 알아보려면, 고난 받는 성도들을 어떻게 대하는지 보아야 합니다. 본인의 잘못으로 어려움을 겪는 사람이든지 연단을 받느라 어려움을 겪는 사람이든지 말이라도 따뜻하게 걸어 주고 물 한 그릇이라도 주면서 존귀하게 대접하는 자들에게 하나님은 "내가 무슨 일이 있어도 너희를 지켜 주겠다"라고 말씀하실 것입니다. 그러나 어려움을 겪는 사람 앞에서 고기 냄새 피워 가면서 실컷 먹고 마시는 사람에게는 멸망을 선고하십니다. 살아남고 싶다면 어려운 사람에게 냉수 한 잔이라도 건네 주십시오. 절대 직장이 없다고 멸시하거나 가난하게 산다고 무시하지 마십시오. 그런 사람들을 업신여기는 것은 스스로 하나님 앞에 쓰레기 같은 존재임을 드러내는 것입니다. 하나님은 그런 사람을 절대 축복하시지 않습니다.

하나님의 사자들이 우리나라를 돌아보았다면 어떤 보고를 드렸을 것 같습니까? 이렇게 평안하고 행복하면 안 되는데 너무 마음 편히 잘 지내고 있다고 하지 않았을까요? 하나님은 우리가 좀더 고생해야 한다는 결론을 내리시고 나라 전체에 어려움을 주셨습니다. 이것은 조금이라도 양심의 가책을 느끼고 하나님 앞에 애통하며 회개하는 마음을 가지게 하기 위한 조치입니다. 우리는 이처럼 경제적인 어려움과 정치적인 혼란을 주신 것이 얼마나 큰 사랑인지 알아야 합니다. 우리를 멸망시키려고 작정하셨다면 굳이 이런 어려움을 주실 이유가 없습니다. 이럴 때 우리는 세상은 엑스트라요 더 이상 소망이 없는 곳임을 알고 모든 것의 주인 되신 하나님 앞으로 나아가야 합니다.

여호와의 사자가 드린 기도

너무나도 평안한 세상을 보면서 여호와의 사자는 하나님께 이렇게 부르짖습니다. "여호와의 사자가 응하여 가로되 '만군의 여호와여, 여호와께서 언제까지 예루살렘과 유다 성읍들을 긍휼히 여기지 아니하시려나이까? 이를 노하신 지 70년이 되었나이다"(1:12).

여호와의 사자는 혼자 힘으로 185,000명을 죽일 능력이 있는 분입니다. 그런데 그런 분이 왜 직접 말을 타고 뛰쳐나가서 거짓된 평화를 누리고 있는 자들을 심판하지 않고 하나님께 부르짖는 것입니까? 말 위에 올라탔으면 칼을 뽑고 달려나가야 할 것 아닙니까? 왜 말 위에 앉아서 기도만 하고 있습니까? 이것은 신학적으로 대단히 풀기 어려운 문제입니다.

메시아는 원래 '기름부음 받은 자'라는 뜻입니다. 그런데 구약 시대에 기름부음 받은 자라고 하면 대개 다윗의 계보에 속하는 왕을 가리켰습니다. 물론 선지자와 제사장도 기름부음을 받았지만 그보다 더 중요한 직책은 왕, 특히 다윗 계보에 속하는 왕이었습니다. 그런데 유다 왕국이 기울어 가면서 선지자들은 고난의 종에 대해 예언하기 시작합니다. 그 대표적인 선지자가 이사야입니다. 백성들은 그들의 예언을 이해할 수가 없었습니다. 왜 하나님의 기름부음을 받은 자가 고난의 종이 되어야 합니까? 그 놀라운 능력으로 백성들을 구원하면 될 텐데 왜 채찍을 맞고 무시를 당해야 합니까?

고난의 종이 오시는 목적이 멸망이 아닌 구원에 있기 때문입니다. 만약 고난의 종이 바로 뛰쳐나가서 심판해 버린다면 하나님의 백성들까지 전부 죽을 것입니다. 고난의 종이 가진 고민은, 어떻게 하나님의 백성은 한 명도 죽이지 않고 악한 사탄의 세력만 멸망시키느냐 하는 것입니다.

세상을 심판하는 것은 하나님께 어려운 일이 아닙니다. 얼마든지 한 순간에 심판하실 수 있습니다. 그러나 문제는 택한 백성들을 한 명도 잃으면 안 된다는 것입니다. 사람을 살리는 것은 경제력이나 군사력이 아니라 성령의 능력입니다. 성령의 능력이 불같이 임해서 인간 스스로 하나님 앞에 멸망당할 수밖에 없는 죄인임을 자백하고 십자가 앞으로 나아가야 합니다. 그런데 이것은 칼과 총으로 되는 일이 아니라 오직 성령의 능력으로만 되는 일이기 때문에 여호와의 사자는 부르짖고 있는 것입니다.

그리스도는 우리를 사람의 압제에서 구하거나 가난에서 건지거나 육체의 행복을 주기 위해 오시지 않았습니다. 그리스도는 우리를 죄에서 건져 내어 능력 있는 삶을 살게 하려고 오셨으며, 하나님의 힘으로 죄를 미워하고 의롭게 살게 하려고 오셨습니다. 그리고 그것을 위해 자신이 먼저 자발적으로 고난을 받으셨습니다.

우리도 매일 신문이나 들여다보면서 새로운 소식을 기다릴 것이 아니라 주님처럼 하나님께 부르짖어야 합니다. "언제까지 당신의 교회들을 황폐하게 내버려 두시겠습니까? 이제라도 약속하신 성령을 부으셔서 구원해 주옵소서! 다시 한 번 교회가 그 영광스러운 모습을 회복하게 해 주옵소서!"라고 간구해야 합니다.

하나님은 부르짖는 사자에게 어떻게 대답해 주셨습니까? "여호와께서 내게 말하는 천사에게 선한 말씀, 위로하는 말씀으로 대답하시더라"(1:13).

하나님은 답답한 가운데서 부르짖는 사자에게 선한 말씀, 위로하는 말씀으로 대답해 주셨습니다. 이것은 하나님의 계획이 이미 서 있으며 그 계획이 이루어지기 시작했다는 뜻입니다.

14절 하반절을 보십시오. "내가 예루살렘을 위하며 시온을 위하여 크게 질투하며."

하나님은 절대 우리를 세상에 빼앗기지 않으십니다. 그렇기 때문에 세상을 따라가면 따라갈수록 우리의 생활은 힘들어지게 되어 있습니다.

우리는 스스로 보잘것없다고 생각하지만 하나님은 우리야말로 역사의 주인공임을 깨닫기 원하십니다. 그리고 우리의 기도를 통해 다시 한 번 이 땅에 성령을 불같이 부으시기를 원하십니다. 하나님은 우리나라가 망하지 않도록 평안을 빼앗아 가시고 풍요로운 삶을 거두어 가셨습니다. 이럴 때 우리는 더욱더 하나님께 부르짖으며 기도해야 합니다. 그러면 하나님의 큰 축복이 우리를 통해 이 땅에 나타날 것입니다.

세상은 내버려 둘수록 점점 더 악화되게 되어 있습니다. 새로운 소식은 신문이나 방송에서 나오지 않습니다. 그리스도인들이 하나님의 말씀대로 살기로 결단하고 간절히 부르짖으며 기도하는 곳에서 나옵니다. 세상에서 잘되는 것보다 성령의 은혜를 충만하게 받는 것이 수백 배 수천 배 더 큰 축복임을 깨닫고, 교회에서 성령의 촛불이 꺼지지 않도록 부르짖는 성도들이 되시기를 바랍니다.

3

—

네 뿔과 네 기술자의 환상

스가랴 1:16-21

1:16 "'그러므로 여호와가 이처럼 말하노라. 내가 긍휼히 여기므로 예루살렘에 돌아왔은즉 내 집이 그 가운데 건축되리니 예루살렘 위에 먹줄이 치어지리라. 나 만군의 여호와의 말이니라 하셨다' 하라.

17 다시 외쳐 이르기를 '만군의 여호와의 말씀에 나의 성읍들이 넘치도록 다시 풍부할 것이라. 여호와가 다시 시온을 안위하며 다시 예루살렘을 택하리라 하셨다' 하라."

18 내가 눈을 들어 본즉 네 뿔이 보이기로

19 이에 내게 말하는 천사에게 묻되 "이들이 무엇이니이까?" 내게 대답하되 "이들은 유다와 이스라엘과 예루살렘을 헤친 뿔이니라."

20 때에 여호와께서 공장 네 명을 내게 보이시기로

21 내가 가로되 "그들이 무엇 하러 왔나이까?" 하매 대답하여 가라사대 "그 뿔들이 유다를 헤쳐서 사람으로 능히 머리를 들지 못하게 하매 이 공장들이 와서 그것들을 두렵게 하고 이전에 뿔들을 들어 유다 땅을 헤친 열국의 뿔을 떨어치려 하느니라" 하시더라.

1:16-21

몇 년 전에 수십 마리의 염소를 방목해서 키우는 농장에 간 적이 있습니다. 농장에는 많은 암염소와 새끼 염소들이 있었고, 뿔이 아주 큰 숫염소가 한두 마리 있었습니다. 그 숫염소들은 좀 별나게 굴거나 까부는 새끼 염소들을 뿔로 들이받곤 했는데, 그러면 염소들이 얌전해지면서 질서가 잡혔습니다.

어떤 사회나 집단이 질서를 유지하려면 누군가는 이러한 악역을 감당해야 합니다. 그래서 사회에는 경찰이 있고, 학교에는 규율반이나 학생주임 같은 사람들이 있는 것입니다. 이렇게 뿔을 가진 사람이 없으면 각자 제멋대로 행동하게 되고, 사회나 집단의 질서는 금방 허물어져 버립니다. 그런데 그 뿔이 정당한 뿔이 아니라 불법의 뿔일 때, 즉 힘을 가진 자가 힘만 믿고 권력을 휘두를 때, 그 사회나 집단은 큰 고통을 겪게 됩니다.

사람들은 일본에 야쿠자가 있고 미국에 마피아가 있듯이 한국에는 조직폭력배가 있다고 말합니다. 그 뿔은 좋은 뿔이 아니라 불의의 뿔입니다. 권력을 가진 사람이 그 권력을 정당하게 행사할 때에는 내가 잘못한 일이 없는 이상 두려워할 필요가 없습니다. 그러나 악한 뿔이 날뛸 때에는 나의 잘잘못에 상관없이 고통을 당하기 쉽습니다. 이런 악한 뿔들이 특히 싫어하는 대상, 가장 우선적으로 공격하는 대상이 바로 하나님의 백성들입니다. 하나님의 백성들은 그 뿔들에게 쉽게 복종하지 않기 때문입니다.

오늘 본문에서 하나님은 대장장이를 보내서 지금까지 유다와 이스라엘을 괴롭히던 뿔들을 전부 부수어 버리겠다고 말씀하십니다. 이 뿔들만 없으면 그들은 다시 평안한 생활을 누리게 될 것이며 다시는 아무도 두려워할 필요가 없을 것입니다. 하나님은 왜 그들에게 이러한 평화를 주십니까? 새로이 재건하는 성전을 잘 지키게 하시기 위해서입니다. 이 성전은 바벨론이 불태워 버린 성전과는 완전히 다른 의미의 성전입니다. 그들은 이 성전을 잘 지키며 하나님의 뜻을 이루어 나가야 할 사명이 있습니다.

하나님의 백성을 괴롭히는 네 뿔

하나님은 스가랴에게 네 뿔의 환상을 보여 주셨습니다. "내가 눈을 들어 본즉 네 뿔이 보이기로 이에 내게 말하는 천사에게 묻되 '이들이 무엇이니이까?' 내게 대답하되 '이들은 유다와 이스라엘과 예루살렘을 헤친 뿔이니라'"(1:18-19).

여기에서 "뿔"은 권세와 세력을 가리킵니다. 이 뿔들은 정당한 세력이 아니라 불의로 하나님의 백성들을 괴롭히는 세력입니다. 유다 백성들이 바벨론에서 돌아왔을 때 많은 어려움이 있었지만 특히 경제적인 어려움이 심했습니다. 그들은 포로로 강제노동을 했기 때문에 재산을 모을 수가 없었습니다. 게다가 이렇게 빈털터리로 돌아온 그들을 맞이한 것은 대체 어디서부터 손을 대야 할지 모를 정도로 파괴되어 버린 거대한 폐허 더미였습니다. 그들은 집도 없었고 양식도 없었습니다. 설상가상으로 맨땅에서 시작해야 하는 그들을 더욱 불안하게 만드는 악한 세력들 또한 주변에 많았습니다. 당시에 세계를 다스리고 있던 페르시아도 선한 세력은 아니었습니다. 한마디로 말해서 아무 힘도 없는 유다 백성들을 수없이 많은 뿔들이 사방에서 들이받고 있었던 것입니다. 그들은 마치 이리 떼 복판에 던져진 양처럼 절망적인 상황에 처해 있었습니다. 그들이 누리는 평화는 안정된 평화가 아니라 폭풍 전야의 고요함 같았습니다.

21절을 보십시오. "내가 가로되 '그들이 무엇 하러 왔나이까?' 하매 대답하여 가라사대 '그 뿔들이 유다를 헤쳐서 사람으로 능히 머리를 들지 못하게 하매.'"

그 뿔들은 하나님의 백성들을 누르고 짓밟아서 머리조차 들지 못하게 만드는 악한 세력이었습니다. 성경은 하나님이 모든 세상을 창조하셨고 다스리신다고 말합니다. 하나님은 세상에 자신의 백성을 심어서 그 축복을 전하게 하셨습니다. 그런데 실제로는 물리적인 힘을 가진 자들이 세상을 전부 장악하고 있으며, 오히려 하나님의 백성들에게 "이 세상은 우리 것이니 그렇게 하나님을 섬기고 싶으면 여기에서 떠나라"라고 큰소리를 칩니다. 우리는 말씀에 순종하면 세상에서 형통하고 번창하리라는 하나님의 말씀을 믿는 사람들입니다. 그런데 실제로는 이처럼 믿지 않는 권력자들이나 부자들이 세상의 좋은 것들을 다 차지하고, 하나님의 백성들은 그들의 뿔에 받쳐서 제대로 살 수가 없는 것입니다.

그 해결의 실마리를 보여 주는 말씀이 19절 끝부분에 나옵니다. "내게 대답하되 '이들은 유다와 이스라엘과 예루살렘을 헤친 뿔이니라.'"

북 이스라엘을 멸망시킨 나라는 앗수르이고, 남 유다를 멸망시키고 예루살렘을 무너뜨린 나라는 바벨론입니다. 그들은 하나님의 백성을 멸망시켰고 비참하게 짓밟았으며 지금도 꼼짝 못하게 억압하고 있습니다. 그러나 앗수르나 바벨론은 뿔은 뿔이되 진짜 뿔이 아닙니다. 그들은 이스라엘과 유다의 멸망에 사용된 하수인에 불과하고, 진짜 주인공은 뒤에 숨어 있습니다.

포로생활에서 돌아온 유다 백성들이 앗수르나 바벨론이나 페르시아 같은 강대국들을 이길 힘을 갖기란 불가능합니다. 다시 말해서 사람의 힘으로는 그 뿔들을 이길 수 없다는 것입니다. 그러나 말씀은 그 뿔들의 정체를 알려 줍니다. 그 뿔들은 심부름꾼일 뿐, 진짜 이스라엘과 유다의 원수는 그들을 충동질한 마귀임을 폭로하는 것입니다.

사도 바울은 이렇게 말합니다. "우리의 씨름은 혈과 육에 대한 것이 아니요 정사와 권세와 이 어두움의 세상 주관자들과 하늘에 있는 악의 영들에게 대함이라"(엡 6:12). 우리의 싸움은 눈에 보이는 세력과의 싸움이 아닙니다. 들이받기는 사람이 들이받지만 그들을 조종하는 세력은 따로 있습니다. 이스라엘과 유다를 멸망시킨 진짜 장본인은 앗수르나 바벨론이 아니라, 하나님의 백성들을 교만하게 만들어 하나님을 의지하지 못하게 하고 겁 없이 죄짓도록 충동질한 악한 영 마귀입니다.

지금 우리나라에도 많은 뿔들이 있습니다. 북한의 뿔과 미국의 뿔이 격돌해서 위기를 만들고 있으며, 내부적으로도 수많은 이해집단들이 서로 갈등을 일으키며 싸우고 있습니다. 우리의 힘으로는 이러한 위기나 갈등을 해결할 수 없습니다. 이 모든 뿔들의 배후에는 싸움과 분열을 조장하는 사탄의 세력이 있습니다. 만약 누군가 우리에게 북한이나 미국과 싸우라고 하면 쉽게 이길 자신이 없을 것입니다. 그러나 사탄과 싸우라고 하면 이길 자신이 있습니다. 우리 대장 예수는 사탄의 세력을 쳐부수는 일에 전문가시기 때문입니다.

그러므로 어떤 문제든지 신앙의 눈으로 보는 것이 중요합니다. 인간의 눈으로 보면 우리나라가 강대국들 사이에서 경제적인 어려움을 겪고 있으며 북한과 미국의 갈등으로 전쟁의 위험에 처해 있는 것처럼 보이지만, 한꺼풀만 벗기고 안을 들여다보면 우리나라와 주변 나라들을 계속 충동질하여 망하게 하려는 사탄을 발견하게 됩니다.

유다와 이스라엘이 망한 원인이 무엇입니까? 교만해져서 죄를 지은 것입니다. 하나님은 오직 그분만 의지하면서 말씀대로 살라고 하셨습니다. 그렇게만 하면 망하려야 망할 수가 없습니다. 하나님이 모든 것을 책임져 주시기 때문입니다. 그런데 그들이 생각할 때에는 강대국들 사이에서 하나님만 의지해서는 살아남을 수가 없었습니다. 실제로 그들이 하나님을 잘 섬길 때에도 어려움은 찾아왔습니다. 하나님을 믿어도 어려움이 찾아오고 하나님을 믿지 않아도 어려움이 찾아온다면, 차라리 자신들의 힘으로 살아 보는 편이 낫지 않겠습니까? 그래서 그들은 자신들의 힘으로 살다가 결국 바벨론의 뿔과 앗수르의 뿔에 망하고 페르시아의 뿔에 눌리게 되었습니다.

하나님의 백성은 눈에 보이는 세상 것이 아니라 눈에 보이지 않는 말씀을 믿어야 합니다. 물론 그것은 말처럼 쉬운 일이 아닙니다. 그런데 유다 백성들이 몰랐던 사실이 무엇입니까? 말씀대로 살면서 어려움을 당하는 것과 말씀을 떠나서 어려움을 당하는 것 사이에는 근본적인 차이가 있다는 점입니다. 말씀대로 살면서 당하는 어려움은 하나님이 주시는 연단으로서 우리의 믿음을 더 성숙시키는 결과를 가져옵니다. 그러나 말씀을 떠나면 곧바로 뿔에 받혀서 죽게 되어 있습니다.

오늘날에도 믿는 성도들을 괴롭히는 뿔들이 많이 있습니다. 우리나라는 IMF라는 큰 뿔에 받혀서 아직도 그 후유증에 시달리고 있습니다. IMF의 뿔은 한 번만 들이받고 물러난 것이 아니라 계속적으로 우리를 짓누르고 있습니다. 40대는 직장을 잃을까 봐 염려하고, 젊은이들은 아예 취업의 기회조차 얻지 못하는 것이 지금 우리의 현실입니다. 정치적으로도 북한의 뿔과 미국의 뿔이 서로 충돌하고 있으며, 중국도 엄청나게 큰 경제적인 뿔이 되어 우리의 옆구리를 들이받고 있습니다.

우리는 이러한 상황을 신앙의 눈으로 바라보고 해석해야 합니다. 무엇보다 먼저 생각할 것은, 하나님이 지금껏 우리가 달려온 길에 대해 심판하고 계시다는 사실입니다. 지금까지 우리나라 사람들은 돈 버는 일, 먹고사는 일만 중시했을 뿐 바른 가치관을 세우는 부분은 도외시했습니다. 그래서 하나님은 여러가지 어려움을 통해 아무리 우리 힘으로 잘살려고 몸부림쳐도 하나님의 축복이 없으면 전부 빼앗길 수밖에 없음을 보여 주셨습니다. 하나님이 주위의 뿔들에게 들이받으라고 명령을 내리시면 아무리 돈을 많이 벌어 놓아도 소용이 없습니다. 몸부림을 치면 칠수록 점점 더 깊은 구덩이로 빠지게 되어 있습니다.

또한 하나님은 우리나라 사람들의 부도덕성에 대해 경고하고 계십니다. 현재 우리를 괴롭히는 정치적인 뿔이나 경제적인 뿔은 하나님의 경고에 불과합니다. 이런 뿔에 받히고서도 회개하지 않는다면 유황불의 심판을 받게 될 것입니다. 그러나 철저하게 회개하면 하나님이 친히 뿔들을 부수어 주실 것이며 다시 한 번 우리를 크게 축복해 주실 것입니다.

문제는 믿는 우리들도 회개하기 어려운데 어떻게 이 완악한 국민들을 회개시킬 수 있느냐 하는 것입니다. 결국 우리는 기도할 수밖에 없습니다. 이 민족을 불쌍히 여겨달라고 부르짖을 수밖에 없습니다.

만약 네 뿔의 정체가 앗수르와 바벨론과 페르시아 같은 강대국들이라면, 유다 백성들에게 이렇게 작은 성전을 짓게 하시는 이유가 설명되지 않습니다. 유다 백성들을 그들의 손에서 구원하려면 망하기 전보다 더 큰 성전을 짓게 하셔야 마땅하지 않겠습니까? 그런데 하나님은 아주 작은 성전을 짓게 하십니다. 그 이유가 무엇입니까? 외형적인 성전의 화려함과 규모로는 이스라엘과 유다를 망하게 만든 근본 원인을 해결할 수 없기 때문입니다.

한때 아프리카에 에볼라 바이러스가 퍼져서 수많은 사람들이 목숨을 잃은 적이 있습니다. 한 마을 주민 거의 대부분이 이유도 모른 채 고열과 구토로 신음하다 죽어 갔고, 주변 마을까지 병이 번져서 텅 빈 마을들이 속속 생겨났습니다. 바이러스를 퍼뜨린 매개체는 원숭이였던 것으로 나중에 드러났습니다. 원숭이가 겉으로 드러난 뿔이었던 셈입니다. 그러나 진짜 원흉은 눈에 보이지 않는 작은 바이러스였습니다. 그러니까 문제를 해결하려면 원숭이를 전부 잡아 죽일 것이 아니라, 바이러스를 잡을 백신을 개발해야 합니다. 그런데 그 일에 반드시 큰 병원 건물이 필요한 것은 아닙니다. 작은 실험실에서도 얼마든지 사람들을 살려 낼 백신을 개발할 수 있습니다.

이스라엘과 유다를 멸망시킨 것은 주변 강대국들이었습니다. 외형적으로 볼 때에는 그들이 이스라엘과 유다를 공격한 네 뿔이었습니다. 그러나 실제로 그들은 하수인에 불과했습니다. 진짜 그들을 무너뜨린 원흉은 죄였으며, 그것을 충동질한 마귀의 세력이었습니다. 그 세력이 꺾이지 않는 이상 하나님의 백성들은 풍성한 삶을 누릴 수가 없습니다. 그런데 그것을 꺾는 힘은 성전의 규모에서 나오지 않습니다. 하나님은 마귀의 세력을 꺾을 강력한 백신을 준비하셨는데, 그것은 예수 그리스도의 십자가였습니다. 십자가는 우리의 교만과 죄를 치료하며 사탄의 세력을 무력화하는 가장 강력한 힘입니다. 이 작고 초라한 성전은 바로 그 십자가를 준비하며 기다리는 곳이었습니다.

오늘날 사람들은 죄와 사탄의 세력을 인정하지 않기 때문에, 재산이나 명성만 쌓으면 풍성한 삶을 살 수 있다고 생각합니다. 그러나 아무리 돈이 많고 사회적인 직책이 높아도 죄를 이기지 못하면 하루아침에 망해 버립니다. 우리는 유명한 사람들이 고개를 숙인 채 검찰청 입구에 서 있는 사진들을 신문에서 종종 봅니다. 그 떵떵거리던 사람들이 얼마 되지도 않는 돈을 받아먹다가 잡혀서 감옥에 갇히는 이유가 무엇입니까? 죄라는 바이러스의 존재를 모르기 때문입니다. 진정으로 풍성한 삶은 죄를 이기는 능력에 있다는 것을 모르기 때문입니다.

오늘 우리를 망하게 하는 것 역시 교만과 죄입니다. 마귀는 이 무서운 병을 퍼뜨려서 악한 뿔들을 불러오려 합니다. 그것을 막을 유일한 길은 하나님 앞에 나아가 애통하는 것뿐입니다. 어머니의 눈물이 죄에 빠져 정신 못 차리는 자녀를 돌아오게 만들듯이, 우리 그리스도인들도 이 나라 사람들을 살리기 위해 눈물을 흘려야 합니다. 힘든 현실을 해결하기에 우리는 너무나 미약한 존재입니다. 그러나 하나님은 우리의 눈물을 보시고 이 민족을 붙들어 주시며 긍휼을 베풀어 주실 것입니다.

네 뿔을 깨뜨리시는 하나님

하나님은 드디어 하나님 백성의 원수인 네 뿔을 깨뜨릴 네 ·명의 공장을 보내십니다. "때에 여호와께서 공장 네 명을 내게 보이시기로 내가 가로되 '그들이 무엇 하러 왔나이까?' 하매 대답하여 가라사대 '그 뿔들이 유다를 헤쳐서 사람으로 능히 머리를 들지 못하게 하매 이 공장들이 와서 그것들을 두렵게 하고 이전에 뿔들을 들어 유다 땅을 헤친 열국의 뿔을 떨어치려 하느니라' 하시더라"(1:20-21).

여기에서 "공장"은 '기술자'를 의미합니다. 그 당시에도 여러 부류의 기술자가 있었던 것 같습니다. 예를 들어 정교한 우상을 만드는 세공업자가 있었는가 하면 나무로 집을 만들거나 우상을 만드는 목공업자도 있었고 대장장이도 있었습니다. 여기 나오는 기술자는 망치 같은 도구로 뿔을 내리쳐서 부수는 대장장이인 것 같습니다.

스가랴가 본 네 뿔은 너무 강력해서 아무나 상대할 수 없었습니다. 쇠로 만들어졌기 때문에 손으로 잡으려 들다가는 오히려 상처를 입기 십상이었습니다. 사람의 힘으로 이런 뿔들을 깨뜨린다는 것은 계란으로 바위를 치거나 맨주먹으로 탱크에 덤비는 것보다 무모한 일입니다. 그런데 하나님은 이러한 쇠뿔보다 더 강한 기술자들을 보내겠다고 하십니다.

그들이 누구입니까? 네 뿔을 깨뜨리려면 그 뿔들의 근원이 되는 사탄의 세력을 깨뜨려야 합니다. 그 세력을 깨뜨릴 분은 하나님의 아들밖에 없습니다. 하나님의 아들이 죄의 근본이 되는 세력을 깨뜨리셔야 이 네 뿔도 함께 깨지는 것입니다.

제2차 세계대전 때 수많은 유대인들을 죽인 것은 히틀러의 뿔이었습니다. 그 뿔은 연합군에 의해 부서졌지만, 연합군은 사실 심부름꾼에 불과했습니다. 그들에게 그 뿔을 꺾을 마음과 능력을 주신 분은 예수 그리스도였습니다. 히틀러로 하여금 온 세상을 들이받도록 충동질한 사탄의 세력을 깨뜨릴 수 있는 분은 오직 그리스도뿐입니다.

그리스도는 악의 세력을 깨뜨리는 일에 전문가십니다. 그는 십자가 위에서 죽으심으로써 우리 모든 인간에 대한 하나님의 용서를 받아 내셨습니다. 그러므로 마귀는 이제 단 한 명도 지배할 권리가 없습니다. 마귀는 지금 불법으로 사람들을 지배하며 괴롭히고 있는 것입니다. 그리스도는 대장장이들을 세상에 보내서 이 불법의 세력이 일으킨 뿔들을 망치로 쳐부수게 하십니다.

이를테면 최근에 많은 정치인들이나 기업가들의 부패를 수사하고 있는 검찰도 일종의 대장장이라고 할 수 있습니다. 그러나 근본적으로 악의 세력을 깨뜨리는 대장장이는 복음의 망치를 들고 나가는 주님의 종들입니다. 죄에 대한 회개가 이루어지지 않는 한 세상에 솟아 있는 악한 뿔들은 없어지지 않을 것이기 때문입니다. 복음이 선포되어야 사탄의 뿔들이 부서져 나가고 불법의 세력들이 달아나기 시작합니다.

그래서 17절에 "외쳐 이르기를"이라는 표현이 나오는 것입니다. 그냥 조용히 말해도 다 알아들을 텐데 힘들게 큰 소리로 외치는 이유가 무엇입니까? 복음은 대장장이의 망치이기 때문입니다. 우리는 너무 소극적으로 대응하다가 당하지 않아도 될 어려움을 당할 때가 많이 있습니다. 마치 짓궂은 남자가 좇아올 때 소극적으로 대응하면 더 집적거리는 것과 같습니다. "아가씨, 차나 한 잔 합시다" 하는데도 "어데예?" 하면서 애매하게 거절하고, "튕기지 말고 어디 좀 가서 앉자니까요" 하는데도 "은제예?" 하면서 소극적으로 거부하니까 자꾸 집적거리는 거예요. "싫어!"라고 분명하게 외쳐야 합니다. 목청은 그럴 때 쓰라고 있는 것입니다.

마음속에 자꾸 의심이 생길 때 말씀을 선포하면서 기도하십시오. 과거의 실수를 곱씹고 또 곱씹는 것은 어리석은 짓입니다. 우리는 자꾸 돌이켜보고 반성해야 거룩해진다고 생각하지만, 그보다 중요한 것은 주님이 주신 용서의 말씀을 믿고 선포하는 것입니다. 찬양에 왜 힘이 있습니까? 찬양은 선포이기 때문입니다. 주님이 우리 가운데 행하신 일을 다 함께 찬양하면서 선포하면 사탄이 떨면서 도망치게 되어 있습니다. 기도할 때에도 가끔씩은 큰 소리로 선포하면서 할 필요가 있습니다. 내 마음을 약하게 만들고 나를 위협하며 속이는 사탄을 주님의 약속으로 내리칠 필요가 있는 것입니다. 마음속으로만 생각하고 넘어가는 것과 다 함께 모여서 말씀을 분명히 선포하고 기도하며 찬양하는 것 사이에는 엄청난 차이가 있습니다.

그동안 유다를 짓누른 원흉이 무엇입니까? 바벨론이나 앗수르 같은 강대국들이 아니라 그들 자신의 마음속에 있는 교만과 죄였습니다. 그 교만과 죄가 얼마나 무서웠던지, 예루살렘이 무너지고 성전이 박살나고 사람들이 잡혀 가도 뿌리 뽑히지 않았습니다. 그런데 예수님이 그것을 십자가 위에서 온전히 해결하셨습니다.

교만은 하나님 앞에 담대히 나아가지 못하게 만들고, 가장 기도가 필요할 때 기도하지 못하게 만듭니다. 그런데 이 무서운 교만, 이 무서운 마귀의 속임수를 하나님의 복음이 깨뜨려 버립니다. "하나님이 나를 사랑하신다"라는 메시지가 얼마나 강력한 망치인지 모릅니다. 강한 쇠뿔들이 사람들을 지배하고 꼼짝 못하게 만들며 고개 숙이게 할 때에도 이 말씀만 선포되면 고개를 들고 기도하기 시작하며 회개하기 시작하고 스스로 뿔들을 깨뜨려 나가기 시작합니다.

예루살렘을 다시 택하시다

16절을 보십시오. "'그러므로 여호와가 이처럼 말하노라. 내가 긍휼히 여기므로 예루살렘에 돌아왔은즉 내 집이 그 가운데 건축되리니 예루살렘 위에 먹줄이 치어지리라. 나 만군의 여호와의 말이니라 하셨다' 하라."

하나님은 포로생활에서 돌아온 유다 백성들에게 세 가지를 말씀하십니다. 첫째로, 그들이 예루살렘에 돌아온 것은 오로지 하나님의 긍휼 때문이라는 것입니다. 유다 백성들 중에서도 예루살렘으로 돌아온 사람들은 일부에 불과했습니다. 그러나 하나님은 자신이 친히 돌아오셨다고 말씀하십니다. 우리가 하나님께 돌아가는 것도 중요한 일이지만, 그보다 더 중요한 일은 하나님의 마음이 우리에게로 돌아오는 것입니다. 하나님만 우리를 불쌍히 여기시면 모든 문제가 풀리게 되어 있습니다. 하나님의 긍휼을 얻는 자, 하나님을 자신에게로 돌아오시게 하는 자야말로 가장 복된 자입니다.

유다 백성들은 자신들이 지금 폐허 위에 성전을 짓고 있는 것이 하나님의 엄청난 긍휼 때문이라는 사실을 반드시 알아야 합니다. 그들에게 무슨 자격이 있어서 이 일을 맡게 된 것이 아닙니다. 그들에게는 잘난 구석이 한 군데도 없지만 하나님이 무조건적인 사랑으로 택해서 맡겨주신 것입니다. 그들이 포로생활에서 돌아와 성전을 짓게 된 것은 말할 수 없는 특권이요 축복이었습니다.

그런데 그들이 오해한 것이 무엇입니까? 이 일을 옛 성전을 복구하는 일로 착각한 것입니다. 그들은 '우리가 예전에 여기 살았고 성전도 여기 있었으니 그 시절을 복구하자'라고 생각했습니다. 그러나 하나님은 과거의 유다 왕국은 완전히 끝났다고 말씀하십니다. 이제는 새로운 축복의 시대가 임할 것입니다. 하나님은 그 시대를 준비하는 임무를 이 보잘것없는 소수의 사람들에게 맡기셨습니다.

유다 백성들은 하나님이 일단 자신들을 택하신 이상 자신들이 아무리 잘못을 저질러도 봐주셔야 한다고 생각했습니다. 그러나 하나님은 사람에게 결코 이용당하시지 않습니다. 예수님도 "주 너의 하나님을 시험치 말라"라고 하시면서 사탄을 책망하셨습니다. 하나님은 온전히 그 뜻에 따라 일하시지, 협박을 당하거나 발목이 잡혀서 어쩔 수 없이 일하시지 않습니다.

유다 백성들이 '하나님이 먼저 우리를 택하셨으니 우리가 아무리 잘

못해도 아주 버리시지는 못할 것'이라고 생각해서 하나님을 이용하려 했을 때 관계는 끊어져 버렸습니다. 그들은 예루살렘 멸망과 함께 하나님 백성의 자격을 박탈당했습니다. 그럼으로써 세상에서 하나님의 백성이라고 불릴 수 있는 사람들도 사라져 버렸습니다. 그러나 하나님은 그 가운데서도 새로운 시대를 선포하시고 위대한 구원을 이루고자 하셨습니다. 그 중요한 첫 번째 임무가 바로 무너진 성전을 재건하여 성령의 시대를 준비하는 것이었습니다. 하나님은 그 임무를 예루살렘으로 돌아온 소수의 유다 백성들에게 맡기셨습니다. 이것은 마치 나라를 잃고 도망친 사람들에게 그 나라에 가장 먼저 침투하여 중앙에 깃발을 꽂는 임무를 맡긴 것과 같습니다.

그러므로 그들은 두 번째 택함을 받았다고 할 수 있습니다. 이미 자격을 잃은 그들을 다시 하나님의 백성으로 불러 주신 것입니다. 이제 그들은 예전의 특권의식을 버리고 혼신의 힘을 다해 주님의 일을 해야 합니다. 하나님은 단순히 유다 백성들만 긍휼히 여기신 것이 아닙니다. 모든 인류를 긍휼히 여기셔서 이 성전을 짓게 하신 것입니다.

이처럼 하나님은 원수를 변화시켜 일꾼으로 삼으시는 분입니다. 사도 바울을 보십시오. 그는 교회를 심히 대적한 사람이었고 예수 그리스도가 세우신 나라의 원수라고 할 만한 사람이었습니다. 그런데도 하나님은 그를 사랑하여 그 나라의 가장 중요한 일꾼으로 삼아 주셨습니다. 정치가들 중에 정적을 설득시켜서 자기 사람으로 만드는 이들이 간혹 있습니다. 이를테면 정치가의 포용력을 발휘하는 것입니다. 그런데 하나님은 그보다 더 놀랍게 원수를 포용하십니다.

설교자들이 감격해야 할 사실이 바로 이것입니다. 하나님이 그들에게 설교할 권한을 주신 것은 무슨 자격이 있기 때문이 아닙니다. 그들은 하나님의 원수였고 원수의 자식이었습니다. 그런데도 그 원수들을 택해서 가장 귀중한 말씀을 맡겨 주신 것입니다. 하나님이 이처럼 그들에게 말씀을 맡기신 것은 마치 백지 위임장을 써 주신 것과 같습니다. 즉, 그들이 말씀 안에서 하는 일은 무엇이든지 책임지겠다고 약속해 주신 것입니다.

제가 가장 감격스러워 하는 점도 바로 그것입니다. 저는 어려서부터 교회에 다니면서 스스로 의로워질 수 있다고 생각했습니다. 그러나 하나님이 저를 내버려 두셨을 때, 제가 얼마나 하나님을 미워하며 무섭게 대적하고 있는지 알게 되었습니다. 그런데도 하나님은 그런 원수에게 복음을 맡겨 주셨습니다. 저는 하나님의 마음을 아프게 한 원수였고 제 아버지도 하나님을 대적한 사람이었는데, 하나님은 끝까지 신실한 사랑을 베풀어서 하나님의 백성으로 삼아 주셨고 천사에게도 맡기지 않는 귀한 말씀을 맡겨 주셨습니다.

바벨론에 포로로 잡혀 갔던 자들은 하나님의 사랑을 이용한 원수들이었고 하나님의 가슴에 가장 아픈 상처를 준 자들의 자손들이었습니다. 그런데 하나님은 그 원수들을 다시 찾아와 특별한 사랑을 베푸셨고, 예루살렘으로 돌아오게 하셨으며, 성전 짓는 일을 맡기셨습니다.

17절을 보십시오. "다시 외쳐 이르기를 '만군의 여호와의 말씀에 나의 성읍들이 넘치도록 다시 풍부할 것이라. 여호와가 다시 시온을 안위하며 다시 예루살렘을 택하리라 하셨다' 하라."

그들에게는 한 가지 의문이 있었습니다. 그 화려했던 솔로몬의 성전으로도 전 세계는 고사하고 유대 백성들조차 구원하지 못했는데 어떻게 이 보잘것없는 성전으로 전 세계를 구원할 수 있겠습니까? 그러나 하나님은 분명히 이 작은 성전, 이 보잘것없는 백성들을 통해 더 풍성한 구원을 이루겠다고 약속하십니다. 이것은 하나님의 구원이 사람의 손에 달려 있지 않고 하나님을 얼마나 의지하느냐에 달려 있음을 보여 줍니다.

하나님은 이 성전을 중심으로 새로 먹줄을 쳐서 예루살렘 성을 짓겠다고 말씀하십니다. 그 성은 성읍들로 넘쳐날 것이며 전 세계를 품게 될 것입니다.

유다 백성들이 바벨론에 포로로 잡혀 감으로써 과거의 예루살렘은 사라져 버렸습니다. 이제는 주의 이름을 부르는 자들이 모인 곳은 어디나 예루살렘이 될 것이며, 그곳에서 성령의 역사가 일어날 것입니다. 이것이 새로운 먹줄의 의미입니다. 예수 그리스도의 십자가에 믿음으로 반응하기만 하면 하나님의 먹줄이 쳐지면서 새로운 예루살렘이 세워집니다. 오늘날에는 인터넷이 발달하면서 장소의 의미가 점점 축소되는 것 같습니다. 말씀도 방송과 인터넷으로 여러 지역에 전달되기 때문에 그 영향력이 장소에 국한되지 않습니다. 어디서든지 선포된 말씀에 믿음으로 반응하는 사람들이 나타날 때, 하나님의 먹줄은 사방팔방으로 뻗어 나갈 것입니다.

오늘날 우리를 고개 숙이게 만드는 뿔, 망하게 하는 뿔들이 사방에 솟아 있습니다. 그러나 하나님은 능히 그것을 깨뜨릴 능력을 가지고 계십니다. 그분이 긍휼히 여기시기만 하면 우리는 언제라도 살아날 수 있습니다.

하나님이 뿔들을 깨뜨리실 수 있는 이유가 무엇입니까? 예수님의 십자가에 그만큼 강력한 권세가 있기 때문입니다. 오늘 우리나라의 어려움을 해결할 수 있는 망치는 복음입니다. 우리는 이 능력의 말씀을 가지고 있으면서도 그 능력으로 살지 못하는 우리 자신을 놓고 애통하며 울어야 합니다. 사방의 뿔에 짓눌리고 있으면서도 하나님을 거부하고 멸망으로 나아가는 이 민족을 놓고 애통하며 울어야 합니다. 그것만이 우리가 살 수 있는 길입니다.

우리를 비참하게 만드는 원흉은 바로 우리 안에 있는 교만과 죄입니다. 하나님께 그렇게 맞았으면서도 우리의 교만은 여전히 살아 있습니다. 말씀과 성령의 감동이 없으면 아무리 맞아도 깨닫지 못하는 것이 우리 인간들입니다. 하나님이 믿는 우리에게 먼저 감동을 주셔서 예수의 십자가를 부끄러워하지 않게 하시기를 소원합니다. 부르짖는 입술을 주셔서 하나님을 향해 외치게 하시기를 소원합니다. 그리하여 다시 한

번 이 땅에 새 예루살렘이 세워지고 모든 죄인들이 치료를 받으며 방황하던 자들이 새로운 삶을 얻는 축복이 이루어지기를 소원합니다.

4

새 예루살렘의 영광

스가랴 2:1-13

2:1 내가 또 눈을 들어 본즉 한 사람이 척량 줄을 그 손에 잡았기로

2 "네가 어디로 가느냐?" 물은즉 내게 대답하되 "예루살렘을 척량하여 그 장광을 보고자 하노라" 할 때에

3 내게 말하는 천사가 나가매 다른 천사가 나와서 그를 맞으며

4 이르되 "너는 달려가서 그 소년에게 고하여 이르기를 '예루살렘에 사람이 거하리니 그 가운데 사람과 육축이 많으므로 그것이 성곽 없는 촌락과 같으리라.

5 여호와의 말씀에 내가 그 사면에서 불성곽이 되며 그 가운데서 영광이 되리라.

6 여호와의 말씀에 내가 너를 하늘의 사방 바람같이 흩어지게 하였거니와 이제 너희는 북방 땅에서 도망할지니라. 나 여호와의 말이니라.

7 바벨론 성에 거하는 시온아! 이제 너는 피할지니라!

8 만군의 여호와께서 이같이 말씀하시되 너희를 노략한 열국으로 영광을 위하여 나를 보내셨나니 무릇 너희를 범하는 자는 그의 눈동자를 범하는 것이라.

9 내가 손을 그들 위에 움직인즉 그들이 자기를 섬기던 자에게 노략거리가 되리라 하셨나니 너희가 만군의 여호와께서 나를 보내신 줄 알리라.

10 여호와의 말씀에 시온의 딸아, 노래하고 기뻐하라. 이는 내가 임하여 네 가운데 거할 것임이니라.

11 그날에 많은 나라가 여호와께 속하여 내 백성이 될 것이요 나는 네 가운데 거하리라. 네가 만군의 여호와께서 나를 네게 보내신 줄 알리라.

12 여호와께서 장차 유다를 취하여 거룩한 땅에서 자기 소유를 삼으시고 다시 예루살렘을 택하시리니

13 무릇 혈기 있는 자들이 여호와 앞에서 잠잠할 것은 여호와께서 그 성소에서 일어나심이니라' 하라" 하더라.

2:1-13

사람들은 가능한 한 안전한 곳에서 살고 싶어 합니다. 예전에 가로등도 없고 큰길에서 한참 떨어져 있는 동네에 살던 사람들은 늦게 들어오는 딸들을 위해 정류장까지 마중을 나가곤 했습니다. 또 미국 백인들은 어떻게 해서든지 흑인들이 없는 곳에서 살려 든다고 합니다. 흑인들이 집단적으로 모여 사는 지역을 우범지대로 생각하기 때문입니다.

'부르주아'는 원래 '성 안에 사는 사람'이라는 뜻입니다. 성 안에 사는 것과 성 밖에 사는 것은 안전이라는 측면에서 큰 차이가 있었습니다. 성 밖에 사는 사람들은 도둑 떼가 쳐들어오거나 난리가 일어날 때 전혀 자신을 지킬 수가 없었습니다. 그래서 재산이 있는 사람들은 전부 성 안에서 살려 했습니다. 그러나 지금은 성이 필요 없습니다. 곳곳에 경찰서나 파출소나 군 부대가 있어서 굳이 성 안에 살 필요가 없기 때문입니다.

요즘 우리나라 사람들은 이 나라가 안전하지 못하다고 생각하는 것 같습니다. 북한과 대치하고 있는 데다가 핵이라는 중대한 문제에 직면해 있기 때문입니다. 실제로 전쟁 가능성이 커진다 싶으면 이민 인구가 급증하는 것을 볼 수 있습니다. 우리나라는 전쟁이 터지면 도망칠 곳이 없어서 독 안에 든 쥐 신세가 되는 탓입니다. 반면에, 나라가 안정되고 경제가 발전하면 역이민 인구가 늘어납니다. 이를테면 기러기처럼 상황에 따라 사람들이 이동하는 것입니다.

사실 우리나라는 정치적으로 불안한 편에 속합니다. 미국이 이라크를 공격하기 전까지만 해도 북한 공격을 계획했을 정도로 북한 핵 문제는 국제적으로 예민한 사안입니다. 그런데 오늘 하나님은 우리에게 아주 놀라운 축복의 말씀을 주고 계십니다. 그것은 우리에게 성령의 역사가 일어나고 부흥의 불길이 타오르기만 하면 세계에서 가장 안전한 나라가 될 수 있다는 것입니다. 하나님은 부흥이 일어나는 곳이야말로 하나님의 눈동자라고 말씀하십니다. 사람도 누가 자기 눈을 건드리거나 찌르면 가만히 있지 않습니다. 그처럼 하나님도 예민하게 우리를 보호해 주신다는 것입니다.

그러므로 우리는 안전하다고 생각되는 곳을 찾아 피할 것이 아니라 바로 이곳에서 부흥의 역사가 일어나도록 몸부림치며 기도해야 합니다. 특히 이렇게 정국이 불안한 때에는 더더욱 간절히 기도해야 합니다. 우리 힘으로는 평화를 지킬 수 없습니다. 우리가 살 길은 말씀을 붙들고 뜨겁게 기도하면서 부흥의 역사를 기다리는 것뿐입니다.

하나님은 바벨론에서 안전하게 살고 있는 사람들에게 도망치라고 말씀하십니다. 반면에, 예루살렘은 하나님이 친히 불성곽이 되어 아무도 침략하지 못하도록 지켜 줄 것을 약속하십니다. 예를 들어 서울을 생각해 보십시오. 서울 하늘에는 아무것도 없는 것처럼 보이지만 실제로는 수많은 레이더와 대포와 미사일들이 지키고 있습니다. 아마 수상한 비행기가 공격하려 든다면 순식간에 벌집을 만들어 놓을 것입니다. 그와 마찬가지로 성령이 역사하시는 교회는 하나님이 강한 능력으로 지켜 주시기 때문에 사탄이 일절 틈타지 못합니다. 하나님은 부흥이 일어나고 있는 나라를 전쟁이나 재앙에서 지켜 주십니다.

예루살렘을 척량하는 사람

스가랴가 세 번째로 본 환상은 척량 줄을 가진 한 사람의 환상입니다. "내가 또 눈을 들어 본즉 한 사람이 척량 줄을 그 손에 잡았기로 '네가 어디로 가느냐?' 물은즉 내게 대답하되 '예루살렘을 척량하여 그 장광을 보고자 하노라' 할 때에"(2:1-2).

하나님이 묵시로 보여 주시는 환상 중에 천사가 성전을 척량하는 장면은 드문 것이 아닙니다. 오히려 거의 모든 중요한 환상에 등장한다고 해도 될 정도로 자주 나오고 있습니다. 왜냐하면 하나님 백성의 현실과 성전은 직접적인 관계를 맺고 있기 때문입니다.

묵시에서 성전을 척량하는 일에는 크게 두 가지 의미가 있습니다. 한 가지는 하나님이 성전의 잘못된 부분을 고치기 위해 척량하시는 것입니다. 예를 들어 건물 준공 검사를 하는 사람은 건물을 원래 설계도면과 일일이 비교해서 측정해 봅니다. 설계도면에 없었던 방이 새로 생겼다든지 있어야 할 부분이 생략되고 없을 시에는 그 잘못된 부분을 수정해야만 준공 검사를 통과할 수 있습니다. 신앙도 마찬가지입니다. 불필요한 것이 중요한 위치를 차지하고 있거나 중요한 것이 사라지고 없을 때, 하나님은 그 부분을 지적해서 바로잡게 하십니다. 바로 그 일을 위해 척량하시는 것입니다.

또 한 가지는 이미 허물어진 성전을 재건하기 위해 척량하시는 것입니다. 에스겔서에 나오는 환상의 의미가 바로 이것입니다. 예루살렘 성전이 무너진 지 이미 70년이 되었습니다. 그러나 하나님은 유다 백성들이 예루살렘으로 돌아가 성전을 재건하게 될 것을 약속하시면서, 성전 문지방으로부터 생수가 흘러 나오는 환상을 보여 주십니다. 물론 에스겔이 환상에서 본 성전은 눈에 보이는 성전이 아니라 신약 시대에 예수 그리스도를 믿는 사람들로 이루어질 공동체를 가리키는 것으로서, 하나님은 그들로부터 흘러 나오는 생수가 온 세상을 살리게 될 것을 미리 보여 주셨습니다. 그에 비해, 스가랴서에 나오는 척량 장면은 새로이 세워질 예루살렘의 규모가 얼마나 커질 것이며 그 영향력은 얼마나 확대될 것인지 보여 주고 있습니다.

스가랴 선지자가 보니 한 사람이 척량 줄을 잡고 있었습니다. 척량 줄이란 건축에 사용되는 줄로서, 우리는 이 줄을 잡고 있는 사람이 누구인지 분명히 알아볼 필요가 있습니다. 공사 현장에서는 책임자가 줄을 잡게 마련입니다. 경우에 따라서는 보조요원이 줄을 잡고 책임자를 따라 갈 수도 있지만, 원래는 공사의 실질적인 결정권을 가진 책임자가 줄을 잡게 되어 있습니다. 그가 어떻게 줄을 잡고 선을 긋느냐에 따라 도시의 모양이나 길의 너비가 달라집니다.

예를 들어 대통령은 나라의 척량 줄을 잡고 있는 사람이라고 할 수 있습니다. 대통령의 의지에 따라 새로운 도시가 생기기도 하고 고속철도가 생기기도 합니다. 즉, 대통령이 가장 관심을 기울이는 분야가 곧 그가 가장 중요하게 일하는 영역이 되는 것입니다. 우리나라가 해방되었을 때에는 미국 대표와 소련 대표가 만나서 북위 38도에 선을 그었습니다. 그 선 하나 때문에 민족이 둘로 갈라지고 수많은 이산가족들이 생겨나는 엄청난 결과가 초래되었습니다.

여기에서 척량 줄을 잡고 있는 사람은 이처럼 세상을 움직일 수 있는 실질적인 권한을 가진 사람입니다. 그것도 단순히 한 나라가 아니라 전 세계를 수중에 쥐고 있는 사람, 마음대로 선을 그어 나라들을 없애기도 하며 새롭게 만들기도 하는 사람입니다. 그가 지도에 동그라미를 친 곳은 세계의 중심지가 되고 가위표를 친 곳은 폐허가 됩니다.

예전에는 대통령이 차를 타고 가다가 멈춰 세우고 망원경으로 한참 들여다보면 바로 그 다음날부터 온갖 중장비가 동원되고 공사가 시작되곤 했습니다. 예를 들어 구미는 전형적인 농촌지역이었는데 대통령이 척량 줄로 한번 재고 나니 공업도시가 되어 버렸습니다.

선지자는 세계를 마음대로 주무를 권한을 가진 사람을 보았습니다.

그래서 그 사람에게 대체 어디로 가느냐고 물었습니다. 그가 세상에서 가장 관심을 가지고 있는 곳이 어디냐, 가장 먼저 통치를 시작할 곳이 어디냐고 물은 것입니다. 그러자 그는 "예루살렘"이라고 대답했습니다. 그가 자신의 통치에서 가장 중요하게 생각하고 있는 일은 예루살렘의 재건입니다. 그는 거대한 쓰레기 더미가 되어 버린 예루살렘에서부터 일을 시작할 것입니다. 그렇다면 예루살렘이 완전히 변모하는 것은 시간 문제입니다.

"예루살렘을 척량하여 그 장광을 보고자 하노라"라는 것은 현재의 예루살렘을 척량하겠다는 말이 아닙니다. 그가 척량하려는 것은 예루살렘을 장차 어디까지 확장할 수 있는가, 그 최대치는 얼마인가 하는 것입니다.

도움을 받으려면 실세를 만나야 합니다. 결정권이 없는 사람들을 아무리 오래 붙들고 이야기해 봐야 소용이 없습니다. 척량 줄을 잡고 있는 사람을 만나야 합니다. 그의 지시 한마디에 모든 일이 결정됩니다. 스가랴가 보니, 역사의 흐름을 주장하는 분이 가장 관심을 가진 곳은 예루살렘이었습니다. 지금 예루살렘에는 5만 명 정도 되는 사람들이 겨우 돌아와 초라한 성전을 짓고 있습니다. 그런데 세계의 주권자가 바로 그곳에서부터 모든 일을 시작하시겠다는 것입니다.

3절과 4절은 해석하기 어려운 말씀입니다. "내게 말하는 천사가 나가매 다른 천사가 나와서 그를 맞으며 이르되 '너는 달려가서 그 소년에게 고하여 이르기를 예루살렘에 사람이 거하리니 그 가운데 사람과 육축이 많으므로 그것이 성곽 없는 촌락과 같으리라.'"

사회자 역할을 하며 안내해 주던 천사가 어디론가 나가려 할 때 또 다른 천사가 등장하더니 그 소년에게 빨리 가서 "성곽의 개념이 필요 없을 정도로 예루살렘이 확장될 테니 성의 크기를 최대한 크게 잡으라"라고 전하라고 합니다. 여기에서 어려운 문제는 천사가 말하는 소년이 누구냐 하는 것입니다. 스가랴를 안내하던 천사가 나간 이유는 그 소년을 따라잡기 위해서였던 같습니다. 아마도 그만큼 그 소년의 일이 중요했기 때문일 것입니다.

어떤 사람은 그 소년이 스가랴이며, 그 당시 스가랴는 나이가 어렸을 것이라고 추측하기도 합니다. 그러나 저는 스가랴가 아니라 척량 줄을 잡은 사람일 것이라고 생각합니다. 다시 말해서, 지금 예루살렘을 재건하려 하는 주인은 다 큰 어른이 아니라 어린 소년이라는 것입니다. 이것이 새 성전의 모순입니다. 어린 소년이 아주 큰 빌딩을 지으려 든다고 생각해 보십시오. 그의 말을 믿는 사람도 없을 뿐더러 전부 미쳤다고 조롱할 것입니다. 아무도 소년의 명령을 듣지 않을 것이고 인부들조차 그를 업신여길 것입니다.

그리스도는 돈이 많은 분도 아니었고 많은 군대를 거느린 분도 아니었습니다. 세상적으로 볼 때 그는 맨손으로 큰 빌딩을 짓겠다고 덤비는 어린아이처럼 연약했습니다. 그러나 그가 가졌던 큰 능력이 무엇입니까? 사랑의 능력, 사람을 변화시키는 성령의 능력이었습니다.

결국 사람에게 가장 큰 힘을 발휘하는 것은 사랑입니다. 일시적인 자극을 주는 데에는 다른 수단들이 더 유용할지 몰라도, 그 효과는 그리 오래가지 못합니다. 무엇보다 효과가 빨리 사라지는 수단은 돈입니다. 돈은 사람을 변화시키지 못합니다. 그러나 사랑은 사람의 가치를 되찾게 해 줍니다. 그렇게 가치를 되찾고 변화된 사람은 지속적으로 선한 일을 해 나갈 수 있습니다.

소년이 성을 척량하러 나갔다는 것은 이 성이 돈의 힘이나 사람의 힘으로 세워지는 것이 아님을 보여 줍니다. 새 예루살렘은 사랑으로, 성령의 능력으로 세워질 것입니다. 지금 예루살렘 성전을 재건하는 일은 마치 소년이 큰 집을 건축하려 드는 것만큼이나 무모한 일입니다. 또 그 규모나 겉모습도 너무 초라해서 이 성전이 중요한 역할을 할 것이라는 하나님의 말씀이 도저히 믿어지지 않을 정도입니다. 그러나 천사는 소년을 따라가는 다른 천사에게 아주 크게 척량하라는 말을 전하라고 합니다. "예루살렘에 사람이 거하리니 그 가운데 사람과 육축이 많으므로 그것이 성곽 없는 촌락과 같으리라." 사람과 육축이 얼마나 많이 몰려드는지 성곽 안에 다 수용할 수 없을 정도가 될 테니 크게 척량하라는 것입니다.

현실적으로 생각해 봅시다. 오늘 본문이 궁극적으로 가리키는 것은 유다 백성들이 짓고 있는 성전이 아니라 신약 교회입니다. 교회는 성곽으로 에워쌀 수 없는 규모로 확대될 것입니다. 그렇다면 지금 유다 백성들이 짓고 있는 성전과 앞으로 이루어질 교회 사이에는 어떤 관계가 있을까요? 이 성전은 신약 교회의 모체입니다. 이 성전에 성령이 임하시는 것을 시발점으로 전 세계의 흩어진 자들에게 성령의 불길이 번져 나갈 것입니다. 종이가 타는 모습을 생각해 보십시오. 종이 한 끝에 불이 붙으면 곧 종이 전체로 번지게 되어 있습니다.

달리 비유하면 봉화대라고도 할 수 있습니다. 첫 봉화대에 불이 붙어야 다른 봉화대에도 불이 붙습니다. 지금 유다 백성들은 성령의 역사가 임하실 첫 번째 봉화대를 짓고 있는 것과 같습니다. 성령의 역사가 구체적으로 처음 나타나는 곳이 어디엔가는 있어야 합니다. 그래야 다른 곳으로 번져 나갈 수 있습니다.

그런데 유다 백성들은 규모나 겉모습만 가지고 자꾸 옛날 성전과 비교하며 조금만 어려움이 생겨도 공사를 중단해 버렸습니다. 그러나 하나님은 이 성전의 초라한 모습이 전부가 아니라고 하십니다. 이 성전은 봉화대입니다. 여기에 성령의 불이 붙어야 전 세계에 흩어져 하나님의 은혜를 사모하는 자들, 율법을 배우면서 하나님의 구원을 기다리는 자들에게도 성령의 역사가 임한다는 것입니다. 그러니까 마치 그들이 모든 일을 완성해야 할 것처럼 생각하고 낙심하지 말라는 것입니다.

우리도 우리 힘으로 북 치고 장구 치고 온갖 일을 다 하려 들 때가 많습니다. 우리 힘으로 구제도 하고 병든 사람도 치료하고 다리도 만들고 모든 일을 하려 드니까 걱정도 많고 머리도 복잡한 것입니다. 그러나 하나님은 "너희에게 중요한 일은 은혜 받는 것이며 성령으로 충만해지는 것이다. 그러면 불길은 저절로 번져 나가게 되어 있다"라고 말씀하십니다. 일단 우리에게 성령의 불이 붙으면 저절로 그 불길이 번져 나가서 노래할 사람은 노래하고 작곡할 사람은 작곡하고 춤출 사람은 춤추고 다리 만들 사람은 다리 만들고 병 고칠 사람은 병 고치고 귀신 쫓아낼 사람은 귀신을 쫓아낸다는 것입니다. 그런데 혼자서 모든 것을 다 하려 드니까 하나님이 하시는 일이 더뎌 보이고 시시해 보일 수밖에 없습니다. 우리의 역할은 모든 일을 다하는 것이 아닙니다. 우리는 모든 일을 다 할 수도 없고 다 책임질 수도 없습니다. 우리의 역할은 뇌관에 불을 붙이는 것입니다. 그러면 나머지 일들은 하나님이 진행시켜 나가십니다. 은혜의 역사와 축복의 역사를 척량할 수 없을 정도로 확대해 나가십니다.

5절을 보십시오. "여호와의 말씀에 '내가 그 사면에서 불성곽이 되며 그 가운데서 영광이 되리라.'"

아마 그 당시 사람들은 성곽 없는 성을 생각지 못했을 것입니다. 워낙 도적도 많고 난리도 자주 일어났기 때문에 성곽 없는 성은 언제 부도가 날지 모르는 기업처럼 불안정한 것이었습니다. 그러나 하나님은 말씀하십니다. "내가 불성곽이 되어 주겠다. 아무도 너희를 공격하거나 너희의 삶을 파괴하지 못하도록 막아 주겠다."

누군가 우리 삶의 토대를 파괴하려 할 때 바로 이 약속을 주님께 상기시켜 드리면서 기도하십시오. 하나님이 주신 가정이 무너지려 합니까? 하나님이 주신 사업이 무너지려 합니까? 하나님의 뜻이라고 믿고 오늘까지 붙들어 온 일의 기초가 흔들리고 있습니까? 불성곽이 되시는 하나님께 기도하십시오.

마귀는 하나님의 백성을 세상에서 뿌리 뽑고자 하며, 무슨 수를 써서라도 그들이 발붙이지 못하도록 막으려 합니다. 세상에서 장사도 하지 못하게 하고 공부도 하지 못하게 하고 일도 하지 못하게 하려는 것이 마귀의 목적입니다. 현실적으로 보면 우리가 세상에서 살아남을 길이 막연한 것도 사실입니다. 세상 사람들은 눈에 불을 켜고 뛰어다니는데 아무 힘도 없는 우리가 무슨 재주로 살아남겠습니까? 그러나 두려워하지 마십시오. 하나님이 보이지 않는 불말과 불병거로 지키고 계십니다. 우리는 눈에 보이는 성채를 지을 필요가 없습니다. 조바심을 내면서 돌벽을 세우고 뾰족탑을 만들고 대포 구멍을 만들 필요가 없습니다. 하나님이 친히 불성곽이 되어 주시기 때문입니다.

오늘 우리가 깨달아야 할 사실이 무엇입니까? 우리의 먹고사는 문제나 안전이 중요한 것이 아니라, 세상 다른 곳에 성령의 불이 옮겨 붙을 수 있도록 준비하고 기다리는 헌신된 공동체를 세우는 일이 중요하다는 것입니다. 지금 성경은 예루살렘이 대도시가 될 일에 대해 말하는 것이 아닙니다. 포로생활에서 갓 돌아온 이 작은 공동체로부터 시작되는 성령의 역사가 전 세계에 흩어져 있는 무리들에게 번져 갈 일에 대해 말하는 것입니다. 그러므로 지금 이 성전이 아무리 작고 초라하더라도, 이 성전 때문에 아무리 많은 어려움을 겪는다 하더라도 믿음으로 기다려야 합니다. 하나님은 바로 이 초라한 성전에서부터 큰일을 시작하실 것이기 때문입니다.

돌아오지 않는 자들에 대한 권면

유다 백성들 중에는 고레스의 칙령이 내렸음에도 불구하고 예루살렘으로 돌아오지 않은 자들이 많았습니다. 그들은 대개 현실적인 이유 때문에 돌아오지 않았습니다. 이방 땅에 적응해서 장사도 잘하고 돈도 많이 벌고 있는데 새삼스레 안정된 기반을 버리고 고향으로 돌아올 필요가 없었던 것입니다. 반면에, 예루살렘으로 돌아온 백성들은 고전을 면치 못하고 있었습니다. 그들은 아무것도 없는 폐허 위에 성전도 짓고 예루살렘 성도 재건해야 했습니다. 돌아오지 않은 사람들이 생각한 것이 무엇입니까? '남들이 성전 다 지어 놓으면 그때 순례 행진을 해서 감사헌금 한번 크게 내면 되지, 뭐 때문에 이 번창하는 생업을 포기하고 돌아가서 고생을 하겠어?'라는 것입니다.

하나님은 그런 자들에 대해 이렇게 말씀하십니다. "여호와의 말씀에 '내가 너를 하늘의 사방 바람같이 흩어지게 하였거니와 이제 너희는 북방 땅에서 도망할지니라. 나 여호와의 말이니라'"(2:6).

하나님은 아직도 바벨론 땅에 남아 있는 유다 백성들에게 도망치라고 말씀하십니다. 여기에서 "북방 땅"은 바벨론을 가리킵니다. 그 당시 바벨론은 세계의 중심지였습니다. 모든 문명과 학문이 바벨론에 집중되어 있었습니다. 따라서 바벨론에서 성공하면 곧 전 세계에서 성공하는 것이었고, 바벨론에서 인정받으면 곧 전 세계적에서 인정받는 것이었으며, 바벨론에서 돈을 벌면 곧 전 세계의 경제권을 장악하는 것이었습니다. 그런데 하나님은 그 중심지에서 도망치라고 하십니다. 바벨론은 결코 안전한 곳이 아니라고 하십니다.

우리말 성경에는 "내가 너를 하늘의 사방 바람같이 흩어지게 하였거니와"라는 구절이 앞에 나오지만, 히브리어 성경에는 나중에 나오고 있습니다. 그러니까 우리말 성경을 보면 하나님이 유다 백성들을 흩으셨다는 말처럼 읽히지만, 히브리어 성경을 보면 바벨론을 회리바람으로 흩을 테니 빨리 도망치라는 말로 읽히는 것입니다. 어느 쪽이든 죄가 주는 안정된 삶에서 빨리 떠나라는 뜻인 것만큼은 분명합니다. 하나님은 한 번씩 세상에 회리바람을 보내서 모든 상황을 뒤바꾸어 놓으십니다. 우리나라 사람들은 회리바람의 위력을 잘 모르지만, 회리바람이 한번 불면 집만 부서지는 것이 아니라 지역 전체가 폐허가 되어 버립니다.

하나님은 그 택한 백성 중에서 바벨론에 눌러앉아 있는 자들에게 "이제 너는 피할지니라!"(2:7)라고 말씀하십니다. 사탕발림 같은 바벨론의 물질적인 영화와 편한 생활에 빠져 있지 말고, 과감하게 박차고 나와 위대한 복음의 시대, 교회의 시대를 준비하기 위해 모험을 하라는 것입니다. 그러려면 예루살렘으로 돌아와 눈에 보이는 성전을 짓는 일도 중요하지만, 무엇보다 신실한 공동체를 세우기 위해 힘써야 합니다. 구약의 성전과 신약의 성전은 이 점에서 구별됩니다. 구약 성전의 핵심이 장소에 있었다면, 신약 성전의 핵심은 공동체에 있습니다. 포로생활에서 돌아온 중간기에는 이 두 개념이 공존하고 있었습니다. 그들은 성전도 지어야 했고 율법의 공동체도 만들어야 했습니다.

바벨론을 떠나라는 것은 현실을 무시하고 사회생활을 포기한 채 전부 목사나 선교사가 되라는 뜻이 아니라, 세상과의 관계를 다시 설정하라는 뜻입니다. 우리도 당연히 세상에서 공부해야 하고 돈을 벌어야 하며 직장생활을 해야 합니다. 그러나 우리가 세상에 사는 궁극적인 이유, 세상에 관심을 가지는 궁극적인 이유는 점검해 보아야 합니다. 만약 자신에게 필요한 것들이 전부 세상에 있다고 생각하기 때문에, 세상에 투자하면 투자할수록 존경받고 돈도 벌 수 있다고 생각하기 때문에 관심을 갖는 것이라면 그 사람은 바벨론에 눌러앉아 있는 자로서 장차 바벨론과 함께 망할 것입니다.

우리는 곧 침몰할 배에 탄 선원의 심정으로 세상을 바라보아야 합니다. 우리는 세상이 곧 침몰할 것을 압니다. 그런데도 왜 타고 있습니까? 이미 배에 올라탄 다른 고집스러운 사람들을 한 명이라도 더 설득하여 건져 내기 위해서입니다. 그 목적을 위해 그 배에서 요리사로도 일하고 항해사로도 일하고 갑판원으로도 일하는 것입니다. 우리가 세상에서 돈도 벌고 일도 하는 것은 세상이 너무 좋아서도 아니고 세상에서 성공하기 위해서도 아닙니다. 최후의 순간까지 다른 영혼들을 돕기 위해, 예수님이 호루라기를 불면서 "떠나라!"고 하실 때 신속히 그들을 건져서 떠나기 위해 요소요소에 박혀서 일하는 것입니다.

하나님의 백성들 중에도 바벨론의 영광에 눈이 뒤집힌 사람들이 많이 있었습니다. 그러나 바벨론의 영광은 전부 훔쳐 온 영광이었습니다. 다른 나라 사람들을 죽이고 약탈해서 빼앗아 온 물건들로 이룬 영광이었습니다. 그런데도 그 죄악의 영광에 빠져서 위대한 새 시대를 열기 위한 부르심에 반응하지 않은 자들에게 하나님이 말씀하시는 바가 무엇입니까? 바벨론은 결코 안전하지 않다는 것입니다. 말씀의 역사와 기도의 역사가 일어나는 신실한 공동체만이 안전하다는 것입니다.

오늘날에도 바벨론에 매여 사는 시온 백성들이 많이 있습니다. 결혼하기 전에는 뜨겁게 믿던 사람들도 결혼해서 아이를 낳고 나면 오직 돈 벌고 아이 키우는 일에 빠져 사는 경우가 적지 않습니다. 그러나 우리의 필요를 채워 주는 곳은 세상이 아닙니다. 얼핏 보기에는 힘 있고 돈 있는 사람들이 내 필요를 채워 주는 것 같지만, 실제로는 하나님이 그 사람들을 통해 채워 주시는 것입니다. 그러니까 세상 사람들에게 잘 보여야 모든 것을 얻을 수 있을 것처럼 세상에 매여서 빠져 나오지 못하는 사람은 어리석은 사람입니다.

야곱의 생애가 보여 주는 바가 바로 그것입니다. 그는 약은 꾀를 써서 외삼촌 라반의 양을 도둑질했습니다. 양들은 물을 먹으면서 교배를 하는데, 그때 시신경에 자극을 주면 무늬나 점 있는 새끼가 태어난다는 것을 알고 튼튼한 양들을 전부 자기 소유로 빼돌린 것입니다. 그것은 일종의 유전지식을 이용한 도둑질이라고 할 수 있었습니다. 그런데 나중에 그가 알게 된 사실이 무엇입니까? 하나님이 이미 자신을 부자로 만들기로 작정해 놓으셨다는 것입니다. 자신이 그렇게 약은 꾀를 쓰지 않았더라도 하나님이 부자가 되게 하셨으리라는 것입니다. 그 사실을 알게 된 야곱은 과감하게 하란을 떠날 수 있었습니다.

왜 시온 백성들이 바벨론을 떠나지 못했을까요? 바벨론이 자신들을 먹여 살린다고 생각했기 때문입니다. 그들은 바벨론에서 식당이나 여관을 경영하면서 안정된 삶을 누리고 있었기 때문에 예루살렘으로 돌아갈 수 없었습니다. 그러나 하나님의 생각은 정반대였습니다. 그들은 바벨론이야말로 세상에서 가장 안전한 곳이며 예루살렘은 위험한 곳이라고 생각했지만, 하나님은 예루살렘이 안전한 곳이며 바벨론을 대상으로 밥

벌이를 하고 있는 그들이야말로 위험한 상태에 있다고 말씀하셨습니다.

8절을 보십시오. "만군의 여호와께서 이같이 말씀하시되 '너희를 노략한 열국으로 영광을 위하여 나를 보내셨나니 무릇 너희를 범하는 자는 그의 눈동자를 범하는 것이라.'"

눈동자는 사람의 몸에서 가장 소중한 부분입니다. 눈동자를 잃으면 모든 것을 잃는 것이나 다름없습니다. 그래서 사랑하는 사람에 대해 표현할 때에도 "눈에 넣어도 아프지 않다"라고 말하지 않습니까? 하나님은 말씀에 순종하는 이 작은 신앙의 공동체야말로 하나님의 눈동자라고 말씀하십니다. 초라한 성전도 제대로 지을 힘이 없는 자들, 자신들의 생활조차 안전하게 지키지 못하는 이 백성들이야말로 하나님의 눈동자라고 말씀하십니다. 이것은 하나님의 선언입니다.

오늘날 하나님이 눈동자처럼 귀하게 여기시는 사람은 누구입니까? 세상에서는 인정받지 못하지만 하나님 앞에 나아와 교회를 세우기 위해 애쓰며 말씀으로 변화되기를 간구하는 자들입니다. 그들을 괴롭히는 것은 하나님의 눈을 찌르는 것과 같습니다. 하나님은 그런 자들을 절대 용납지 않겠다고 말씀하십니다.

우리는 세상과 우리의 위치를 완전히 다른 눈으로 볼 필요가 있습니다. 세상은 절대 안전한 곳이 아닙니다. 우리가 모인 곳이 안전한 곳입니다. 하나님이 불성곽으로 우리를 지키고 계십니다.

"너희를 노략한 열국으로 영광을 위하여 나를 보내셨나니"라는 것은 하나님이 그들을 노략한 열국을 심판하여 빼앗긴 영광을 되찾으신다는 뜻입니다. 바벨론은 지금 하나님께 빚을 잔뜩 지고 있는 기업과 같습니다. 엄청난 부채를 지고 있는 기업은 부실기업이요 퇴출되어야 할 기업입니다. 바벨론이 진 빚이 무엇입니까? 성전을 파괴하고 하나님 백성의 눈에서 피눈물을 뽑아 낸 것입니다. 바벨론이 폭삭 망한다 해도 그 빚을 다 갚을 수는 없습니다. 그런데 미련한 양 떼들은 밥벌이를 하기 위해 그 바벨론에 눌러앉아 있는 것입니다.

세상은 우리에게 갚을 빚이 있습니다. 세상은 너무나도 많은 성도들의 눈에서 눈물을 뽑아 냈으며 수많은 하나님의 백성들을 절망시켰습니다. 마치 모든 것이 제 소유인 양 큰소리를 쳤고 자신들 말을 들어야 잘살 수 있을 것처럼 거짓말했습니다.

어떤 사람이 정말 부자인지 아닌지 알아보려면 겉모습이 아니라 장부를 살펴보아야 합니다. 세상은 화려한 것들을 많이 가지고 있는 것 같지만, 실제로는 빚이 훨씬 더 많습니다. 하나님은 그 빚을 우리에게 넘겨주셨습니다. 그러므로 우리는 세상에 대해 좀더 당당해질 필요가 있습니다. 세상은 우리가 기도해 주어야 살 수 있으며, 교회에서 은혜를 흘려 보내 주어야 살 수 있습니다. 교회가 돈 많은 부자들을 한 명이라도 더 끌어들이려고 아첨할 필요가 없어요. 오히려 그들이 우리에게 고마워해야 합니다. 그런데 고마워하기는커녕 오히려 박해할 때 하나님은 "원금과 이자를 다 갚으라"고 청구하실 것입니다. 그러면 한순간에 부도가 나는 것입니다.

9절을 보십시오. "'내가 손을 그들 위에 움직인즉 그들이 자기를 섬기던 자에게 노략거리가 되리라' 하셨나니 너희가 만군의 여호와께서 나를 보내신 줄 알리라."

그가 손을 한번 움직이시면 어떻게 됩니까? 세상이 완전히 뒤집혀 버립니다. 노략하던 자가 노략당하고 지배하던 자가 지배당합니다. 이것은 세상이 절대 안전하지 않음을 보여 줍니다. 하나님의 손이 한번 움직이면 어제까지만 해도 나는 새를 떨어뜨릴 정도로 큰 권세를 누리던 사람들이 한순간에 감옥에 갇혀 버리고, 어제까지만 해도 돈으로 세도를 부리던 사람들이 한순간에 고개를 숙이고 돈을 꾸러 다니는 신세가 됩니다.

세상은 결코 안전하지 않습니다. 안전한 곳은 새 예루살렘, 하나님의 영광이 있는 그곳뿐입니다.

시온의 영광이 회복되리라

하나님은 힘들게 성전을 건축하고 있는 유다 백성들에게 기뻐하라고 말씀하십니다. "여호와의 말씀에 '시온의 딸아, 노래하고 기뻐하라. 이는 내가 임하여 네 가운데 거할 것임이니라'"(2:10).

시온의 가장 큰 축복이 무엇입니까? 하나님이 다시 그들 가운데 임재하시는 것입니다. 하나님이 임재하시면 그곳이 곧 세계의 중심이 됩니다. 모든 역사는 소년이 동그라미를 치는 그곳에서 일어나게 되어 있습니다. 소년의 입에서 "예루살렘"이라는 말이 나오는 순간, 모든 구원은 예루살렘에서부터 이루어지게 되어 있습니다.

가장 큰 축복은 우리 가운데 하나님이 함께하시는 증거가 나타나는 것입니다. 하나님이 함께하시지 않는 성전은 아무리 크고 웅장해도 의미가 없습니다. 이 부분에서 우리가 구별해야 할 것이 있습니다. 그것은 일반은총과 특별은총의 차이입니다.

일반은총은 하나님의 간접적인 은혜로서 세상 사람들도 누릴 수 있는 것입니다. 예를 들어 누구든지 열심히 일하면 출세하고 돈 벌 수 있는 것이 일반은총입니다. 그러나 일반은총으로는 죄를 치료할 수 없습니다. 그저 사람들이 한없이 악해지는 것을 막을 뿐입니다. 이를테면 정신질환자를 병원에 수용해 놓는 것과 같습니다. 사실 일반은총을 주신 것만도 얼마나 다행스러운 일인지 모릅니다. 정신이 온전치 못한 사람들이 거리를 활보하고 다니거나 살인범들이 탈옥해서 아무나 해치고 다닌다면 얼마나 불안하겠습니까? 좋은 사회는 여성이나 아이들처럼 힘없는 사람들이 안심하고 다닐 수 있는 사회입니다. 그러나 이런 일반은총으로는 사람을 고치지 못합니다. 단지 증세만 누그러뜨릴 뿐입니다.

반면에, 특별은총은 사람을 치료합니다. 정신이 온전치 못한 사람을 고쳐서 바른 생각을 하게 하며, 죄인을 고쳐서 남을 섬기게 합니다. 이것이 하나님의 은혜요 영광의 능력입니다.

예루살렘이 중요한 이유가 무엇입니까? 바로 이곳에서 사람이 변하고 새로워지는 일이 일어나기 때문입니다. 교회가 세계의 중심인 이유는 권력을 가진 자가 많거나 돈을 가진 자가 많기 때문이 아니라 사람들을 변화시키는 능력이 있기 때문입니다. 그 능력은 악한 기질을 약간 누그러뜨리는 데서 그치지 않습니다. 마치 다시 태어나는 것처럼 근본적으로 변화시켜 버립니다.

시온의 영광이 회복된다는 것은 이러한 교회의 기능이 회복된다는 뜻입니다. 그러므로 영혼을 치료받기 원하는 자들은 누구라도 이곳을 찾아오면 됩니다. "자기를 섬기던 자에게 노략거리가 되리라"라는 것은 나쁜 뜻이 아닙니다. 진정으로 바벨론이 살 수 있는 길은 자신들이 한때 지배했던 유다 백성들의 종이 되는 것입니다. 전적으로 그들의 가르침에 복종하고 그들의 말을 따르는 것입니다. 이것은 유다 백성들이 교만해져도 된다거나 세상을 지배하게 된다는 뜻이 아닙니다. 세상이 살아나기 위해서는 보잘것없는 하나님의 백성들이 가진 말씀의 지배를 받아야 한다는 뜻입니다.

가인도 아벨의 종이 되었다면 망하지 않았을 것입니다. 이스마엘도 이삭을 주인으로 인정했다면 아브라함의 집에서 쫓겨나지 않았을 것입니다. 에서도 야곱을 섬겼다면 구원을 받았을 것입니다. 이처럼 자기들보다 못한 하나님의 백성들을 섬기고 그들의 노략거리가 되어야 한다는 것은 세상 사람들에게 큰 시험거리입니다. 그러나 그렇게 하는 사람은 살아날 것입니다.

우리는 자존감을 되찾아야 합니다. 사실은 우리가 얼마나 굉장한 존재인지 모릅니다. 우리는 사랑으로 세상을 노략질하고 정복하도록 보냄받은 사람들입니다. 그 노략질을 잘할 때 피차 살아날 수 있습니다. 그러나 우리가 자존감을 잃어버리고 세상에 구걸하기 시작하면 피차 불행해지고 비참해질 것입니다.

하나님은 이 일을 위해 다시 유다와 예루살렘을 택하셨다고 말씀하십니다. "'여호와께서 장차 유다를 취하여 거룩한 땅에서 자기 소유를 삼으시고 다시 예루살렘을 택하시리니 무릇 혈기 있는 자들이 여호와 앞에서 잠잠할 것은 여호와께서 그 성소에서 일어나심이니라 하라' 하더라"(2:12-13).

이제 하나님은 다시 침묵하지 않으실 것입니다. 하나님이 그동안 침묵하신 것은 말씀이 없을 때의 답답함과 절망을 가르치시기 위해서였습니다.

여기에서 "혈기 있는 자들"은 모든 인간을 가리킵니다. 인간은 자기 자신을 고칠 수 없습니다. 만약 우리 몸에 치명적인 병이 있다면 치료해 줄 의사를 찾아 세상 끝까지라도 찾아가지 않겠습니까? 심장병이 있는데 그 병 때문에 도저히 살 수 없다면 아무리 먼 나라라도 찾아가서 치료받으려 하지 않겠습니까? 하나님은 죄지은 인간들이 찾아갈 수 있는 곳으로 예루살렘을 다시 택하셨습니다.

죄는 감추면 안 됩니다. 죄가 치료되지 않으면 결코 행복해질 수가 없습니다. 그런데 죄를 치료받으려면 말씀의 샘이 솟는 시온으로 찾아가야 합니다. 그곳은 하나님이 불성곽이 되어 지켜 주시는 곳이기 때문에 다시는 쫓기거나 위협당할 필요가 없습니다. 그러나 예전처럼 탐욕스럽게 살 수는 없습니다.

오늘 하나님은 부르심을 받고서도 여전히 바벨론을 의지하고 있는 시온 백성들을 일깨우고 계십니다. 우리도 먹고사는 일에 매여 눌러앉아 있으면 안 됩니다. 그보다 더 위대한 일을 준비해야 합니다.

하나님의 일은 혼자 하지 못합니다. 공동체가 함께 해야 합니다. "그날에 많은 나라가 여호와께 속하여 내 백성이 될 것이요 나는 네 가운데 거하리라. 네가 만군의 여호와께서 나를 네게 보내신 줄 알리라"(2:11).

얼마나 놀라운 말씀입니까? 하나님은 돈이나 권력이 아닌 사랑으로 세상을 바꾸실 것입니다. 수많은 사람들이 그 사랑으로 변화되어 새 예루살렘의 백성이 될 것입니다.

사랑하는 성도 여러분, 이 말씀은 바로 오늘 우리에게 주시는 말씀입니다. 내 힘으로 모든 것을 다 하겠다고 생각지 마십시오. 그러면 오히려 아무 일도 할 수 없습니다. 우리는 오직 은혜를 사모하며 성령 충만해지는 일만 생각해야 합니다. 다른 것들은 전부 하나님께 맡기십시오. 그러면 하나님이 친히 그 역사를 들불처럼 번져 나가게 하실 것입니다.

내 마음이 아직도 세상과 결탁되어 있지는 않습니까? 아직도 세상이 나를 행복하게 해 준다고 생각하고 있지는 않습니까? 그렇다면 굉장히 위험한 상태에 있는 것입니다. 우리가 가야 할 길은 따로 있습니다.

세상이 볼 때 우리의 모습은 실패한 자의 모습이요 소외된 자의 모습일 수 있습니다. 그러나 하나님은 "너희는 내 눈동자"라고 말씀하십니다. "내가 너희를 가슴에 품고 너희 가운데 거하며, 친히 불성곽이 되어 너희를 지켜 주겠다"라고 말씀하십니다. 그러므로 이제는 생각을 바꾸십시오. 세상에 헌신함으로써 세상에서 돈 벌고 성공할 생각을 버리십시오. 여호와의 손에 붙들려서 우리를 노략하던 자들을 사랑으로 노략하며 은혜로 정복하기를 힘쓰십시오. 그러면 교회도 살고 세상도 사는 큰 축복이 이 땅에 임할 것입니다. 새 예루살렘이 끝없이 확대되어 수많은 사람과 육축이 하나님의 불성곽 안으로 들어오는 축복이 임할 것입니다.

5

대제사장 여호수아

스가랴 3:1-5

3:1 대제사장 여호수아는 여호와의 사자 앞에 섰고 사단은 그의 우편에 서서 그를 대적하는 것을 여호와께서 내게 보이시니라.

2 여호와께서 사단에게 이르시되 "사단아, 여호와가 너를 책망하노라! 예루살렘을 택한 여호와가 너를 책망하노라! 이는 불에서 꺼낸 그슬린 나무가 아니냐?" 하실 때에

3 여호수아가 더러운 옷을 입고 천사 앞에 섰는지라.

4 여호와께서 자기 앞에 선 자들에게 명하사 "그 더러운 옷을 벗기라" 하시고 또 여호수아에게 이르시되 "내가 네 죄과를 제하여 버렸으니 네게 아름다운 옷을 입히리라" 하시기로

5 내가 말하되 "정한 관을 그 머리에 씌우소서" 하매 곧 정한 관을 그 머리에 씌우며 옷을 입히고 여호와의 사자는 곁에 섰더라.

3:1-5

대통령과 여당에 가장 무서운 존재는 야당과 언론일 것입니다. 정치인이 겁 없이 뇌물을 받거나 책임지지 못할 발언을 하면 바로 다음날 신문 1면에 대문짝만하게 기사가 실리고, 야당도 대변인을 통해 맹렬히 공격합니다. 그래도 해결이 안 되면 청문회를 열어 죄인 다루듯이 심문하는데, 그런 일에 한번 말려들면 정치인으로서 완전히 신세를 망치기 십상입니다. 이런 감시가 필요한 이유가 무엇입니까? 나랏일은 그만큼 투명하고 분명하게 책임감을 가지고 해야 하기 때문입니다. 정부가 언론이나 야당이 동의하고 지지할 수 있는 정책을 펼 때, 일반 국민들도 안심하고 따라갈 수 있을 것입니다.

이처럼 반대되는 입장에 서서 철저하게 따지고 공격하는 것을 성경은 '대적한다'라고 표현합니다. 정치가는 이렇게 대적하는 세력을 견디고 이겨 내야 정직하고 바른 정치를 할 수 있습니다. 지금 자기가 생각하는 계획이 맹렬한 반대 의견에 부딪치더라도 충분히 설득할 수 있을지 미리 검토해야 하며, 누군가 무언가를 제공하거나 제안할 경우에도 그 사실이 언론에 알려져도 떳떳할지 미리 따져 보고 행동해야 합니다.

오늘 본문은 유다 백성을 대표하는 대제사장 여호수아가 하나님 앞에서 맹렬히 공격당하는 모습을 보여 줍니다. 대제사장은 하나님 앞에 누추한 모습으로 서 있고, 사탄은 신이 나서 그의 모든 비행과 죄의 목록을 들고 나와 공격하고 있습니다. 그런데 하나님은 천사에게 여호수아가 입고 있는 더러운 옷을 벗기고 새 옷을 입히며 머리에 관을 씌우라고 명하십니다. 그러자 그토록 맹렬히 공격하던 사탄은 입을 다물고, 여호수아는 새로운 권세를 얻게 됩니다.

여기에서 중요한 것은 여호수아의 이 누추한 모습이 유다 백성들과 무슨 관계가 있느냐 하는 점입니다. 바벨론에서 돌아온 유다 백성들에게는 그들을 대표할 왕이 없었습니다. 총독 스룹바벨이 있기는 했지만, 이방인이 세운 사람이었기 때문에 유다 백성들을 온전히 대표한다고 볼 수는 없었습니다. 그 당시에 백성들을 대표할 수 있는 사람은 오직 대제사장뿐이었습니다. 그런데 백성들을 대신해서 기도해야 할 대제사장 여호수아는 하나님 앞에 더럽고 누추한 옷을 입고 있었기 때문에 전혀 제 역할을 감당할 수 없었습니다. 남들을 위한 중보기도는커녕 자기 자신의 죄조차 변호할 수 없었습니다. 그런데 오늘 하나님은 단번에 그를 정결케 하시며 큰 권세를 주고 계십니다.

사탄의 대적

오늘 본문은 하나님의 보좌 앞에서 이루어지고 있는 일을 보여 주고 있습니다. "대제사장 여호수아는 여호와의 사자 앞에 섰고 사단은 그의 우편에 서서 그를 대적하는 것을 여호와께서 내게 보이시니라"(3:1).

신학자들은 이런 것을 '여호와의 어전회의'라고 부릅니다. 한 나라의 중대사가 왕의 어전에서 결정되듯이, 세상의 모든 중대사는 하나님의 보좌 앞에서 결정됩니다. 사람들이 아무리 많이 모여서 떠들어 보았자 소용이 없습니다. 하나님의 보좌 앞에서 결정이 내려져야 이루어질 수 있습니다. 하나님이 승인하시면 아무리 불가능해 보이는 일도 이루어지게 되어 있습니다.

그러나 지금 우리 앞에 펼쳐지는 것은 그리 좋은 장면이 아닙니다. 대제사장 여호수아가 하나님 앞에 더럽고 수치스러운 모습으로 서서 사탄의 공격 앞에 쩔쩔매고 있기 때문입니다. 이것은 충격적인 장면입니다. 대제사장이 어떤 사람입니까? 모든 백성의 죄를 짊어지고 하나님 앞에 나아가 중보함으로써 죄 사함을 받아 내야 할 사람 아닙니까? 그는 누구보다 순결해야 하며 누구보다 당당해야 합니다. 그래서 하나님은 대제사장의 옷을 가장 아름답고 화려하게 만들게 하셨습니다. 아무도 그를 업신여기거나 공격하지 못하도록 영광스러운 옷을 입게 하셨습니다. 대제사장은 발에 끌리는 옷을 입고 가슴에는 흉배를 붙이고 어깨 위에 보석을 붙이고 머리에 관을 쓴 당당한 모습으로 하나님 앞에 나아가게 되어 있었습니다.

그런데 지금 하나님 앞에 서 있는 대제사장 여호수아의 모습은 전혀 당당하지가 못합니다. "여호수아가 더러운 옷을 입고 천사 앞에 섰는지라"(3:3).

그는 마치 큰 죄를 짓고 끌려온 피의자 같은 모습으로 서서 사탄의 맹렬한 공격 앞에 한마디도 대답지 못하고 있습니다. 어떤 관료가 잘못된 정책을 시행하거나 부정을 저지르면 야당과 언론들이 벌 떼같이 덤벼들어 결국은 그 자리에서 물러나게 만들거나 사법처리를 받게 만듭니다. 그런데 지금 대제사장이 바로 그런 관료처럼 더러운 옷을 입고 서서 공격당하고 있는 것입니다.

여호수아가 이처럼 더러운 옷을 입고 하나님 앞에 서 있는 것은 개인적으로 무슨 죄를 지었거나 비도덕적이고 더러운 삶을 살았기 때문이 아닙니다. 물론 우리 인간은 모두 하나님 앞에 불의한 죄인들로서 사탄의 공격을 받을 수밖에 없으며, 아무리 도덕적으로 살아온 사람이라고 해도 그의 의는 하나님 앞에 한낱 누더기에 불과한 것이 사실입니다.

그러나 지금 하나님이 스가랴에게 보여 주시는 것은 여호수아 개인의 모습이라기보다는 바벨론에서 돌아온 유다 백성들의 모습입니다. 그들은 무려 70년 동안이나 노예생활을 했음에도 불구하고 조금도 정결해지지 못한 채 포로로 잡혀 갔던 때의 그 더럽고 추한 모습 그대로 하나님 앞에 서 있었습니다.

여호수아는 명색이 대제사장이었지만 실제로는 대제사장의 역할을 전혀 감당하지 못했습니다. 바벨론에는 죄를 씻는 성전 제사가 없었기 때문입니다. 그러니까 신앙적으로 볼 때 유다 백성들은 70년간 세수도 하지 않고 목욕도 하지 않은 사람들과 같았던 것입니다. 사탄은 이렇게 더러운 자들이 어떻게 성전을 짓겠느냐고 공격했습니다.

노숙자들을 보면 그 모습이 어떻습니까? 이것은 노숙자들에게 상처를 주기 위해 하는 말이 아니라 단지 유다 백성들의 상태를 설명하기 위해 드는 예니까 이해하고 들어 주시기 바랍니다. 뜨거운 물이 나오는 화장실이 가까이 있다면 몰라도, 대부분의 노숙자들은 자주 세수하거나 머리를 감을 수가 없습니다. 그렇게 몇 달을 지내다 보면 자연히 얼굴이 숯덩이보다 더 시커매지게 되어 있습니다. 대제사장 여호수아의 모습이 바로 그러했습니다. 70년의 포로생활을 하는 동안 한 번도 죄 씻음을 받지 못해서 시커매진 모습으로 하나님 앞에 서 있었습니다.

그렇다면 이제 그들이 해야 할 일은 무엇입니까? 당연히 물을 구해서 얼굴과 몸을 씻고 더러운 옷을 갈아입어야 합니다. 하나님이 유다 백성들에게 성전을 재건하게 하신 것은 하나님에게서 흘러나오는 생수로 그들의 얼굴과 몸을 씻겨 주시고 새 옷을 입혀 주시기 위해서였습니다. 성전의 좋은 점이 무엇입니까? 거기에서 흘러 나오는 생수로 우리의 양심을 깨끗이 씻을 수 있다는 것입니다. 소경이 그 물로 눈을 씻으면 앞이 보일 것이며, 나환자가 몸을 씻으면 전신이 깨끗해질 것입니다. 고난만 당했다고 해서 사람이 깨끗해지는 것은 아닙니다. 성령의 능력이 임해야 합니다.

하나님의 은혜를 받은 사람들이 제일 처음 발견하는 것이 무엇입니까? 숯덩이같이 시커먼 자신의 모습이며, 자기 속에 남아 있는 무서운 죄의 상처들입니다. 지금까지는 다른 사람들이 문제인 줄 알았고, 좋은 학교에 가지 못한 것이 문제인 줄 알았으며, 집이 가난해서 마음껏 공부를 하지 못한 것이 문제인 줄 알았습니다. 그런데 은혜를 받고 나면 자기 자신이 병들어 있는 것이야말로 문제 중에 문제임을 깨닫게 됩니다. 그는 도저히 눈뜨고 볼 수 없는 비참한 상처들로 뒤덮여 있는 자신의 모습, 한 번도 씻지 못해 더러운 얼굴을 하고 있는 자신의 실상을 보게 됩니다. 물론 그것도 자신의 모습 전부는 아닙니다. 만약 전부를 보게 된다면 너무 충격을 받아 정신을 잃고 말 것입니다. 우리는 일부만 보고서도 하나님 앞에 나아가 탄식하며 기도하게 됩니다.

우리에게 가장 중요한 일은 하나님 앞에서 정결한 양심을 얻는 것입니다. 그보다 더 중요한 일이 없습니다. 세상적인 조건이나 상태는 중요치 않습니다. 천 명 만 명이 나를 욕하고 무시하고 업신여겨도 하나님 한 분이 나를 기뻐하시면 됩니다. 하늘에서 쏟아지는 햇빛이나 소나기를 아무도 막을 수 없는 것처럼, 하나님이 쏟아 부으시는 축복을 아무도 막을 수 없습니다.

그런데 문제는 우리의 모습이 하나님 앞에 전혀 아름답지 않다는 것입니다. 게다가 사탄은 축복의 근원이 되는 보좌 앞에 서서 하나님이 우리를 축복하시지 못하도록 있는 힘껏 방해하고 있습니다. 그렇기 때문에 영혼을 정결하고 깨끗하게 만드는 일이 그토록 중요한 것입니다. 영혼만 깨끗해지면 하나님의 모든 축복을 받을 수 있으며 기도하는 것마다 응답받을 수 있습니다. 우리가 은혜를 받지 못하는 것은 우리 영혼이 병들었기 때문이고 우리 마음이 부정하기 때문입니다. 그럴 때 마귀는 하나님께 절대 우리의 기도에 응답하시면 안 되며 우리에게 은혜를 주시면 안 된다고 주장합니다.

그렇다면 사탄은 대체 무슨 자격으로 하나님의 보좌 앞에서까지 이처럼 하나님의 백성들을 대적하며 은혜를 막고 있는 것입니까? '사탄'은 '대적하다'라는 동사에서 나온 이름입니다. 반대편에 서서 우리가 원하는 일을 하지 못하도록 방해하고 싸우는 것이 사탄의 원래 역할입니다.

교회가 예배당을 신축하려 하는데 동네 주민들이 뚜렷한 이유도 없이 일제히 나서서 공사하지 못하도록 진정서를 내고 물리적인 힘을 동원해서 방해한다면, 그 동네 사람들은 교회를 대적하는 것입니다. 그처럼 사탄은 우리가 하나님 앞에 나아가 죄 사함과 은혜를 받지 못하도록 있는 힘껏 방해합니다. 우리만 나아가지 못하도록 막는 것이 아니라 하나님 편에서도 우리에게 은혜를 주시지 못하도록 방해합니다. 사탄은 하나님 나라의 야당 내지는 야당색 짙은 언론과 같습니다. 가능한 모든 방법을 동원해서 우리의 허물을 캐내어 하나님의 은혜와 축복을 빼앗아 가려 합니다.

하나님이 이러한 사탄의 대적을 허용하시는 이유가 무엇입니까? 지금 하나님은 사탄의 말이 겁나서 여호수아와 유다 백성들에게 은혜를 주시지 못한 채 쩔쩔매고 계시는 것이 아닙니다. 하나님은 얼마든지 사탄을 물리칠 수 있는 능력과 주권을 가지고 계십니다. 그런데도 이처럼 사탄이 실컷 대적하도록 허용하시는 것은, 그만큼 정정당당하게 자신의 백성을 축복하시기 위해서입니다.

천국에는 언론의 자유가 있습니다. 하나님은 사탄의 눈을 가리고 입을 틀어막은 채 몰래 은혜를 주시지 않습니다. 마치 재혼한 아버지가 새엄마 모르게 자녀들에게 용돈을 주듯이 눈치를 보면서 주시지 않는다는 것입니다. 하나님은 사탄이 얼마든지 참소하고 항의하고 떠들도록 내버려 두십니다. "내 백성이 은혜 받지 못할 이유를 전부 내놓아 봐라"라고 말씀하십니다. 그런 후에 사탄이 절대 흠을 잡지 못하도록 우리를 거룩하게 만드심으로써 정정당당하고 떳떳하게 은혜를 받아 누리게 하십니다.

사탄을 책망하시다

하나님은 드디어 사탄을 책망하십니다. "여호와께서 사단에게 이르시되 '사단아, 여호와가 너를 책망하노라! 예루살렘을 택한 여호와가 너를 책망하노라! 이는 불에서 꺼낸 그슬린 나무가 아니냐?' 하실 때에"(3:2).

하나님이 사탄을 책망하시는 이유가 무엇입니까? 본문에는 그 이유가 명확히 드러나 있지 않습니다. 그런데 하나님은 사탄을 책망한다고 하시면서 연이어 "이는 불에서 꺼낸 그슬린 나무가 아니냐?"라고 말씀하십니다. 불에 타고 있던 나무는 다시 사용할 수가 없습니다. 사용할 나무라면 처음부터 불에 던져서는 안 됩니다. 그러나 사탄은 하나님의 명령을 거스르고 유다 백성들을 불에 던져서 도저히 쓸 수 없는 나무로 만들어 버렸습니다. 아마 하나님이 빨리 꺼내 주지 않으셨다면 완전히 재가 되어 형체도 알아보지 못할 지경이 되었을 것입니다.

1장 15절을 다시 보십시오. "안일한 열국을 심히 진노하나니 나는 조금만 노하였거늘 그들은 힘을 내어 고난을 더하였음이라."

하나님은 유다 백성들을 아주 망하게 하려고 바벨론의 손에 맡기신 것이 아닙니다. 멸망은 시키더라도 원형은 어느 정도 보전하기를 바라셨습니다. 그러나 바벨론은 원형을 알아볼 수 없을 정도로 망가뜨려 놓았습니다. 그래서 지금 하나님이 사탄을 책망하고 계신 것입니다. "내가 내 백성을 네 손에 맡기기는 했다만 이 정도로 망가뜨리라고 맡긴 것은 아니지 않느냐? 도대체 유다를 어떻게 다루었기에 이렇게까지 처참하게 파괴된 것이냐?"라고 책망하고 계십니다.

어느 부잣집에 개망나니 막내아들이 있었습니다. 그래서 하루는 아버지가 큰아들을 불러 동생 버릇을 좀 고쳐 놓으라고 일렀습니다. 그런데 얼마나 심하게 두들겨 패 놓았는지 형체를 알아볼 수 없을 지경이 되었다면, 아버지가 과연 가만히 있겠습니까? "아니, 어쩌다가 애를 이렇게 타다 만 부지깽이처럼 만들어 놓았느냐? 손만 좀 봐주라고 했지, 누가 이렇게 알아볼 수 없을 정도로 망가뜨려 놓으라고 했느냐?"고 하면서 책망하지 않겠습니까?

청부 폭력은 좋은 것이 아닙니다. 그런데 하나님이 아주 가끔 그 방법을 쓰실 때가 있습니다. 악한 자를 들어서 자기 백성들을 두들겨 패게 하실 때가 있는 것입니다. 그런데 악한 자들은 힘 조절이나 감정 조절이 잘 안 되기 때문에, 손만 봐주고 마는 것이 아니라 얼굴도 봐주고 다리도 봐주고 배도 봐줄 때가 많습니다.

그럴 때 우리는 하나님이 야속하게 느껴질 수 있습니다. 이처럼 나중에 책망하실 거라면 아예 처음부터 그런 자들의 손에 맡기시지를 말 일이지, 맡겨서 다 망가뜨리게 하신 후에 책망하시면 무슨 소용이 있습니까? 이것을 이해하려면 시적인 표현에 대해 좀 알아야 합니다. 지금 이 말은 하나님이 후회하신다는 뜻이 아닙니다. 유다 백성이 이 지경이 된 것은 절대 하나님이 기뻐하시는 뜻이 아닙니다. 우리가 고난받고 연단받고 인생 밑바닥으로 떨어지는 것은 절대 하나님이 원하시는 바가 아니에요. 다시 말해서 믿는 사람이라면 반드시 거쳐야 하는 필수과정은 아니라는 것입니다. 유다 백성들이 조금만 성의를 보였더라면 이렇게까지 망하지 않고 메시아 시대로 넘어갈 수 있었을 것입니다. 그러나 그들은 너무 고집스러웠습니다. 마치 하나님이 후회하시는 것처럼 표현해 놓은 이 구절에는 하나님이 원해서가 아니라 그들 스스로 자청했기 때문에 이런 일이 벌어졌다는 뜻이 담겨 있습니다. 그러니까 지금이라도 회개하면 망하기 전보다 더 아름답게 회복될 수 있다는 것입니다. 성경은 그것을 마치 하나님이 후회해서 사탄을 책망하시는 듯한 모습으로 묘사하고 있습니다.

우리는 하나님이 참으실 수 있는 선을 넘어가서는 안 됩니다. 그 선을 넘어가면 청부 폭력이 이루어지는데, 폭력배들은 인정사정을 봐 주지 않습니다. 그러므로 하나님이 말씀으로 경고하실 때 미리 돌이켜야 합니다. 불에 한번 들어갔다 나오면 이것이 원래 책상다리였는지 공사판에서 쓰던 나무토막이었는지 야구방망이였는지 구분할 수 없을 정도로 폐인이 되어 버립니다.

그동안에도 하나님은 유다 백성들을 징계해 오셨지만, 그것은 어디까지나 경고용에 불과했습니다. 그러다가 바벨론의 손에 맡겨서 제대로 징계하시니까 아예 형체를 알아볼 수 없도록 부서지고 타 버렸습니다. 물론 타다 만 부지깽이 같은 상태로 주께 돌아오는 것도 귀한 일이기는 합니다. 그러나 아직 시간이 있을 때, 젊었을 때, 원형이 남아 있을 때 말씀을 듣는 것은 더 귀한 일입니다. 불에 타다가 나오면 30센티미터 사용될 인생도 10센티미터밖에 사용되지 못합니다.

여기에서 중요한 것은 "예루살렘을 택한 여호와"라는 표현입니다. 아무리 하나님의 백성들이 멸망할 자들과 함께 불에 던져졌다 하더라도 그들은 하나님이 택하신 자들입니다. 하나님은 그들을 불 속에 던지셨다가도 다시 꺼내서 사용하십니다. 사탄은 여기에 항의합니다. 한번 불에 던지셨으면 끝까지 태워 버려야지 왜 중간에 꺼내시느냐는 것입니다. 유다 백성이 뭐가 별나다고 특별대우를 하시느냐는 것입니다.

우리는 오늘 말씀에서 우리 자신의 모습을 보아야 합니다. 우리는 타는 불 속에서 가까스로 건짐받은 그슬린 나무와 같습니다. 우리의 본성은 저 멸망당할 자들과 하나도 다를 바가 없습니다. 그러나 중요한 것은 하나님이 우리를 택하셨다는 사실입니다. 하나님은 불 속에서 타고 있는 우리를 꺼내서 그을음을 지우시고 새 삶을 주셨습니다.

여호수아의 더러운 옷을 벗기시다

하나님은 천사들에게 무엇을 명하십니까? "여호수아가 더러운 옷을 입고 천사 앞에 섰는지라. 여호와께서 자기 앞에 선 자들에게 명하사 '그 더러운 옷을 벗기라' 하시고 또 여호수아에게 이르시되 '내가 네 죄과를 제하여 버렸으니 네게 아름다운 옷을 입히리라' 하시기로"(3:3-4).

오늘 이 말씀은 복음 중에서도 최고의 복음입니다. 여기에서 주목해야 할 인물은 하나님 앞에 서 있는 천사입니다. 이 천사가 누구입니까? 히브리어 성경에는 이 천사 앞에 정관사가 붙어 있습니다. 바로 '그 천사'이며 '그 사자'인 것입니다. 구약성경에는 하나님과 거의 동등한 능력과 권세를 지닌 한 천사가 등장합니다. 다른 천사들과 분명히 구별되는 존재로서 때때로 '여호와'라는 칭호를 사용하기도 하는 이 천사는 제2위 하나님이십니다. 나중에 육신으로 세상에 오셔서 그리스도라는 칭호를 받으시는 바로 그분인 것입니다.

이미 말했듯이 대제사장 여호수아가 하나님 앞에 더러운 옷을 입고 서 있는 것은 유다 백성들이 하나님 앞에 전적인 죄인임을 보여 줍니다. 유다 백성들은 무려 70년 동안이나 바벨론에서 포로생활을 했음에도 전혀 의로워지지 못했습니다. 그런데 하나님은 여호수아 앞에 서 있는 이 천사를 보시고, 다른 천사들에게 명하여 여호수아의 더러운 옷을 벗기게 하십니다. 그리고 이것이 곧 그의 죄과가 제해졌다는 뜻임을 분명히 밝히십니다. 보류되거나 유예된 것이 아니라 완전히 제해졌다는 것입니다. 완전히 도말되어 다시 찾으려야 찾을 수 없게 되었다는 것입니다.

하나님은 무슨 근거로 사탄이 보는 앞에서 여호수아의 더러운 옷을 벗기시고 새 옷을 입히시는 것일까요? 실제로 사탄은 하나님의 이러한 조처에 아무 항의도 하지 못합니다. 조금 전까지만 해도 그렇게 맹렬히 공격하던 사탄이 입을 다물어 버리는 것입니다. 그 비밀은 여호수아 앞에 말없이 서 있는 '그 천사'에게 있습니다.

로마서 3장 22절은 "곧 예수 그리스도를 믿음으로 말미암아 모든 자에게 미치는 하나님의 의니 차별이 없느니라"라고 말씀하고 있습니다. 여기에서 중요한 것은 '미치다'라는 단어입니다. 여기에는 '전가시키다', '넘겨주다'라는 뜻이 있습니다. 즉, 내 돈을 다른 사람의 장부에 넘겨주어 갖게 하는 것입니다. 하나님은 지금 무슨 근거로 여호수아의 더러운 옷을 벗기고 계십니까? 무슨 근거로 유다 백성들의 허물을 사하시고 다시 하나님 앞에 존귀한 자로 만들고 계십니까? 하나님이 이렇게 하실 수 있는 것은 하나님 앞에 계신 '그 천사'의 의가 그들에게 전가되었기 때문입니다.

오늘 본문은 말하고 있지 않지만, 아마 하나님은 여호수아의 더러운 옷을 벗겨서 그 천사에게 입히셨을 것입니다. 아무 근거도 없이 여호수아의 옷을 벗기라고 하셨다면 그렇지 않아도 트집을 잡으려 애쓰는 사탄이 잠자코 있었을 리가 없습니다. 그러나 사탄보다 말할 수 없이 존귀한 하나님의 사자에게 여호수아의 더러운 옷을 입히시고 그 사자가 입고 있던 존귀한 옷을 여호수아에게 입히시는 것에 대해서는 사탄이 아무 이의도 제기할 수 없습니다. 이것이 바로 믿음으로 의롭다 함을 얻는 것입니다. 하나님의 아들이 여호수아의 더러운 옷을 친히 입으시겠다는데 사탄이 어떻게 감히 항의할 수 있겠습니까? 그저 놀라서 입을 벌릴 뿐입니다.

철저하게 멸망해 버린 유다 백성들을 다시 살릴 수 있는 방법이 무엇입니까? 하나님의 아들 예수 그리스도가 십자가에서 죽으시는 것입니다. 그 대속의 죽음만이 철저하게 망해 버린 그들을 다시 살릴 수 있습니다. 우리의 더러운 옷을 벗기고 아름다운 옷을 입히셨다고 해서 우리가 완전한 의인이 되는 것은 아닙니다. 우리에게는 과거에 저지른 죄악의 흔적이 남아 있고 무서운 죄성도 여전히 남아 있습니다. 그러나 예수님은 자신의 피로 그것을 덮어서 보이지 않게 해 주시고 의인의 자격을 부여해 주십니다.

우리는 하나님 앞에서 참으로 부정한 자들입니다. 우리의 죄를 전부 기록한다면 하늘을 전부 채우고도 남을 것입니다. 그러나 하나님은 그렇게 죄로 누더기가 된 우리의 옷을 벗겨서 그리스도께 입히시고 그가 입고 계시던 의의 옷을 우리에게 입혀 주십니다.

그래도 가끔씩 사탄은 과거에 지은 죄를 상기시키면서 우리의 기쁨을 빼앗아 가며 우리를 다시 죄의 지배 아래 가두려 합니다. 그럴 때 우리는 담대하게 "이제 그리스도 예수 안에 있는 자에게는 결코 정죄함이 없나니!"(롬 8:1)라고 선포해야 합니다. 이제 과거의 죄로 우리를 정죄할 자는 아무도 없으며, 우리를 부끄럽게 할 자 또한 아무도 없습니다. 그 누구도 우리가 하나님 앞에서 축복받고 은혜 받는 것을 방해할 수 없습니다. 단지 우리가 해야 할 일은 모든 죄를 자백하는 것뿐입니다. 그러면 예수님이 친히 우리에게 손을 얹으시고 모든 죄를 자신의 몸으로 빨아들이십니다.

우리가 이렇게 아름다운 의의 옷을 입어야 하는 이유가 무엇입니까? 하나님 앞에 나아가 모든 귀한 복을 받아 누리기 위해서입니다. 여왕의 초청을 받아 버킹엄 궁에 들어가는 영국 국민이 더러운 옷을 입고 갈 수 있겠습니까? 아마 자신이 가진 옷 중에서도 가장 좋은 옷을 차려입고 나아갈 것입니다. 그리고 여왕을 알현한 후에 서로 대화를 나누고 가장 좋은 약속을 받아서 돌아올 것입니다. 하물며 우리는 하나님의 보물창고에 초청받은 사람들입니다. 우리는 의의 옷을 입고 나아가 하늘의 모든 신령한 은사와 지혜와 성령의 능력을 받아와야 합니다.

하나님이 우리를 의롭다 하셨다고 해서 모든 일이 끝났다고 생각지 마십시오. 개중에는 예수님을 믿고 난 후 더 열심히 세상적인 삶을 사는 사람들이 있습니다. 자기는 구원받았기 때문에 아무렇게나 살아도 천국에 간다고 믿는 것입니다. 그러나 그리스도께서 십자가에서 못 박혀 죽으신 것은 그렇게 아무렇게나 살아도 구원받게 하시기 위해서가 아니라, 하나님의 능력으로 남은 삶을 살게 하시기 위해서입니다. 이제 우리 인생은 우리 것이 아닙니다. 핏값을 주고 사신 하나님의 것이기 때문에 아무리 사소한 부분이라도 내 마음대로 사용해서는 안 됩니다.

우리가 성령의 능력으로 남은 삶을 하나님의 뜻대로 살 때 사탄은 영원히 입을 다물 것입니다. 그러나 실컷 자기 욕심대로 살던 사람이 예수 믿고 교회 다닌다는 이유만으로 천국에 들어간다면 사탄이 과연 가만히 있겠습니까?

우리가 아름다운 옷을 받았다는 것은 이 세상에서 하나님의 뜻대로 아름답게 살 기회와 권한을 받았다는 뜻이며, 믿음으로 의롭다 함을 받았다는 것은 의롭게 살 기회와 권한을 받았다는 뜻입니다. 이 옷을 받은 사람은 참으로 하나님이 기뻐하시는 뜻을 이루기 위해 살아야 합니다.

정한 관을 씌우시다

천사들이 대제사장 여호수아의 더러운 옷을 벗기고 아름다운 옷을 입히는 모습을 본 스가랴는 정한 관도 그의 머리에 씌워 달라고 요청합니다. 그러자 하나님은 그의 요청대로 정한 관을 씌워 주십니다. "내가 말하되 '정한 관을 그 머리에 씌우소서' 하매 곧 정한 관을 그 머리에 씌우며 옷을 입히고 여호와의 사자는 곁에 섰더라"(3:5).

"정한 관"은 깨끗한 모자를 의미합니다. 이 관이 무엇이냐에 대해서는 학자들 간에 의견이 일치하지 않습니다. 여기에서 "관"으로 번역된 것은 일종의 터번처럼 천으로 된 모자입니다.

오늘 본문이 보여 주는 것은 대제사장 여호수아의 대관식 장면입니다. 그의 머리에 관을 씌워 주시는 일의 의미를 우리는 두 가지로 생각해 볼 수 있습니다. 첫째는 그가 하나님 앞에 정결해져서 본격적으로 대제사장의 직분을 감당한다는 것입니다. 이제부터 그가 드리는 모든 기도는 공적인 성격을 띠게 됩니다. 이제부터 그는 공인이기 때문에 개인의 영적 상태와 상관없이 그의 기도는 곧 그리스도의 기도와 같은 효력을 지니게 됩니다. 그는 지금까지 명목상의 대제사장이었습니다. 그러나 이제부터는 공식적으로 대제사장의 사명을 감당할 것입니다. 하나님께 성령의 능력을 받아 실질적인 대제사장의 사명을 감당하게 되는 것입니다.

중요한 것은 성령의 기름부음입니다. 성령의 기름부음이 없는 직분은 명목상의 직분에 불과합니다. 말씀을 전해도 힘이 없고 기도를 해도 힘이 없습니다. 하나님이 머리에 관을 씌워 주셔야 비로소 성령의 능력으로 그 직분을 감당할 수 있습니다.

스가랴가 여호수아의 머리에 정한 관을 씌워 달라고 요청한 데에는 명목상으로만 대제사장이 아니라 실질적으로도 대제사장이 되게 해 달라는 뜻이 담겨 있습니다. 그럼으로써 백성들이 다시 하나님 앞에 영광의 예배를 드리며 죄 사함을 받고 새로운 사람으로 변화되는 성령의 역사가 일어나게 해 달라는 뜻이 담겨 있는 것입니다.

5절은 여호수아에게 정한 관을 씌울 때 "여호와의 사자는 곁에 섰더라"라고 말합니다. 우리의 진정한 대제사장은 바로 이분입니다. 그는 세상에 오셔서 우리 죄를 사하기 위해 죽기 전까지 하나님 옆에 서서 기다리고 계십니다.

둘째로, 대제사장 여호수아의 머리에 씌워 주신 관은 평범한 관이 아니라 왕의 권세를 나타내는 관입니다. 이 관은 보통 대제사장이 쓰는 관과 다릅니다. 즉, 대제사장 여호수아는 제사장직과 왕직을 겸하게 되는 것입니다. 이것은 장차 그리스도가 십자가 위에서 죽으심으로써 얻게 될 지위를 보여 줍니다. 왕이면서 대제사장이신 분은 그리스도밖에 없습니다. 그는 우리의 왕과 제사장으로서 온 세상을 다스리시며 심판하실 것입니다.

우리는 그분의 작은 제사장들입니다. 우리에게는 부끄러운 죄가 많지만 예수 그리스도께서 보혈로 그 모든 허물을 씻기시고 깨끗한 세마포 옷을 입혀 주셨습니다. 우리는 이 왕의 신하로서 마지막 날까지 담대하게 죄와 싸워야 합니다.

무슨 일을 할 때든지 참소하는 마귀가 곁에 있다는 사실을 잊지 마십시오. 아무도 보지 않는다고 해서 떳떳지 못한 일을 하면 결국 마귀의 대적에 넘어질 것입니다. 누가 보아도 떳떳하고 당당하게 일해야 마귀가 입을 다뭅니다. 이렇게 볼 때 사탄은 우리에게 필요한 존재라고 해야 할지도 모르겠습니다. 사탄의 무서운 참소가 없다면 긴장을 놓치기 쉬울 테니 말입니다.

오늘 본문이 말씀하는 바가 무엇입니까? 우리가 하나님의 백성이 되고 하나님의 성령이 우리 가운데 계시는 것은 우리 공로로 이루어진 일이 아니라는 것입니다. 그것은 순전히 하나님 앞에 계시는 여호와의 사자 덕분에 이루어진 일입니다. 우리는 사탄의 참소에 여지없이 침몰할 수밖에 없는 죄인들입니다. 우리의 공로나 자랑은 하나님 앞에 더러운 누더기에 지나지 않습니다. 그러나 하나님의 아들이 십자가에서 우리 죄를 대신하여 심판을 받으심으로써 우리는 당당히 의의 옷을 입고 나아가게 되었습니다.

오늘 우리가 가장 간절히 간구해야 할 것은 무엇입니까? 우리 안에 그 거룩한 영을 부어서 새롭게 해 달라는 것입니다. 무서운 죄가 남겨 놓은 엄청난 상처와 더러운 흔적들, 세상의 욕심으로 얼룩진 마음을 깨끗이 씻어 달라는 것입니다. 그리하여 하나님의 거룩한 존전에 나아가 그 뜻을 구하며, 그 뜻을 세상에서 이루어 드리는 사람이 되게 해 달라는 것입니다.

대제사장 여호수아의 변화된 모습은 바로 우리의 모습이기도 합니다. 원래 우리는 하나님 앞에 더러운 옷을 입고 서서 사탄의 공격에 어쩔 줄 모르던 자들이며 심판이 두려워 벌벌 떨던 자들입니다. 그런데 하나님이 우리의 더러운 옷을 벗기시고 아름다운 의의 옷을 입혀 주셨습니다.

그러나 그것만으로는 부족합니다. 정한 관도 우리 머리에 씌우셔서 제사장의 사명을 감당하게 해 주셔야 합니다. 제사장은 자기만을 위해 기도하는 사람이 아니라 다른 이들을 위해 기도하는 일에 헌신한 사람입니다. 우리의 기도로 사람들이 죄 사함을 얻게 합시다. 우리의 입에서 세상의 축복이 나오게 합시다. 명목상으로만 하나님의 백성이 아니라 실질적으로도 하나님의 축복을 전하는 백성이 되게 해 달라고 간구합시다. 하나님께 기도하면 기도가 응답되고, 사람을 축복하면 축복이 이루어지며, 죄 사함을 위해 기도하면 죄 사함의 역사가 기쁨과 확신으로 나타나는 성령의 능력을 달라고 간구합시다.

혹시 이 자격을 잃어 버렸다면 오늘 되찾으시기 바랍니다. 하나님이 주신 특권 중에서 누리지 못하고 있는 것들이 있다면 그것도 오늘 회복하시기 바랍니다. 하나님 앞에 서 있는 작은 제사장들로서 멸망해 가는 세상을 위해 기도하며, 사탄의 입을 틀어막는 권세를 가진 성도들이 되기를 축원합니다.

6

제사장의 역할

스가랴 3:6-10

³:⁶ 여호와의 사자가 여호수아에게 증거하여 가로되

7 "만군의 여호와의 말씀에 '네가 만일 내 도를 준행하며 내 율례를 지키면 네가 내 집을 다스릴 것이요 내 뜰을 지킬 것이며 내가 또 너로 여기 섰는 자들 중에 왕래케 하리라.

8 대제사장 여호수아야, 너와 네 앞에 앉은 네 동료들은 내 말을 들을 것이니라. 이들은 예표의 사람이라. 내가 내 종 순을 나게 하리라.

9 만군의 여호와가 말하노라. 내가 너 여호수아 앞에 세운 돌을 보라. 한 돌에 일곱 눈이 있느니라. 내가 새길 것을 새기며 이 땅의 죄악을 하루에 제하리라.

10 만군의 여호와가 말하노라. 그날에 너희가 각각 포도나무와 무화과나무 아래로 서로 초대하리라' 하셨느니라."

3:6-10

비가 세차게 쏟아지는 밤바다는 칠흑같이 어두워서 앞을 전혀 분간할 수가 없습니다. 그러나 그 가운데 외롭게 서 있는 등대는 바다에 빛을 비추어 배가 안전하게 운항할 수 있도록 길을 안내하는 역할을 합니다. 요즘 우리나라는 칠흑같이 어두운 밤바다를 항해하는 듯합니다. 어디에 암초가 있으며 어디에 위험이 도사리고 있는지 아무도 알지 못합니다. 그 가운데서도 이렇게 함께 모여서 하나님의 말씀을 듣고 기도하는 성도들은 이 나라를 지키는 등대라고 할 수 있습니다. 이 등대의 빛이 비치는 한, 이 나라는 좌초하지 않고 어두운 밤바다 같은 상황에서도 바른 길로 나아갈 것입니다.

대통령에 입후보한 사람들은 앞으로 어떠어떠한 일들을 하겠다고 국민들에게 약속을 하는데, 우리는 그것을 '공약'이라고 부릅니다. 그 공약들 중에는 실행 가능성이 사전에 충분히 연구되거나 검토된 것들도 있지만 선심성으로 제시되는 것들도 있습니다. 선심성 공약은 실제로 대통령이 되어 실행하려 할 때 여러 가지 현실적인 장애에 부닥치게 마련입니다. 만약 대통령이 이처럼 충분히 검토되지 않은 인기 위주의 정책을 계속 펴 나간다면, 사람들은 '포퓰리즘' 정치를 한다고 거세게 비난할 것입니다.

오늘 본문에는 대통령의 공약 정도가 아니라 하나님의 약속이 나오고 있습니다. 하나님은 대제사장 여호수아가 말씀을 지키면 이러저러한 일을 하게 해 주겠다고 약속하시는데, 그 한 가지 한 가지가 사람의 힘으로는 이룰 수 없는 없는 엄청난 것들입니다.

하나님의 공약은 결코 포퓰리즘에서 나오지 않습니다. 오히려 하나님은 사람들이 가장 싫어할 만한 정책을 제시하십니다. 그것만이 우리를 살릴 수 있는 길이기 때문입니다. 사람들은 요즘 우리나라가 이처럼 경제적으로 어려운 것은 정치 때문이라고 말합니다. 정치에는 정치의 원리가 있고 경제에는 경제의 원리가 있는데, 정치권에서 경제를 무리하게 조정하려 드는 바람에 경제가 자생력을 잃었다는 것입니다.

유다에도 비슷한 일이 있었습니다. 정치의 원리가 종교의 원리를 눌러 버린 것입니다. 원래 이스라엘에서 기름부음을 받는 직책은 세 가지가 있었습니다. 첫째는 왕이고, 둘째는 제사장이고, 셋째는 선지자입니다. 그런데 다윗이 왕이 된 후부터 '기름부음 받은 자'는 자연스럽게 왕을 의미하게 되었고, 그 중에서도 특히 다윗의 후손을 의미하게 되었습니다. 왜냐하면 정치가 무엇보다 중요했기 때문입니다. 그때부터 정치의 논리가 신앙의 논리를 끌고 가기 시작했고, 제사장과 선지자의 역할이 정치에 예속되는 현상이 나타나게 되었습니다. 그러면서 언제부터인가 '정치가 만사의 근본'이라는 사고가 백성들 사이에 뿌리내리기 시작했습니다. 탁월한 정치 지도자만 나타나면 모든 문제가 자동적으로 해결된다고 생각하게 된 것입니다.

그러한 태도를 보여 주는 대표적인 인물이 웃시야 왕입니다. 그는 직접 분향을 드리려 하다가 문둥병에 걸렸습니다. 그것은 왕이 얼마나 제사장직을 무시했으며 하나님께 제사 드리는 일을 우습게 알았는지 증명해 주는 사건이었습니다.

실제로 유다의 많은 제사장들은 직업주의에 빠져서 본연의 사명을 잊고 있었습니다. 그래서 선지자들의 주된 비판의 대상이 되었습니다. 제사장의 가장 중요한 사명은 백성의 거룩함을 지키는 것입니다. 그런데 그들은 그 사명을 잊어버린 채 왕권을 수호하는 수구세력의 대명사가 되고 말았습니다.

하나님은 대제사장 여호수아의 더러운 옷을 벗기시고 깨끗한 옷을 입히신 후에 제사장 본연의 사명을 되찾을 것을 명하십니다. 즉, 왕의 들러리가 되지 말고 하나님 백성의 거룩함을 지킴으로써 하나님이 그 백성 가운데 거하실 수 있게 하라는 것입니다. 하나님이 그 백성 가운데 거하시지 않으면 정치든 무엇이든 의미가 없으며, 나라는 무너질 수밖에 없습니다.

바벨론에서 돌아온 유다 백성들은 할 일이 너무나 많았습니다. 그들은 아무것도 없는 폐허 위에 나라를 세워야 했습니다. 그런 상황에서 가장 먼저 추구해야 할 일이 무엇입니까? 생활의 안정입니까? 정치적 안정입니까? 사회적 안정입니까? 아닙니다. 제사장들이 그 사명을 회복하며 백성들이 그 거룩함을 회복하는 일을 가장 먼저 추구해야 합니다.

우리도 마찬가지입니다. 20년 동안 번창하던 경제가 무너지고 정치도 갈팡질팡하는 이때, 우리가 가장 먼저 붙잡아야 할 것은 하나님 백성의 거룩함입니다. 우리는 어떻게 해서든지 그 거룩함을 회복함으로써 하나님이 우리 가운데 거하시게 해야 하며, 우리를 불쌍히 여기시게 해야 합니다. 그래야 이 나라에 소망이 생깁니다.

말씀으로 백성을 다스리라

바벨론에서 돌아온 유다 백성들은 온통 정치적인 문제에 마음이 빼앗겨 있었습니다. 만나면 하는 이야기가 "우리는 언제 독립할 수 있을까?", "대체 누가 정권을 잡을까?" 하는 것들이었습니다. 그러나 하나님은 앞으로 유다 백성을 이끌어 갈 자는 정치적 지도자가 아니라 제사

장이라고 말씀하십니다. "여호와의 사자가 여호수아에게 증거하여 가로
되 '만군의 여호와의 말씀에 네가 만일 내 도를 준행하며 내 율례를 지
키면 네가 내 집을 다스릴 것이요 내 뜰을 지킬 것이며 내가 또 너로 여
기 섰는 자들 중에 왕래케 하리라'"(3:6-7).

하나님은 하나님의 도를 준행하며 율례를 지키는 것이 곧 제사장의
사명이라고 말씀하십니다. 우리가 볼 때 제사장이 말씀을 지키고 백성들
에게도 말씀을 가르쳐 지키게 하는 것은 지극히 당연한 일인 것 같습니
다. 그런데 하나님은 여호수아가 그 지극히 당연한 일을 하면 축복해 주
시겠다는 것입니다. 그 이유가 무엇입니까? 말씀을 가르치는 사람이라
고 해서 반드시 말씀대로 사는 것은 아니기 때문입니다. 말씀을 잘 지킬
것 같은 사람들이 오히려 그렇게 살지 못하는 경우가 너무나 많습니다.

예수님은 "누구든지 이 계명 중에 지극히 작은 것 하나라도 버리고
또 그같이 사람을 가르치는 자는 천국에서 지극히 작다 일컬음을 받을
것이요 누구든지 이를 행하며 가르치는 자는 천국에서 크다 일컬음을
받으리라"(마 5:19)라고 말씀하셨습니다. 그만큼 말씀을 가르치고 지키
는 일은 쉽지가 않습니다.

사회가 발전하면 종교가 사회의 거룩함을 지키는 역할보다 사회적 안
정을 지키는 역할에 치중하기 쉽습니다. 예를 들어 기독교화된 사회일
수록 목사나 신부가 사회 구성원들의 도덕적인 순결을 지키기 위해 싸
우기보다는 결혼식이나 장례식을 인도해 주는 사람 정도로 전락할 때가
많습니다. 사람들은 종교의 울타리 안에 살지만 새로운 변화는 원치 않
습니다. 그들은 기독교 가정에서 태어나 유아세례를 받고 나이가 차서
견신례를 행하며 신부님이나 목사님 앞에서 결혼식을 올립니다. 그리고
죽으면 기독교식으로 장례를 치릅니다. 물론 그 자체가 나쁘다는 말은
아닙니다. 문제는 기독교가 습관이 되어 버린다는 것, 사람들이 형식적
으로 예배드리고 기도하고 주일 지키는 데 만족해 버린다는 것입니다.

그런 사회에서 사제나 목사는 대통령이나 왕이 주도하는 리셉션과 만

찬에 중요한 귀빈으로 참석하며 그런 대접을 받는 데 만족합니다. 제사장 직분이 정치적 논리에 끌려가는 것입니다. 그럴 때 제사장은 백성들의 죄를 지적하거나 책망하기는커녕, 오히려 기득권층의 이익을 대변해 주며 수호해 주는 사람이 되어 버립니다. 예를 들어 회사에 소속되어 사장에게 월급을 받는 목사는 아무래도 사장의 잘못을 책망하는 설교보다는 그가 더 번창하도록 축복하는 설교를 많이 하게 될 것입니다.

유다가 바벨론에게 망하기 전에 제사장들이 바로 그러했습니다. 그들은 권력의 하수인에 불과했습니다. 제사장은 왕의 들러리로 사회적인 안정을 수호하는 역할을 했을 뿐, 백성의 거룩함을 위해 도전장을 던지고 죄를 책망하며 개혁을 부르짖는 기능은 완전히 상실해 버렸습니다.

오늘 본문에서 하나님은 대제사장 여호수아의 머리에 정한 관을 씌워 주시면서 하나님의 도와 율례를 지킬 것을 요구하십니다. 이제부터는 정치세력에 이리저리 끌려다니지 말고, 왕이 부른다고 쫓아가고 총독이 부른다고 쫓아가지 말고, 오직 말씀에만 헌신하라는 것입니다. 설사 시대의 흐름에 편승하지 못해서 미움을 받는 한이 있더라도 본연의 임무를 되찾으라는 것입니다. 자신의 어깨에 나라의 모든 운명이 달려 있음을 깨닫고 그렇게 하라는 것입니다.

거듭 말하지만 제사장은 무엇보다 백성의 거룩함을 지키기 위해 애써야 합니다. 물론 인간으로 이 땅에서 사는 한 완전히 거룩해지기란 불가능합니다. 예수님도 "이미 목욕한 자는 발밖에 씻을 필요가 없느니라"(요 13:10)라고 말씀하셨습니다. 즉, 이미 목욕한 사람도 발은 계속 더러워질 수 있음을 인정하신 것입니다. 제사장은 세상적으로 안정되고 넉넉한 삶을 살기보다는 백성들 안에 있는 부패한 본성을 성령의 샘물로 지속적으로 씻어 나가기를 추구해야 합니다.

우리는 모세가 시내 산에서 내려왔을 때 일어난 사건에서 제사장직의 원형을 찾아볼 수 있습니다. 돌비를 받기 위해 시내 산에 올라갔던 모세가 오래도록 돌아오지 않자 백성들은 그가 죽었다고 생각하고 금송아지를 만들어 숭배했습니다. 그러나 레위 족속만큼은 그 일에 동참하지 않았고, 모세가 내려와 여호와의 편에 설 자를 소집했을 때 칼을 차고 나아가 우상을 숭배한 동족을 심판했습니다. 그것은 하나님 백성의 거룩함을 지키려는 레위 족속의 열정을 잘 보여 준 사건이었습니다.

이스라엘 백성들이 모압 여인들과 음행했을 때에도 비슷한 일이 벌어졌습니다. 하나님은 그 범죄에 진노하셔서 염병으로 3만 명을 죽이셨습니다. 그런데 그 와중에서 이스라엘의 한 족장이 모압 여자를 안고 자기 장막으로 들어갔고, 그 장면을 목격한 비느하스가 창을 들고 따라 들어가 두 사람을 한꺼번에 찔러 죽였습니다. 그러자 염병이 그쳤습니다.

제사장에게는 이처럼 거룩을 사모하는 열정이 있어야 합니다. 제사장은 백성들의 죄를 짊어지고 하나님께 나아가는 사람입니다. 그런데 백성들이 죄를 인정하지 않을 때, 칼을 빼서 칠 수 있는 용기가 있어야 합니다. 법관이 인정에 끌리면 공정한 재판을 할 수 없듯이, 제사장도 인정에 끌리면 거룩을 지킬 수가 없습니다. 속으로는 피눈물을 흘리더라도 내 동족, 내 친구, 내 가족을 찌를 수 있어야 합니다.

교인들은 목회자들이 얼마나 바쁘게 지내는지 잘 모릅니다. 결석한 교인들 심방도 해야지요, 결혼식 주례도 서야지요, 장례식도 치러야지요, 회의에도 참석해야지요, 개업한 사무실에도 찾아가야지요, 이사한 집에도 찾아가야지요, 쉴 틈이 없습니다. 심지어 외국 한인 교회에서는 집 구하는 문제부터 아이들 학교 문제, 행정적인 처리까지 목사가 거의 다 감당하는 경우도 있다고 합니다. 요즘 목회자들은 주로 교인들을 격려하고 위로하며 신앙에서 떨어지지 않도록 붙들어 주는 일에 많은 에너지를 사용하고 있는 것 같습니다. 즉, 위로나 권면자의 역할을 많이 하고 있는 것입니다. 그러나 목회자가 결코 놓쳐서는 안 될 근본적인 사명이 무엇입니까? 하나님 백성의 순결을 지키는 것입니다. 백성들이 하나님 앞에서 거룩하게 살도록 충고할 뿐 아니라 때로는 책망하면서 말씀으로 대결하는 일까지 불사하는 것입니다.

제사장의 사명은 결혼식 주례 서 주고, 장례식 치러 주고, 개업한 곳에 가서 복 빌어 주고, 사장이나 권력자들의 식사 자리에 초대받아 가서 축복해 주는 것이 아닙니다. 백성들의 영성이 지금 어떤 상태에 있는가, 거룩의 수준이 어느 정도에 이르러 있는가, 부패한 부분은 없는가, 두 눈을 똑바로 뜨고 살펴보아야 합니다. 그리고 거룩을 거부하는 사람이 있을 때에는 아무리 내가 사랑하는 사람이라도 칼을 뽑아 칠 수 있어야 합니다.

접대부로 일하는 여성들이 큰 비중을 차지하는 교회가 외국에 있다는 말을 들은 적이 있습니다. 술집에서 일하는 사람들도 당연히 복음을 들어야 하며 구원을 받아야 합니다. 그러나 교회가 주로 그들의 헌금에 의존하는 것은 잘못입니다. 목사는 설사 교회 문을 닫게 되는 한이 있더라도 그들의 죄를 지적해 주어야 하며 그 일에서 떠나게 해야 합니다.

유다에서는 정치의 논리에 제사장직이 파묻혀 버렸다면, 오늘날 교회에서는 위로의 논리에 거룩이 파묻혀 버린 것 같습니다. 오늘날 사람들은 '회개'라는 말보다 '위로'나 '치료'라는 말을 더 많이 사용합니다. 분명히 주님은 "회개하라, 천국이 가까웠느니라"라고 말씀하셨는데, 오늘날 사람들은 "치료받으라, 그러면 온전해지리라"라고 말하고 있습니다.

하나님이 여호수아에게 요구하신 것이 무엇입니까? 중심을 잡으라는 것입니다. 이 사람이 하는 소리에 휩쓸리고 저 사람이 하는 소리에 휩쓸리지 말라는 것입니다. 이 사람이 오란다고 해서 쫓아가고 저 사람이 오란다고 해서 쫓아가지 말라는 거예요. 자기 위치에 서서 백성들의 영적인 수준을 살피고 거룩을 지키기 위해 싸우라는 것입니다. 그는 무엇보다 말씀에 헌신해야 합니다. 그래야 사람들의 얼굴을 보지 않고 말씀대로 가르칠 수 있습니다.

하나님은 여호수아에게 그 같은 요구를 하시면서 세 가지 특권을 약속하십니다. 첫째는 하나님의 집을 다스리는 것입니다. "네가 내 집을 다스릴 것이요." 이것은 말씀만 붙들고 나가면 어떤 정치세력에도 넘어

가지 않고 교회를 지키게 해 주신다는 약속입니다. 우리가 할 일은 세상을 정치적으로 정복하는 것이 아닙니다. 하나님 앞에 충성된 제사장으로 흔들림 없이 서 있기만 하면 세상에도 지속적으로 은혜가 흘러 나가게 되어 있습니다.

예수님이 베다니 나사로의 집에 가셨을 때, 나사로의 누이 마리아는 예수님의 발 앞에 앉아 말씀을 들었던 반면, 마르다는 손님 대접에 마음이 분주했습니다. 주님은 마르다에게 많은 음식이 필요치 않고 한 가지 음식만으로도 족하다고 하시면서 "마리아는 이 좋은 편을 택하였으니 빼앗기지 아니하리라"(눅 10:42)라고 말씀하셨습니다.

하나님의 복을 빼앗기지 않는 비결은 말씀을 붙드는 것입니다. 우리는 변덕스럽고 악해서 하나님의 복을 받았다가도 금세 잃어버릴 가능성이 큽니다. 한때 큰 복을 받았다 해도 금세 죄에 빠져서 잃어버린다면 무슨 소용이 있겠습니까? 그러나 마리아처럼 말씀을 죽도록 붙드는 사람은 절대 복을 빼앗길 일이 없습니다. 하나님이 오늘 본문에서 말씀하시는 바가 바로 그것입니다. 우리는 스스로 강해지려 할 필요도 없고 힘 있는 사람들에게 잘 보이려 할 필요도 없습니다. 지나치다는 소리를 들을 정도로 말씀만 굳게 붙들면 절대 이 복을 빼앗기지 않습니다.

우리는 어떻게 해서든지 세상에서 좋은 자리를 먼저 차지하는 것이 성공적인 삶을 사는 비결이라고 생각합니다. 그러나 그것은 하나님이 알아서 주실 것이고, 우리는 오직 말씀을 붙들고 늘어지는 데 전념해야 합니다. 우리 힘으로는 세상의 죄와 유혹을 이길 수 없습니다. 그러나 말씀을 붙들면 마치 안전벨트를 맨 것처럼 죄에 빠지지 않고 오래오래 하나님의 복을 누릴 수 있습니다.

두 번째 약속은 하나님의 뜰을 지키는 것입니다. "내 뜰을 지킬 것이며." 여기에서 "내 뜰"은 성전을 에워싸고 있는 주위 모든 땅을 가리킵니다. 이 뜰은 성전이 아닙니다. 그러나 하나님께 거룩한 제사를 드리기 위해 꼭 필요한 곳입니다.

우리는 성전에서 예배만 드리면서 살 수 없습니다. 우리에게는 성전 뜰도 필요하고 집도 필요하고 농사지을 땅도 필요합니다. 그런데 하나님은 우리가 성전을 지키면 뜰도 지키게 될 것이라고 말씀하십니다. 이것이 세상의 관점과 다른 점입니다. 세상의 관점에서 보면 뜰을 지켜야 성전이 지켜질 것 같습니다. 그러나 하나님은 성전을 지키면 뜰도 지켜 주시고 성도 지켜 주시고 밭도 지켜 주시고 자녀들도 지켜 주겠다고 하십니다.

이것은 하나님의 백성이 존재하는 이유를 말해 줍니다. 우리가 존재하는 이유는 성전을 지키기 위해서입니다. 우리가 하나님께 정직한 예배를 드릴 때 하나님이 친히 우리의 생활을 지켜 주시며 이 나라를 지켜 주실 것입니다. 우리가 바른 예배를 회복하는 것이야말로 칼과 대포보다 더 강력한 힘으로 이 나라를 지키는 길입니다.

세 번째 약속은 천사들 앞에서 하나님께 나아가 고할 수 있는 특권을 주신다는 것입니다. "내가 또 너로 여기 섰는 자들 중에 왕래케 하리라." "여기 섰는 자들"은 하나님 앞에 모시고 서 있는 천사들을 가리킵니다. 기도는 이 땅에서 혼자 중얼거리는 독백이 아닙니다. 기도는 하나님의 천사들 가운데 자유롭게 왕래하는 것입니다. 우리가 하나님 앞에 나아가 기도하는 것을 막을 자는 아무도 없습니다. 이것을 보면 기도의 특권은 아무나 얻는 것이 아님을 알 수 있습니다. 기도의 특권은 말씀을 붙들고 그대로 살기 위해 싸우는 자에게만 주어집니다.

인간은 완전히 거룩해질 수 없습니다. 그래도 거룩해지고자 몸부림치면서 사람들에게 휘둘리지 않고 중심을 지킬 때, 하나님의 집을 다스리고 뜰을 지키는 특권, 천사들 중에 자유롭게 왕래하면서 능력의 응답을 받는 특권을 누릴 수 있습니다.

하나님의 종, 순(筍)

하나님은 "내 종 순"이 와야 모든 문제가 해결된다고 말씀하십니다. "내 종 순"은 그리스도를 가리킵니다. 결국 그리스도가 오셔야 모든 문제가 해결될 것입니다. "대제사장 여호수아야, 너와 네 앞에 앉은 네 동료들은 내 말을 들을 것이니라. 이들은 예표의 사람이라. 내가 내 종 순을 나게 하리라"(3:8).

이것은 여호수아에게만 하시는 말씀이 아니라 다른 모든 제사장들에게도 하시는 말씀입니다. 제사장들 모두가 들어야 할 말씀이 무엇입니까? 그들은 "예표의 사람들"이라는 것입니다. 즉, 그들은 하나의 상징이지 실체가 아니라는 것입니다. "예표"는 실체가 오기까지 그 실체의 성격을 간접적으로 보여 주는 일종의 상징입니다. 이를테면 서울에 도착할 때까지 길을 알려 주는 고속도로 표지판들과 같습니다. 그 표지판들은 서울로 가는 방향과 남은 거리를 보여 주는 물건일 뿐 서울 그 자체가 아닙니다. '서울'이라고 써 있는 톨게이트를 지나야 비로소 서울인 것입니다. 선을 볼 때 사람들은 대개 사진을 먼저 보는데, 실제로 만나 보면 사진과 실물이 다를 때가 많습니다. 실물을 보고 난 후에는 사진을 다시 볼 필요가 없습니다.

여호수아와 그의 동료들도 마찬가지입니다. 그들은 예표일 뿐 실체가 아닙니다. 예표는 실체 노릇을 하면 안 됩니다. 사람들이 찾아와서 근본적인 해답을 요구해도 "우리에게는 답이 없습니다. 우리 뒤에 오실 분이 답을 주실 것입니다"라고 말해야 합니다. 그들은 오직 그리스도가 오실 때까지 안내하는 안내판의 역할에 충실해야 합니다. 실제로 세례 요한은 "내 뒤에 오시는 분"에게 모든 답이 있다고 말했습니다. 예표의 사람들은 누구나 그렇게 말해야 합니다. "우리는 예표일 뿐입니다. 우리에게는 아무 힘이 없습니다. 그 문제를 가지고 예수 그리스도께 나아가십시오. 그분이 직접 해결해 주실 것입니다"라고 말해야 합니다.

우리는 사람들에게 잘해 줌으로써 그들을 만족시키려 하는 경향이 있습니다. 그러나 예표는 사람들에게 너무 잘해 주면 안 됩니다. 그것은 마음을 도둑질하는 행위입니다. 예표는 사람들을 자꾸 예수님께로 밀어내야 합니다. 나를 의지하는 것이 아니라 예수님을 의지하게 해야 합니다.

하나님이 원하신 것은 무수한 짐승들의 피가 아니었습니다. 구약 백성들은 죄 씻음을 받기 위해 송아지나 양을 제물로 바쳐야 했습니다. 그러나 하나님이 그런 송아지나 양의 희생 때문에 그들의 죄를 용서하신 것은 아닙니다. 하나님이 원하시는 제사는 단 한 가지입니다. 그것은 사랑하는 아들이 자기 자신을 바치는 제사입니다. 그래서 "내 종 순"을 나게 하신 것입니다.

"순"은 작은 싹입니다. 작은 싹이 처음 돋아날 때에는 눈에 보이지도 않고 귀에 들리지도 않습니다. 너무 연약해서 누가 밟으면 금방 죽을 것만 같습니다. 실제로 많은 사람들이 밟고 지나가기도 합니다. 그러나 그 연약한 순은 시간이 지나면서 거대한 나무로 자라납니다. 그러면 많은 새들이 날아와 그 가지에 깃들게 됩니다.

이 순은 예수님이 말씀하신 겨자씨와 아주 비슷합니다. 겨자씨는 씨 중에 가장 작은 씨이며 그 싹도 아주 연약합니다. 그러나 다 자라고 난 후에는 수많은 새들이 깃들 만큼 큰 나무가 됩니다.

지금 유다 백성들이 기다리고 있는 인물은 알렉산더 대왕 같은 위대한 영웅입니다. 이런 영웅들은 어렸을 때부터 몸집도 크고 머리도 뛰어나며 재능도 특출한 경우가 많습니다. 그러나 하나님이 보내시는 분은 그런 영웅이 아닙니다. 그는 여린 순과 같습니다. 사람들은 그의 출생에 전혀 관심을 보이지 않습니다. 그에게는 영웅적인 자질이 전혀 없습니다. 실제로 예수님의 성장기는 단 한 번의 가출 사건 외에는 특별히 기록할 일이 없을 만큼 평범했고 그가 성장한 동네도 보잘것없었습니다. 그런데 그렇게 미약해 보이던 그가 하나님 앞에 제사장으로서 자기 자신을 바쳤을 때 하늘 문이 활짝 열렸습니다. 마귀는 쫓겨나고, 인간들이 갇혀 있던 죄의 수용소는 폭발해 버렸습니다.

하나님의 나라도 작은 순같이 미약하게 시작됩니다. 아주아주 작은 은혜, 아주아주 작은 축복, 아주아주 작은 감동이 있을 때 무시하지 말고 감사함으로 붙들고 하나님께 나아가십시오. 그러면 크나큰 축복과 능력이 쏟아질 때가 옵니다.

하나님은 왜 제사장의 역할을 정치적인 힘보다 더 중요하게 여기실까요? 유다 백성을 살리는 것은 인간의 힘이 아니기 때문입니다. 그들의 삶은 얼마나 많은 재산을 가지고 있으며 얼마나 큰 군사력을 가지고 있느냐에 달려 있지 않습니다. 하나님 앞에 거룩함과 정결함을 지키고 있느냐, 하나님과 그들 사이에 막힌 곳이 한 군데도 없게 하고자 애쓰고 있느냐에 달려 있습니다.

하루는 어떤 청년이 예수님께 나아와 어떻게 하면 영생을 얻을 수 있느냐고 질문했습니다. 그러자 예수님은 그의 재산을 전부 팔아 가난한 자들에게 나누어 주고 그는 주님을 따르라고 말씀하셨습니다. 왜 그렇게 하셨습니까? 재산이 그의 마음을 잡아매고 있었기 때문입니다. 그는 재산을 유지하고 증식시키는 데 마음이 빼앗겨 있었습니다. 돈이 없으면 마음을 빼앗길 일이 없습니다. 그러나 돈이 있어서 주식이나 다른 데 투자하고 있으면 아무래도 신경이 쓰일 것입니다. 그런데 어떻게 그 재산을 전부 버리고 예수님을 따를 수 있겠습니까?

우리는 '부'의 의미를 재평가해야 합니다. 부는 영구적인 내 소유가 아닙니다. 하나님이 잠시 맡기신 것일 뿐입니다. 부는 내 영혼의 부요함에 전혀 도움이 되지 않습니다. 만약 부가 하나님께 나아가는 데 걸림돌이 된다면 어떻게 해서든지 해결하고 넘어가야 합니다. 청년에게 하신 말씀을 들으면 예수님의 윤리가 굉장히 과격하다는 것을 알 수 있습니다. 부가 하나님과 나 사이를 가로막고 있다면 전부 포기하고 영혼을 택하라는 것입니다. 영혼의 구원에 방해가 되는 것이 있다면 그것이 무엇이든 내버리고 영혼을 살리라는 것입니다.

하나님의 아들이 작은 순으로 오신 이유가 무엇입니까? 바로 우리의 영혼을 살리시기 위해서입니다. 누구든지 예수님의 말씀을 믿는 자는 살아날 것이며, 무한대의 복을 공급받을 것입니다.

우리는 바로 이 순간부터 싸움을 시작해야 합니다. 그동안 우리의 칼은 너무나 무뎌져 버렸습니다. "너는 왜 그렇게 독선적으로 믿느냐?"라는 말이 듣기 싫어서 양보하고 또 양보하다가 뜰뿐 아니라 성전 안쪽까지 다 빼앗겨 버렸습니다. 우리는 제사장의 칼을 다시 갈아야 합니다. 하나님 앞에 몸부림치며 기도할 시간이 없을 정도로 사업이 바쁘고 공부가 바쁘다면 그것은 축복이 아닙니다. 마귀가 두려워하도록 두 눈을 똑바로 뜨고 칼을 가십시오. "이제 타협은 끝났다. 안방에서도 나가고 뜰에서도 나가라. 이제는 누가 뭐라고 해도 제대로 믿어 보겠다. 더 이상 누구에게도 휘둘리지 않겠다!"라고 선포할 때 마귀는 두려워하며 도망칠 것입니다.

돌에 새기신 이름

하나님은 이렇게 하는 사람들의 이름을 돌에 새겨 놓고 사랑하겠다고 하십니다. "만군의 여호와가 말하노라. 내가 너 여호수아 앞에 세운 돌을 보라. 한 돌에 일곱 눈이 있느니라. 내가 새길 것을 새기며 이 땅의 죄악을 하루에 제하리라"(3:9).

이 돌이 무엇인가에 대해서는 의견이 일치하지 않습니다. 어떤 이는 앞으로 세워질 성전의 머릿돌이라고도 하고, 어떤 이는 대제사장의 가슴에 달린 보석이라고도 하며, 또 다른 이는 예수 그리스도 자신을 의미한다고도 합니다. 그 당시가 성전을 건축하고 있던 시점임을 고려할 때, 성전 머릿돌을 의미하는 것으로 보는 편이 자연스럽지 않을까 합니다. 신약성경에서 예수님은 자신을 성전 머릿돌에 비유하셨습니다. "건축자들의 버린 머릿돌이 모퉁이의 머릿돌이 되었나니"(마 21:42).

그런데 하나님은 그 돌에 이름을 새기겠다고 하십니다. 대개 건물 머릿돌에는 그 건물을 짓는 데 결정적으로 공헌한 사람들의 이름을 새기게 마련입니다. 그러나 사람은 하나님의 성전을 세우는 데 아무 공헌도 할 수가 없습니다. 하나님의 성전은 사람의 손으로 세울 수가 없기 때문입니다. 사람은 하나님의 아들이 친히 십자가에 못 박혀 죽으심으로써 구원을 이루시는 일에 아무 도움도 드릴 수 없습니다. 구원은 전적으로 하나님이 주시는 선물입니다. 아마도 그 돌에 이름이 새겨지는 사람은 이렇게 거저 구원받은 백성들이 아닐까 생각합니다. 하나님은 택한 자들의 이름을 성전 머릿돌에 새겨서 틀림없이 구원받게 하실 것입니다.

또한 하나님은 "이 땅의 죄악을 하루에 제하리라"라고 말씀하십니다. 어떻게 하루에 제하십니까? 이것은 예수 그리스도께서 십자가 위에서 죽으심으로 단번에 인간의 죄를 사하게 될 일을 보여 줍니다. 제사장들이 드렸던 무수한 제사는 바로 이 제사의 예표입니다.

하나님은 왜 굳이 이런 방법으로 우리들을 구원하시는 것일까요? 하나님은 전능하시니까 이런 방법을 쓰지 않고서도 곧바로 우리 죄를 용서하고 구원하실 수 있지 않습니까? 왜 굳이 그의 종 순을 보내서 십자가를 지게 하심으로써 구원하시는 것입니까? 그것은 하나님의 거룩하심 때문입니다. 누구보다 하나님 자신이 죄를 그냥 넘기실 수 없기 때문인 것입니다. 사탄의 참소는 음향효과에 불과합니다. 하나님은 사탄의 참소가 무서워서 예수 그리스도를 십자가에 내주신 것이 아닙니다. 하나님 자신이 죄를 싫어하시기 때문에 내주신 것입니다.

하나님은 독생자의 희생에 값하는 구원을 우리에게 이루실 것입니다. 그 죽음이 얼마나 엄청난 죽음입니까? 하나님은 그 죽음을 부끄럽게 하지 않는 풍성한 구원을 우리에게 주십니다.

하나님이 이러한 구원을 이루시는 목적은 무엇입니까? "만군의 여호와가 말하노라. 그날에 너희가 각각 포도나무와 무화과나무 아래로 서로 초대하리라"(3:10).

유다 백성들이 생각하는 풍성한 삶은 자기 포도나무와 자기 무화과나무가 있는 과수원을 갖는 것이었습니다. 그러면 일을 하면 할수록 재산이 늘게 되어 있습니다. 이렇게 자기 일을 한 후에 자기 포도나무 아래에서 쉴 수만 있다면 아무 부족함이 없을 것입니다.

하나님이 그 백성들에게 주고자 하시는 것은 이렇게 풍성한 삶입니다. 그런데 이 풍성한 삶은 어떻게 얻을 수 있습니까? 성령의 능력으로 얻을 수 있습니다. 성령의 바른 인도를 받아야만 얻을 수 있는 것입니다. 유대인들은 실로암 샘이 예루살렘을 지켜 준다고 생각했습니다. 예루살렘이 포위될 때마다 실로암에서 식수를 공급받았기 때문입니다. 그러나 예수님은 자신이 주시는 성령이야말로 그들을 살리는 진정한 생수의 샘이라고 말씀하셨습니다. 성령이 인도하시는 바른 삶이야말로 하나님의 은혜가 계속해서 공급되는 통로라는 것입니다.

한때 우리나라 사람들은 외국 자본이 이 나라를 살린다고 생각했습니다. 그래서 누구든지 달러만 가지고 들어오면 칙사 대접을 했습니다. 그러나 우리나라를 살리는 것은 외국 자본이 아닙니다. 영어 실력도 아니고 학벌도 아닙니다. 오늘 이 나라를 살리는 것은 하늘과 우리를 연결해 주는 성령의 능력이며, 그 성령이 주시는 새로운 삶입니다. 성령만이 하나님의 은혜를 끊임없이 우리에게 공급해 주실 수 있습니다. 우리의 풍성한 삶은 바로 여기에 달려 있습니다.

이러한 삶을 누리는 자는 자기 포도나무 아래로 사람들을 초청해서 사랑을 나눌 것입니다. 이것이 새 순이신 그리스도께서 우리에게 주시는 새로운 삶입니다. 이런 사람은 미래를 주님께 맡겼기 때문에 지금 가지고 있는 것을 기꺼이 나눌 수 있습니다.

오늘 우리는 유다 백성들과 같은 처지에 놓여 있습니다. 그 당시 유다 백성들은 미래를 한 치도 예측할 수 없었을 뿐 아니라 성전을 계속 짓다가 페르시아의 미움을 받아 몰살할 가능성까지 있었습니다. 그러나 하나님은 아무리 불확실한 상황에서도 말씀만 붙들면 지켜 주겠다고 약속하셨습니다.

오늘, 하나님의 말씀으로 다시 한 번 믿음에 굳게 서시기를 바랍니다. 그리하여 하나님께서 우리의 성전과 뜰을 지켜 주시며 하나님의 천사들 앞에서 담대하게 부르짖는 기도에 응답하시는 축복을 받아 누리시기 바랍니다.

7

—

순금 등대

스가랴 4:1-14

4:1 내게 말하던 천사가 다시 와서 나를 깨우니 마치 자는 사람이 깨우임 같더라.

2 그가 내게 묻되 "네가 무엇을 보느냐?" 내가 대답하되 "내가 보니 순금 등대가 있는데 그 꼭대기에 주발 같은 것이 있고 또 그 등대에 일곱 등잔이 있으며 그 등대 꼭대기 등잔에는 일곱 관이 있고

3 그 등대 곁에 두 감람나무가 있는데 하나는 그 주발 우편에 있고 하나는 그 좌편에 있나이다" 하고

4 내게 말하는 천사에게 물어 가로되 "내 주여, 이것들이 무엇이니이까?"

5 내게 말하는 천사가 대답하여 가로되 "네가 이것들이 무엇인지 알지 못하느냐?" 내가 대답하되 "내 주여, 내가 알지 못하나이다."

6 그가 내게 일러 가로되 "여호와께서 스룹바벨에게 하신 말씀이 이러하니라. 만군의 여호와께서 말씀하시되 '이는 힘으로 되지 아니하며 능으로 되지 아니하고 오직 나의 신으로 되느니라.

7 큰 산아, 네가 무엇이냐? 네가 스룹바벨 앞에서 평지가 되리라. 그가 머릿돌을 내어 놓을 때에 무리가 외치기를 은총, 은총이 그에게 있을지어다 하리라' 하셨고

8 여호와의 말씀이 또 내게 임하여 가라사대

9 '스룹바벨의 손이 이 전의 지대를 놓았은즉 그 손이 또한 그것을 마치리라' 하셨나니 만군의 여호와께서 나를 너희에게 보내신 줄을 네가 알리라 하셨느니라.

10 작은 일의 날이라고 멸시하는 자가 누구냐? 이 일곱은 온 세상에 두루 행하는 여호와의 눈이라. 다림줄이 스룹바벨의 손에 있음을 보고 기뻐하리라."

11 내가 그에게 물어 가로되 "등대 좌우의 두 감람나무는 무슨 뜻이니이까?" 하고

12 다시 그에게 물어 가로되 "금 기름을 흘려내는 두 금관 옆에 있는 이 감람나무 두 가지는 무슨 뜻이니이까?"

13 그가 내게 대답하여 가로되 "네가 이것이 무엇인지 알지 못하느냐?" 대답하되 "내 주여, 알지 못하나이다."

14 가로되 "이는 기름 발리운 자 둘이니 온 세상의 주 앞에 모셔 섰는 자니라" 하더라.

4:1-14

며칠 전, 정말 시원하게 비가 내렸습니다. 그 전에 냇가에 가 보았을 때에는 물이 거의 없었고, 댐의 수위도 상당히 내려가 있었습니다. 더 심각한 문제는 여러 곳에서 심한 산불이 발생했는데도 제대로 진화할 수가 없었다는 것입니다. 인간의 머리가 뛰어나서 좋은 장치들을 많이 만들어 편하게 산다 해도, 이처럼 근본적인 문제는 인간의 힘으로 해결할 수가 없고 오직 하나님이 해결해 주셔야 합니다.

몇 년 전에 전국적으로 엄청난 기근이 든 적이 있습니다. 얼마나 기근이 심했던지 거의 모든 저수지들이 바닥을 드러냈고, 심지어 강바닥을 파도 물이 나오지 않을 정도였습니다. 그때 농촌에 양수기 보내기 운동이 전국적으로 벌어졌습니다. 그러나 저는 그렇게 비가 내리지 않는 상황에서는 아무리 양수기를 보내도 소용이 없을 것 같아서 양수기를 보내는 대신 비를 내려 달라고 간절히 기도했습니다. 그런데 주일예배를 드리는 도중에 비가 쏟아지는 시원한 소리가 들려왔습니다. 그 소리를 들으면서 얼마나 기쁘고 감사했는지 모릅니다.

요즘 우리나라는 누가 보더라도 정상적인 상태라고 할 수가 없습니다. 대통령의 직무는 탄핵으로 정지되어 있고 경제는 말할 수 없이 피폐한 상태이며, 젊은이들은 미래가 보이지 않는 절망적인 상황에 처해 있습니다. 더 심각한 문제는 이러한 어려움들을 해결할 길이 도무지 보이지 않는다는 것입니다. 이럴 때 오늘 본문에 나오는 말씀, 즉 "이는 힘으로 되지 아니하며 능으로 되지 아니하고 오직 나의 신으로 되느니라"라는 약속이 얼마나 힘 있게 다가오는지 모릅니다. 사람의 힘으로 해결되지 않는 문제를 해결할 수 있는 분은 오직 하나님뿐입니다. 우리나라의 문제는 성령의 능력이 임해야만 해결될 수 있습니다.

오늘날처럼 과학이 발달한 시대에도 비가 오지 않으면 농사를 짓지 못합니다. 이것은 힘으로도 되지 않고 능으로도 되지 않고 오직 하나님의 능력으로 되는 일입니다. 사람이 수없이 많은 양수기로 물을 퍼올려도 해결되지 않는 일이 한 차례 세차게 내린 비에 해결되어 버립니다. 마찬가지로 오늘 우리나라의 어려움도 누가 대통령이 되거나 특정 정당이 집권한다고 해서 해결되지 않습니다. 오직 성령의 능력이 임해야만 해결될 수 있습니다. 성령의 바람이 불면 들떠 있던 사람들이 이성을 되찾기 시작하고 분열되어 있던 정신이 하나로 합쳐지면서 도저히 살 길이 보이지 않던 경제에 살 길이 열리게 됩니다. 그렇다면 과연 누가 이러한 성령의 능력을 끌어올 수 있겠습니까?

오늘 본문은 바벨론에서 돌아온 소수의 유다 백성들이 폐허가 된 예루살렘에서 성전을 재건하고 있는 동안 주신 말씀입니다. 사람의 눈으로 볼 때 그들이 하고 있는 일은 너무나 보잘것이 없었습니다. 나라가 망한 상태에서 성전을 재건해 봐야 무슨 소용이 있겠습니까? 이런 상태에서는 지극히 초라한 성전밖에 지을 수 없으며, 설사 다 짓는다 해도 그 성전을 지킬 힘조차 없을 것입니다. 온 세상이 막강한 군사력을 내세우며 서로 먹고 먹히는 상황에서 이미 폐허가 된 도시에 건물 하나 세우는 것이 무슨 대단한 의미가 있겠습니까? 그러나 하나님은 백성을 이끌고 성전을 재건하고 있는 스룹바벨이야말로 가장 위대한 일을 하고 있는 사람이며, 그는 반드시 이 일을 마칠 것이라고 말씀하십니다.

오늘 이 나라에서 가장 위대한 일을 하고 있는 사람은 누구입니까? 돈을 많이 버는 사업가입니까? 큰 권력을 가진 정치가입니까? 아닙니다. 우리나라의 문제는 사람의 힘으로 해결할 수 없습니다. 많은 돈으로도, 큰 권력으로도 해결할 수 없습니다. 오직 성령의 능력이 임해야만 합니다. 사람이 보기에는 하나님 앞에 나아가 말씀을 붙들고 엎드려 있는 우리가 가장 어리석은 자들인 것 같지만, 사실은 우리야말로 가장 위대한 일을 하고 있는 사람들입니다. 우리의 일은 결코 실패하지 않을 것입니다. 그것이 하나님의 약속입니다.

등대의 환상

옛날에는 서울에도 병원이 별로 없어서 중앙의료원이나 서울대학병원까지 택시나 버스를 타고 오랜 시간을 들여 찾아가야 했습니다. 그러나 지금은 현대식 대형 병원들이 많이 들어서서 누구라도 쉽게 치료받을 수 있게 되었습니다. 교회도 이처럼 병든 영혼들이 쉽게 찾아와 생명을 되찾는 영혼의 병원이 되어야 합니다.

구약 성전 안에는 등대가 있었습니다. 그 등대에는 어둠을 밝힌다는 의미도 있었지만, 하나님의 거룩한 임재를 알리는 의미가 더 컸습니다. 즉, 성전 안에 하나님이 계셔서 백성들의 모든 형편을 보고 계시며 모든 기도를 듣고 계신다는 것을 일깨우기 위해 성전 안에 등대를 켜 놓았던 것입니다. 그런데 이스라엘 백성들은 믿음이 약해질 때마다 이 등대의 의미를 잊어버리고 죄를 지었습니다. 구약성경에는 "여호와의 목전에 악을 행하여"라는 표현이 자주 나옵니다. 하나님이 그들을 뻔히 보고 계셨는데도 그것을 인식하지 못하고 죄를 지었다는 것입니다. 결국 구약 성전에 있던 등대는 꺼져 버렸습니다. 그런데 오늘 하나님은 그 등대보다 일곱 배나 밝은 새 등대를 보여 주고 계십니다.

본문은 스가랴를 안내해 주던 천사가 그를 깨우는 장면에서부터 시작됩니다. "내게 말하던 천사가 다시 와서 나를 깨우니 마치 자는 사람이 깨우임 같더라"(4:1).

여기에서 우리가 짐작할 수 있는 것은, 스가랴가 몇 번의 환상을 보면서 영적으로 큰 흥분 상태를 경험했으며 몸의 힘이 다 소진되어 상당히 지쳐 있었다는 사실입니다. 그래서 천사가 마치 자는 사람을 깨우듯이 깨웠다고 말하고 있습니다.

큰 은혜를 경험한 사람은 집에 돌아간 후에도 사람들과 잘 어울리지 못하고 짜증을 낼 때가 많습니다. 체력이 많이 소모된 데다가 새로운 현실에 적응할 준비가 되어 있지 않은 탓입니다. 인간은 얼마나 연약한 존재인지, 은혜가 없으면 답답해서 제대로 신앙생활을 하지 못하고 은혜가 좀 강하게 임하면 영적인 흥분 상태에 빠져서 다른 일들을 돌아보지 못합니다.

스가랴도 은혜에 압도되어 육체적으로도 힘이 소진되고 정신적으로도 혼란에 빠져 있었던 것으로 보입니다. 그는 하나님이 새로이 보여 주실 계시를 받을 준비가 되어 있지 않았습니다. 그때 천사는 주의를 환기시키면서 "지금까지 받은 은혜가 전부가 아니다. 다시 정신을 차려서 하나님이 앞으로 보여 주실 일을 보고 증거하라"라고 말했습니다.

변화산에서 예수님의 변화된 모습을 보고 모세와 엘리야까지 본 제자들은 심한 흥분 상태에 빠졌습니다. 그래서 여기 있는 것이 좋으니 산 아래로 내려가지 말고 초막을 짓고 살자고 말했습니다. 그들은 자신들 앞에 있는 현실을 인정하지 않고 그 놀라운 경험에 계속 머물러 있고자 했습니다.

우리에게는 은혜의 경험이 필요합니다. 그러나 동시에 당장 해결해야 할 현실이 무엇이며 싸워야 할 싸움이 무엇인지, 하나님이 더 주고자 하시는 새로운 말씀과 행하실 일이 무엇인지 생각하며 기도해야 합니다. 자꾸 과거에 받은 은혜에 집착해서 거기 빠져 있으면 안 됩니다.

하나님이 스가랴에게 새로이 보여 주신 환상이 무엇입니까? 그것은 순금 등대의 환상이었습니다. "그가 내게 묻되 '네가 무엇을 보느냐?' 내가 대답하되 '내가 보니 순금 등대가 있는데 그 꼭대기에 주발 같은 것이 있고 또 그 등대에 일곱 등잔이 있으며 그 등대 꼭대기 등잔에는 일곱 관이 있고'"(4:2).

이스라엘에게 순금 등대는 새로운 물건이 아니었습니다. 순금 등대는 늘 성전 안 성소에 있었기 때문입니다. 원래 순금 등대는 일곱 개의 가지 모양으로 되어 있었고, 등대의 잔은 살구꽃 모양으로 되어 있었습니다. 우리나라에서는 냇가에 피는 버들강아지가 봄소식을 가장 먼저 알려 주지만, 이스라엘 백성들이 광야를 여행할 때에는 살구꽃이 가장 먼저 봄소식을 알려 주었습니다. 성전의 순금 등대는 새 시대의 도래를 알려 주는 하나님의 약속이었습니다. 즉, 성령이 임해서 얼어붙은 사람들의 마음을 녹여 하나님의 사랑과 축복의 꽃이 만발케 하시는 시대가 온다는 것을 나타내는 상징이었던 것입니다.

그런데 지금 하나님이 보여 주시는 등대와 구약 성전의 등대 사이에는 중대한 차이점이 있습니다. 옛날 등대에는 기름 주발이 따로 있어서 일곱 가지 밑에 있는 관을 통해 기름을 공급받았습니다. 그런데 새 등대는 꼭대기에 주발이 있기 때문에 직접 기름을 공급받을 수 있습니다. 원어 성경에는 관이 '일곱씩 일곱'이 있다고 되어 있습니다. 등잔 하나마다 관이 일곱 개씩 있다는 것입니다. 이처럼 새 등대는 주발이 꼭대기에 있을 뿐 아니라 그 주발과 등잔을 연결하는 관들이 아주 많다는 특징을 가지고 있습니다. 이처럼 새 등대는 무한정 기름이 공급되기 때문에 꺼지려야 꺼질 수가 없으며, 그 밝기도 일곱 배나 더 밝습니다.

구약 성전의 등대는 살구나무 가지와 살구꽃 형상으로 만든 아주 아름다운 상징물이었습니다. 그에 비해 스가랴가 본 등대는 그리 아름답지 않았습니다. 주발이 위에 붙어 있고 관이 이렇게 많이 달린 등대가 뭐가 아름답겠습니까? 그러나 이 등대는 아주 실용적이었습니다. 밝기도 일곱 배나 더했을 뿐 아니라 어떤 경우에도 꺼질 위험이 없었습니다.

더 나아가 이 등대는 따로 짜서 만든 기름을 공급받는 것이 아니라 바로 옆에 있는 감람나무에서 직접 기름을 공급받았습니다. "'그 등대 곁에 두 감람나무가 있는데 하나는 그 주발 우편에 있고 하나는 그 좌편에 있나이다' 하고"(4:3).

이 새 등대는 모습만 특별한 것이 아니라 기름을 공급받는 방법도 특별했습니다. 지금까지는 감람나무에서 기름을 추출해서 따로 준비해 두어야 했습니다. 그러나 이 등대는 나무에서 직접 기름을 공급받았고, 그 나무도 한 그루가 아니라 두 그루였기 때문에 기름이 끊길 염려가 없었습니다.

하나님은 우리의 중요한 신체기관을 두 개씩 만들어 주셨습니다. 눈도 두 개, 귀도 두 개, 콧구멍도 두 개, 폐도 두 개, 콩팥도 두 개입니다. 엄마의 가슴도 두 개로 만드셔서 혹시 한 쪽에 문제가 생겨도 다른 쪽으로 아기에게 젖을 줄 수 있게 하셨습니다. 이 등대도 감람나무가 두 그루였기 때문에 기름이 부족해서 등불이 꺼질 염려가 없었습니다.

스가랴는 자신이 본 환상이 하도 특이해서 이렇게 물었습니다. "내게 말하는 천사에게 물어 가로되 '내 주여, 이것들이 무엇이니이까?'"(4:4)

그러나 천사는 바로 대답해 주지 않습니다. "내게 말하는 천사가 대답하여 가로되 '네가 이것들이 무엇인지 알지 못하느냐?' 내가 대답하되 '내 주여, 내가 알지 못하나이다'"(4:5).

천사가 직접 대답해 주지 않은 이유가 무엇입니까? "네가 직접 알아보라"는 것입니다. "이것은 아주 중요한 문제이니 네 힘과 열정을 다 바쳐서 스스로 답을 알아 내라"는 것입니다.

이미 말했듯이 구약 성전의 등대는 하나님의 임재를 상징하는 것으로서, '하나님이 여기 계신다'는 뜻이 담겨 있었습니다. 그러나 실제로 이스라엘 백성들은 그 사실을 잊어버릴 때가 너무나 많았습니다. 영혼이 깨어 있을 때에는 그 등대가 눈에 보였지만, 욕심에 빠져 있을 때에는 등대가 성전에 있다는 사실조차 기억하지 못했습니다.

북 이스라엘이 망하기 전 엘리야의 활동은 하나님의 등대가 환하게 타오른 일이었다고 할 수 있습니다. 그러나 백성들은 그 엄청난 기적과 능력을 보면서도 마음이 어두워져서 하나님의 임재를 깨닫지 못했습니다. 남 유다가 망하기 전에도 얼마나 많은 선지자들이 하나님의 말씀을 외쳤는지 모릅니다. 이사야 선지자 때에는 예루살렘을 공격한 앗수르 군대가 185,000명이나 죽임당하는 큰 역사도 일어났습니다. 그런데도 그들은 '임마누엘'을 깨닫지 못했습니다. 마음속에 있는 등불이 꺼져 버리니까 그렇게 큰 기적과 능력이 나타나도 하나님의 임재를 깨달을 수가 없었던 것입니다. 결국 성전은 파괴되었고 하나님의 등대는 꺼지고 말았습니다.

이제 하나님이 만드시는 것이 무엇입니까? 예전의 등대와 달리 죄악의 바람이 아무리 거세게 불어도 꺼지지 않는 특별한 등대입니다. 주발이 위에 있는 등대, 일곱 개의 관이 각 등잔에 연결되어 있으며 두 그루의 감람나무에서 직접 기름을 공급받는 등대입니다. 그 등대는 관이 일곱 배나 많기 때문에 밝기도 일곱 배나 더 밝을 것입니다.

결국 이 순금 등대의 환상을 통해 하나님이 말씀하시는 바가 무엇입니까? 스룹바벨이 짓고 있는 이 작은 성전을 통해 그 같은 은혜를 주시겠다는 것입니다. 다시는 하나님의 백성들이 죄로 인해 버림받는 일이 없도록 강력한 성령의 능력을 부어 주시겠다는 것입니다. 물론 이것은 스룹바벨이 할 수 있는 일이 아닙니다. 본문에도 나오지만 스룹바벨은 이 기름을 전달하는 관에 불과합니다. 이 일은 감람나무이신 그리스도께서 친히 하실 것입니다. 그러나 지금 스룹바벨이 하는 일은 그리스도가 하실 일을 미리 준비한다는 점에서 아주 중요합니다. 사람들의 눈에는 시시해 보이지만, 스룹바벨은 지금 전 세계를 위해 가장 중요한 일을 하고 있는 것입니다.

사람들은 죄를 깨닫지 못해서 노예생활을 할 때가 많습니다. 무서운 죄에 빠져 타락한 삶을 살고 있으면서도 '남들도 다 이렇게 사는데,

뭐', '이게 내 운명이야' 하면서 그 삶에서 빠져 나오려 하지 않는 것입니다. 또 자신이 무서운 죄에 빠져 있다는 사실을 깨달았다 해도 어떻게 치료받아야 할지 몰라서 자포자기하는 사람들도 많습니다.

예전에는 암 진단이 나왔을 때 환자에게 알려 주지 않는 경우가 종종 있었습니다. 치료도 불가능한데 괜히 환자에게 알려서 절망시킬 이유가 없다고 생각했기 때문입니다. 그러나 요즘은 본인에게 알려 줍니다. 때가 너무 늦지만 않았다면 본인의 노력 여하에 따라 얼마든지 건강을 되찾을 수 있기 때문입니다.

젊은이들은 기성계층을 비판하면서 세상을 바꾸기 위해 노력합니다. 그런데 막상 그들이 사회의 주도층이 된 후에도 세상이 바뀌지 않는 이유가 무엇입니까? 그들 역시 병의 근본적인 원인을 모르기 때문입니다. 그동안 우리나라 사람들은 오로지 먹고사는 일에 매진했습니다. 정신적인 가치나 영혼의 중요성은 내팽개친 채 무슨 짓을 하더라도 잘살기만 하면 된다고 생각했습니다. 그 결과 지금처럼 어른들은 도덕적인 불감증에 빠지고 젊은이들은 현실을 부정하는 상태, 나라의 경제는 추락하고 정치는 혼란에 빠지며 교육은 붕괴해 버린 상태에 이르게 된 것입니다. 이것은 몇 가지 수술로 고칠 수 있는 병이 아닙니다.

우리나라가 회생할 수 있는 유일한 방법은 하나님이 불쌍히 여겨 주시는 것뿐입니다. 하나님이 불쌍히 여기셔서 이전보다 더 강력한 성령의 역사, 일곱 배나 더 밝은 성령의 역사를 일으켜 주셔야만 사람들이 정신을 차리고 흩어진 마음들을 하나로 모을 수 있습니다.

우리가 신약 시대에 살고 있다는 것은 큰 희망입니다. 우리는 이미 성령의 시대에 살고 있습니다. 그러므로 부르짖기만 하면 얼마든지 한없이 부어지는 성령의 축복을 받을 수가 있습니다. 하나님은 아름답지만 희미했던 구약 성전의 등대가 아니라, 겉모습은 투박해도 일곱 배나 밝은 새 등대를 주겠다고 약속하셨습니다. 과거와는 비교도 되지 않을 만큼 강력한 깨달음을 주겠다고 약속하셨습니다. 우리는 그 약속이 실현된 시대에 살고 있습니다.

만약 구약 시대 때 그렇게 환한 깨달음을 주셨다면, 인간들은 너무나 고통스럽게 죽어 갔을 것입니다. 그때는 인간의 죄를 치료할 수 있는 완전한 해결책이 없었기 때문입니다. 그들은 치료법을 모르는 병으로 고생하는 환자처럼 죄의식에 시달리다가 죽었을 것입니다. 그러나 우리에게는 예수 그리스도의 십자가가 있습니다. 십자가는 우리의 영혼에 대한 완전한 해결책입니다. 아무리 끔찍한 죄를 지은 사람도 예수님의 십자가 앞에 나아가기만 하면 얼마든지 치료받을 수 있습니다. 이러한 해결책이 있기 때문에 성령을 통해 인간의 지각을 일곱 배나 더 밝혀서 자신의 죄를 보고 하나님께 돌아오게 하신 것입니다.

십자가를 교회 꼭대기에 세워 놓는 상징물로만 사용해서는 안 됩니다. 십자가는 최고의 능력입니다. 십자가만 있으면 못 고칠 병이 없고 못 고칠 죄가 없습니다. 교회는 위치를 알리는 표시로만 십자가를 사용할 것이 아니라 그 의미를 환하게 밝혀야 합니다. 인간의 죄를 고발하며 그 모든 고민에 대한 해답이 예수 그리스도께 있음을 제시해야 합니다. 그리하여 모든 고통과 실망에 빠진 자들이 예수 그리스도 앞에 나아오게 만들어야 합니다.

스룹바벨에게 주신 약속

유다 백성들이 짓고 있는 성전은 정치적으로 볼 때 아무 영향력이 없는 초라한 것이었습니다. 그러나 하나님은 그 일을 주도하는 스룹바벨이야말로 가장 위대한 일을 하고 있다고 칭찬하십니다. 왜냐하면 인간의 문제는 사람의 힘과 능으로 해결되지 않기 때문입니다. "그가 내게 일러 가로되 '여호와께서 스룹바벨에게 하신 말씀이 이러하니라. 만군의 여호와께서 말씀하시되 이는 힘으로 되지 아니하며 능으로 되지 아니하고 오직 나의 신으로 되느니라'"(4:6).

솔로몬 성전처럼 화려한 성전은 더 이상 필요 없습니다. 이제 필요한 것은 밝은 등대 역할을 할 전 우주적인 성전입니다. 하나님이 행하고자 하시는 일은 인간의 힘이나 능으로 이루어지지 않습니다. 그것은 레바논의 좋은 백향목이나 대리석으로 멋진 성전을 짓는다고 해서 이루어지는 일이 아니라, 오직 하나님의 신으로만 이루어지는 일입니다. 큰 건물을 화려하게 지어 놓고 사람들만 꾸역꾸역 모여들게 해서 이루어지는 일이 아니라, 오직 하나님의 신으로만 이루어지는 일입니다. 하나님은 성령의 능력으로 죄를 깨닫게 하시며 하나님께 돌아오지 않고서는 견딜 수 없는 마음을 주심으로써 사람들을 구원하겠다고 말씀하십니다.

오늘날 세계에서 일어나고 있는 재앙과 전쟁들은 우리가 죄에서 돌이키지 않을 때 임할 하나님의 진노를 보여 줍니다. 겉보기에는 사람들이 자기 뜻대로 전쟁을 일으키는 것 같지만, 하나님이 허락하시지 않으면 아무도 총 한 방 쏠 수 없습니다. 그러므로 우리가 정말 두려워해야 할 것은 눈에 보이는 어려움과 혼란이 아닙니다. 우리가 하나님을 무시하고 욕심으로 달려온 것이야말로 더 두려운 일인 것입니다. 우리는 그 때문에 이런 어려움들이 일어나고 있음을 인정하고 이제라도 하나님께로 돌아가야 합니다. 그러나 그 일은 사람의 힘으로 되지 않습니다.

사람의 마음은 큰 성전을 짓는다고 해서 하나님께로 돌아오는 것이 아닙니다. 큰 어려움을 겪고 큰 전쟁으로 많은 사람이 죽는다고 해서 돌아오는 것도 아닙니다. 사람의 마음을 돌이키시는 분은 오직 성령 뿐입니다. 하나님의 성령이 사람들의 마음을 비추어서 스스로 죄를 깨닫게 하셔야 돌아올 수 있는 것입니다.

이렇게 볼 때 오늘 이 땅에서 가장 위대한 일을 하고 있는 사람들은 누구입니까? 하나님 앞에 나아가 다시 한 번 위대한 성령의 역사가 일어나게 해 달라고 부르짖는 이 시대의 스룹바벨들입니다. 예수님은 "너희가 악할지라도 좋은 것을 자식에게 줄 줄 알거든 하물며 너희 천부께서 구하는 자에게 성령을 주시지 않겠느냐?"(눅 11:13)라고 하셨습니다.

이 나라를 위해 우리가 하나님께 구할 수 있는 최고의 선물은 바로 성령입니다. 성령의 역사가 없기 때문에 우리가 이토록 분열되어 있는 것이며, 성령의 역사가 없기 때문에 경제적으로 이토록 어려운 것이고, 성령의 역사가 없기 때문에 정치적으로 이토록 혼란스러운 것입니다.

우리가 세상에서 누리는 모든 것은 하나님의 선물입니다. 그런데 우리가 그 모든 복을 누리면서도 감사하지 않고 영광 돌리지도 않을 때 하나님은 가장 귀한 선물인 성령의 축복을 거두어 가십니다. 그러면 물질은 있어도 사랑은 없고 지식은 많아도 마음은 분노로 가득 차게 됩니다.

우리가 지금 가장 시급하게 해야 할 일은 하나님이 우리와 우리 가족과 우리 민족을 좀더 불쌍히 여기셔서 더 강력한 성령의 깨달음을 주시도록 부르짖는 것입니다. 그 외에는 사람들을 하나님께로 돌이킬 방법이 없습니다. 하나님이 이 땅을 불쌍히 여기시기만 하면 우리의 의지나 노력과 상관없이 죄인들이 하나님께 돌아올 수 있습니다.

예수님은 제자들을 사람 낚는 어부로 부르셨습니다. 어부들이 자주 하는 말이 무엇입니까? 고기 잡는 것보다 예측하기 어려운 일은 없다는 것입니다. 많이 잡을 것 같았는데 허탕칠 때도 있고 전혀 기대하지 않았는데 엄청나게 많은 고기를 잡을 때도 있습니다. 영혼을 구원하는 일도 마찬가지입니다. 우리의 기대나 생각과는 완전히 다른 상황이 벌어지는 경우가 많습니다. 열심히 전도하는데 한 사람도 귀를 기울이지 않을 때도 있고, 내가 다가가기도 전에 사람들이 먼저 다가올 때도 있습니다. 결정적으로 중요한 관건은 하나님이 불쌍히 여기시느냐 하는 것입니다. 하나님만 불쌍히 여겨 주시면 누구라도 구원받을 수 있습니다. 끝까지 말을 듣지 않는 사람은 다리를 부러뜨려서라도 구원해 주십니다.

그렇기 때문에 우리는 기도하지 않을 수 없습니다. 이 땅의 죄인들을 더 많이 불쌍히 여겨 달라고, 일곱 배나 환한 성령의 헤드라이트로 그들의 마음을 비추어서 하나님께 돌아오게 해 달라고 간구하지 않을 수 없습니다.

하나님은 자신의 의지를 이렇게 천명하십니다. "큰 산아, 네가 무엇이냐? 네가 스룹바벨 앞에서 평지가 되리라. 그가 머릿돌을 내어 놓을 때에 무리가 외치기를 '은총, 은총이 그에게 있을지어다' 하리라"(4:7).

여기에서 "큰 산"은 세상의 세력들을 가리킵니다. 그 당시 큰 산이었던 페르시아 제국에 비할 때 스룹바벨이 하고 있는 일은 너무나 보잘것없었습니다. 솔로몬의 그 큰 성전도 바벨론 군대 앞에 무너져 버렸는데 이 작은 스룹바벨의 성전이 무슨 힘이 있겠습니까? 눈에 보이는 것만 믿는 사람들이 보기에 이 성전은 너무나 미약했습니다.

사람들은 누가 정권을 잡느냐에 관심이 있지, 우리가 어떤 예배를 드리느냐에는 아무 관심이 없습니다. 그러나 세상의 권력과 지식은 교회를 통해 하나님이 이루시는 일에 비할 때 아무것도 아닙니다. 왜 그렇습니까? 세상의 것으로는 병든 영혼을 치료할 수 없기 때문입니다. 세상의 정치권력으로는 죽은 영혼을 치료하거나 살릴 수 없습니다. 미국 대통령의 어려움이 바로 이것입니다. 아무리 아프가니스탄이나 이라크를 두들겨 부수어도 미국을 사랑하게 만들 수는 없습니다. 또한 하버드나 옥스퍼드 대학의 지식으로도 사람을 살리거나 죽은 영혼을 고칠 수는 없습니다.

하나님은 세상의 그 큰 산들이 스룹바벨의 성전 앞에서 납작한 평지가 될 것이라고 말씀하십니다. 스룹바벨이 하고 있는 일은 복음을 준비하는 것이며, 오직 복음만이 사람들을 치료하고 살릴 수 있기 때문입니다. 그가 성전을 완공해서 머릿돌을 놓을 때 사람들은 "은총, 은총이 그에게 있을지어다"라고 소리칠 것입니다. 그것은 스룹바벨을 칭찬하는 말이 아니라 하나님께 감사를 돌리는 말입니다. 유다 백성들은 예루살렘 성전이 무너졌을 때 하나님이 그 은총을 완전히 거두어 가신 줄 알았습니다. 그런데 다시 말씀이 들리고 성령의 역사가 일어나는 것을 보면서 기뻐하고 찬송하는 것입니다.

세상의 지식은 죽은 지식이고, 세상의 권력은 죽은 권력입니다. 죽은 것들로는 아무 역사도 일으킬 수 없습니다. 그러나 이 작은 성전에서 흘러 나오는 하나님의 말씀과 우리 마음속에서 일어나는 성령의 작은 감동은 능히 사람들을 살려 낼 수 있습니다.

하나님은 이 성전이 완공될 것을 약속하십니다. "여호와의 말씀이 또 내게 임하여 가라사대 '스룹바벨의 손이 이 전의 지대를 놓았은즉 그 손이 또한 그것을 마치리라' 하셨나니 만군의 여호와께서 나를 너희에게 보내신 줄을 네가 알리라 하셨느니라"(4:8-9).

여기에서 천사는 놀라운 말을 하고 있습니다. 스룹바벨이 성전을 완공하는 것이야말로 지금 이 말씀을 전하는 천사가 이스라엘 백성들 가운데 보냄을 받은 증거라는 것입니다. 다시 말해서 이 성전을 짓는 일 자체로 끝나는 것이 아니라 이 천사가 오셔야 한다는 것입니다. 이 천사가 누구입니까? 바로 우리 주 예수 그리스도십니다.

인간이 볼 때 스룹바벨의 성전은 도저히 완공될 수가 없습니다. 사람도 부족하고 돈도 부족하고 여건도 좋지 못합니다. 그런데도 이 성전이 완공되는 것은 앞으로 이 천사가 그들에게 오신다는 증거입니다. 이 성전은 그리스도가 오실 전초지가 될 것입니다.

10절을 보십시오. "작은 일의 날이라도 멸시하는 자가 누구냐? 이 일곱은 온 세상에 두루 행하는 여호와의 눈이라. 다림줄이 스룹바벨의 손에 있음을 보고 기뻐하리라."

하나님의 보좌 앞에 있는 일곱 눈은 성령을 상징합니다. 성령은 온 세상을 두루 살피면서 구원할 자를 찾으십니다. 예수님은 성령을 세상에 보내어 인간의 죄를 근본적으로 치료하게 하셨습니다. 이것이야말로 세상에서 가장 위대한 일입니다. 성령은 보좌 앞에 있는 일곱 눈이시기 때문에 우리가 언제 어느 구석에서 기도를 드려도 다 보고 계십니다. 그의 은혜는 결코 고갈되는 법이 없습니다.

지금 이 시대는 힘이나 능이 좌우하는 시대가 아닙니다. 성령이 좌우하는 시대입니다. 성령의 역사가 어디에 나타나느냐에 따라 한 나라가 살아나기도 하고 망하기도 하며, 번창하던 곳이 폐허가 되기도 하고 폐허가 번창하기도 합니다. 그 약속과 능력이 바로 스룹바벨에게 있는 것입니다.

그러므로 우리에게 중요한 것은 나에게 얼마나 큰 힘이 있느냐가 아니라 나에게 성령의 역사가 나타나고 있느냐 하는 것입니다. 스룹바벨이 성전을 지은 것은 작은 일이었습니다. 그러나 거기에서 성령의 역사가 나타났습니다. 그리스도의 십자가도 사람들이 보기에는 작은 일이었습니다. 그러나 거기에서 온 세상을 뒤집어 엎는 성령의 역사가 나타났습니다.

세상적인 것을 움켜쥐려 하지 마십시오. 온 세상을 두루 살피시는 일곱 눈을 붙잡으십시오. 우리가 어떻게 기도하느냐에 따라 역사의 흐름이 달라질 것입니다. 우리가 관심을 가지는 곳에는 성령의 역사가 나타날 것이며 우리가 포기하는 곳에는 멸망이 임할 것입니다. 성령을 붙잡은 자들의 손에 다림줄이 들려 있고 전 세계의 미래가 달려 있습니다.

중단되지 않는 은혜

이제 대화의 중심은 등대 주위에 있는 감람나무의 정체로 옮겨집니다. "내가 그에게 물어 가로되 '등대 좌우의 두 감람나무는 무슨 뜻이니이까?' 하고 다시 그에게 물어 가로되 '금 기름을 흘려 내는 두 금관 옆에 있는 이 감람나무 두 가지는 무슨 뜻이니이까?'"(4:11-12)

이 등대에 흐르는 기름은 보통 기름이 아니라 금 기름, 불순물이 일절 섞이지 않은 보배로운 기름입니다. 이 기름은 값으로 환산할 수 없을 정도로 값비싼 것입니다. 이것은 영혼을 살리는 약입니다.

구약의 성전에는 사람의 죄를 치료하는 놀라운 능력이 있었습니다. 거기에는 하나님의 율법이 있었고 성령의 치유하는 능력이 있었습니다.

그런데 신약 교회는 그 정도가 아니라 금 기름이 흐르는 곳입니다. 이 기름을 가진 자들이야말로 세상에서 가장 부요한 자들입니다. 이 기름은 교회 안에 있는 말씀과 성령의 능력을 가리킵니다.

우리가 가지고 있는 말씀은 천지를 창조하신 것과 같은 말씀, 아니 그보다 더 능력 있는 말씀입니다. 다른 것들은 없어도 됩니다. 성경 하나만 있으면 어디에 가서도 살 수 있습니다. 홍수가 난 곳에 가서도 살 수 있고, 폭격을 맞아 폐허가 된 곳에 가서도 살 수 있습니다. 이것은 강력한 능력입니다. 한낱 시시한 돈이나 권력에 비할 바가 아닙니다. 이 세상 어디에서도 찾을 수 없는 엄청난 능력이 이 말씀을 통해 우리에게 주어집니다. 이 말씀만 있으면 세상 어디에 가서도 교회를 세울 수 있고 부흥의 역사를 일으킬 수 있습니다.

스가랴는 두 감람나무의 정체를 알고 싶어 합니다. 한때 우리나라에 스스로 감람나무라고 부르면서 사람들을 미혹했던 이단 교주가 있었습니다. 유다 백성들도 메시아에 대해 혼동하고 있었습니다. 다윗 계통을 잇는 정치적인 메시아와 아론의 후손으로 오는 제사장으로서의 메시아가 있다고 생각했던 것입니다. 그러나 여기에서 감람나무가 두 그루라는 것은 그리스도가 두 명이라는 의미가 아닙니다.

어떤 사람은 이것을 직분의 차이, 또는 역할의 차이로 해석합니다. 즉, 왕으로서의 그리스도와 제사장으로서의 그리스도로 보는 것입니다. 또한 육신을 입으신 그리스도와 영광을 얻으신 그리스도로 보는 사람도 있습니다. 저는 이것이 우리에게 두 분의 보혜사가 있다는 의미가 아닌가 생각합니다. 한 분은 부활하여 하나님 보좌 우편에 계신 대제사장 그리스도시며, 또 한 분은 우리 안에 거하면서 우리를 위해 기도하시는 성령이십니다. 이 두 분이 계시기 때문에 하나님이 우리에게 공급하시는 은혜는 결코 중단될 수 없습니다.

천사는 스가랴의 질문에 이렇게 대답합니다. "그가 내게 대답하여 가로되 '네가 이것이 무엇인지 알지 못하느냐?' 대답하되 '내 주여, 알지 못하나이다.' 가로되 '이는 기름 발리운 자 둘이니 온 세상의 주 앞에 모셔 섰는 자니라' 하더라"(4:13-14).

천사는 감람나무에 대해서는 직접적인 대답을 하지 않습니다. 다만 기름을 전달하는 관이 기름부음을 받은 두 사람, 즉 총독 스룹바벨과 대제사장 여호수아를 가리킨다고만 말합니다. 이들은 감람나무가 아닙니다. 감람나무에 붙어서 그 금 기름을 전달하는 역할을 감당하는 통로일 뿐입니다.

이 세상에 있는 하나님의 종들은 전부 기름을 전달하는 관입니다. 자기 것으로 다른 이들을 축복하는 사람들이 아니라, 금 기름 같은 하나님의 은혜를 받아서 전달하는 사람들인 것입니다. 우리는 이 관이 녹슬거나 구멍이 나서 귀한 금 기름이 새지 않도록 주의해야 합니다. 그래야 등잔불을 꺼뜨리지 않고 온 세상에 은혜의 불길을 일으킬 수 있습니다.

사도 바울은 큰 집에 여러 그릇이 있는데 그 중에 깨끗한 그릇을 주님이 쓰신다고 말했습니다. 우리는 "주여, 저를 정결하게 하옵소서. 제 욕심을 깨끗이 씻어 주옵소서"라고 날마다 기도해야 합니다. 그러면 세상 어디에서도 볼 수 없는 성령의 금빛 나는 기름이 나를 통해 흐르기 시작할 것입니다. 죽어 가던 사람들이 그 기름을 받아 벌떡벌떡 일어나기 시작할 것입니다.

오늘 성경이 우리에게 말씀하는 바가 무엇입니까? 스가랴처럼 한번 은혜 받았다고 해서 거기 도취되어 있지 말라는 것입니다. 빨리 정신을 차려서 인정해야 할 현실은 인정하고 포기할 것은 포기하며 하나님의 새로운 말씀을 받을 준비를 하라는 것입니다.

십자가는 더 이상 상징에 그칠 수 없습니다. 교회는 병든 심령을 치료하고 마귀의 세력을 굴복시키는 능력의 십자가를 회복해야 합니다. 스가랴가 본 등대는 장식용 등대가 아니라 일곱 배나 더 강력한 빛을 발하는 등대, 비바람이 몰아쳐도 꺼지지 않는 등대였습니다. 바로 그 등대가 우리에게 있습니다. 바로 그 능력이 우리에게 있습니다. 상상할 수도 없는 강력한 능력이 하나님께로부터 우리에게까지 직접 연결되어 있습니다.

우리가 받은 은혜가 거짓 은혜가 아니라면, 우리가 받은 축복이 인공적인 축복이 아니라면, 우리 삶은 절대 허무하게 끝나지 않을 것입니다. 하나님이 반드시 구원을 이루어 주실 것입니다.

오늘 우리에게는 금 기름이 흐르고 있습니다. 그 흐름이 막히지 않도록, 그 기름이 한 방울도 새지 않도록 순결하고 거룩한 종으로 만들어 달라고 기도합시다. 폐허 같은 세상에서 망가지고 병든 사람들을 말씀으로 일으켜 세우는 은혜의 통로가 되게 해 달라고 기도합시다.

세상 사람들은 이해하지 못하겠지만, 오늘 우리는 하나님 앞에서 가장 위대한 일을 하고 있습니다. 그리고 이 일은 반드시 성공할 것입니다. 하나님이 일곱 배나 강한 성령을 이 땅에 부으셔서 사람들로 하여금 하나님 앞에 통곡하게 하시며, 그리스도의 위대한 십자가를 선포하시고, 다시 한 번 이 땅을 거듭나게 해 주실 것입니다.

8

두루마리의 환상

스가랴 5:1-11

5:1 내가 다시 눈을 든즉 날아가는 두루마리가 보이더라.

2 그가 내게 묻되 "네가 무엇을 보느냐?" 하기로 내가 대답하되 "날아가는 두루마리를
보나이다. 그 장이 20규빗이요 광이 10규빗이니이다."

3 그가 내게 이르되 "이는 온 지면에 두루 행하는 저주라. 무릇 도적질하는 자는
그 이편 글대로 끊쳐지고 무릇 맹세하는 자는 그 저편 글대로 끊쳐지리라.

4 만군의 여호와께서 가라사대 '내가 이것을 발하였나니 도적의 집에도 들어가며
내 이름을 가리켜 망령되이 맹세하는 자의 집에도 들어가서 그 집에 머무르며
그 집을 그 나무와 그 돌을 아울러 사르리라' 하셨느니라."

5 내게 말하던 천사가 나아와서 내게 이르되 "너는 눈을 들어 나오는 이것이 무엇인가
보라" 하기로

6 내가 묻되 "이것이 무엇이니이까?" 그가 가로되 "나오는 이것이 에바니라."
또 가로되 "온 땅에서 그들의 모양이 이러하니라.

7 이 에바 가운데에는 한 여인이 앉았느니라" 하는 동시에 둥근 납 한 조각이 들리더라.

8 그가 가로되 "이는 악이라" 하고 그 여인을 에바 속으로 던져 넣고 납 조각을
에바 아구리 위에 던져 덮더라.

9 내가 또 눈을 들어 본즉 두 여인이 나왔는데 학의 날개 같은 날개가 있고
그 날개에 바람이 있더라. 그들이 그 에바를 천지 사이에 들었기로

10 내가 내게 말하는 천사에게 묻되 "그들이 에바를 어디로 옮겨 가나이까?" 하매

11 내게 이르되 "그들이 시날 땅으로 가서 그를 위하여 집을 지으려 함이니라.
준공되면 그가 제 처소에 머물게 되리라" 하더라.

5:1-11

우리 주위에는 예전에 비해 크게 변한 곳들이 많이 있습니다. 그 중에서도 가장 크게 변한 곳은 대도시 주변의 개발지역일 것입니다. 한때는 논밭이거나 야산이었던 곳에 대단위 아파트 단지가 들어서면서 과거의 모습은 전혀 찾아볼 수 없게 되었습니다. 이렇게 어느 지역이 개발된다는 소식이 들리면 엄청난 부동산 투기 현상이 발생합니다. 투기꾼들이 모여들기 시작하고 땅값이 치솟습니다. 그러면 그곳에 땅이 있는 사람들은 갑자기 돈방석에 앉게 되지만, 성실하게 직장생활만 하던 사람들은 엄청나게 값이 오른 아파트를 사서 들어가 살아야 합니다. 이런 일을 한번 겪고 나면 '열심히 일해서 저축하는 것은 바보짓'이라는 생각이 절로 들게 마련입니다. 무리를 해서라도 투기에 뛰어들어 성공하면 평생 저축해도 만져 보지 못할 큰돈을 벌 수 있기 때문입니다.

　또 변화가 많은 곳은 정치계입니다. 어느 쪽에 줄을 서느냐에 따라 출세의 지형이 달라집니다. 줄을 잘 서면 국회의원이나 장관도 될 수 있지만, 줄을 잘못 서면 회사를 잃거나 감옥에 갇힐 수도 있습니다.

　사람들은 이런 일들을 보면서 '이 사회에서는 정직하고 성실하게 사는 일이 중요한 것이 아니라 기회를 잘 잡는 일이 중요하구나. 상황을 잘 보고 재빠르게 행동해야 성공할 수 있겠다'라는 생각을 하게 됩니다. 그 결과가 무엇입니까? 열심히 일하려 하지 않고 저마다 투기에 뛰어들거나 지위가 높은 사람들 앞에 줄을 서면서 나라 전체가 부실해지는 것입니다.

하나님이 없다고 생각한다면, 그리고 자기 손에 힘과 지식을 가지고 있다면 세상에 못할 일이 없을 것입니다. 사업도 무한정으로 확장하고, 장악한 권력으로 무엇이든 원하는 대로 할 수 있을 것입니다. 그러나 세상에는 분명히 주인이 계십니다. 그 주인은 탐욕으로 세상을 차지하려 하는 자들을 비웃으시며 철장으로 그들을 부수십니다. 짧은 안목으로 보면 자기 힘이나 자기 머리를 믿고 날뛰는 사람들이 세상을 다 쥐고 흔드는 것 같지만, 어느 정도 세월이 흐른 후에 보면 그런 자들은 자취도 찾을 수가 없습니다.

스가랴 당시의 바벨론은 자기 힘으로 농사를 짓거나 돈을 번 나라가 아니었습니다. 바벨론은 무력으로 주변 나라들을 강탈하여 부를 긁어모은 나라였습니다. 그 바벨론이 멸망하고 등장한 페르시아도 다를 바가 없었습니다. 그들 또한 자신들이 장악한 패권으로 상권을 잡아서 큰돈을 벌었고 약한 나라들을 강탈해서 부를 축적했습니다. 그러다 보니 세상 모든 사람들이 한탕주의와 허영에 빠져서, 하나님 앞에 성실하고 정직하게 살려 하는 자들은 바보 취급을 하고 거짓말과 도둑질로 성공한 사람은 오히려 추켜세우는 현상이 벌어졌습니다.

그런 상황에서 하나님은 하늘을 나는 큰 두루마리의 환상을 보여 주십니다. 그 두루마리에는 하나님의 저주가 담겨 있었습니다. 이 환상은 하나님이 세상을 정의로 심판하실 것을 보여 줍니다.

놀랍게도 우리나라에서도 한탕주의로 부정하게 돈을 모은 자들이 망하는 일이 일어났습니다. 바른 정치를 하지 않고 독재정권에 아부했던 사람들도 많이 잡혀 갔습니다. 우리는 이런 일들을 통해, 짧은 안목으로 보면 악에게 아첨하고 세상적인 방법을 쓰는 사람들이 성공하는 것 같지만 영구적으로는 그렇지 않다는 사실을 알게 됩니다. 결국 모든 일은 하나님의 말씀, 즉 성경의 원리대로 움직이게 되어 있습니다.

율법이 적힌 두루마리는 유다가 망함으로써 효력을 상실한 문서입니다. 이를테면 아주 오래된 도서관에서나 찾아볼 수 있는 골동품인 것입니다. 그런데 스가랴가 보니 이미 사라진 줄 알았던 그 율법의 두루마리가 다시 빛을 발하고 있었습니다. 그것도 과거처럼 작은 두루마리가 아니라 열 배, 스무 배 더 큰 두루마리가 되어 온 세상을 뒤덮고 있었습니다.

하늘을 나는 두루마리

5장 1절과 2절을 보십시오. "내가 다시 눈을 든즉 날아가는 두루마리가 보이더라. 그가 내게 묻되 '네가 무엇을 보느냐?' 하기로 내가 대답하되 '날아가는 두루마리를 보나이다. 그 장이 20규빗이요 광이 10규빗이니이다.'"

우리는 땅이 영원하다고 생각합니다. 그래서 다른 것은 몰라도 땅은 많이 가지고 있어야 영구적인 부자가 될 수 있다고 생각합니다. 그러나 영원한 것은 오직 한 가지, 하나님의 말씀뿐입니다.

스가랴는 하늘을 나는 한 두루마리를 보게 됩니다. 그 두루마리는 사람이 손에 들고 읽을 수 있는 작은 두루마리가 아니라 하늘을 나는 양탄자처럼 큰 두루마리였습니다. 그러나 그 두루마리는 사람이 신나게 타고 다닐 수 있는 것이 아니었습니다. "그가 내게 이르되 '이는 온 지면에 두루 행하는 저주라. 무릇 도적질하는 자는 그 이편 글대로 끊쳐지고 무릇 맹세하는 자는 그 저편 글대로 끊쳐지리라"(5:3).

두루마리 이편과 저편에 글이 기록되어 있었는데, 이편에는 도둑질하는 자에 대한 저주의 계명이, 저편에는 거짓으로 맹세하는 자에 대한 저주의 계명이 기록되어 있었습니다. 다시 말해서 이것은 하나님의 말씀이 기록된 두루마리로서, 이 두루마리가 하늘을 날고 있다는 것은 곧 여기 기록된 대로 온 세상을 심판하신다는 뜻인 것입니다.

지금까지 바벨론과 페르시아에서 출세하고 성공한 사람들은 전부 거짓말과 도둑질에 능한 자들이었습니다. 하나님은 그렇게 정직하지 못한 방법으로 출세하고 돈 번 자들을 전부 골라 내서 율법의 말씀대로 심판하시는 한편, 정직하고 성실한 자들은 축복해 주실 것입니다.

이스라엘 백성들이 출애굽하기 전에도 이런 일이 있었습니다. 그때 세상은 전부 애굽의 지배 아래 있었습니다. 애굽 사람들은 거짓말과 도둑질로 세상의 모든 좋은 것들을 누리고 살았던 반면, 하나님의 백성들은 그들에게 학대받으면서 비참하게 살고 있었습니다. 그러나 모세가 말씀을 선포하자 저주가 애굽 온 땅을 뒤덮기 시작했습니다. 모세의 말한 마디에 풍요를 보장해 주던 나일 강이 피로 변하고 개구리가 땅으로 올라오며 이와 파리와 메뚜기와 우박이 사람들을 공격하고 해가 빛을 잃는 상상할 수도 없는 재앙이 일어났습니다. 그리고 결국에는 애굽의 모든 장자가 죽는 비극까지 벌어졌습니다. 그러나 이스라엘 백성에게는 그러한 재앙들이 전혀 임하지 않았습니다. 천지가 어두움에 빠졌을 때에도 그들이 있는 곳에는 빛이 임했으며, 애굽의 장자들이 전부 죽었을 때에도 이스라엘의 아들들은 한 명도 죽지 않았습니다.

하나님이 지금 스가랴에게 두루마리 환상을 보여 주시는 데에는 그같은 말씀의 능력을 다시 한 번 나타내시겠다는 뜻이 담겨 있습니다. 지금까지는 악하고 힘센 자들이 세상의 온갖 좋은 것들을 빼앗고 차지하도록 내버려 두셨지만, 말씀이 선포되는 그 순간부터는 저주로 온 세상을 덮으시겠다는 것입니다. 남의 소유를 조금이라도 탐낸 자들이나 거짓말해서 출세한 자들은 전부 골라내서 심판하실 것이며, 하나님만 의지하면서 정직하고 겸손하게 살아온 자들에게는 특별한 구원을 베푸실 것입니다. 그러면 믿지 않는 자들도 세상에 주인이 계심을 알게 될 것입니다. 그리고 말씀을 붙드는 백성들은 큰 부흥의 역사를 경험할 것입니다.

북 이스라엘의 아합 왕은 하나님을 두려워하지 않는 사람이었습니다. 그는 이세벨이라는 이방 제사장의 딸과 결혼해서 하나님을 섬기는 자들을 핍박했습니다. 아합과 이스라엘 백성들은 인간적인 힘으로 얼마든지 잘살 수 있다고 생각했습니다. 그러나 재앙의 그림자가 하늘을 뒤덮자 3년 반 동안 비가 내리지 않았고, 수많은 사람들이 기근으로 죽어 갔습니다. 그때 엘리야가 나타났습니다. 그는 바알의 거짓 선지자들과 대결하여 하늘의 불을 불러왔으며, 큰 비가 쏟아지게 했습니다.

지금 우리나라는 경제적으로 대단히 어려운 상황에 처해 있습니다. 이를테면 이스라엘의 대기근 때와 비교할 수 있습니다. 많은 기업들이 무너졌고, 많은 이들이 직장을 잃었습니다. 그 이유가 무엇입니까? 탐욕 때문입니다. 하나님이 침묵하고 계시니까 그 존재를 아예 무시하고 제멋대로 부정하게 행복을 추구해 온 결과인 것입니다. 이제 우리에게 필요한 것은 모세와 같은 기도, 엘리야와 같은 기도입니다. 나일 강을 피로 만든 능력의 기도, 하늘에서 불이 떨어지게 하고 3년 반 동안 내리지 않던 비를 쏟아지게 만든 능력의 기도가 필요합니다.

확대된 두루마리

원래 두루마리는 사람이 손에 들고 읽을 정도의 크기로 만들어집니다. 그런데 스가랴가 본 두루마리는 보통 두루마리보다 열 배, 스무 배 더 큰 것이었습니다. 이것은 구약 율법이 그만큼 확대된다는 뜻입니다. 칼뱅의 《기독교 강요》 초판은 처음에 한 권으로 출판되었습니다. 그런데 후에 여러 차례 수정과 보충을 거치면서 여러 권의 두꺼운 책으로 확대되었습니다. 율법도 처음에는 아주 작은 책이었습니다. 그러나 시간이 지나면서 엄청나게 확대되리라는 것을 이 두루마리는 보여 주고 있습니다.

사람들은 땅이 영원하다고 생각합니다. 그리고 돈이나 권력은 영원하지 않다는 것을 알지만 당장 제공하는 매력이 크기 때문에 우선적으로 움켜쥐려 합니다. 그러나 참으로 영원한 것은 하나님의 말씀밖에 없습니다. 하나님은 이 작은 성경 안에 하나님의 모든 축복을 압축해 놓으셨습니다. 성경은 마치 무진장한 보물을 숨기고 있는 큰 산과 같습니다. 이 산을 제대로 파고 들어가서 무진장한 진리를 캐내는 자는 진정한 부자가 될 수 있습니다. 그러나 세상 사람들의 눈에는 이 성경이 저주의 말로만 들립니다. 이것도 하지 말고 저것도 하지 말라는 소리로만 들리는 것입니다. 이처럼 똑같은 하나님의 말씀이 어떤 사람에게는 송이꿀보다 더 달콤한 생명의 양식으로 다가오는가 하면, 또 어떤 사람에게는 자신을 책망하고 저주하는 소리로 다가옵니다.

원래 인간은 말씀에 순종해서 살도록 창조되었습니다. 하나님은 인간이 범죄하지 않고 전적으로 순종할 때 죽음을 통과하지 않고 영생에 들어가도록 계획해 놓으셨습니다. 즉, 인간은 원래 죽지 않아도 되는 존재였던 것입니다. 구약성경을 보면 실제로 죽지 않은 인물들이 나옵니다. 에녹은 하나님과 동행하며 살다가 어느 날 갑자기 실종되었습니다. 우리는 그런 것을 '영광의 실종'이라고 부릅니다. 하나님이 죽음을 통과시키지 않고 곧장 영생의 상태로 데려가신 것입니다. 또 한 사람은 엘리야입니다. 그는 악한 세상에서 우상과 싸웠던 선지자였습니다. 그도 어느 날 하나님이 회리바람으로 데려가셨습니다. 그 후 지상에서는 아무도 그를 본 사람이 없었습니다.

그러나 그 밖의 사람들은 전부 죽어야만 했습니다. 죄의 세력을 이기지 못하고 하나님의 영광 대신 탐욕을 위해 살았기 때문입니다. 영생에 들어가려면 탐욕을 이겨야 합니다. 그러나 세상에는 그렇게 할 수 있는 사람이 없습니다. 십계명 마지막 계명은 탐내지 말라는 것입니다. 그러나 사람이 어떻게 남의 것을 탐내지 않을 수 있겠습니까? 또한 행동으로 옮겨지지 않은 탐심의 문제는 어떻게 처리해야 합니까? 그것은 죄입니까, 아닙니까? 이 마지막 계명은 의문의 계명이었습니다. 그런데 예수님이 오셔서 그 비밀을 풀어 주셨습니다.

우리의 문제는 마음 중심에 하나님 대신 탐욕이 자리잡고 있다는 것입니다. 탐욕은 절대적인 신으로 지배하고 군림하면서 한평생 자신을 위해서만 살아가게 합니다. 사람의 힘으로는 도저히 그 탐욕의 지배를 벗어날 길이 없습니다. 간신히 한 가지 탐심을 이기고 나면, 또 다른 탐심이 고개를 들고 나옵니다. 구약의 율법은 그에 대한 일종의 응급조치였습니다. 그런데 예수님은 그 율법을 수백 배로 확대시켜서 말씀으로 인간의 본질을 꿰뚫어 볼 수 있게 하셨습니다.

율법이 우리에게 요구하는 바는 두 가지입니다. 한 가지는 하나님 앞에서 완전히 의로워야 한다는 것입니다. 즉, 죄가 하나도 없어야 하나님 앞에 나아갈 수 있다는 것입니다. 또 한 가지는 누구든지 죄 사함을 받으려면 죄 없는 자가 대신 피를 흘리고 죽어야 한다는 것입니다. 예수님의 십자가는 그 두 가지 요구를 다 충족시켰습니다. 예수님은 세상에서 하나님의 모든 말씀에 순종하셨습니다. 단 한 번도 자신의 야망이나 욕심을 좇으신 적이 없었습니다. 한평생 자신을 쳐서 말씀에 복종시키셨습니다. 그리고 십자가 위에서 죄 없는 피를 흘림으로써 우리의 모든 죄를 깨끗게 씻어 주셨고, 성령의 능력을 주심으로써 하나님의 뜻대로 살 수 있게 하셨습니다. 이것은 인간에게 일어날 수 있는 기적 중에 최고의 기적입니다.

사실 그리스도의 십자가만큼 인간에게 충격적인 사건은 없습니다. 사람들은 아무 죄도 없는 분을 미워해서 처형해 버렸습니다. 십자가가 세워지기 전까지는 그들도 자신들이 얼마나 하나님을 싫어하고 증오하는지 깨닫지 못했습니다. 그런데 예수님이 오셔서 스스로 하나님의 아들이라고 주장하며 하나님의 뜻을 선포하시자 그 증오가 선명하게 노출되어 버렸습니다.

세상 나라와 백성들 중에 예수 믿는 사람들을 미워하지 않는 자들이 있습니까? 그들이 그토록 예수 믿는 사람들을 미워하는 이유가 무엇입니까? 예수님은 이 세상 모든 것이 인간의 것이 아니라 하나님의 것이라고 말씀하시기 때문입니다. 내가 열심히 번 돈도 내 것이 아니라고 하시고, 내가 열심히 노력해서 얻은 지위도 내 것이 아니라고 하십니다. 결국 사람들은 자기 것을 하나님께 빼앗기기가 싫어서 예수님을 십자가에 못 박아 버렸습니다.

예수를 받아들인 사람은 변하게 되어 있습니다. 그것이 싫어서 사람들이 예수를 거부하는 것입니다. 친구 중에 한 사람이 예수를 믿으면 더 이상 예전처럼 지낼 수가 없습니다. 특히 술친구들은 동료 중 한 사람이 예수를 믿을 때 마치 그가 죽기라도 한 것처럼 슬퍼하고 화를 냅니다. 예수님이 그 사람을 예전과 완전히 다른 사람으로 바꾸어 놓으시기 때문입니다.

예수님의 십자가는 모든 인간의 마음속에 있는 생각을 밖으로 끄집어냈습니다. 그것은 아무리 하나님이라도 자기 삶에 간섭하지 말라는 것입니다. 아무리 하나님의 아들이라도 자기 삶에 간섭하면 죽여 버리겠다는 것입니다. 죄의 본질이 무엇입니까? 자신을 만드신 하나님께 온전히 영광 돌리기를 거부하고 자기 몸을 자기 마음대로 쓰려 하는 것입니다. 사람들은 지금도 여전히 하나님의 것을 빼앗아 자기 것으로 삼고자 합니다. 그러나 예수 믿는 사람은 자신에게 있는 모든 것이 하나님의 것임을 인정합니다. 그리고 성령의 인도에 따라 한 걸음씩 하나님의 뜻대로 살아 나갑니다. 그것이 천국의 삶이고 영생의 삶입니다.

예수를 믿으면 자신이 그동안 하나님을 인정하지 않고 교만하게 살아왔다는 사실을 인식하게 됩니다. 이 인식이 그를 신음하게 만들고 통곡하게 만듭니다. 죄에 대한 이 인식은 신앙생활을 하면 할수록 점점 더 예민해지고 구체화됩니다. 그래서 아주 작은 교만이나 음란한 생각에도 심한 고통을 느낍니다. 율법이 수십 배로 확대되는 것입니다.

옛날에는 율법이 작은 두루마리에 빽빽하게 적혀 있어서 읽기도 힘들었고 읽어도 무슨 말인지 모르는 부분이 많았습니다. 그런데 이제는 성령이 그것을 대형화면에 띄워서 보여 주십니다. 사람들은 그 큰 화면에 자기의 내면이 전부 드러나는 것을 보면서 충격을 받습니다. 전에는 '나는 법 없이도 살 사람'이라고 생각했습니다. 그러나 그 화면을 한번 보고 나면 '아, 내가 저렇게 악하단 말인가! 저렇게 악질이란 말인가!' 하면서 가슴을 치게 됩니다. 지금 사람들이 멀쩡히 밥 잘 먹고 회사 잘 다니고 학교 잘 다니는 것은 그 화면을 보지 못했기 때문입니다. 그 화면을 본 사람은 큰 충격에 빠져서 날마다 "나를 치료해 주소서! 나를 씻어 주소서!"라고 부르짖지 않을 수 없습니다. 이처럼 그리스도의 십자가와 성령의 조명으로 확대된 율법은 과거에는 죄라고 생각지도 못했던 것들까지, 우리 속에 숨겨져 있던 동기까지 낱낱이 드러냅니다.

하나님이 원하시는 것은 우리가 몸을 가진 채로 자발적으로 순종하는 것입니다. 천사는 몸도 없고 자발성도 없습니다. 이 두루마리는 제약 많은 우리의 몸을 가지고 자발적으로 탐욕을 누르며 천사처럼 순종하기를 요구합니다. 그리고 끝끝내 탐욕을 좇아 사는 자들에게는 저주를 선언합니다.

왜 하필 도적질과 거짓 맹세인가?

이 두루마리는 그 많고 많은 죄 중에서 왜 하필 도적질과 거짓 맹세를 지적하고 있을까요? 그 당시에 성공한 사람들은 전부 도둑질과 거짓말로 그 성공을 얻은 자들이었기 때문입니다. "그가 내게 이르되 '이는 온 지면에 두루 행하는 저주라. 무릇 도적질하는 자는 그 이편 글대로 끊쳐지고 무릇 맹세하는 자는 저편 글대로 끊쳐지리라. 만군의 여호와께서 가라사대 내가 이것을 발하였나니 도적의 집에도 들어가며 내 이름을 가리켜 맹세하는 자의 집에도 들어가서 그 집에 머무르며 그 집을 그 나무와 그 돌을 함께 사르리라' 하셨느니라'"(5:3-4).

하나님이 정죄하시는 죄인들이 누구냐 하는 점에 대해서는 여러 이견이 있습니다. 많은 학자들은 바벨론에서 돌아온 유다 백성들 중에 성전 건축을 등한히 했던 자들이라고 해석합니다. 그들은 하나님의 성전을 먼저 짓겠다고 약속해 놓고서도 성전 건축은 등한히 한 채 자기 욕심만 채웠기 때문에 거짓으로 맹세한 자요 도적질한 자라는 것입니다.

그러나 저는 유대인이든 이방인이든 세상에서 인간적인 방법으로 성공한 사람들은 전부 여기에 해당한다고 봅니다. 그 당시 전 세계를 지배했던 정신은 팽창주의였습니다. 바벨론은 힘만 있으면 법이나 질서는 얼마든지 무시한 채 마음대로 세상을 차지할 수 있다고 생각했습니다. 그런 세상에서 하나님을 기다리며 가만히 앉아 있는 사람은 바보 취급을 받을 수밖에 없습니다. 그 후로도 나라는 바뀌었지만 그 정신은 계속되었습니다. 페르시아도, 마케도니아도, 로마도 그 본질은 전부 '한없이 팽창하자, 땅 끝까지 정복하자'라는 팽창주의에 있었습니다. 그들은 자기 힘으로 정당하게 세상을 정복했다고 주장했지만, 실제로는 도적질한 자들이요 거짓으로 맹세한 자들이었습니다.

유다가 바벨론에 망한 이유가 무엇입니까? 바로 이 팽창주의에 오염되었기 때문입니다. 더 커지기 위해 하나님의 율법을 폐기하고 자신들도 팽창주의로 밀고 나가다가 망한 것입니다.

하나님을 아는 사람들과 모르는 사람들이 갈라지는 지점이 바로 이 지점입니다. 하나님을 모르는 사람은 한없이 높아지려 하고 한없이 많이 가지려 하며 한없이 그 영향력을 넓히려 합니다. 돈 벌 기회만 있으면 어떻게 해서든지 움켜잡으려고 해요. 증권 투자가 유망해 보이면 그리로 달려가고, 부동산 투기가 유망해 보이면 그리로 달려갑니다. 어느 학원에 보내면 좋은 대학 간다는 말이 들리면 무슨 수를 써서라도 애들을 그 학원에 들여보내요. 성공의 길이 뻔히 보이는데 왜 가만히 앉아 있겠습니까?

그러나 하나님을 아는 사람들은 선뜻 그렇게 하기를 겁냅니다. '내가 이렇게 한없이 관심 범위를 넓히다가는 하나님의 은혜를 놓칠지도 모른다'라고 생각해서, 얼마든지 더 돈 벌 수 있고 더 성공할 수 있는데도 인간적인 방법을 쓰지 않고 하나님을 기다립니다. 그런데 하나님은 세상 것보다 믿음을 먼저 심어 주려 하시기 때문에 항상 세상 사람들에게 뒤처질 수밖에 없고 걸음이 더뎌질 수밖에 없습니다. 하나님은 이런 사람들을 사랑하시고 존귀하게 여기십니다. 사실 우리에게 가장 큰 복은 하나님을 알게 된 것이고 바른 믿음을 가지게 된 것입니다. 그것만 있으면 다른 것들은 좀 부족해도 상관이 없습니다.

끝없이 팽창하려 하는 사람들은 눈빛이 사납습니다. 벌써 눈빛부터 인자하지가 않아요. 그러나 달려나가던 속도가 한번 꺾인 사람, 한번 주저앉은 경험이 있는 사람들은 그냥 보기에도 편안합니다. 그는 '내가 행복해야 하는 것처럼 남들도 행복할 권리가 있다. 나에게 인격이 있는 것처럼 남들에게도 존중받아야 할 인격이 있다'라는 것을 인정합니다. 바로 이것이 이웃 사랑의 출발점입니다. 세상 사람들은 남들을 수단으로 여기기 때문에 자기보다 못 배우거나 못 가진 사람들은 아예 숫자에도 넣지 않습니다. 그런 엘리트주의는 전부 무서운 팽창주의에서 나온 것입니다. 사람이 사람으로 보이지 않고 돈으로 보이거나 다른 수단으로 보인다면 이미 팽창주의에 빠진 것입니다.

유다 백성들이 성전 건축을 등한히 한 이유가 무엇입니까? 그들은 성전을 짓는다고 해서 무슨 이익이 생기지 않는다는 것을 알고 있었습니다. 넓은 세상을 경험해 보니 세상에서 크게 돈 벌고 성공하는 사람들도 많았고 출세하고 성공할 수 있는 길도 아주 많았습니다. 그런데 어떻게 구석에 틀어박혀서 성전만 짓고 있겠습니까? 마치 젊은이들이 하고 싶은 공부도 많고 시도하고 싶은 일들도 많은데 교회에 틀어박혀 성경공부만 하는 것을 시간 낭비로 여기는 것과 같습니다. 세상에서는 현재 가진 것에 만족하지 않고 한없이 팽창하며 뻗어 나가려 하는 사람들을 유능하다고 인정해 줍니다.

지금까지 우리나라 사람들을 지배했던 정신도 바로 이 팽창주의였습니다. 무엇이든지 많을수록 좋고 넓을수록 좋다는 것입니다. 그것이야말로 하나님의 축복이라는 것입니다. 그래서 교회도 자꾸 넓히고 집도 자꾸 넓히고 회사도 자꾸 넓혔습니다. 그러나 그렇게 한없이 넓히고 키우다 보면 중요한 것을 잃게 마련이고 다른 사람들의 존재를 놓치게 마련입니다. 하나님이 주신 것에 만족하지 않고 끝없이 욕심을 부리고 끝없이 팽창하며 끝없이 높아지려 하는 것은 도둑의 정신이며, 하나님을 무시하는 태도입니다.

스가랴가 일곱 번째로 본 환상은 에바 가운데 앉은 여인이었습니다. "내게 말하던 천사가 나아와서 내게 이르되 '너는 눈을 들어 나오는 이것이 무엇인가 보라' 하기로 내가 묻되 '이것이 무엇이니이까?' 그가 가로되 '나오는 이것이 에바니라.' 또 가로되 '온 땅에서 그들의 모양이 이러하니라. 이 에바 가운데에는 한 여인이 앉았느니라' 하는 동시에 둥근 납 한 조각이 들리더라"(5:5-7).

여기에서 "에바"는 가루의 부피를 재는 도구로서 사람이 들어갈 수 있을 정도로 큰 통입니다. 우리나라의 쌀 뒤주를 생각하면 좋겠습니다. 이것은 인간의 탐욕을 보여 주는 환상입니다. 지금까지 스가랴는 사람들이 왜 하나님께 열심을 내지 않고 전부 정욕적으로 사는지 알지 못했습니다. 그런데 환상을 보니 큰 통 속에 여자가 앉아 있는 것이 원인이었습니다. 이 여자는 인간의 욕심을 상징합니다.

어떤 이들은 "왜 성경은 여자를 꼭 나쁜 데 비유하느냐?"라고 항의하는데, 반드시 그런 것은 아닙니다. 9절에서도 볼 수 있듯이 성경에는 좋은 의미를 가진 여자들도 많이 나옵니다. 아마 여기에서 여자를 등장시킨 것은 그 아름다움 때문일 것입니다. 아름다운 여자가 유혹하면 이기기 힘든 것처럼, 달콤한 탐욕 역시 거부하기 힘들기 때문입니다. 탐욕은 인간의 마음속 깊은 곳에 숨어서 모든 것을 조종합니다.

요한계시록은 로마 제국을 큰 음녀로 표현하고 있는데, 그 이유는 두 가지입니다. 첫째로, 큰 권력이 타락하면 무서운 유혹이 되기 때문입니다. 교만한 자가 마음대로 권력을 휘두를 때 사람들은 아첨꾼이 되기 쉽습니다. 아첨만 하면 쉽게 잘살 수 있는데 무엇 때문에 권력자의 미움을 받아 가면서까지 정의를 지키겠습니까? 그래서 악한 자가 권력을 잡으면 진실한 사람들이 사라지게 되어 있습니다. 우리나라도 군사정권 시대를 거치면서 정직하지 못한 아첨꾼들이 득세하지 않았습니까?

둘째로, 사치와 방탕이 만연하면 큰 유혹이 되기 때문입니다. 사람들은 누구나 사치하고 방탕하게 살고 싶은 욕구를 가지고 있습니다. 누구나 넓은 집에서 편하게 잘 살고 싶지, 어렵고 구차하게 살고 싶은 사람은 아무도 없습니다. 그러니까 힘들게 믿음을 지키기보다는 타협하더라도 잘사는 길을 택하는 것입니다. 주변에 사치하고 방탕하게 잘사는 사람이 있으면 아무래도 쉽게 따라가게 됩니다. 사람의 탐욕은 무저갱처럼 끝이 없습니다. 모든 사람이 탐욕을 좇아 사는 길을 택할 때 사회에는 죄가 보편화되고 사람들은 죄를 지어도 부끄러운 줄 모르게 됩니다. 모두가 똑같은 모습으로 살고 있기 때문입니다. 그것은 다함께 망하는 지름길입니다.

이런 점에서 페르시아나 로마의 부흥은 음녀의 유혹이었습니다. 그렇게 쉽게 잘사는 모습을 본 사람 중 누가 바보처럼 하나님 앞에 겸손한 삶을 살려 하겠습니까?

"에바"는 죄를 재는 그릇인 동시에 사람들의 마음속에 있는 끝없는 욕망의 크기를 보여 주는 상징입니다. 사람들의 마음속에 있는 욕심은 이런 에바로도 다 측량할 수 없을 만큼 무한합니다. 그리고 그 안에는 악한 방법으로 성공한 자들의 유혹이 들어 있습니다.

그러나 때가 이르면 어떻게 하십니까? "그가 가로되 '이는 악이라' 하고 그 여인을 에바 속으로 던져 넣고 납 조각을 에바 아구리 위에 던져 덮더라"(5:8).

천사는 여자를 통 안에 던져 넣고 무거운 납덩이로 밀봉해 버립니다.

마치 우라늄 방사능을 밀봉하듯이 납 뚜껑으로 밀봉해 버리는 것입니다. 이 끝없는 탐욕은 방사능보다 위험합니다. 사람들이 증권에 빠지고 부동산에 빠지는 것은 다 이 방사능에 노출되었기 때문입니다. 물리적인 방사능에 노출되는 것보다 더 무서운 것이 팽창주의라는 이 여인의 유혹에 노출되는 것입니다. 이 여인은 절대 우리를 가만히 내버려 두지 않고 끝없이 욕심을 따라가게 만듭니다. 계속 우리를 들쑤셔서 집을 넓히게 하든지, 아이들에게 한없이 무엇을 가르치게 만들든지, 돈이 보이는 곳을 쫓아다니게 만듭니다. 그러므로 우리는 이 욕망을 방사능보다 더 조심스럽게 다루어야 합니다. 통 안에 가두고 납으로 밀봉한 후에 땅 속 깊이 파묻어 버려야 합니다. 일단 이 여자가 밖으로 나오면 우리의 삶은 완전히 초토화되어 버립니다.

세상을 살리는 교회의 부흥

세상을 바라볼 때 우리에게는 소망이 없습니다. 모든 사람이 탐욕에 취해서 멸망의 길로 나아가고 있기 때문입니다. 그대로 내버려 두면 다 함께 망할 수밖에 없습니다. 그런데 하나님은 이 세상이 망하지 않도록 막을 방법을 주셨습니다. 그것은 교회에서 영적인 부흥이 일어나며 큰 회개의 운동이 벌어지는 것입니다. 물론 교회에 부흥이 일어난다고 해서 세상 모든 사람이 하나님을 믿게 되는 것은 아닙니다. 그러나 교회는 세상의 대표요 장자이기 때문에, 교회의 믿음과 회개가 하나님이 원하시는 수준에 도달하면 세상에도 복을 내려 주십니다.

오늘 본문을 보면 또 다른 여인이 두 사람 나오는데, 이 여인들은 학같이 큰 날개를 가지고 있습니다. "내가 또 눈을 들어 본즉 두 여인이 나왔는데 학의 날개 같은 날개가 있고 그 날개에 바람이 있더라. 그들이 그 에바를 천지 사이에 들었기로 내가 내게 말하는 천사에게 묻되 '그들이 에바를 어디로 옮겨 가나이까?' 하매 내게 이르되 '그들이 시날 땅으로 가서 그를 위하여 집을 지으려 함이니라. 준공되면 그가 제 처소에 머물게 되리라'하더라"(5:9-11).

여기에서 날개를 단 두 여인은 교회를 상징합니다. 우리는 성경 여러 군데에서 교회가 여인의 모습으로 등장하는 것을 볼 수 있습니다. 이것은 교회가 주님께 의존적인 존재이며, 주님의 도움 없이는 아무것도 할 수 없는 존재임을 나타내는 것입니다. 여인이 두 사람 있다는 것은 하나님의 증거가 신실하다는 뜻입니다. 유대인들은 두 사람의 증인이 있어야만 그들의 증거를 진실한 것으로 인정했습니다. 그래서 요한계시록에도 교회에 대한 상징으로 죽임을 당하는 두 증인이 등장합니다. 이 두 여인도 하나님의 말씀을 진실하게 증거하는 교회를 상징하고 있습니다.

그들이 날개를 달고 있다는 것은 교회가 힘을 얻고 있으며 높이 비상하고 있음을 나타납니다. 그들은 이 땅 이곳저곳에서 방황하지 않습니다. 찌꺼기나 얻어 먹으려고 세상 구석을 기웃거리는 대신 큰 날개를 활짝 펴고 하늘 높이 날아다닙니다. 그들의 날개에는 바람이 있습니다. 이것은 영혼을 살리는 성령의 역사가 교회를 통해 나타난다는 사실을 가르쳐 줍니다. 교회에서 진리가 선포되면 사람들을 유린하는 여인의 세력은 결박당하게 되어 있습니다.

여인은 에바를 완전히 없애지는 못하고 시날 땅, 바벨론 귀신들의 처소로 멀리 데려가 처박아 놓습니다. 이것은 인간의 탐욕이 땅 위에서 완전히 사라지지는 않지만 여러 가지로 제한을 받을 것이며 사람들이 근면하고 정직한 삶을 살게 된다는 뜻입니다. 이것이 부흥의 결과입니다. 그러나 말씀의 바람이 잠잠해지면 에바의 여인이 뚜껑을 열고 나와 또다시 온 세상을 유혹할 것입니다. 이렇게 밀고당기는 일이 교회사에는 늘 반복되어 왔습니다.

교회는 세상을 완전히 바꾸지 못합니다. 그러나 진리를 선포함으로써 탐욕에 취한 사람들을 일깨워 정상적인 삶을 살게 할 수는 있습니다. 실제로 과거에 교회가 부흥했을 때에는 많은 술집들이 문을 닫았습니다. 교회는 여자를 죽일 수는 없지만 잡아 가둘 수는 있습니다. 사람들의 욕망을 아주 없앨 수는 없지만 그 욕망이 전쟁이나 살인 같은 죄로 나아가지 않고 스포츠나 학문적인 탐구처럼 건설적인 방향으로 나아가도록 영향을 줄 수는 있습니다.

한번 에바 뚜껑을 열고 튀어나온 여인을 다시 잡아넣는 것은 굉장히 어려운 일입니다. 부흥의 역사가 중단되고 분열이 일어나면 10년이 지나도 다시 부흥하기 어렵습니다. 그러므로 한번 부흥의 역사가 일어나면 10년, 20년 지속시켜서 마귀가 완전히 밀봉되기까지 밀어 붙여야 합니다. 틈을 주고 주저앉아 버리면 그 역사를 다시 일으키기까지 너무나 오랜 기간이 소요됩니다.

오늘 본문이 우리에게 말씀하는 바가 무엇입니까? 우리 인간들에 대한 하나님의 요구에는 변함이 없다는 것입니다. 우리가 우리의 욕망을 좇는 대신 하나님의 영광을 구하면 영원한 하늘의 복을 주실 것입니다.

이 반역하는 세상에서 인정받는 것은 참된 성공이 아닙니다. 세상의 탐욕에 취해 죄의 단맛을 즐기며 사는 것은 참된 행복이 아닙니다. 어느 순간 하나님의 무서운 심판이 임할 것이기 때문입니다. 세상 사람들은 하나님께 영광 돌리기를 싫어합니다. 부모들도 아이들이 교회 가서 예배드리기보다 도서관에 가서 공부하는 것을 더 좋아하고, 세상 친구들도 우리가 교회 다니며 변화되는 것을 기뻐하지 않습니다.

그들의 마음속을 열어 보면 똑같이 생긴 욕심의 그릇들이 들어 있고, 그 안에 무서운 탐욕이 자리잡고 있는 것을 볼 수 있습니다. 이럴 때 교회가 날개를 얻어서 그 사악한 탐욕을 사람들의 마음으로부터 쫓아내야 합니다. 말씀과 성령의 능력으로 사탄의 세력을 결박해서 더 이상 사람들을 유혹하지 못하도록 가두어 납 뚜껑으로 굳게 밀봉해 버려야 합니다.

사랑하는 성도 여러분, 오늘 이 시대는 새로운 모세, 새로운 엘리야를 필요로 하고 있습니다. 우리 모두 모세와 엘리야처럼 말씀과 성령의 능력을 받아, 탐욕에 취한 이 세상에 그 능력을 나타내며 하나님의 영광을 나타내는 종이 되게 해 달라고 간구합시다.

9

대지각변동

스가랴 6:1-15

6:1 내가 또 눈을 들어 본즉 네 병거가 두 산 사이에서 나왔는데 그 산은 놋산이더라.

2 첫째 병거는 홍마들이, 둘째 병거는 흑마들이,

3 셋째 병거는 백마들이, 넷째 병거는 어룽지고 건장한 말들이 메었는지라.

4 내가 내게 말하는 천사에게 물어 가로되 "내 주여, 이것들이 무엇이니이까?

5 천사가 대답하여 가로되 "이는 하늘의 네 바람인데 온 세상의 주 앞에 모셨다가 나가는 것이라" 하더라.

6 흑마는 북편 땅으로 나가매 백마가 그 뒤를 따르고 어룽진 말은 남편 땅으로 나가고

7 건장한 말은 나가서 땅에 두루 다니고자 하니 그가 이르되 "너희는 여기서 나가서 땅에 두루 다니라!" 하매 곧 땅에 두루 다니더라.

8 그가 외쳐 내게 일러 가로되 "북방으로 나간 자들이 북방에서 내 마음을 시원케 하였느니라" 하더라.

9 여호와의 말씀이 내게 임하여 이르시되

10 "사로잡힌 자 중 바벨론에서부터 돌아온 헬대와 도비야와 여다야가 스바냐의 아들 요시아의 집에 들었나니 너는 이날에 그 집에 들어가서 그들에게서 취하되

11 은과 금을 취하여 면류관을 만들어 여호사닥의 아들 대제사장 여호수아의 머리에 씌우고

12 고하여 이르기를 '만군의 여호와께서 말씀하시되 보라, 순이라 이름하는 사람이 자기 곳에서 돋아나서 여호와의 전을 건축하리라.

13 그가 여호와의 전을 건축하고 영광도 얻고 그 위에 앉아서 다스릴 것이요 또 제사장이 자기 위에 있으리니 이 두 사이에 평화의 의논이 있으리라 하셨다' 하고

14 그 면류관은 헬렘과 도비야와 여다야와 스바냐의 아들 헨을 기념하기 위하여 여호와의 전 안에 두라" 하시니라.

15 먼 데 사람이 와서 여호와의 전을 건축하리니 만군의 여호와께서 나를 너희에게 보내신 줄을 너희가 알리라. 너희가 만일 너희 하나님 여호와의 말씀을 청종할진대 이같이 되리라.

6:1-15

오늘날 컴퓨터의 사용은 현대생활에 근본적인 변화를 가져왔습니다. 예전에 은행 거래를 하려면 일일이 자기가 거래하는 은행을 찾아가서 수작업을 해야 했습니다. 그런데 지금은 전국 어느 은행을 통해서든 온라인으로 입출금을 할 수 있습니다. 책을 만들 때에도 예전처럼 일일이 활자를 조판하는 것이 아니라 컴퓨터에 입력된 내용을 직접 필름으로 출력하기 때문에 훨씬 더 빠른 속도로, 더 아름다운 글씨체를 활용하여 만들 수 있게 되었습니다. 특히 이제는 인터넷을 통해 전 세계 누구와도 메일을 주고받을 수 있으며, 음성까지 들을 수 있습니다. 또 누군가에게 불만이 있거나 비밀을 알고 있을 때에도 순식간에 많은 사람들에게 알려서 큰 영향력을 행사할 수 있습니다. 이처럼 근본적인 변화를 일으키는 일이 생겼을 때 우리는 '대지각변동'이 일어났다고 말합니다.

20세기에 이렇게 큰 변화를 일으킨 사건이 또 한 가지 있습니다. 그것은 구소련의 붕괴입니다. 구소련 시대에 세계는 민주 세계와 공산 세계로 양분되어 있었습니다. 그런데 소련이 갑자기 붕괴하면서 전 세계가 예측할 수 없는 변화의 소용돌이에 휘말리게 되었고, 과거처럼 친구와 적을 분명히 가르기가 어려워졌습니다. 우리나라도 여전히 미국에 충실해야 하느냐, 중국과 더 가까이 지내야 하느냐를 놓고 갈팡질팡하고 있습니다.

지각변동은 처음에는 작은 진동으로 시작되었다가 엄청난 변화로 이어집니다. 지진을 생각해 보십시오. 작은 진동으로 시작되지만 결국에는 모든 건물을 파괴하고 심지어 산의 위치나 강의 위치까지 바꾸어 버리지 않습니까?

동서양의 문화사를 살펴보면 세계의 판도를 뒤집는 중대한 변화는 역시 전쟁으로 야기되었다는 사실을 알 수 있습니다. 큰 전쟁이 일어나면 주도권을 쥔 나라가 바뀌고 국경이 변하며 문화가 변합니다. 어떻게 보면 동서양 문화사는 큰 전쟁을 중심으로 변화되어 왔다고도 말할 수 있습니다.

그런데 오늘 본문은 그러한 전쟁이 일으키는 변화는 표면적인 것에 불과하며, 인류 역사에 가장 큰 변화를 몰고 온 진앙은 바로 예수 그리스도의 복음이라고 말하고 있습니다. 복음은 아주 작게 시작되었습니다. 로마의 통치를 받던 유대 땅에서 예수라는 인물이 처형당한 사건으로부터 시작된 것입니다. 그러나 그 작은 사건은 점점 더 큰 변화를 몰고 오기 시작했습니다. 그러더니 결국에는 온 세상을 뒤엎는 대지각변동을 일으켰습니다.

복음은 죄로부터의 자유에서 시작됩니다. 죄로부터 자유롭게 되었다는 것은 하나님과 관계가 회복되었다는 뜻입니다. 이것은 눈에 보이지 않는 작은 일이지만 엄청난 변화를 일으킵니다. 가난으로부터의 자유, 무지로부터의 자유, 질병으로부터의 자유, 비인간적인 학대로부터의 자유 등 삶의 모든 부분에 큰 진동을 일으키는 것입니다.

성경을 알지 못하는 사람은 세계에서 일어나는 엄청난 변화의 소용돌이 속에서 인간이 참으로 무력한 존재라는 생각을 하기 쉽습니다. 그러나 오늘 본문을 보면 그 거대한 정치적인 변화는 표면적인 것에 불과하며, 정말 중요한 변화는 예수 그리스도의 복음에서 시작된다는 사실을 알게 됩니다. 우리는 그 복음으로 세상의 판도를 뒤바꾸어 놓는 사람들입니다.

오늘 본문은 두 부분으로 구성되어 있습니다. 전반부는 두 산 사이에서 나오는 네 병거에 대한 환상으로 이루어져 있습니다. '병거'라고 할 때 우리에게 가장 익숙하게 떠오르는 것은 영화 〈벤허〉에 나오는 전차 경기 장면입니다. 그러나 여기 나오는 병거는 경기용이 아니라 전쟁용입니다. 이 네 병거는 전 세계를 휩쓸고 다니면서 엄청난 변화를 일으킵니다. 그래서 성경은 그것을 "바람"이라고 부르고 있습니다.

후반부에는 바벨론에서 온 유다 백성들의 대표 몇 사람이 대제사장 여호수아에게 바친 예물로 면류관을 만들어 그 머리에 씌우는 환상이 나옵니다. 성경은 이 대관식이 "순"이라는 인물과 관계가 있다고 말합니다. 이미 살펴본 대로 순은 아주 작은 싹을 가리키는 말로서, 예수 그리스도의 별명입니다. 순이 처음 돋아날 때에는 그 존재가 너무 미미해서 사람들의 주목을 끌지 못할 것입니다. 그러나 다 자라고 난 후에는 주변의 풍경 전체를 바꾸어 놓을 정도로 크고 무성해질 것입니다.

예수 그리스도의 복음이 처음 시작되었을 때에는 아무런 주목도 끌지 못했습니다. 그러나 그리스도는 십자가에 못 박혀 죽으심과 동시에 피조세계의 가장 높은 자리에 등극하셨습니다. 이를테면 어제까지만 해도 압제와 탄압을 받던 야당 당수가 대통령으로 선출된 것과 같습니다. 그것은 앞으로 엄청난 지각변동이 일어날 것을 예고하는 사건입니다.

얼핏 보기에는 네 병거의 환상과 여호수아의 대관식 환상 사이에는 아무 연관성이 없는 것 같습니다. 그러나 이렇게 그리스도를 중심으로 해석하면 두 환상이 자연스럽게 연결된다는 것을 알 수 있습니다.

두 산 사이에서 나오는 네 병거

스가랴는 또다시 환상을 보게 되었는데, 그것은 두 산 사이에서 나오는 네 병거의 환상이었습니다. "내가 또 눈을 들어 본즉 네 병거가 두 산 사이에서 나왔는데 그 산은 놋산이더라. 첫째 병거는 홍마들이, 둘째 병거는 흑마들이, 셋째 병거는 백마들이, 넷째 병거는 어룽지고 건장한 말들이 메었는지라. 내가 내게 말하는 천사에게 물어 가로되 '내 주여, 이것들이 무엇이니이까?' 천사가 대답하여 가로되 '이는 하늘의 네 바람인데 온 세상의 주 앞에 모셨다가 나가는 것이라' 하더라"(6:1-5).

1장 8절 이하에 나오는 첫 번째 환상에도 말이 등장합니다. 홍마를 탄 여호와의 사자가 화석류나무 사이에 서 있고, 그 뒤에 홍마와 자마와 백마가 있는 것입니다. 이미 살펴보았듯이 그 말에 탄 자들은 세상의 사정을 두루 알아보도록 보냄받은 천사들이었습니다. 그들은 세상을 둘러본 후 "온 세상이 너무 평안하고 조용합니다"라고 보고했습니다. 그리고 여호와의 사자는 "언제까지 예루살렘을 불쌍히 여기지 않으시겠습니까?"라고 호소했습니다. 지금 세상은 평안하게 지내서는 안 될 상황에서 평안하게 지내고 있습니다. 그들이 그렇게 지낼 수 있는 것은 아직 "순"이라는 분이 나타나지 않았기 때문입니다. 그리스도가 오시기 전까지 하나님은 세상을 거의 손대지 않고 내버려 두셨습니다. 그래서 세상 일들이 힘센 사람들의 손에 의해 움직이는 것처럼 보였습니다.

이처럼 1장의 환상이 그리스도가 오시기 전의 세상을 보여 주는 것이었다면, 6장의 환상은 그리스도가 오신 후의 세상을 보여 주고 있습니다. 6장에는 말 대신 병거가 나옵니다. 그리고 세상은 더 이상 조용히 지내지 못합니다. 이 병거들로 인해 엄청난 격동과 혼란의 소용돌이가 일어나기 때문입니다. 이것을 보면 1장의 환상과 6장의 환상 사이에 상당한 시간적 간격이 있으며, 단지 시간만 흐른 것이 아니라 무언가 중대한 사건이 벌어졌다는 사실을 알 수 있습니다. 그 사건이란 바로 예수 그리스도께서 세상에 오신 것입니다.

1장을 보면 예루살렘을 위해 하나님께 호소하는 한 천사가 나오는데, 그 천사는 바로 예수 그리스도십니다. 그때는 아직 영광을 얻으시기 전이었기 때문에 그 백성들을 불쌍히 여기시도록 하나님께 호소하는 일밖에 하실 수 없었습니다. 그러나 6장에서는 상황이 완전히 바뀌어 있습니다. 호소하던 그 천사의 신분이 "온 세상의 주"로 격상되어 있는 것입니다. 스가랴의 질문에 답하는 천사는 "이는 하늘의 네 바람인데 온 세상의 주 앞에 모셨다가 나가는 것이라"라고 대답합니다. 여기 나오는 "온 세상의 주"는 1장에서 백성들을 위해 호소하던 바로 그분입니다.

또 1장에는 화석류나무가 나왔는데, 6장에는 놋산이 나오고 있습니다. 볼품없고 흔한 나무가 아무도 뒤흔들 수 없는 두 개의 놋산으로 바뀐 것입니다. 그리고 세상을 조용히 지켜보기만 하던 천사들도 이제는 적극적으로 뛰어들어서 무너뜨릴 것은 무너뜨리고 심판할 것은 심판하고 있습니다.

1절부터 3절까지 좀더 상세히 살펴봅시다. "내가 또 눈을 들어 본즉 네 병거가 두 산 사이에서 나왔는데 그 산은 놋산이더라. 첫째 병거는 홍마들이, 둘째 병거는 흑마들이, 셋째 병거는 백마들이, 넷째 병거들은 어룽지고 건장한 말들이 메었는지라."

스가랴가 눈을 들어 보니 네 병거가 두 산 사이에서 나왔습니다. 그런데 그 두 산은 놋으로 되어 있었습니다. 두 산은 화석류나무와 마찬가지로 교회를 상징합니다. 화석류나무는 볼품없이 고난받는 구약 교회를 나타냈습니다. 바벨론에 포로로 잡혀 간 유다 백성들, 전 세계에 흩어져 떠돌이 생활을 하던 이스라엘 백성들은 교회의 영광스러운 모습을 회복하지 못했습니다. 그런데 그리스도가 세상에 오셔서 십자가 위에서 못 박혀 죽는 사건이 벌어졌습니다. 그 사건 이후 교회는 연약한 화석류나무가 아니라 거대한 두 놋산으로 변모했습니다. 놋은 강하고 무거운 것으로서, 놋산을 부수거나 뜯어 낼 수 있는 사람은 아무도 없습니다. 요한계시록을 보면 예수님의 발을 풀무에 단련된 주석에 비유하고 있습니다. 그런 발에 밟힌다면 무엇이든지 그 자리에서 으스러지고 말 것입니다.

엉성한 토성은 쇠망치로 부술 수 있습니다. 그러나 거대한 놋산은 쇠망치로도 부술 수가 없습니다. 함부로 그런 산을 부수려 들다가는 오히려 망치가 부러질 것입니다. 원래 시온은 견고한 바위 위에 세워져 있었습니다. 그러나 유다 백성들이 죄를 짓자 그 바위 성도 그들을 지켜주지 못했습니다. 바벨론 군인들이 쇠망치로 두들겨 부수니까 그대로 무너져 내린 것입니다.

이것이 율법의 한계입니다. 하나님은 율법을 돌에 새겨서 주셨습니다. 그것은 돌에 새겨진 글씨가 불변하듯이 하나님의 법도 영원불변하다는 의미였습니다. 그러나 모세가 그 돌비를 들고 산에서 내려왔을 때 산 아래 있던 이스라엘 백성들은 금송아지를 숭배하며 뛰놀고 있었습니다. 모세는 돌비를 내던졌고, 돌비는 깨져 버렸습니다. 이스라엘 백성들이 하나님의 말씀을 사랑하고 기꺼이 순종할 때에는 율법도 돌비에 새겨진 글씨처럼 영원할 수 있지만, 우상을 섬기거나 죄를 지으면 깨져 버릴 수밖에 없습니다.

그러나 신약 교회는 돌이 아니라 놋입니다. 이것은 그리스도께서 구약 시대와는 다른 방식으로 우리 안에 있는 불순종과 죄의 문제를 해결하신다는 사실을 보여 줍니다. 구약 시대에는 죄를 지을 때마다 짐승의 피로 죄를 씻어야 했습니다. 그러나 신약 시대에는 영원하신 독생자의 피로 단번에 죄를 씻어 주셨습니다. 이제 하나님은 구약 시대처럼 범죄한 후에 징계하시지 않습니다. 미리 징계하시고 환난을 주셔서 백성들의 교만과 죄를 꺾어 놓으십니다.

그러므로 우리는 '내가 세상 사람들보다 얼마나 뒤처졌는가?'를 놓고 고민할 필요가 없습니다. 그보다는 '내가 얼마나 죄를 겁내고 있는가?', '얼마나 하나님 앞에 깨끗하게 살고자 애쓰고 있는가?'를 질문해야 합니다. 그 부분만 놓치지 않는다면 놋산처럼 안전합니다. 세상의 어떤 유혹이나 환난도 우리의 축복을 빼앗아 갈 수 없습니다.

이 놋산에서 네 병거가 나오는데, 첫 번째 병거는 홍마들이, 두 번째 병거는 흑마들이, 세 번째 병거는 백마들이, 그리고 네 번째 병거는 어룽지고 건장한 말들이 끌고 있습니다. 대개 묵시에 나오는 색에는 각기 다른 의미가 있습니다. 붉은 색은 피의 색으로서 전쟁을 상징합니다. 그러니까 붉은 병거가 나간다는 것은 전쟁이 일어난다는 뜻입니다. 또 검은 색은 기근이나 흉년을 상징합니다. 오랫동안 굶은 사람의 얼굴은 시커멓게 죽기 때문입니다. 그리고 흰색은 복음의 영광을 상징합니다. 흰색 병거가 나간다는 것은 복음이 증거된다는 뜻입니다. 얼룩지고 건장한 말들의 의미는 분명치 않지만, 아마도 여러 가지 종류의 환난을 상징하는 것 같습니다. 각종 재앙이 일어나 사람들을 혼란스럽게 만드는 것입니다.

물론 이런 색들의 의미가 정확히 들어맞지 않을 때도 있습니다. 그러나 대체적으로는 이상과 같은 의미로 볼 수 있습니다. 중요한 점은 이 같은 전쟁이나 기근이나 복음이나 혼란이 전부 교회에서 나온다는 사실입니다. 이것이 대체 무슨 뜻입니까?

예수 그리스도는 평화의 사자로 세상에 오셨습니다. 어떤 나라든지 평화의 사절을 죽이는 법은 없습니다. 그러나 인간들은 하나님이 보내신 평화의 사자를 십자가에 못 박아 죽여 버렸습니다. 이것은 하나님에 대한 선전포고입니다. 인간 쪽에서 먼저 선전포고를 한 것입니다. 그러니까 하나님도 전쟁에 나서실 수밖에 없습니다.

놋산에서 병거가 나간다고 해서 교회가 직접 재앙을 일으킨다는 뜻은 아닙니다. 이를테면 교회가 땅을 정복하기 위해 군사를 징발하거나 실제 전쟁을 일으킨다는 뜻이 아니라는 것입니다. 실제로 하나님은 전쟁을 일으키신 것이 아니라 인간을 구원하셨습니다. 그 대신 복음에 순종하지 않는 자들에 대해서는 영원한 저주를 선포하셨습니다. 우리가 싸워야 할 전쟁은 눈에 보이는 혈과 육의 전쟁이 아니라 눈에 보이지 않는 악한 마귀와 그 세력들과의 전쟁입니다. 중세의 십자군 전쟁은 이 점을 생각지 못하고 벌인 잘못된 전쟁이었습니다.

주님이 죽음을 이기고 부활하신 후, 교회는 세상의 죄와 싸우기 시작했습니다. 세상의 죄를 지적하기 시작했으며, 모든 재앙과 질병들이 하나님과의 불화에서부터 비롯되는 것임을 알리기 시작했습니다.

그동안 우리 사회에는 크고 작은 사고가 많이 있었습니다. 하늘에서는 비행기가 추락했고, 바다에서는 배가 침몰했으며, 땅에서는 열차가 충돌하고 다리가 무너지며 백화점이 내려앉았습니다. 사람들은 그 원인을 '안전불감증'에서 찾았습니다. 그러나 교회는 이런 사고들에 대해 그렇게 간단하게 진단하고 넘어가면 안 됩니다. 이 모든 사고는 우리 민족의 죄에 대한 하나님의 경고입니다. 이 땅에서 저질러지고 있는 죄에 하나님이 진노하고 계시다는 표시인 것입니다.

교회는 파수꾼으로서 우리 사회에 발생하고 있는 일들의 의미를 계속 밝혀 냄으로써 사람들을 긴장하게 만들어야 하며 회개하게 만들어야 합니다. 이 세상 어느 곳도 하나님의 심판에서 안전하지 않으며, 오직 죄를 버리고 말씀에 순종해서 사는 것만이 하나님의 무서운 심판을 피할 수 있는 유일한 길임을 가르쳐 주어야 합니다. 그것이 곧 교회에서 붉은 말도 나가고 검은 말도 나가고 어룽진 말도 나가고 흰 말도 나간다는 말씀의 의미입니다.

북쪽에서 일어난 일

오늘 본문은 특별히 북쪽에서 일어난 일에 대해 언급하고 있습니다. "흑마는 북편 땅으로 나가매 백마가 그 뒤를 따르고 어룽진 말은 남편 땅으로 나가고 건장한 말은 나가서 땅에 두루 다니고자 하니 그가 이르되 '너희는 여기서 나가서 땅에 두루 다니라!' 하매 곧 땅에 두루 다니더라"(6:6-7).

우리는 여기에서 두 가지 현상을 보게 됩니다. 한 가지는 병거들이 온 땅을 두루 다니며 여러 가지 재앙과 전쟁을 일으킴으로써 세상의 판도를 완전히 바꾸어 놓는 것입니다. 세상은 더 이상 평안할 수 없습니다. 이 병거들이 새로운 바람을 일으키기 때문입니다. 어떤 곳에서는 전쟁이 일어나 통치자와 영토가 바뀌어 버립니다. 또 어떤 곳에서는 한 나라가 새로 생기고 어떤 곳에서는 기존 나라가 없어집니다. 걸출한 영웅이 나타나기도 하고 사라지기도 합니다. 그런데 그 와중에 또 다른 일이 벌어지는데, 그것은 흰 병거가 돌아다니면서 복음을 전하는 것입니다. 흰 병거는 죄의 세력을 물리치고 사람들을 하나님께로 돌아오게 만드는 복음의 전쟁을 벌입니다.

세상에는 두 가지 종류의 전쟁이 있습니다. 한 가지는 무기를 동원해서 나라를 빼앗기도 하고 지키기도 하는 정치적인 전쟁입니다. 우리는 이 전쟁을 가장 무서워합니다. 그런데 눈에 보이지 않는 또 한 가지 전쟁이 있습니다. 그것은 복음을 들고 찾아가서 한 사람 한 사람을 하나님께로 돌아오게 만드는 영적인 전쟁입니다. 그런데 세상을 변화시키는 힘은 정치적인 전쟁보다 영적인 전쟁 쪽이 훨씬 더 강력합니다.

한국전쟁으로 우리나라는 잿더미가 되었지만, 우리는 그 잿더미 위에서 놀라운 경제 발전을 이루어 냈습니다. 사실은 그것도 큰 변화입니다. 그러나 복음이 처음 이 땅에 들어왔을 때의 변화에는 비할 바가 못 됩니다. 복음은 신분 차별을 무너뜨렸고, 일제 통치 하에서 절망하고 있던 젊은이들에게 미래의 비전을 제시해 주었으며, 병원과 학교를 세우는 등 사회 여러 영역에 큰 변화를 몰고 왔습니다. 전쟁이 외적인 변화를 일으킨다면, 복음은 사람의 내면에 큰 변화를 일으킵니다.

그런데 요즘 우리가 보고 있는 현실은 어떻습니까? 복음이 더 이상 사회에 변화를 일으키지 못하는 것입니다. 나라 전체가 가난했을 때에는 마치 메가톤급 원자탄이 터진 것처럼 복음의 파장도 엄청났습니다. 그런데 먹고살 만해진 요즘, 사람들은 복음이 대체 사람들에게 무엇을 줄 수 있는지에 대해 회의하고 있습니다. 그래서 교회들은 도움의 손길이 필요한 영역을 찾거나 지역 사회 주민들과 무언가를 나눌 기회를 찾는 등 다양한 시도를 하고 있습니다.

그러나 사회가 바뀌었다고 해서 복음의 효과 자체가 떨어진 것은 아닙니다. 복음은 여전히 원자탄과 같은 위력을 가지고 있습니다. 오히려 요즘 사람들은 옛날 사람들보다 더 죄로 인해 고통받고 있으며 자신의 존재 의미를 찾지 못하고 있습니다. 예전 젊은이들은 어려운 형편 때문에 대학에 진학하지 못해서 힘들어했지만, 요즘 젊은이들은 대학을 졸업했는데도 미래가 보이지 않아서 절망하고 있습니다. 성적으로도 과거에 비해 많은 자유를 누리고 있지만 허탈감은 더 심화되고 있으며, 물질적으로도 풍요로워졌지만 마음은 더 피폐해지고 있습니다. 이것은 죄의 검은 구름이 세상을 뒤덮은 결과입니다. 우리는 이 땅에 다시 한 번 복음의 원자탄을 터뜨려야 합니다. 모세가 지팡이를 높이 들고 나아갔듯이 말씀을 높이 들고 나아가 하나님의 살아 계심과 주되심을 선포해야 하며 그 능력을 사람들에게 나타내야 합니다.

군인으로 복무할 때 어쩌다가 부대 장성들을 보게 되면 그렇게 부러울 수가 없습니다. 장성 계급장이 얼마나 대단합니까? 그의 말 한마디에 부대 전체가 벌벌 떨며 복종합니다. 그에 비해 사병에 불과한 내 모습은 얼마나 초라해 보이는지 모릅니다. 제2차 세계대전 때 활약했던 패튼 장군이나 아이젠하워 장군은 널리 이름이 알려진 군인들입니다. 그러나 오늘 성경은 진짜 훌륭한 군인은 따로 있다고 말합니다. 그것은 강한 자들에게 쫓겨 다니면서도 끊임없이 복음을 전하는 우리들입니다. 군인들은 자신들의 의사와 상관없이 윗사람의 명령에 복종합니다. 그러나 하나님의 말씀으로 은혜 받고 변화된 우리는 자발적으로 하나님께 복종합니다.

사람을 많이 죽인 전쟁은 성공한 전쟁이 아닙니다. 가능한 한 인명 피해를 내지 않는 전쟁이 성공한 전쟁입니다. 미국의 고민이 무엇입니까? 무력으로는 쉽게 이라크를 꺾었는데, 그들의 마음까지는 정복할 수 없었다는 것입니다. 오늘날 미국인들은 지나치게 세대주의적인 입장을 취하는 것 같습니다. 이스라엘은 좋은 편이고 이슬람은 나쁜 편이라는 양분법적 사고를 가지고 있는 것입니다. 그러나 이스라엘과 이슬람 모두 똑같은 사랑의 대상이요 구원의 대상입니다.

진정으로 강한 자는 목소리 크고 힘 센 자가 아닙니다. 단 한 사람이라도 그 마음을 녹여서 변화시킬 수 있는 자가 진정으로 강한 자입니다. 오늘 우리에게는 온 세상을 뒤엎을 수 있는 강력한 사랑이 있습니다. 인간적으로 볼 때 예수님의 십자가 죽음은 지극히 비참한 죽음이었습니다. 그러나 실제로 그것은 온 세상을 뒤엎는 메가톤급 원자탄이 터진 것 같은 엄청난 사건이었습니다.

성경은 세상이 결코 평안해서는 안 된다고 말합니다. 무서운 하나님의 심판이 기다리고 있는데 어떻게 평안할 수가 있습니까? 그래서 하나님은 세상을 흔들어 깨우기 위해 많은 재앙을 일으키십니다. 전쟁도 일으키시고 전염병도 일으키시고 재난도 일으키십니다. 그동안 우리는 세상을 두루 돌아다니면서 복음을 전해야 합니다. 이 세상에 병거들이 돌아다니면서 재앙을 일으키는 것은 일종의 엄호사격이라고 할 수 있습니다. 군대에서는 선발대가 안전하게 목표 지점까지 나아갈 수 있도록 엄호사격을 해서 적들의 주의를 산만하게 만듭니다. 그처럼 세상의 난리와 재앙은 우리가 복음을 효과적으로 전하도록 도와주는 일종의 엄호사격이라고 할 수 있습니다.

그런데 그 중에서도 가장 중요한 변화는 북쪽에서 일어납니다. 북쪽은 이스라엘 백성에게 가장 큰 고통과 파멸을 안겨다 준 바벨론과 앗수르가 있는 쪽입니다. 이 나라들은 하나님을 가장 심하게 대적하고 하나님의 백성들을 가장 고통스럽게 했던 나라들입니다. 그 북쪽을 향해 흑마도 나가고 백마도 나갑니다. 하나님의 사자는 이들이 하나님의 마음을 시원케 했다고 말합니다. "그가 외쳐 내게 일러 가로되 '북방으로 나간 자들이 북방에서 내 마음을 시원케 하였느니라' 하더라"(6:8).

얼핏 생각하면 재앙의 천사들이 그동안 이스라엘을 괴롭힌 나라들에게 크게 복수했기 때문에 마음이 시원해졌다고 하시는 것 같습니다. 그러나 예수님이 고작 바벨론과 앗수르를 멸망시켜서 이스라엘의 복수를해 주기 위해 죽으시고 부활하셨다고 생각할 수는 없습니다. 세상에 대한 교회의 가장 큰 복수는 그들을 변화시켜 예수 믿게 하는 것입니다. 악한 자들이 하나님을 알고 자신들의 죄에서 돌이키게 만드는 것이야말로 가장 통쾌한 복수입니다.

원수에게 가장 크게 복수하는 길은 원수를 사랑하는 것입니다. 그 원수가 내 사랑에 녹아 내려서 자신이 과거에 얼마나 악하고 못된 짓을했는지 깨닫고 새사람이 되게 하는 것보다 더 멋진 복수는 없습니다. 우리는 이 세상 어느 누구도 비참해지기를 바라서는 안 됩니다. 그것은 옹졸하고 치사한 복수입니다. 나를 괴롭히고 모욕한 사람들이 망하기를 바라는 것은 하나님의 마음을 시원케 하는 일이 아니라 오히려 답답하게 하는 일입니다. 미운 사람이 계단에서 넘어져 다리가 부러졌다고 해서 "하나님, 복수해 주셨군요!" 하고 감사기도를 드린다면 주님이 한없이 답답해하실 것입니다.

흑마 뒤에 백마가 따라 나가서 하나님의 마음을 시원케 했다는 것은 세상에서 하나님을 가장 미워하던 자들이 재앙 속에서 증거되는 복음을 듣고 하나님께 돌아온다는 뜻입니다. 이렇게 해석하는 근거가 무엇입니까?

9절 이하를 보면 바벨론에 있던 유다 백성들의 대표 몇 사람이 예물을 가지고 대제사장 여호수아를 찾아와서 그 예물로 금면류관을 만들어 씌우는 장면이 나옵니다. 그들이 왜 예루살렘을 찾아왔겠습니까? 그들은 북방 사람들의 대표로 여호수아를 찾아온 것입니다. 바벨론과 앗수르 사람들이 그들을 대표로 보내서 예물을 바친 것입니다.

우리는 하나님을 가장 싫어하는 자들을 향해 복음을 들고 나아가야하며 죄가 가장 번성한 곳으로 복음을 들고 나아가야 합니다. 이슬람권이나 구공산권이나 불교권에 복음을 들고 나아가서 하나님의 마음을 시원케 해 드려야 합니다. 중국인들은 예전에 유교를 따랐습니다. 그러나 공산당에 시련을 겪고 난 지금은 열렬히 복음을 받아들이고 있습니다. 이슬람교도들도 기독교를 원수로 생각하고 복음에 일절 마음을 열지 않았습니다. 그런데 전쟁이 터지고 전 세계의 자원봉사자들이 들어감으로써 원치 않아도 복음과 접촉할 수밖에 없게 되었습니다.

우리끼리만 사랑해서는 안 됩니다. 오히려 하나님을 가장 미워하는 자들을 찾아가 사랑함으로써 그들 스스로 하나님께 예물을 바치고 경배하게 해야 합니다. 그것이 하나님의 마음을 시원케 해 드리는 일입니다.

그때까지 힘센 병거는 온 세상을 휘젓고 다니면서 엄청난 격동과 변화를 일으킬 것입니다. 결국 이 세상은 그리스도께 돌아오기 전까지 안전할 수 없습니다. 죄가 있는 세상은 절대 영구적으로 행복할 수 없습니다. 그리스도를 통해 하나님과 화해해야만 진정한 평화를 누릴 수 있습니다.

대제사장 여호수아의 대관식

병거의 환상이 주어진 후, 바벨론에서 돌아온 자들 중 세 명이 예루살렘 사람 요시아의 집에 예물을 가지고 찾아옵니다. "여호와의 말씀이 내게 임하여 이르시되 '사로잡힌 자 중 바벨론에서부터 돌아온 헬대와 도비야와 여다야가 스바냐의 아들 요시아의 집에 들었나니 너는 이날에 그 집에 들어가서 그들에게서 취하되'"(6:9-10).

요시아를 찾아온 사람들의 이름이 기록되어 있기는 하지만 구체적으로 어떤 인물들이었는지는 알 수가 없습니다. 아마도 바벨론에 남아 있던 유다 백성들의 대표였던 것 같습니다. 그들은 바벨론에서 귀한 예물을 가지고 스바냐의 아들 요시아를 찾아왔습니다. 성전 재건에 약간이나마 보탬이 되기 위해 금은을 모아온 것인지도 모르겠습니다. 그러나 하나님은 그 예물로 대제사장 여호수아의 머리에 씌울 금면류관을 만들고, 그것을 성전 안에 보관하라고 말씀하십니다. "'그 면류관은 헬렘과 도비야와 여다야와 스바냐의 아들 헨을 기념하기 위하여 여호와의 전 안에 두라' 하시니라"(6:14).

바벨론에서 가져온 선물은 단순히 성전을 짓는 비용으로 사용된 것이 아니라 그보다 훨씬 더 귀한 용도, 즉 대제사장 여호수아의 대관식에 사용되었습니다. 이 대관식은 대제사장직과 왕직을 통합하는 의식이었습니다. 성경 전체에서 왕직과 대제사장직을 겸하는 분은 예수 그리스도밖에 없습니다.

하나님은 이들이 바친 예물이 이처럼 왕직과 제사장직을 통합하는 의식에 사용될 뿐 아니라, 장차 먼 데 있는 이방인들이 하나님께 나아와 성전을 건축할 일의 예표가 될 것이라고 말씀하십니다. "먼 데 사람이 와서 여호와의 전을 건축하리니 만군의 여호와께서 나를 너희에게 보내신 줄을 너희가 알리라. 너희가 만일 너희 하나님 여호와의 말씀을 청종할진대 이같이 되리라"(6:15).

바벨론에서 온 이 세 사람의 대표는 예수님이 태어나셨을 때 찾아온 동방박사들의 예표입니다. 이 세 사람은 유다와 이스라엘 백성들을 가장 비참하게 만든 바벨론 사람들과 앗수르 사람들을 대표하여 대제사장 여호수아의 대관식에 찾아온 자들로서, 그리스도께서 십자가 위에 죽으시고 부활하심으로 온 세상의 왕이 되시는 일을 미리 축하한 북방의 사절단이었습니다.

고대문헌을 통해 이 같은 하나님의 축복에 대해 알고 있었던 동방박사들은 별을 보고 아기 예수를 찾아와 황금과 유향과 몰약을 예물로 바쳤습니다. 그것은 이 아기가 온 세상을 다스릴 왕임을 인정하는 행동이었습니다. 이처럼 동방에서 별을 보고 점을 치던 이들이 예수님 앞에 경배드린 것은 결국 온 세상이 예수님 앞에 무릎 꿇게 될 것을 미리 보여 주는 일이었습니다.

오늘 본문의 결론은 11절부터 13절까지 나옵니다. "은과 금을 취하여 면류관을 만들어 여호사닥의 아들 대제사장 여호수아의 머리에 씌우고 고하여 이르기를 '만군의 여호와께서 말씀하시되 보라, 순이라 이름하는 사람이 자기 곳에서 돋아나서 여호와의 전을 건축하리라. 그가 여호와의 전을 건축하고 영광도 얻고 그 위에 앉아서 다스릴 것이요 또 제사장이 자기 위에 있으리니 이 두 사이에 평화의 의논이 있으리라 하셨다' 하고."

하나님은 면류관을 만들어 대제사장 여호수아의 머리에 씌우라고 말씀하시는데, 바로 여기에 모든 비밀을 푸는 열쇠가 들어 있습니다. 놋산이나 네 병거는 다 이 말씀 때문에 존재하는 것입니다. 지금 스룹바벨이 짓고 있는 성전은 진짜 성전이 아니라 그리스도의 대관식을 위한 준비입니다. 그리스도는 자신의 몸으로 친히 성전을 지으실 것입니다.

지금까지 그리스도가 숨어 계실 수밖에 없었던 이유는 무엇입니까? 왜 그는 유다와 이스라엘 백성들이 그토록 비참하게 멸망하는 것을 보고서도 가만히 계셔야 했습니까? 그들의 죄가 아직 해결되지 않았기 때문입니다. 죄가 해결되지 못한 유다와 이스라엘은 언제든지 무너질 수 있는 나라였습니다.

그러나 예수님이 십자가 위에서 대속의 죽음을 죽으시고 승리하셨을 때 인간의 모든 죄는 해결되었습니다. 그리스도는 온 세상의 왕으로 등극하셨고, 누구든지 십자가를 믿기만 하면 죄 사함을 받을 수 있게 되었습니다. 이제 세상은 대지각변동을 겪지 않을 수 없게 되었습니다.

하나님은 전쟁으로, 기근으로, 전염병으로 사람들을 흔들어 깨워서 복음을 듣게 하십니다. 우리나라가 겪은 IMF도 큰 바람이었습니다. 검은 말이 한번 뛰쳐 나오니 우리나라 경제가 엉망이 되어 버렸습니다. 하나님은 세상을 잠시도 내버려 두지 않고 수시로 뒤흔들어 놓으십니다. 그래야 사람들이 죄악의 달콤한 잠에 빠지지 않고 정신을 차려서 그리스도의 복음에 귀를 기울이기 때문입니다. 확실히 세상에 큰 사건이 많이 터질수록 사람들이 복음에 귀를 기울이는 것 같습니다.

하나님이 이처럼 세상을 뒤흔드시는 것은 해결하실 자신이 있기 때문입니다. 하나님은 아무리 많은 난민들이 몰려온다 해도 수용하실 준비가 되어 있습니다. 누구든지 예수의 이름만 부르면 구원하실 준비가 되어 있습니다.

오늘 본문은 그리스도를 "순"이라고 부르고 있습니다. 처음 돋아난 순은 밟히면 죽을 것처럼 연약합니다. 이것은 그리스도의 연약한 인성을 나타냅니다. 그리스도께서 이렇게 연약한 모습으로 세상에서 오신 것은 우리의 죄를 대속하기 위해서입니다.

그러나 죽음에서 일어나신 그리스도는 더 이상 연약한 순이 아닙니다. 그는 온 세상을 심판할 왕으로 나타나셨습니다. 바로 이분이 진정한 성전을 건축하실 것입니다. "그가 여호와의 전을 건축하고".

주님이 유대인들에게 "너희가 이 성전을 헐라. 내가 사흘 동안에 일으키리라"(요 2:19)라고 대답하신 것은 바로 이 말씀에서 나온 것입니다. 이 성전은 사람의 손으로 짓는 성전이 아닙니다. 온 세상의 죄를 대속하기 위해 그리스도의 몸이 십자가 위에서 찢겨짐으로써 세워지는 성전입니다.

13절을 다시 보십시오. "'그가 여호와의 전을 건축하고 영광도 얻고 그 위에 앉아서 다스릴 것이요 또 제사장이 자기 위에 있으리니 이 두 사이에 평화의 의논이 있으리라 하셨다' 하고."

무슨 뜻입니까? 지금까지는 두 직책 사이에 갈등이 있었고, 어느 누구도 두 직책을 겸할 수 없었습니다. 아무도 그럴 능력이 없었기 때문입니다. 실제로 웃시야는 왕으로서 제사를 드리려 하다가 문둥병에 걸리기도 했습니다. 그러나 그리스도는 죄 없는 왕이시기 때문에 능히 그 백성들을 위해 제사를 드리실 수도 있고 영원히 다스리실 수도 있습니다. 이렇게 두 직책이 통합되었다는 것은 진정한 하나님의 나라가 임했음을 알려 줍니다.

신정국가의 특징이 무엇입니까? 통치와 예배가 일치되는 것입니다.

억압이나 강요나 학대 없이 모든 백성이 자발적으로 말씀에 복종하는 것입니다. 우리가 진정한 신정정치를 볼 수 있는 곳은 교회입니다. 왕직과 제사장직 사이에 평화의 합의가 이루어짐으로써 우리는 완전한 자유를 얻게 되었습니다. 사람들이 "너는 왜 하나님께 순종하느냐?"라고 물을 때 우리의 대답이 무엇입니까? "내가 원해서 한다", "내가 기뻐서 한다"라는 것입니다.

15절을 보십시오. "먼 데 사람이 와서 여호와의 전을 건축하리니 만군의 여호와께서 나를 너희에게 보내신 줄을 너희가 알리라. 너희가 만일 너희 하나님 여호와의 말씀을 청종할진대 이같이 되리라."

먼 데 사람들, 복음과 전혀 상관없는 사람들이 와서 성전을 짓는다는 것입니다. 어떻게 짓습니까? 그 한 사람 한 사람이 산 돌이 되어 서로 연락됨으로써 짓습니다. 하나님은 "너희 하나님 여호와의 말씀을 청종할진대 이같이 되리라"라고 하십니다. 즉, 우리가 하나님의 성전이 되려면 그의 말씀만 들어야 한다는 것입니다. 내 기분이나 내 생각대로 살면 성전을 세울 수가 없습니다. 텔레비전에서 들은 이야기, 신문에서 읽은 이야기, 이런저런 소문을 절대시해도 성전을 세울 수가 없습니다. 오직 주님의 말씀만 들어야 합니다. 그래야 성령이 폭포수같이 쏟아지면서 우리가 있는 그곳이 지진의 진앙이 되며 거기서부터 대지각변동이 일어나는 것입니다.

그리스도가 세상에 오셔서 죽으신 것은 엄청나게 큰 사건이었습니다. 그러나 그보다 더 놀라운 사건은 그가 다시 살아나서 가장 높은 자리에 오르신 것입니다. 그 사건을 통해 화석류나무 같았던 교회는 놋산으로 변모했고, 그를 대적하던 자들에게는 큰 두려움과 심판이 임하게 되었습니다. 그가 왕의 자리에 오르셨다는 것 자체가 그를 미워하고 무시하던 자들에게는 엄청난 두려움이요 대재앙의 사건이 아닐 수 없습니다. 그러나 그는 피로 보복하기를 원치 않으십니다. 오히려 그들을 사랑함으로써 회개시키고 하나님께로 돌아오게 하기를 원하십니다.

"북방으로 나간 자들이 북방에서 내 마음을 시원케 하였느니라!" 북방으로 나간 자들이 누구입니까? 바로 우리들입니다. 하나님을 대적하던 우리가 변해서 새사람이 되고 성전 돌이 됨으로써 하나님의 마음을 시원케 해 드리며, 복음을 들고 나가 원수들을 변화시킴으로써 하나님의 마음을 시원케 해 드리는 것입니다.

복음은 대지각변동입니다. 복음이 찾아가는 곳에서는 인종도, 혈통도, 오래된 전통도 버틸 수가 없습니다. 하나님의 사랑 앞에서는 어떤 질서나 계급도 무너질 수밖에 없습니다. 우리는 가장 죄 많은 곳, 하나님을 대적하는 곳으로 흰 말이 이끄는 병거를 몰고 나가 말씀을 선포하며 경고의 말을 발해야 합니다. 그리고 세상에 복수하되 사랑으로 복수하며 선으로 악을 이김으로써 그들을 새사람 되게 할 때, 하나님께서는 "너희가 북방에서 내 마음을 시원케 하였다!"라고 말씀하실 것입니다.

10

나라를 살리는 길

스가랴 7:1-14

7:1 다리오 왕 4년 9월 곧 기슬래 월 4일에 여호와의 말씀이 스가랴에게 임하니라.

2 때에 벧엘 사람이 사레셀과 레겜멜렉과 그 종자를 보내어 여호와께 은혜를 구하고

3 만군의 여호와의 전에 있는 제사장들과 선지자들에게 물어 가로되 "우리가 여러 해 동안에 행한 대로 5월간에 울며 재계하리이까?" 하매

4 만군의 여호와의 말씀이 내게 임하여 이르시되

5 "온 땅의 백성과 제사장들에게 이르라. 너희가 70년 동안 5월과 7월에 금식하고 애통하였거니와 그 금식이 나를 위하여, 나를 위하여 한 것이냐?

6 너희의 먹으며 마심이 전혀 자기를 위하여 먹으며 자기를 위하여 마심이 아니냐?

7 여호와가 이전 선지자로 외친 말을 너희가 청종할 것이 아니냐? 그때에는 예루살렘과 사면 읍에 백성이 거하여 형통하였고 남방과 평원에도 사람이 거하였었느니라."

8 여호와의 말씀이 스가랴에게 임하여 이르시되

9 "만군의 여호와가 이미 말하여 이르기를 '너희는 진실한 재판을 행하며 피차에 인애와 긍휼을 베풀며

10 과부와 고아와 나그네와 궁핍한 자를 압제하지 말며 남을 해하려 하여 심중에 도모하지 말라' 하였으나

11 그들이 청종하기를 싫어하여 등으로 향하며 듣지 아니하려고 귀를 막으며

12 그 마음을 금강석 같게 하여 율법과 만군의 여호와가 신으로 이전 선지자를 빙자하여 전한 말을 듣지 아니하므로 큰 노가 나 만군의 여호와께로서 나왔도다.

13 만군의 여호와가 말하였었노라. 내가 불러도 그들이 듣지 아니하였은즉 그들이 불러도 내가 듣지 아니하고

14 회리바람으로 그들을 그 알지 못하던 모든 열국에 헤치리라 한 후로 이 땅이 황무하여 왕래하는 사람이 없었나니 이는 그들이 아름다운 땅으로 황무하게 하였음이니라" 하시니라.

7:1-14

우리나라 국민이라면 누구나 이 나라가 잘되기를 바랄 것입니다. 전쟁이 일어나지 않고 평화가 지속되며 경제가 부흥되기를 바랄 것입니다. 그리스도인들뿐 아니라 다른 종교를 가진 사람들도 각기 그 나름대로 나라와 민족을 위해 열심히 기도합니다. 서울 삼각산에 가면 밤마다 나라를 위해 열심히 기도하는 사람들을 볼 수 있습니다.

　그런데 오늘 우리는 하나님께 심각한 질문을 한 가지 드리게 됩니다. 그것은 이 나라를 살리는 길이 과연 기도밖에 없느냐 하는 것입니다. 하나님은 기도도 해야 하지만, 그것 말고도 할 일이 있다고 말씀하십니다. 그것은 우리 삶 속에서 하나님이 기뻐하시지 않는 죄를 하나씩 청산해 나가며 하나님이 원하시는 의를 하나씩 이루어 나가는 것입니다.

　기도만 실컷 하고 그것으로 모든 할 일이 끝났다고 생각하면 안 됩니다. 말씀을 듣고 기도하다 보면 하나님 앞에 잘못된 일과 해야 할 일들이 떠오릅니다. 그 중에는 내가 절대 버리기 싫은 것들도 있고, 내 힘으로는 도저히 감당할 수 없는 일들도 있습니다. 하나님은 내가 도저히 감당할 수 없는 큰일부터 하라고 명하지 않으십니다. 버릴 수 있는 작은 것부터 버리고 할 수 있는 작은 일부터 하라고 하십니다. 그러면 이

나라를 지켜 주실 뿐 아니라 의를 비같이 쏟아부어서 놀라운 부흥을 일으켜 주겠다고 하십니다.

하나님이 우리에게 요구하시는 것은 거창하고 대단한 일이 아닙니다. 내가 마땅히 해야 하는데도 이기심 때문에 하지 않고 있는 일, 마땅히 해서는 안 되는데도 죄의 욕망에 끌려서 하고 있는 일들에 대해 결단을 내리라는 것입니다. 하나님은 우리가 하나님을 향해 첫걸음을 옮기기를 원하십니다. 그렇게 첫걸음만 옮겨도 우리의 기도를 들어주시며 모든 재앙에서 지켜 주겠다고 약속하십니다.

오늘 본문은 성전 재건이 마무리되고 있을 무렵, 바벨론에서 돌아와 벧엘에 정착한 유다 백성들이 예루살렘에 대표를 보내서 질문한 내용으로 이루어져 있습니다. 그런데 그 질문의 내용이 아주 중요합니다. 그들은 해마다 5월이 되면 금식을 해 왔습니다. 5월은 예루살렘이 멸망한 달이었습니다. 그런데 지금도 여전히 금식을 해야 합니까?

이에 대한 답변으로 돌아온 것은 무서운 책망이었습니다. 하나님은 5월의 금식과 7월의 금식, 70년 내내 한 금식이 진정 하나님을 위한 것이었느냐고 물으십니다. 그것은 하나님을 위한 금식이 아니라 그들 자신을 위한 금식이었습니다. 하나님은 연이어 유다와 예루살렘이 망한 것은 금식을 하지 않았거나 기도를 하지 않았기 때문이 아니라고 말씀하십니다. 그들이 망한 것은 하나님이 명하신 간단한 말씀들을 지키지 않았기 때문입니다. 고아나 과부를 학대하지 말라고 하셨는데 학대했고, 가난한 사람을 해치지 말라고 하셨는데 해쳤기 때문에 망한 것입니다.

여기에서 우리가 알게 되는 사실은 나라를 위해 기도하는 사람들이 없어서 예루살렘이 망한 것이 아니었다는 것입니다. 그들은 기도했습니다. 그러나 말씀을 지키게 해 달라는 기도가 아니라 예루살렘이 망하지 않게 해 달라는 기도, 자신들을 행복하게 만들어 달라는 기도만 드렸기 때문에 나라를 지키지 못한 것입니다.

하나님이 원하시는 것은 거창한 종교행위가 아니라 아주 작은 사랑의 실천입니다. 하나님이 지금 우리를 지켜 주고 계신 것은 우리가 많이 기도하고 있기 때문이 아닙니다. 하나님의 뜻이라고 생각되면 아무리 부끄러운 일이거나 귀찮은 일이라도, 내 돈과 시간과 힘을 손해보는 일이라도 기꺼이 실천하는 사람들이 우리 가운데 있기 때문에 지켜 주고 계신 것입니다.

하나님은 우리가 자기만족적인 신앙에 빠지지 않기를 바라십니다. 물론 우리는 굳게 결심한 후에도 죄를 짓고, 하나님의 뜻인 줄 알면서도 순종하지 않을 때가 있습니다. 우리는 그런 것들을 전부 기도로 말씀드릴 필요가 있습니다. 그러나 이러한 연약함에도 불구하고 우리의 양심을 갉아먹고 있으며 우리를 하나님 앞에 떳떳하지 못하게 만드는 죄의 덩어리가 보일 때 그것을 포기하기로 결단하는 것, 그것이 바로 우리나라를 지키는 길입니다.

'만약 이 나라가 망한다면 그것은 우리 민족의 죄가 쌓이고 쌓여서 하나님께서 도저히 참으실 수 없는 수준이 되었기 때문' 이라는 것이 우리의 생각입니다. 물론 그것도 사실입니다. 그러나 우리 민족이 쌓아 올린 그 죄의 덩어리가 터지지 않도록 막는 것은 기도나 금식만이 아닙니다. 하나님은 우리의 기도뿐 아니라 작은 순종이 이 나라를 지킨다고 말씀하십니다. 이 나라에 전쟁을 몰고 오는 것은 북한의 핵이나 누군가의 정치적인 야망이 아닙니다. 하나님의 백성들이 욕심 때문에 알면서도 순종하지 않을 때 전쟁이 일어나는 것입니다.

미련해지면 안 됩니다. 나의 작은 결단으로 얼마든지 큰 재앙을 막을 수 있음을 알아야 합니다. 내 양심을 갉아먹고 있는 숨은 죄를 찾아서 부수어 버리십시오. 그것이 바른 기도요 바른 금식입니다.

벧엘 사람들의 질문

유다 백성들의 성전 공사가 상당히 진척되어 완공을 기다릴 무렵, 벧엘에 있는 백성들이 대표를 통해 질문을 보내 왔습니다. "다리오 왕 4년 9월 곧 기슬래 월 4일에 여호와의 말씀이 스가랴에게 임하니라. 때에 벧엘 사람이 사레셀과 레겜멜렉과 그 종자를 보내어 여호와께 은혜를 구하고 만군의 여호와의 전에 있는 제사장들과 선지자들에게 물어 가로되 '우리가 여러 해 동안에 행한 대로 5월간에 울며 재계하리이까?' 하매"(7:1-3).

이것을 보면 바벨론에서 돌아온 백성들 중에 예루살렘으로 오지 않고 벧엘로 간 사람들이 상당수 있었음을 알 수 있습니다. 우리 생각에는 꼭 예루살렘으로 올 필요가 없을 것 같습니다. 누구든지 포로생활에서 해방되면 자기 고향으로 돌아가는 것이 당연하지 않습니까? 그러나 이들은 벧엘이 고향이어서 그리로 간 것이 아니었습니다.

북 이스라엘이 멸망하기 전, 벧엘은 예루살렘과는 또 다른 의미에서 중요한 종교 중심지였습니다. 벧엘로 돌아간 사람들은 예루살렘 성전 신앙과는 다른 신앙을 부흥시키고 싶었던 것 같습니다. 예를 들어 우리나라가 통일된다면 많은 사람들이 전도하기 위해 북한으로 들어갈 것입니다. 그러나 그때 기독교만 들어가는 것은 아닙니다. 지금 활동하고 있는 이단들도 들어갈 것이며, 어떤 면에서는 그들이 우리보다 더 열심히 전도하고자 애쓸 것입니다.

벧엘로 간 사람들은 예루살렘 성전에 별 기대를 걸지 않았던 것 같습니다. 성전 중심의 신앙에도 기대하지 않았고, 그런 폐허에서 성전이 쉽게 지어질 것이라고도 생각지 않았습니다. 게다가 벧엘에는 아주 유서 깊은 제단이 있었습니다. 그들은 '예루살렘 성전은 쉽게 재건되지 않을 것이다. 우리가 먼저 벧엘 제단을 재건하자'라고 생각했을지도 모릅니다. 그런데 학개나 스가랴 같은 선지자들의 말씀에 힘입어 도저히 재건이 불가능할 것 같았던 예루살렘 성전이 완공을 바라보게 되자, 가장 먼저 벧엘에 사는 백성들이 반응을 나타냈습니다.

우리말 성경에는 "벧엘 사람"이 보냈다고 번역되어 있지만, 원문에는

'벧엘'이 보냈다고 되어 있습니다. 사실 벧엘은 그리 간단히 듣고 넘길 지명이 아닙니다. 북 이스라엘이 멸망하기 전, 벧엘에는 그 유명한 금송아지 제단이 있었습니다. 우리가 보기에는 명백한 우상숭배지만, 이스라엘 백성들은 그렇게 생각하지 않았습니다. 아마도 벧엘 사람들은 그때의 잘못된 신앙을 부흥시키려 했다가, 불가능할 것 같았던 예루살렘 성전 재건이 마무리되는 것을 보면서 '우리가 틀렸을지도 모르겠다. 혹시 예루살렘 성전이 진짜가 아닐까?' 하는 생각으로 대표를 보내 공개적인 질문을 던졌던 것 같습니다.

벧엘의 대표로 온 사람은 사레셀과 레겜멜렉이었습니다. "사레셀"은 페르시아식 이름으로서, 페르시아로부터 총독이나 관직을 임명받은 사람이 아니었나 합니다. "레겜멜렉"은 '왕의 친구'라는 뜻입니다. 사람의 이름이라기보다는 직책명으로 보입니다. 아마도 총독을 옆에서 보필하는 고문이었던 것 같습니다. 그들이 예루살렘에 와서 가장 먼저 한 일은 여호와께 은혜를 구하는 것이었습니다. 이것은 벧엘 사람들을 대표하여 예루살렘 성전에서 예배를 드렸다는 뜻입니다.

예배는 하나님의 은혜를 구하는 일이며 하나님의 얼굴을 뵙는 일입니다. 하나님께서 예배를 통해 우리에게 분명한 말씀을 들려주시는 것은 곧 그 자비로운 얼굴을 비추어 주시는 일과 같습니다. 우리는 그 말씀을 듣는 가운데 상처를 치료받고 믿음을 새롭게 하며 순종할 힘을 얻습니다.

벧엘의 대표가 질문한 것이 무엇입니까? 여러 해 동안 지켜오고 있는 5월의 금식일을 계속 지키며 재계해야 하느냐는 것입니다. 여기서 재계한다는 것은 우리 생각처럼 단순히 목욕하는 것이 아니라 여러 가지 오락이나 포도주나 그 밖의 즐거운 일들을 금한다는 뜻입니다.

저는 이것이 대단히 용기 있는 질문이라고 생각합니다. 어떤 전통이든 한번 생기면 바꾸기 어려운 법입니다. 더욱이 5월의 금식일은 예루살렘이 무너진 날을 슬퍼하는 금식일이었습니다. 유다 백성들에게 예루살렘 붕괴는 너무나도 중요한 사건이었고, 아직까지도 유다는 완전히 회복되지 않았기 때문에 그 완전한 회복의 날이 올 때까지 금식을 계속 해야 한다는 것이 백성들의 통념이었습니다. 그런데 또 한편으로는 성전이 완공되어 가고 있었기 때문에 더 이상 금식할 필요가 없다는 의견도 대두되었습니다. 그래서 질문을 던진 것입니다.

우리는 이 질문에서 두 가지 사실을 알 수 있습니다. 첫째는, 이 부족한 성전의 완공을 완전한 성전의 회복으로 보아야 하느냐, 아니면 임시적인 성전으로 여겨서 계속 금식을 해야 하느냐 하는 의문이 그들 가운데 있었다는 것입니다. 둘째는, 이들이 이제 벧엘에 성소를 따로 세우지 않고 예루살렘 성전 신앙을 중심으로 하나가 될 마음을 품기 시작했다는 것입니다.

이것은 유다 백성들이 말씀에 헌신함으로써 맺은 열매였습니다. 사실 그들이 재건한 성전은 그들 자신조차 인정하기 힘들 정도로 초라한 것이었습니다. 그럼에도 학개나 스가랴 선지자의 말씀에 순종했을 때, 그들이 나서서 말하지 않았는데도 주변에 흩어져 있던 백성들 가운데 성전을 사모하는 마음이 생겨나기 시작했습니다. 바로 이런 것이 부흥입니다.

큰 소리로 마음을 합치자고 떠든다고 해서 하나가 되는 것은 아닙니다. 가족들의 마음이 갈기갈기 찢어지고 믿는 자들 사이에 반목과 질시가 가득할 때 그들을 하나 되게 하는 방법은 묵묵히 나에게 주어진 하나님의 말씀에 순종하는 것뿐입니다. 그러면 이상하게도 그토록 갈라져서 미워하던 사람들에게 하나님을 두려워하는 마음이 생기게 되며, 제 발로 찾아와 어떻게 하면 하나님을 바로 섬기고 그분의 축복을 받을 수 있을지 질문하는 일이 일어납니다.

지금 예루살렘에 찾아온 사람들은 비성경적인 신앙을 복구하고자 벧엘로 갔던 사람들입니다. 그런데 그런 사람들 가운데 새로운 마음으로 하나님을 섬기고 싶다는 열정이 생겨났습니다. 사실 벧엘에서 찾아온 이 사람들은 전 세계에 흩어져 있는 유대인들의 마음을 대표한다고 말할 수 있습니다.

사람들의 마음이 하나 되지 않고 남들이 내 신앙을 인정해 주지 않는 다고 해서 원망하거나 불평할 필요가 없습니다. 바른 말씀을 붙들고 묵묵히 앞으로 나아가다 보면, 생각지도 못했던 사람들이 찾아와 함께 기도하기를 청하며 힘을 합치기 위해 앞장서는 일이 일어납니다. 그것은 하나님의 놀라운 격려이며 축복입니다.

지금 예루살렘에 찾아온 사람들은 불과 얼마 되지 않습니다. 그러나 하나님은 이 일을 통해 전 세계에 흩어져 있는 모든 백성들의 마음이 이들처럼 하나가 될 것을 약속하십니다.

하나님의 책망

하나님은 이러한 벧엘 사람들이 질문에 어떻게 대답하고 계십니까? "만군의 여호와의 말씀이 내게 임하여 이르시되 '온 땅의 백성과 제사장들에게 이르라. 너희가 70년 동안 5월과 7월에 금식하고 애통하였거니와 그 금식이 나를 위하여, 나를 위하여 한 것이냐? 너희의 먹으며 마심이 전혀 자기를 위하여 먹으며 자기를 위하여 마심이 아니냐?'"(7:4-6).

벧엘 사람들이 5월의 금식 문제를 가지고 질문하러 온 것은 굉장히 환영받을 일이며 칭찬받을 일입니다. 보통 사람들 같았으면 남이야 뭐라고 하든 끝까지 자기 고집대로 밀어붙였을 것입니다. 그러나 벧엘 사람들은 기꺼이 자기들의 생각을 버리고 예루살렘 성전을 중심으로 하나 될 마음을 가지고 찾아왔습니다. 그런데 하나님은 그들을 칭찬하시기는커녕 엄청나게 책망하고 계십니다. "너희가 70년 동안 금식한 것이 다 엉터리 아니었느냐?"라고 질책하고 계십니다.

사실 이것은 하나님의 시험입니다. 진정으로 하나님께 돌아올 마음을 가진 사람에게는 책망도 달콤하게 들리게 마련입니다. 아니, 오히려 책망을 들을 때 10년 묵은 체증이 뚫린 것처럼 속이 후련해집니다. 그러나 위선적으로 돌아오는 척했던 사람은 속이 뒤틀리고 화가 나서 참지를 못합니다. 그러므로 우리는 책망의 말씀이 들릴 때 주의해야 합니다. 실제로는 그 책망의 말씀이야말로 우리를 치료하시는 말씀이기 때문이며, 그 말씀 속에 문제의 해답이 들어 있기 때문입니다.

하나님은 이들이 질문하러 온 일 자체가 싫어서 책망하신 것이 아닙니다. 그들이 그 수준에 주저앉지 않고 더 귀한 믿음으로 나아가기를 원하셨기 때문에 책망하신 것입니다. 우리 중에는 이 부분에서 걸려 넘어지는 사람들이 많은 것 같습니다. 신앙생활 제대로 안 하다가 모처럼 마음먹고 교회에 나왔는데 자꾸 "그것도 믿음이냐? 그것도 기도냐?" 하는 책망이 들리니까 싫은 거예요. 그럴 때 "좋습니다! 하나님만 성질 있는 줄 아십니까? 저도 성질 있습니다!" 하면서 돌아서 버리는 사람은 하나님의 의중을 제대로 읽지 못한 것입니다. 믿음으로 한 걸음 나아갔다고 해서 하나님이 맨발로 뛰어나오면서 잘했다고 칭찬하실 것을 기대하지 마십시오. 오히려 "지금까지 네가 믿음으로 했다고 한 일이 정말 믿음으로 한 것이냐?" 하면서 정신이 번쩍 들게 책망하시기가 쉽습니다. 그러나 거기에는 '나는 네 속에서 일어나고 있는 믿음의 변화를 알고 있다. 너는 지금 아주 잘하고 있다. 그러나 내가 칭찬만 해 준다면 너는 언제까지나 어린아이의 신앙에서 벗어나지 못할 것이다' 라는 뜻이 담겨 있습니다.

하나님은 벧엘 사람들에게 "그동안 금식하느라 수고 많다. 이제는 그만 하고 쉬거라"라고 말씀하시지 않았습니다. 그 대신 "5월의 금식뿐 아니라 7월의 금식도 진정 나를 위해 한 것이었느냐?"라고 질책하셨습니다. 5월의 금식은 예루살렘 성전이 불탄 것을 슬퍼하는 금식이었고, 7월의 금식은 임시 총독 그다랴가 살해당함으로써 남은 유다 백성들이 망한 것을 슬퍼하는 금식이었습니다. 우리 생각에는 이들의 동기가 대단히 좋았던 것 같습니다. 그런 비극적인 날들을 기억하며 금식하는 일이 얼마나 좋습니까? 그들은 그 금식을 자그마치 70년 동안이나 계속

해 오고 있었습니다. 그런데 하나님은 잘했다는 칭찬 한마디 없이 "그 것이 나를 위하여, 나를 위하여 한 것이냐?"라고 두 번이나 반복해서 묻고 계십니다. 70년 동안이나 계속해 온 금식이 과연 하나님의 뜻에 따른 금식이었느냐는 것입니다.

그들은 아무리 이방 땅에서 편안하게 살게 되더라도 자신들이 유다 백성임을 잊지 말자는 뜻에서 예루살렘이 망한 날뿐 아니라 에워싸인 날이 있는 달에도 금식했습니다. 이를테면 우리나라 사람들이 한국전쟁 이 일어난 6월에 금식하며 나라와 민족을 위해 기도하는 것과 같습니다. 그러나 하나님은 그 금식이 종교적인 만족을 위한 금식이었음을 지 적하고 계십니다.

우리는 여기에서 가장 분별하기 어려우면서도 중요한 문제에 부닥치 게 됩니다. 그것은 종교적인 행위, 즉 기도나 금식이나 헌금이나 찬양이 나 예배에 담긴 진실과 위선의 문제입니다. 예수님도 이 문제를 아주 중요하게 다루시면서, 기도하거나 금식할 때 이방인들이나 바리새인들 처럼 하지 말라고 경계하신 적이 있습니다. 이방인들은 기도할 때 말을 많이 해야 응답을 받는다고 생각해서 중언부언하며 기도했으며, 기도의 횟수를 중시하여 수도 없이 기도문을 암송했습니다. 또 바리새인들은 남들 앞에서 기도하기를 좋아해서 기도 시간만 되면 아예 길거리에 나 와 기도하거나 성전에 서서 기도했고, 금식할 때에도 일부러 얼굴을 추 하게 만들어서 자신이 금식하고 있음을 과시했습니다. 예수님은 그들이 이미 자기 상을 받았다고 말씀하시면서, 하나님은 은밀한 중에 보시는 분임을 가르쳐 주셨습니다.

예수님이 기도나 금식이나 찬양이나 헌금 자체를 금하신 것은 아닙니 다. 주님은 그런 일들을 아주 중요하게 여기셨습니다. 그런데 그 중요한 일들이 하나님을 향한 것이 아니라 사람을 향한 것이 되어 버릴 때, 하 나님이 싫어하시며 받지 않으신다는 것입니다. 모든 종교적인 행위는 순수하게 하나님만을 지향해야 합니다. 자기를 드러내고 과시할 목적으로 하는 행위는 하나님이 받지 않으십니다.

사람에게는 다양한 욕구가 있습니다. 먹고 싶은 욕구, 자고 싶은 욕구처럼 원초적인 욕구가 있는가 하면 안정되게 살려는 욕구도 있고, 자기를 실현하려는 욕구도 있습니다. 그런데 그 중에서도 가장 고차원적인 욕구는 자신을 종교적인 열정에 바쳐서 최고의 희생이나 헌신을 하려는 욕구입니다. 예를 들면 종교적인 직업에 헌신하거나 오지에 선교사로 떠나거나 순교자가 되기를 추구하는 것입니다. 물론 하나님을 진정으로 사랑해서 그런 일을 하는 이들도 많이 있습니다. 그러나 개중에는 하나님을 사랑해서라기보다는 자기 속에 있는 종교적인 열정 때문에 그런 일을 하는 이들도 있습니다.

북 이스라엘이 망한 이유가 바로 그것이었습니다. 그들은 자기 속에 있는 종교적인 열정을 불태우는 것이야말로 가장 좋은 신앙이라고 생각했으며, 하나님이 기뻐하시는 신앙이라고 생각했습니다. 그래서 벧엘에 거창한 성소를 만들어 열광적으로 예배를 드렸습니다. 그러나 그 예배는 하나님을 위한 예배가 아니라 그들 자신의 만족을 위한 예배, '우리는 이 정도로 거창한 예배를 드릴 수 있다'라는 만족감을 채워 주는 예배였습니다.

청소년들이 가수들에게 그토록 열광하는 이유가 무엇입니까? 그 가수들이 부르는 노래 가사나 리듬이 자기들 속에 있는 억눌린 감정과 답답함을 표출해 주기 때문입니다. 예배 시간에는 거의 죽어 가던 청소년들도 그런 가수들이 나와서 노래하면 펄펄 뛰면서 열광합니다.

오늘날 사람들은 '성령의 은혜'라는 말을 좋아합니다. 그런데 성령을 바로 알기 때문이 아니라 자기 속에 있는 종교적인 열정과 기질을 마음껏 표현할 수 있기 때문에 좋아하는 경우가 적지 않습니다. 실컷 울면서 기도하고 나면 속에 굉장한 만족감이 생기게 마련입니다. 그래서 "기도합시다"라고 말하면 울 준비부터 하는 사람들도 있습니다. 그러나 하나님은 우리가 울든지 말든지 그것은 둘째 문제이고, 일단 하나님의 말씀부터 들으라고 하십니다. 듣고 난 뒤에 울든지 뒹굴든지 춤추든지 하라는 것입니다. 듣지도 않고 자기 감정에 북받쳐서 울고 소리지르고 뒹구는 것은 참된 경건이 아닙니다. 참된 경건은 내 속에 있는 답답함을 표출하는 것이 아니라 하나님께 나를 맞추는 것입니다. 바람난 여자처럼 세상으로 달려갔던 사람이 오직 하나님을 한 분만을 붙들기 위해 돌아가는 것이며, 제멋대로 살고 싶어서 아버지를 떠났던 탕자가 아버지 집의 종이 되기 위해 모든 자존심과 고집을 버리고 돌아가는 것입니다. 그러려면 하나님이 기뻐하시지 않는 죄를 포기해야 합니다. 아무리 아깝고 뿌리 깊은 것이라도 잘라 버리고 뽑아 버려야 합니다.

얼마 전에 만난 한 목사님의 말씀이, 한국인과 외국인은 기도하는 자세가 많이 다르다고 합니다. 한국인들은 주로 얼마나 오래 기도했느냐, 기도하고 나서 얼마나 속이 시원해졌느냐를 중시하는데 반해, 자신이 만난 외국인들은 얼마나 진실하게 기도했느냐, 얼마나 솔직하게 기도했느냐를 더 중시하더라는 것입니다. 우리나라 사람들은 기도할 때 하나님께 말씀하실 기회조차 드리지 않고 자기 혼자 퍼붓듯이 말을 쏟아 놓을 때가 많습니다. 그러고 나서 "아, 시원하다" 하면서 집에 가 버리는 거예요. 그에 비해 외국인들은 하나님께 질문하는 기도, 구체적인 도움을 청하는 기도를 많이 한다고 합니다. 아마 그 목사님은 신앙이 좋은 외국인들을 주로 만났던 것 같습니다. 종교적 욕구를 채우려는 본성은 한국인이나 외국인이나 차이가 없습니다. 그것은 인간의 본질에 속한 문제입니다.

유다 백성들도 마찬가지였습니다. 금식에서 중요한 것은 몇 끼를 굶었느냐, 물은 마셨느냐 안 마셨느냐, 요구르트는 마셨느냐 안 마셨느냐 하는 데 있는 것이 아니라 하나님 앞에서 자신이 얼마나 무능하며 얼마나 큰 죄인인지 깨닫고 스스로 낮추었느냐 하는 데 있습니다. 금식이란 "저는 이 어려운 문제 때문에 음식도 입에 들어가지 않고 살 이유조차 느끼지 못하고 있습니다. 이 문제는 100퍼센트 하나님이 도와주셔야 합니다"라고 고백하는 것이며, "저는 지금 하나님의 뜻인 줄 알면서도 이기적인 욕망 때문에 순종하지 못하고 있습니다. 하나님이 도와주시지 않으면 도저히 순종할 수가 없습니다"라고 고백하는 것입니다. 스스로 하나님 앞에 죽은 개처럼 가치 없는 존재임을 인정하고 자기 자신을 티끌처럼 낮추어서 지극히 겸손하게 간구하는 것입니다. 죽은 개가 길가에 쓰러져 있다고 해서 일부러 차에서 내려 묻어 줄 사람이 있겠습니까? 그처럼 우리도 하나님이 돌아보실 가치조차 없는 존재이지만 그 긍휼하심으로 도와주시기를 간구하는 것입니다.

그런데 이런 금식이 오히려 공로로 변질될 때가 있습니다. '제가 이만큼 금식했는데 하나님도 성의를 보이셔야 하지 않겠습니까?'라는 자세가 나타날 때 그 금식은 하나님을 위한 것이 아니라 자신을 위한 것이 되어 버립니다. "내가 일곱 끼 반을 물도 안 마시고 금식했다고!" 하는 식으로 과시가 되고 공로가 되는 금식을 하나님은 역겨워하시며 싫어하십니다.

기도도 마찬가지입니다. 기도에서 중요한 것은 솔직함입니다. 만약 기도의 간절함을 목소리 크기로 따진다면 하나님도 소음측정기를 가져다 놓고 응답하셔야 할 것입니다. 또 기도 시간의 길이로 그 가치를 따진다면 독한 사람일수록 더 잘 응답받을 것입니다. 그러나 기도는 하나님과 일대일로 은밀하게 만나는 것입니다. 하나님은 자신을 사랑하는 마음으로 나아와서 기도하는 자, 자기 죄를 내놓고 애통하며 금식하는 자를 기뻐하십니다.

예루살렘이 무너진 이유

예루살렘이 왜 무너졌습니까? "여호와가 이전 선지자로 외친 말을 너희가 청종할 것이 아니냐? 그때에는 예루살렘과 사면 읍에 백성이 거하여 형통하였고 남방과 평원에도 사람이 거하였었느니라"(7:7).

원래 유다에는 예루살렘 사람들만 있었던 것이 아닙니다. 산지와 남방과 평지에도 많은 사람들이 살고 있었습니다. 지금 유다 백성들이 포로생활에서 돌아왔다고는 해도, 그때처럼 많은 수가 돌아온 것은 아닙니다. 예루살렘과 벧엘에만 소수의 백성이 정착해 있었을 뿐, 산지와 남방에는 사람이 없었습니다. 그 이유가 무엇입니까? 기도하는 목소리가 작았기 때문입니까? 기도의 양이 적었기 때문입니까? 금식을 덜 했기 때문입니까?

하나님은 그들이 말씀을 무시하며 기도했기 때문이라고, 말씀에 순종할 생각은 없이 소리만 질러 대면서 기도했기 때문이라고 말씀하십니다. 다시 말해서 그들이 진정으로 예루살렘의 부흥을 바란다면 금식일이나 지키면서 소리만 질러 댈 것이 아니라 말씀에 순종하겠다는 결단을 내리라는 것입니다.

우리는 여기에서 몇 가지 질문을 제기하게 됩니다. 첫째로, 기도나 금식에서 눈물을 흘리거나 큰 소리로 부르짖는 등의 정서적인 측면은 전혀 필요 없는 것입니까? 하나님은 울지도 않고 소리지르지도 않고 기계적으로 율법만 지키기를 원하시는 것입니까?

그렇지 않습니다. 예수님은 바리새인들의 기계적인 실천을 기뻐하지 않으셨습니다. 오히려 죄인인 한 여자가 나아와 눈물로 자신의 발을 닦았을 때 기뻐하셨고, 문둥병자들이나 소경들이 주변 사람들의 책망에도 불구하고 큰 소리로 부르짖으며 나아오는 것을 소중히 여기셨습니다.

이처럼 신앙생활에서 정서는 상당히 중요한 요소입니다. 하나님 앞에 마음을 토하고 부르짖으면서 도우심을 간구하는 것은 아주 중요한 요소이며, 그렇게 기도한 후에 마음속에 찾아오는 만족감은 하나님이 주시는 소중한 위로이자 축복입니다. 때로는 자기가 무슨 말을 하는지도 모르게 웅얼거리며 기도하기보다는 크게 소리를 내서 기도하는 일이 필요하기도 합니다. 실제로 시편을 보면 얼마나 많은 성도들이 소리를 지르면서 기도했는지 모릅니다. 그 중에는 하나님께서 듣지 않으시는 것 같아서 아침마다 소리를 지르며 기도한 이들도 있었습니다. 이처럼 신앙에서 감정의 요소는 대단히 중요한 자리를 차지하고 있습니다. 신앙은 기계적인 실천이 아닙니다. 그 안에는 전인격적인 사랑과 신뢰가 있어야 합니다. 만약 감정적인 흥분이나 정서적인 시원함이 전혀 없다면 그 신앙은 병든 신앙이라고 해야 할 것입니다.

하나님이 여기에서 책망하시는 것은 그런 것이 아닙니다. 하나님은 감정이 동반된 전인격적인 부르짖음과 몸부림을 나쁘다고 하시지 않습니다. 하나님을 역겹게 만드는 것은 하나님을 사랑하는 마음 없이 오직 남들에게 보일 목적으로 금식하거나 오래 시간을 끌면서 기도하는 태도입니다.

기도나 금식은 하나님과 나만의 일대일 관계에서 이루어지는 일이기 때문에 그 어떤 때보다 솔직하고 정직해야 합니다. 기도로 말씀드리지 못할 일이 뭐가 있습니까? 무엇이든지 다 말씀드릴 수 있습니다. 하나님의 뜻인 줄 알면서도 인간이기 때문에 순종하기 싫은 것들을 얼마든지 고백할 수 있습니다. 그러면 하나님이 친히 우리의 힘이 되어 주시고 구원이 되어 주십니다. 기도하거나 금식할 때 남들이 어떻게 생각할까 의식하지 마십시오. 남들이 아무리 비웃고 조롱해도 하나님 앞에서 캐내야 할 것은 캐내야 하고 해결받을 문제는 해결받아야 합니다. 하나님 앞에 내 마음을 있는 그대로 쏟아 놓으십시오. 해로운 음식을 먹었을 때 토해 내듯이 전부 토해 내십시오.

텔레비전 사회자들 중에 방송이 시작되기 전까지는 아무 관심도 보이지 않다가 방송만 시작되면 누구보다 사랑이 넘치는 척하는 이들이 간혹 있다고 합니다. 그런 사람은 방송이 끝나는 즉시 예전의 태도로 되돌아가 버립니다. 그의 관심은 오직 방송 프로그램에만 있을 뿐, 자신이 만난 대상은 방송의 재료에 불과하기 때문입니다.

정치인들은 카메라 플래시만 터지면 웃는다는 우스갯소리가 있습니다. 그래서 벼락을 맞아도 플래시가 터진 줄 알고 웃는 얼굴로 죽는다는 것입니다. 그 정도까지는 아니지만, 선거 때만 되면 시장 상인들을 찾아 웃는 얼굴로 악수하는 정치인들의 모습을 흔히 볼 수 있습니다. 그들 모두가 진심으로 상인들을 사랑해서 그렇게 하는 것이 아님을 알면서도 사람들은 감동을 받곤 합니다.

그러나 하나님은 그런 이중적인 태도를 기뻐하시지 않습니다. 우리가 기도할 때 하나님은 숨을 죽이고 귀를 기울이십니다. 성도 한 사람이 금식하기 시작하면 모든 일을 멈추고 주목하십니다. "쟤가 무슨 답답한 일이 있어서 저렇게 금식을 할까? 쟤 입에서 무슨 말이 나올까?" 하면서 집중하십니다. 그런데 그 입에서 위선적인 이야기가 나오고 과시하는 말이 나올 때 얼마나 가슴이 아프고 답답하시겠습니까?

하나님이 원하시는 경건은 진심으로 하나님께 돌아가는 데 걸림돌이 되는 작은 죄를 청산하는 것입니다. 하나님 앞에서 우리의 양심을 깨끗하게 하는 것입니다. 그것이 삼각산에 가서 여러 날 금식하며 부르짖는 것보다 더 굳건하게 이 나라를 지키는 길입니다.

하나님이 원하시는 것

하나님이 유다 백성들에게 원하신 것이 무엇입니까? "여호와의 말씀이 스가랴에게 임하여 이르시되 '만군의 여호와가 이미 말하여 이르기를 너희는 진실한 재판을 행하며 피차에 인애와 긍휼을 베풀며 과부와 고아와 나그네와 궁핍한 자를 압제하지 말며 남을 해하려 하여 심중에 도모하지 말라 하였으나 그들이 청종하기를 싫어하여 등으로 향하며 듣지 아니하려고 귀를 막으며 그 마음을 금강석 같게 하여 율법과 만군의 여호와가 신으로 이전 선지자를 빙자하여 전한 말을 듣지 아니하므로 큰 노가 나 만군의 여호와께로서 나왔도다'"(7:8-12).

하나님은 유다 백성들에게 많은 날 금식할 것을 원치 않으셨습니다. 하나님이 원하신 일은 작은 율법을 지키는 것이었습니다. 진실한 재판을 베풀며 가난한 과부나 고아나 나그네를 압제하지 않는 것이었습니다. 그렇게만 했다면 하나님이 친히 유다를 지켜 주셨을 것입니다. 그런데 그들은 이상하게 금식하고 기도하고 예배드리기는 좋아하면서도, 순종하라는 말은 귀를 막고 듣지 않았으며 마음을 금강석같이 굳게 만들고 등을 돌려 버렸습니다. 하나님이 "지금 있는 것으로 만족하라"고 하시면 "내가 얼마나 유능한데 시시하게 이 정도로 만족하라는 거야?" 하면서 거부하고, "내가 네 길을 인도한다는 것을 믿으라"고 하시면 "믿은 결과가 고작 이거야? 난 못 믿어. 내 길은 내가 개척할 거야" 하면서 고집을 부리며, "너의 행복보다 남의 행복을 생각하라"고 하시면 "그럼 난 뭐야? 남만 실컷 행복하게 해 주고 말라는 거야?" 하면서 제 욕심을 좇아갔습니다. 이렇게 된 이유가 무엇입니까? 왜 종교생활은 하면서 말씀에 순종하기는 그토록 싫어한 것입니까?

그들은 종교생활과 순종을 분리시켰습니다. 원래 하나님이 원하시는 종교생활은 말씀에 순종하는 것입니다. 그러나 인간은 너무나 고집스럽고 마음이 완악하기 때문에 순종하기를 싫어합니다. 하나님은 우리가 그 고민을 가지고 하나님께 나아와 기도하기를 원하시며, 작은 결단이라도 내리기를 원하십니다.

전에 아내와 자식을 버리고 다른 여자와 도망간 사람이 그 여자와 함께 기도원에 갔다는 말을 들은 적이 있습니다. 하나님이 그 사람에게 원하시는 것은 기도원에 가서 기도하는 것이 아닙니다. 그 여자와 헤어져서 아내와 자식들에게로 돌아가는 것입니다. 그런데 그 간단한 일이 왜 안 됩니까? 죄의 맛이 너무 달콤하기 때문입니다. 죄는 엿처럼 입 안에 착 달라붙어서 잘 떨어지지 않습니다. 죄는 버리기 싫고 그렇다고 해서 벌 받기는 싫으니까 죄를 끌어안은 채 자꾸 회개만 하는 것입니다. 하나님의 심판을 두려워하는 것을 볼 때 그 사람의 양심까지 완전히 죽은 것은 아니었던 것 같습니다. 그러나 그런 식의 회개나 기도는 아무리 많이 해 봐야 소용이 없습니다.

성경에도 비슷한 인물이 나옵니다. 헤롯 안디바는 동생의 아내 헤로디아를 빼앗아 결혼했습니다. 그런데 헤로디아는 되돌려 보내지 않으면서 세례 요한의 설교는 들으려 했습니다. 그러다가 세례 요한이 자꾸 그것을 죄라고 지적하니까 감옥에 가두었다가 결국에는 머리를 베고 말았습니다.

마르틴 루터의 종교개혁은 이러한 문제의식에서 시작되었습니다. 루터는 '회개'를 의미하는 단어 '메타노이아'를 연구하다가 그것이 슬퍼한다는 뜻이 아니라 결단한다는 뜻임을 알게 되었습니다. 그 당시 가톨릭은 슬퍼하면서도 계속 죄를 짓고 있었습니다. 루터는 그들을 향해 회개는 결단임을 가르쳤고, 그로부터 위대한 종교개혁이 시작되었습니다. 회개는 부정한 이익을 포기하는 것이며, 거짓말로 돈 벌기를 그만두는 것입니다. 삭개오처럼 죄를 청산하기 위해 재산의 절반을 포기하고 빼앗은 돈은 네 배로 갚는 것입니다. 부정한 관계를 끊는 것이고, 달콤한 죄를 입에서 뱉어 버리는 것이며, 양심을 갉아먹고 있는 불의를 파내 버리는 것입니다.

하나님이 유다 백성들에게 완벽한 성자의 삶을 요구하셨습니까? 아닙니다. 그저 하나님을 향해 첫걸음을 옮기기만을 원하셨습니다. 그러면 나머지는 하나님이 알아서 도와주십니다. 만약 기도가 없다면 하나님의 뜻을 알면서도 순종하지 못할 것입니다. 저는 알면서도 순종하기 싫어하는 저 자신의 모습을 볼 때 말할 수 없이 슬프고, 그때마다 부르짖지 않을 수가 없습니다. 저 혼자서는 하나님이 싫어하시는 짓만 골라서 할 수밖에 없습니다. 기도로 하나님의 도우심을 받을 수 없다면 금방 남을 실망시키거나 정죄하거나 자기 자랑에 빠져 버릴 것입니다.

두 사람의 관계에 문제가 생겼을 때 어느 한 쪽만 잘못한 경우는 거의 없습니다. 어느 쪽이든지 사과할 일이 있게 마련입니다. 설사 한쪽이 옳다 하더라도 그가 상대방에 대해 정죄하듯이 말한 내용이 있다면, 그 부분에서는 죄를 지은 것입니다. 그러나 우리는 그것을 인정하기를 너무나 싫어합니다. 그래서 그 사람을 찾아가 사과하는 쪽보다는 오래오래 기도하는 쪽을 택합니다.

유다 백성들이 생각하는 경건은 엄숙한 것이었습니다. 떠드는 아이들에게 "쉿! 경건치 못하게 왜 떠드는 거야!" 하면서 근엄한 얼굴로 야단치는 것이었고, 죄지은 사람들을 정죄하며 비판하는 것이었습니다. 그런데 하나님이 하시는 말씀은 무엇입니까? "너, 진짜 경건이 무엇인지 아느냐? 그 근엄한 표정을 풀고 주머니 털어서 옆집의 어려운 사람에게 가져다주는 것이다." 작은 사랑은 베풀지도 않는 사람이 근엄한 얼굴로 "주여!" 하면서 기도하면 사람들이 보기에만 무서운 게 아니라 하나님이 보시기에도 무섭습니다.

사람들이 경건에 대해 얼마나 크게 오해하고 있는지 모릅니다. 하나님이 원하시는 경건은 부드럽고 따뜻하며 기쁨이 넘치는 것입니다. 유대인들은 안식일에 많이 걷지도 않고 이삭도 따 먹지 않고 바느질도 하지 않고 숨도 쉬지 않는 것을 경건으로 생각했습니다. 그러나 하나님은 안식일이 모든 사람들에게 기쁨을 주는 역동적인 날이 되기를 바라셨습니다.

기도가 길어질 수밖에 없는 진정한 이유는 무엇입니까? 하나님의 뜻을 머리로는 아는데 가슴이 잘 따라 주지 않기 때문입니다. "하나님, 저는 정말 이 말씀에 순종하기 싫은데 어쩌면 좋습니까?", "저 사람이 잘못했는데 왜 제가 먼저 사과해야 합니까?" 하면서 순종하기 싫은 이유와 사과하기 싫은 이유를 하나하나 꺼내 놓다 보면 절로 기도 시간이 길어지게 되어 있습니다. 또 그렇게 자꾸 기도하다 보면 "제가 조금 잘못한 부분도 있긴 있습니다" 하면서 기도의 내용도 조금씩 바뀌어 가게 됩니다. 이처럼 금강석 같은 마음을 하나씩 부수어 나가면서 복종하기 싫어하는 자기 자신을 하나님께 복종시키려면 자연히 기도가 길어질 수밖에 없습니다. 그런데 '네가 두 시간 기도했다고? 나는 세 시간 한다. 내가 오늘 기록 한번 세워 본다' 하면서 웅얼거리다 보면 얼마나 시간이 더디 가는지 모릅니다. 그러면 하나님께서 "너도 시간 끌기 힘들겠지만 나도 참고 듣기 힘들다. 할 말 있으면 빨리 하고 퍼뜩 자라"고 하실 것입니다.

예루살렘이 왜 무참하게 무너졌습니까? 바로 이런 위선이 누적되었기 때문입니다. "만군의 여호와가 말하였었노라. 내가 불러도 그들이 듣지 아니하였은즉 그들이 불러도 내가 듣지 아니하고 회리바람으로 그들을 그 알지 못하던 모든 열국에 헤치리라 한 후로 이 땅에 황무하여 왕래하는 사람이 없었나니 이는 그들이 아름다운 땅으로 황무하게 하였음이니라"(7:13-14).

개인이 아무리 돈을 많이 벌어 놓아도 하나님이 한번 회리바람을 일으키시면 한순간에 날아가 버립니다. 나라가 아무리 무기를 많이 비축해 놓아도 하나님이 한번 회리바람을 일으키시면 한 가지도 써 먹지 못하고 망해 버립니다.

하나님은 어떤 사람의 기도에 귀 기울이십니까? 하나님의 말씀에 귀 기울이는 자들에게 귀 기울이십니다. 유다 백성들이 그렇게 크게 소리를 질렀는데도 듣지 않으신 것은 그들이 하나님의 말씀을 듣지 않았기 때문입니다.

결국 하나님 백성의 힘은 어디에서 나옵니까? 말씀을 듣고 즉시 순종하는 데서, 아무리 순종하기 싫어도 자신을 설득하여 순종하는 데서 나옵니다. 예수님은 이것을 다음과 같은 비유로 말씀하셨습니다. 어떤 아버지에게 두 아들이 있었는데, 하루는 밭의 풀을 뽑을 일이 생겼습니다. 그래서 매너 좋은 큰아들에게 시키니까 "네, 갈게요!" 하면서 시원스럽게 대답해 놓고는 놀러 가 버렸습니다. 그런데 성질 나쁜 둘째 아들은 "왜 맨날 나만 시켜요?" 하면서 대들더니, 나중에 생각을 바꾸고 풀을 뽑으러 갔습니다. 아버지가 두 형제 중 누구를 더 기뻐했겠습니까? 나중에라도 자신을 설득해서 억지로 순종한 아들입니다. 하나님은 유대인들의 세련된 예배에 질리셨습니다. 그래서 둘째 아들 같은 이방인들에게 성령을 주셨습니다. 순종하기 싫어도 자신을 설득해서 순종하는 자녀를 원하셨기 때문입니다.

하나님이 원하시는 경건은 대단히 활동적인 경건입니다. 하나님은 우리의 마음을 임대하고 우리의 손을 임대하고 우리의 팔다리를 임대해서 그 뜻대로 사용하기를 원하십니다. 설사 잘 움직여지지 않아도 우리의 몸과 마음을 기꺼이 드리고자 할 때 하나님은 기쁘게 받으시며 그 나라의 주인공으로 사용해 주십니다.

하나님은 겸손하고 정직하게 나아가는 자의 기도를 숨을 죽이고 집중해서 들으십니다. "저는 돈이 아깝습니다. 시간이 아깝습니다. 그래서 순종하기가 싫으니 어쩌면 좋습니까?"라고 고백하는 소리에 귀를 기울이십니다. 순교도 귀한 일이지만 오래 살면서 남이 나를 필요로 할 때 시간을 들여 함께 있어 주는 것, 남이 어려움을 겪을 때 찾아가 기도해 주며 도와주는 것 또한 순교 못지않게 귀한 경건입니다.

예루살렘 부흥의 징조는 어디에서부터 나타나기 시작했습니까? 벧엘 사람들이 금송아지를 만들지 않고 예루살렘으로 찾아와 질문을 드린 데서부터 나타나기 시작했습니다. 하나님이 그들에게 축복의 말씀 대신 책망의 말씀을 하신 것은 그들이 그 자리에 머물지 않고 더 견고한 믿음의 자리로 나아가게 하기 위함이었습니다.

예루살렘이 무너진 것은 기도하지 않고 금식하지 않았기 때문이 아니라 말씀에 청종하지 않았기 때문입니다. 하나님은 위선적인 기도나 금식에 응답하시지 않습니다. 그러나 하나님의 말씀에 귀 기울이는 자들의 기도, 겸손하고 진실하게 자신을 낮추며 금식하는 자들의 기도에는 반드시 귀를 기울이십니다. 하나님이 원하시는 것은 큰일이 아닙니다. 작은 결단이라도 내리고 순종하십시오. 순종하기 싫어도 자신을 설득하며 정직하게 하나님께 나아가 도움을 청하십시오. 그것이야말로 하나님 나라의 주인공이 되는 길이며 이 나라를 지키는 길입니다.

11

믿기 어려운 회복

스가랴 8:1-13

8:1 만군의 여호와의 말씀이 임하여 이르시되

2 "만군의 여호와가 말하노라. 내가 시온을 위하여 크게 질투하며 그를 위하여
크게 분노함으로 질투하노라.

3 나 여호와가 말하노라. 내가 시온에 돌아왔은즉 예루살렘 가운데 거하리니 예루살렘은
진리의 성읍이라 일컫겠고 만군의 여호와의 산은 성산이라 일컫게 되리라.

4 만군의 여호와가 말하노라. 예루살렘 길거리에 늙은 지아비와 늙은 지어미가 다시 앉을
것이라. 다 나이 많으므로 각기 손에 지팡이를 잡을 것이요

5 그 성읍 거리에 동남과 동녀가 가득하여 거기서 장난하리라.

6 만군의 여호와가 말하노라. 이 일이 그날에 남은 백성의 눈에는 기이하려니와
내 눈에 어찌 기이하겠느냐? 만군의 여호와의 말이니라.

7 만군의 여호와가 말하노라. 내가 내 백성을 동방에서부터, 서방에서부터
구원하여 내고

8 인도하여다가 예루살렘 가운데 거하게 하리니 그들은 내 백성이 되고
나는 성실과 정의로 그들의 하나님이 되리라.

9 만군의 여호와가 말하노라. 만군의 여호와의 집 곧 전을 건축하려고 그 지대를 쌓던
날에 일어난 선지자들의 입의 말을 이때에 듣는 너희는 손을 견고히 할지어다.

10 그날 전에는 사람도 삯을 얻지 못하였고 짐승도 삯을 받지 못하였으며 사람이 대적을
인하여 출입에 평안치 못하였었나니 이는 내가 뭇사람으로 서로 치게 하였음이어니와

11 만군의 여호와가 말하노니 이제는 내가 이 남은 백성을 대하기를 전일과 같이 아니할
것인즉

12 곧 평안한 추수를 얻을 것이라. 포도나무가 열매를 맺으며 땅이 산물을 내며
하늘은 이슬을 내리리니 내가 이 남은 백성으로 이 모든 것을 누리게 하리라.

13 유다 족속아, 이스라엘 족속아, 너희가 이방 가운데서 저주가 되었었으나 이제는 내가
너희를 구원하여 너희로 축복이 되게 하리니 두려워 말지니라. 손을 견고히 할지니라."

8:1-13

사업이 완전히 망해서 회사와 집을 차압당하고 식구들은 뿔뿔이 흩어지며 본인은 감옥에 갇혔던 사람이 재기해서 우리나라 최고의 기업가가 된다면, 모든 사람이 깜짝 놀랄 것입니다. 그러나 이런 일은 얼마든지 일어날 수 있습니다. 이런 일을 가능케 하는 분은 다름 아닌 하나님이십니다. 우리는 이런 일을 보면서 재기에 성공한 그 사람이 대단한 것이 아니라 그 사람을 재기하게 만드신 하나님이 대단하시다는 사실을 알아야 하며, 하나님이 뜻하시면 어떤 사람이든지 다시 사용해서 큰일을 맡기실 수 있음을 깨달아야 합니다. '하나님은 어떤 폐인이라도 크게 사용하실 수 있구나. 나도 크게 사용하실 수 있겠구나'라고 생각해야 합니다.

한때 완전히 버려졌던 지역의 경제가 활성화되고 사람들이 다시 왕래하는 모습을 볼 때에도 우리는 이런 일을 가능케 하신 분은 하나님이시며, 하나님이 한번 뜻하시면 아무리 낙후된 지역이라도 다시 번창할 수 있다는 사실을 확인하게 됩니다. 하나님이 허락하시면 우리가 사는 지역도 그렇게 될 수 있습니다.

하나님은 부흥을 일으키실 수 있는 유일한 분입니다. 하나님이 허락하시면 크게 실패해서 폐인이 되었던 사람도 다시 사용될 수 있고, 버려진 땅도 다시 번창할 수 있습니다.

오늘 본문은 힘겹게 성전을 건축하고 있는 유다 백성들에게 주신 놀라운 약속의 말씀입니다. 하나님은 폐허가 되어 사람도 거의 없고 집도 거의 없는 예루살렘이 다시 부흥할 것을 약속하십니다. 지금 예루살렘에는 노인들이 없습니다. 아이들은 더더욱 없습니다. 그런데 하나님이 축복하시면 다시 노인들이 많아질 것입니다. 그것도 홀로 된 노인들이 아니라 부부 노인들이 많아질 것입니다. 그리고 골목은 어린아이들의 떠드는 소리로 가득 찰 것입니다. 생각만 해도 평화로운 모습 아닙니까?

우리는 오늘 본문을 통해 바벨론에서 돌아온 유다 백성들이 성전을 재건하던 상황을 짐작할 수 있습니다. 그 당시 예루살렘은 너무 위험해서 노인들이나 아이들이 돌아오지 않았던 것 같습니다. 이를테면 사람이 살 수 있는 여건이 아직 갖추어지지 않은 준 전시상태라고 할 수 있었습니다. 그들이 하는 일들도 잘 풀리지 않았으며, 다른 상황들도 전부 어렵고 힘들었습니다.

그런데 어느 순간부터 예루살렘에 평화가 임하기 시작했습니다. 일들이 풀리기 시작했고 사람들이 모이기 시작했습니다. 그 전환점이 언제입니까? 백성들이 선지자들의 말을 듣고 성전 머릿돌을 놓은 순간입니다. 그 순간부터 예루살렘을 공격하는 자들이 사라졌고, 밭에는 열매가 맺히기 시작했으며, 마음껏 거리를 활보할 수 있게 되었습니다. 그리고 사람들이 모여들면서 다시 번창하기 시작했습니다.

오늘 이 말씀은 신약 시대를 살고 있는 우리에게 주어진 것입니다. 모든 일이 잘 풀리지 않고 아무리 열심히 노력해도 소득이 없다면, 그것은 하나님과 우리 사이에 완전히 일치하지 않는 부분이 있다는 뜻입니다. 마치 금고를 열 때 번호가 정확히 일치하지 않으면 문이 열리지 않는 것과 같습니다. 그럴 때에는 하나님께 한 걸음 더 나아가, 버릴 것은 버리고 결단할 것은 결단할 필요가 있습니다. 그러면 어느 순간부터 일이 풀려 나가기 시작합니다.

오늘날 우리는 하루하루 대단히 힘겹게 살아가고 있습니다. 그렇게 노력하는데도 별 결실이 없는 것은 세상을 잘 모르거나 잘 적응하지 못한 탓이라는 것이 우리의 생각입니다. 그러나 하나님의 진단은 정반대입니다. 하나님은 우리가 신앙생활을 하기는 하지만 어딘가 하나님과 일치되지 않는 부분이 있기 때문에 결실이 없다고 말씀하십니다. 하나님의 은혜가 100퍼센트 우리에게 전달되어야 하는데 중간에 새는 부분이 있다는 것입니다. 하나님은 "한 걸음만 더 앞으로 나오거라. 이제 거의 다 왔다. 조금만 더 나오거라"라고 말씀하십니다. 그 말씀에 따라 한 걸음만 더 나아가면 그때부터 우리를 사용하기 시작하시며 부흥의 역사를 일으키기 시작하십니다.

질투하시는 하나님

서로 사랑하는 남녀들을 보면 가끔 이해할 수 없는 모습이 나타나곤 합니다. 언제는 죽을 것처럼 좋아하다가, 또 언제는 다시는 안 볼 것처럼 미워하며 욕을 하고, 며칠 후에는 다시 팔짱을 낀 채 거리를 활보합니다. 서로 사랑하는 젊은이들이 이처럼 이상하게 행동하는 이유가 무엇입니까? 좋으면 좋고 싫으면 싫은 것이지, 왜 이렇게 좋아했다가 싫어했다가 하는 것입니까? 그것은 서로에게 상대방을 완전히 소유하고자 하는 마음이 있기 때문입니다.

8장 1절과 2절을 보십시오. "만군의 여호와의 말씀이 임하여 이르시되 '만군의 여호와가 말하노라. 내가 시온을 위하여 크게 질투하며 그를 위하여 크게 분노함으로 질투하노라.'"

하나님은 유다가 망하고 예루살렘이 이처럼 거대한 쓰레기 더미로 변한 것은 하나님의 질투 때문이라고 말씀하십니다. 유다가 망한 것은 국제정세를 잘 파악하지 못한 탓도 아니었고, 군사력에서 바벨론에 밀렸기 때문도 아니었습니다. 유다는 하나님의 질투 때문에 망했습니다. 하나님은 유다 백성들을 사랑하셨습니다. 그러나 유다 백성들은 그 사랑을 배신하고 다른 신들이나 다른 나라들을 더 좋아했습니다. 하나님은 자신의 백성을 빼앗기는 쪽보다는 차라리 망하게 하는 쪽을 선택하셨습니다.

우리는 이렇게 이상한 사랑을 신문이나 엽기적인 영화에서 가끔 볼 수 있습니다. 이를테면 한 남자가 여자를 너무 사랑했는데, 그 여자가 자신을 사랑하지 않고 다른 남자와 결혼하자 총을 들고 가서 그 여자와 식구들을 전부 쏘아 죽이고 자신도 죽는다는 식입니다. 하나님을 감히 어떻게 그런 비정상적인 남자와 비교할 수 있겠습니까? 그런데 지금 하나님은 자신이 바로 그런 남자처럼 사랑 때문에 유다를 망하게 했다고 고백하고 계시는 것입니다.

오늘날 우리가 하나님에 대해 크게 오해하고 있는 부분이 무엇입니까? 하나님이 우리를 쉽게 포기하신다고 생각하는 것입니다. 우리가 하나님을 잊고 탈선하거나 죄를 지어도 가만히 계시니까 '하나님도 우리를 잊으셨나 보다'라고 생각하는 것입니다. 그러나 절대 그렇지 않습니다. 하나님은 우리가 자발적으로 돌아올 때까지 기다리느라 침묵하시는 것이지, 절대 우리를 잊거나 포기해서 침묵하시는 것이 아닙니다. 하나님의 사랑은 우리가 이해하기 힘든 사랑입니다. "나는 절대 너희를 포기하거나 빼앗기지 않는다. 너희를 빼앗기느니 차라리 내 손으로 치겠다"라고 말씀하시는 사랑입니다.

하나님은 우리가 잘못된 방법으로 복 받도록 내버려 두시지 않습니다. 그 잘못된 복은 전부 빼앗아 가시고 새로운 복을 친히 주십니다. 예를 들어 어떤 건축가가 잘못된 방법으로 집을 지었다고 합시다. 그 사람은 돈을 챙겼기 때문에 이제 모든 일이 끝났다고 생각할지 모릅니다. 그러나 하나님은 그 집을 완전히 부수고 다시 짓게 하십니다. 잘못 지은 집을 내버려 두면 많은 사람들이 다치거나 죽을 수 있기 때문입니다. 하나님은 우리를 철저하게 바른 방법으로 축복하기 원하시기 때문에, 잘못된 방법으로 얻은 복은 또 그만큼 철저하게 빼앗아 버리십니다.

한국 경제가 바닥으로 곤두박질치고 수많은 실업자들이 거리로 쫓겨난 이유가 무엇입니까? 특히 청년 실업 문제가 심각해서 졸업 후에도 취직하기가 하늘의 별 따기처럼 어려워진 이유가 무엇입니까? 세상적인 눈으로 보면 정부가 경제정책을 잘못 시행했기 때문인 것 같고, 갑작스러운 국제정세의 변화에 우리나라가 잘 대처하지 못했기 때문인 것 같습니다. 그러나 하나님의 진단은 다릅니다. 하나님은 "내 백성이 나를 사랑하지 않고 돈을 더 사랑했기 때문에 내가 질투로 그 돈을 빼앗았다. 나는 더 심한 것도 빼앗아 갈 수 있다"라고 말씀하십니다. 경제적인 징계는 하나님의 징계 중에서도 아주 초보적인 것입니다. 이 단계에서 정신을 차리지 않으면 앞으로 수도 없이 많은 징계를 받게 될 것입니다. 하나님은 절대 우리를 포기하지 않으시기 때문입니다.

이 말을 들으면 '아니, 이 정도 믿으면 됐지, 도대체 어느 정도까지 믿으라는 거야?' 라는 의문이 생길 수 있습니다. 하나님의 백성은 철저하게 하나님이 주신 것만 가지고 살아야 합니다. 하나님이 주시지 않은 것을 더 가지려 들거나 하나님을 멀리하고 세상 것을 차지하려 들면 하나님이 무섭게 질투하십니다.

우리가 가장 먼저 생각해 보아야 할 것은 '하나님이 질투하신다' 라는 이 표현입니다. 질투는 서로 사랑하는 이성간에 나타나는 감정입니다. 이성간의 사랑은 소유하려는 사랑입니다. 내가 상대방을 사랑하는 만큼 상대방도 나를 사랑해야 합니다. 만일 내가 사랑하는 사람이 그만큼 나를 사랑하지 않고 다른 사람을 사랑하면 질투심이 일어납니다. 예를 들어 어떤 남자와 여자가 서로 진심으로 사랑했는데 언제부터인가 여자 쪽에서 별 이유도 없이 반응을 보이지 않는다면 남자는 화를 낼 것입니다. 그럴 때 남들의 눈에는 그 남자가 여자를 미워해서 화를 내는 것처럼 보일 수 있습니다. 그러나 사실은 그 여자를 미워해서 화를 내는 것이 아니라 사랑해서 화를 내는 것입니다. 그런데 누군가 다른 사람이 그 남자의 마음을 오해해서 그 남자 대신 여자를 괴롭히거나 못살게 굴면 어떻게 됩니까? 그 여자를 향했던 질투의 분노가 그 괴롭히는 사람에게로 옮겨 가 버립니다. "내 사람이니까 너는 건드리지 말라"고 나서는 것입니다. 이런 것을 보면 이성간의 사랑은 도저히 이해하기 힘든 방정식 같습니다. 서로 사랑하는 것 같으면서도 미워하고, 미워하는 것 같으면서도 사랑합니다.

유다를 향한 하나님의 사랑은 배타적으로 소유하려는 사랑이었습니다. 단순한 인류애가 아니라 이성간의 사랑 같은 사랑이었던 것입니다. 하나님은 자신이 유다 백성들을 사랑하시듯이 그들도 하나님을 사랑하기를 원하셨습니다. 그러나 그들은 하나님의 사랑을 무시하고 다른 신들을 사랑했습니다. 그러자 하나님은 바벨론이라는 무시무시한 나라를 일으켜서 유다를 완전히 멸망시켜 버리셨습니다. 그렇다고 해서 유다를 향한 사랑이 완전히 사라진 것은 아닙니다. 그래서 이번에는 유다를 친 바벨론에게 진노하여 그들을 멸망시키겠다고 하십니다.

우리는 여기에서 몇 가지 질문을 던지게 됩니다. 첫째로, 왜 하나님은 유다 백성을 이성간의 사랑처럼 질투하는 사랑으로 사랑하시는 것입니까? 하나님과 인간 사이에는 엄청난 차이가 있습니다. 서로 수준이 맞아야 질투를 하든지 말든지 할 것 아닙니까? 하나님의 입장에서는 인간을 그냥 내버려 두셔도 그만이고 포기하셔도 그만인데, 왜 인간들처럼 수준 낮게 질투까지 하면서 사랑하시는 것입니까? 사실 요즘 사람들은 이성간에도 별로 질투하지 않습니다. "싫어? 그러면 네 갈 길로 가. 난 내 갈 길로 갈게" 하는 식입니다. 그런데 하나님은 왜 그토록 우리를 포기하지 못하시는 것입니까?

우리는 우리가 하는 일들이 잘 풀리지 않는 이유를 알고 있습니다. 그것은 하나님의 질투 때문입니다. 그래서 "하나님, 제발 저를 좀 놓아 주세요! 제 마음대로 살게 내버려 두세요!" 하고 소리칠 때가 가끔 있습니다. 그러나 그에 대한 하나님의 대답은 언제나 "안 돼!"라는 것입니다.

사실 소유하려는 사랑은 피곤합니다. 상대방의 일거수일투족에 신경을 쓰고 반응하기 때문입니다. 그런데 그냥 피곤하다고만 생각하지 말고, 한번 뒤집어서 생각해 보십시오. 하나님이 뭐가 답답하고 아쉬워서 우리의 일거수일투족에 신경을 쓰시겠습니까? 하나님은 우리에 대해 질투하실 이유가 전혀 없습니다. 질투는 서로 대등한 관계에서 생기는 감정이지, 본질적으로 엄청나게 차이가 나는 관계에서는 생길 수가 없습니다. 개나 고양이가 사랑한다고 해서 인간이 질투하는 것 봤습니까?

사실 하나님이 우리에 대해 질투하신다는 것은 하나님 자신을 무한히 낮추시는 표현인 동시에 우리를 무한히 높여서 거의 대등한 존재로 대접하시는 표현입니다. 이 얼마나 엄청난 축복이며 큰 사랑입니까? 우리는 하나님이 우리에게 질투를 느끼신다는 말씀 앞에 충격을 받아야 합니다. "내가 이렇게 하나님께 소중한 존재란 말인가? 이렇게 질투하실 정도로 귀한 존재란 말인가?" 하면서 놀라야 합니다.

우리는 잘 믿지 못하지만, 하나님은 이 세상 어떤 것보다 우리를 사랑하십니다. 하나님이 6일 동안 만드신 우주 전체가 우리 때문에 파괴되어 버려도 개의치 않으실 만큼 우리를 사랑하십니다. 하나님은 우주 전체보다 우리를 건지는 일을 훨씬 더 중요하게 여기십니다. 우리는 우주보다 소중한 존재들입니다. 우리는 그 사랑 앞에 놀라야 합니다.

둘째로, 만약 우리가 하나님을 싫어한다고 해서 하나님도 우리를 포기하시면 어떻게 될까요? 세상에서 하고 싶은 일 실컷 하고 욕심껏 살아도 간섭받지 않을 테니 당장은 좋을 것입니다. 그러나 그 뒤에 따라오는 것은 영원한 멸망입니다. 다시는 구원의 기회를 얻을 수가 없습니다. 그런데 어떻게 하나님이 우리를 포기하실 수 있겠습니까?

큰 빌딩이 무너져서 사람들이 깔려 있을 때 구조대원들이 쉽게 포기하지 못하는 이유가 무엇입니까? 자신들이 작업을 포기하면 생존자가 있어도 살아날 수가 없기 때문입니다. 그래서 구조대원들은 건물 더미 아래에서 무슨 소리는 들리지 않는지, 무슨 신호는 나타나지 않는지 면밀히 살펴보며, 사람이 생존할 수 있는 시간이 지나 버린 뒤에도 쉽게 포기하고 돌아서지 못합니다.

셋째로, 하나님이 정말 이렇게 우리를 사랑하신다면 우리가 진정으로 하나님을 사랑하며 하나님이 원하시는 모습으로 변화될 때 얼마나 기뻐하시면서 축복해 주시겠습니까? 하나님은 우리 안에서 일어나는 작은 믿음의 변화에도 크게 기뻐하십니다. 조금만 감사하고 조금만 죄를 멀리 해도 얼마나 좋아하시는지 모릅니다.

하나님이 이 정도로 나를 사랑하신다면 나도 그 사랑에 눈이 멀고 귀가 멀어야 정상입니다. 그 사랑에 온전히 만족해야 정상이에요. 그런데 우리 속에는 그 사랑만으로 만족하지 못하게 만드는 강한 욕심이 있습니다. 우리는 그것을 가만히 두면 안 됩니다. 자꾸 하나님께 고백하면서 도움을 청해야 합니다. "하나님, 죄송합니다. 하나님은 그렇게 저를 사랑하시는데 제 마음은 자꾸 세상을 향합니다. 이 간사한 마음을 도와주십시오"라고 정직하게 말씀드려야 합니다. 우리는 영적인 장애인들이기 때문에 마음먹은 대로 실천할 수가 없습니다. 교회에서 예배드릴 때에는 하나님의 사랑이 가장 중요하게 느껴지다가도 학교나 회사에 가면 세상이 더 중요하게 느껴집니다. 우리는 이렇게 흔들리는 마음을 자꾸 말씀드려야 합니다. 하나님은 우리를 이해하십니다. 그리고 한없이 긍휼히 여기시며 도와주십니다.

진리의 성읍으로 만들리라

하나님은 예루살렘을 진리의 성읍으로 부흥시키겠다고 말씀하십니다. "나 여호와가 말하노라. 내가 시온에 돌아왔은즉 예루살렘 가운데 거하리니 예루살렘은 진리의 성읍이라 일컫겠고 만군의 여호와의 산은 성산이라 일컫게 되리라"(8:3).

하나님은 직접 다스리시기 위해 이스라엘을 택하셨습니다. 다른 나라들은 직접 다스리시지 않고 왕들을 세워 간접적으로 다스리셨지만, 이스라엘만큼은 왕이 되어 친히 다스리셨습니다. 이 나라의 특징이 무엇입니까? 하나님이 백성들에게 진리를 가르쳐 주시면, 백성들은 강요되지 않은 상태에서 자발적으로 그 진리에 순종하는 것입니다.

그렇기 때문에 이 나라에서 가장 중요한 것은 진리입니다. 이 나라에서는 언제든지 진리를 들을 수 있어야 하며, 항상 진리가 차고 넘쳐야 합니다. 시바 여왕이 솔로몬 왕을 찾아와 지혜의 말을 들었던 것처럼, 누구든지 예루살렘을 찾아오는 사람은 진리를 들을 수 있어야 합니다.

그러나 진리만 들을 수 있다고 해서 진리의 성읍이 되는 것은 아닙니다. 온전한 진리의 성읍이 되려면 진리가 실천되어야 합니다. 다른 곳에서는 볼 수 없는 놀라운 통치가 실현되어야 하며 철저하게 공평한 곳이 되어야 합니다. 외국인이라고 해서, 여성이라고 해서, 가난하다고 해서 차별당하는 일이 결코 없어야 합니다. 시온의 백성들은 전부 형제와 자매로 살아야 합니다. 아무도 사기당하거나 추격당하지 않아야 합니다.

여기 나오는 "시온"은 문자적인 예루살렘이 아니라 앞으로 세워질 그리스도의 교회를 가리킵니다. 교회 안에서는 언제나 하나님의 진리가 흘러 넘쳐야 하며, 누구나 놀라운 하나님의 말씀을 들을 수 있어야 하고, 그 진리의 말씀대로 사는 사람들이 있어야 합니다.

그런데 문제는 우리 안에 진리를 사랑하는 마음보다 죄를 사랑하는 마음이 더 크다는 것입니다. 하나님 백성의 가장 큰 적은 자기 속에 있습니다. 그래서 늘 기쁜 마음으로만 말씀을 들을 수가 없습니다. 때로는 말씀대로 살지 못해서 괴로워하며 들어야 할 때도 있습니다. 그렇다고 아예 진리를 떠날 수는 없습니다. 진리를 떠난 그리스도인은 물을 떠난 물고기처럼 하나님의 능력을 공급받지 못하기 때문입니다. 우리도 세상 사람들처럼 죄성을 가진 죄인입니다. 그러면서도 죄를 지적하고 죄와 싸우며 살아야 하니 힘들 수밖에 없습니다. 이를테면 자신도 암에 걸린 의사가 죽을 때까지 치료받아 가면서 다른 암 환자들을 치료해야 하는 것과 같습니다. 죄를 좋아하는 마음이 있으면서도 죄와 싸우며 다른 죄인들을 건져야 하는 사람들이 바로 우리 그리스도인들입니다.

하나님은 "내가 시온에 돌아왔은즉"이라고 말씀하십니다. 원래 하나님이 성전에 임재하실 때에는 '쉐키나'라는 구름이 임했습니다. 그 구름을 보면서 사람들은 하나님이 임재하셨음을 알았습니다. 유다 백성들이 성전을 재건하던 당시에는 하나님의 구름이 나타나지 않았습니다. 그런데도 하나님은 "내가 시온에 돌아왔은즉"이라고 말씀하십니다. 왜 그렇게 말씀하십니까? 능력 있는 하나님의 말씀이 이미 회복되고 있기 때문입니다.

눈에 보이는 쉐키나는 이스라엘 백성들의 깨달음이 미약했을 때 시청각 교육용으로 사용하신 도구일 뿐, 하나님은 눈에 보이는 구름에 구애받는 분이 아니십니다. 오순절에 성령께서 불꽃이 갈라지는 모습과 바람 같은 소리로 임하신 것도 위대한 성령의 시대가 시작되었음을 분명히 선포하시기 위한 것이었을 뿐, 원래 성령께서 그렇게 눈에 보이는 모습과 귀에 들리는 소리로 임하시는 것은 아닙니다.

능력 있는 말씀이 선포되고 성도들이 "아멘!"으로 받아들이며 그 말씀에 자신을 헌신할 때, 이미 쉐키나의 구름은 임한 것이며 불의 혀같이 갈라지는 성령의 역사 또한 임한 것입니다. 그러면 과거에 학대받고 쫓겨 다니던 어둠의 시대는 막을 내립니다. 그때부터는 어떤 악한 세력도 우리를 이길 수 없습니다. 서른세 명의 가나안 왕들이 여호수아 한 사람 앞에 무릎을 꿇었던 것처럼, 수많은 악의 세력이 우리 앞에 무릎을 꿇게 됩니다. 악의 세력이 우리에게 큰소리를 칠 때 분명하게 선포하십시오. "나는 죄가 싫다! 이제 나는 하나님의 특권을 누리며 살겠다!"라고 외치십시오. 우리는 세상을 정복할 사람들이지 세상에 빌붙어 살 사람들이 아닙니다.

예수님은 무엇을 먹을까 무엇을 마실까 무엇을 입을까 염려하지 말고 오직 그의 나라와 그의 의를 구하라고 하셨습니다. 이것은 명령입니다. 예수님이 염려하지 말라고 하셨으면 염려하지 말아야 합니다. 세상에 있는 것들은 전부 하나님의 소유인데, 악의 세력이 불법적으로 차지하고 있는 것입니다. 우리는 그것을 구걸할 것이 아니라 빼앗아야 합니다. 물론 빼앗는다고 해서 무조건 덤벼들면 안 됩니다. "제가 싸워서 차지할 산지가 어디입니까? 저는 주님이 주시는 힘으로 그것을 쟁취하겠습니다"라고 기도하면서 나아가야 합니다. 남들이 사법고시 준비한다고 해서 나도 사법고시 준비하고, 남들이 유학 간다고 해서 나도 유학 가려 들면 안 됩니다. "제가 차지해야 할 땅이 어디입니까?"라고 자꾸 질문하면서 하나님의 인도를 받아 움직여야 합니다. 그 일에 시간이 걸린다고 해서 불안해하지 마십시오. 하나님은 신실하신 분입니다. 산지를 빼앗는 것이 쉬운 일은 아닙니다. 갈렙도 거대한 아낙 자손들과 싸워야 했습니다. 그럼에도 하나님이 내게 주시는 땅은 반드시 차지할 수 있습니다.

하나님은 예루살렘이 크게 부흥할 것이라고 말씀하십니다. "만군의 여호와가 말하노라. 예루살렘 길거리에 늙은 지아비와 늙은 지어미가 다시 앉을 것이라. 다 나이 많으므로 각기 손에 지팡이를 잡을 것이요 그 성읍 거리에 동남과 동녀가 가득하여 거기서 장난하리라"(8:4-5).

외국에서는 노부부가 함께 다니는 모습을 자주 볼 수 있습니다. 할머니는 빨간색 투피스를 차려입고 할아버지는 지팡이를 든 채 외출하는 모습이나 부부가 손잡고 산책하는 모습을 보면 그렇게 평화롭고 여유로울 수가 없습니다. 그러나 예루살렘에서는 노인들이 그렇게 산책하는 모습이나 어린아이들이 뛰노는 모습을 볼 수 없었습니다. 그 당시 예루살렘은 워낙 위험한 곳이었기 때문에 노인들과 아이들은 돌아오지 못했던 것 같습니다. 또는 힘든 포로생활로 평균수명이 줄어서 노인들이 많이 죽었거나 출산율이 저조해져서 아이들 수가 줄어들었는지도 모르겠습니다. 여하튼 예루살렘은 평온하지 못했고 사람이 거의 없었습니다. 한마디로 부흥되지 못한 곳이었던 것입니다.

전에 작은 농촌 교회에 가서 말씀을 전한 적이 있습니다. 그런데 유아실에 물건이 잔뜩 쌓여 있기에 이유를 물었더니, 젊은이들이 다 빠져나가서 유아실에 올 아이들이 없다는 것입니다. 저는 마음속으로 '하나님, 이 교회가 다시 한 번 유아실을 쓸 수 있도록 축복해 주십시오' 라고 기도했습니다.

지금 예루살렘에는 아이들도 없고 노인들도 없습니다. 젊은 사람들만 일부 모여서 성전을 건축하고 있습니다. 그런데 하나님은 앞으로 예루살렘에 노부부들이 가득하며 많은 어린아이들이 뛰놀게 하겠다고 약속하십니다. 이 도시를 다시 부흥시키며 평화를 주겠다고 약속하십니다. "만군의 여호와가 말하노라. 이 일이 그 날에 남은 백성의 눈에는 기이하려니와 내 눈에 어찌 기이하겠느냐? 만군의 여호와의 말이니라"(8:6).

사람들은 예루살렘의 회복을 상상할 수가 없었습니다. 그만큼 예루살렘은 비참하게 파괴되어 있었으며, 성을 재건할 중심세력 또한 없었습니다. 그러나 하나님이 허락하시면 아무리 폐허가 된 성이라도 다시 세워질 수 있으며, 아무리 황무했던 곳이라도 노인과 아이들로 가득한 장소가 될 수 있습니다. 세상을 그렇게 변화시킬 수 있는 힘이 어디 있습니까? 바로 이 말씀에 있습니다.

제가 처음 교회를 개척했을 때 부부가 다 믿는 가정은 우리집밖에 없었고, 어린아이도 우리집 아이 한 명밖에 없었습니다. 노인은 전혀 없었으며 어른 교인이라고는 혼자 믿는 부인이 전부였습니다. 그러나 저는 말씀의 능력을 믿었습니다. 천지를 창조하신 그 말씀으로 믿는 자들을 친히 만들어 나가실 것을 믿고 오로지 말씀 전하는 일에만 전념했습니다. 그 후로도 수년 동안 상황은 별로 달라지지 않았습니다. 한 명이 오면 두 명이 나가는 일들이 반복되었습니다. 그런데 5년이 지나면서 젊은이들이 하나 둘 찾아오기 시작했습니다. 그리고 그 젊은이들이 결혼을 하고 아이들을 낳기 시작하더니 어느 가정은 넷까지도 낳아서 아이들 수가 어른 수의 3분의 1에 육박할 정도가 되었습니다. 그리고 그 사람들이 부모님들을 전도해 오면서 노인 수도 늘기 시작했습니다. 나중에는 노인 부부까지 생기게 되었습니다.

말씀의 능력은 저처럼 보잘것없는 사람도 이같이 사용하실 수 있으며 황무하던 곳도 얼마든지 번창케 할 수 있습니다. 이것이 사람들에게는 기이한 일일지 몰라도, 하나님께는 전혀 기이한 일이 아닙니다. "내 눈에 어찌 기이하겠느냐?"라는 것은 '이것이 어찌 하나님께도 이상한 일이 될 수 있겠느냐?', 즉 '하나님이 못하실 일이 있겠느냐?' 라는 뜻입니다. 하나님이 못하실 일은 하나도 없습니다.

7절과 8절을 보십시오. "만군의 여호와가 말하노라. 내가 내 백성을 동방에서부터, 서방에서부터 구원하여 내고 인도하여다가 예루살렘 가운데 거하게 하리니 그들은 내 백성이 되고 나는 성실과 정의로 그들의 하나님이 되리라."

하나님은 온 세상에서 백성들을 인도하여 사람이 없는 이곳으로 모으시며, 성실과 정의로 그들을 다스리겠다고 하십니다. 성실과 정의로 다스리신다는 것이 무슨 뜻입니까? 하나님은 절대 자기 백성들을 속이거나 거짓말하지 않으신다는 것입니다. 하나님을 사랑하고 의지하는 자들은 반드시 그만한 보상과 상급을 받게 되어 있습니다. 그 믿음대로 갚아 주시는 것이 하나님의 성실이요 정의입니다.

내가 보기에는 지금 당장 직장이 없고 내일 살 길이 막연해도 하나님 보시기에는 그렇지 않습니다. 하나님은 아무것도 두려워하지 말라고 하십니다. "너희가 전능한 내 말을 붙들고 있느냐? 내가 너희를 질투하기까지 사랑한다는 것을 알고 있느냐? 그렇다면 아무것도 두려워하지 말아라"라고 하십니다. 하나님은 성실과 정의로 다스리시기 때문에 우리의 믿음은 결코 허사로 돌아가지 않습니다. 하나님은 절대 우리를 기만하지 않으십니다.

삶의 전환점

예루살렘에는 중요한 전환점이 있었습니다. 꼬이고 꼬였던 일들이 풀리기 시작한 시점이 있었습니다. 그것은 성전 지대를 놓은 때였습니다. "만군의 여호와가 말하노라. 만군의 여호와의 집 곧 전을 건축하려고 그 지대를 쌓던 날에 일어난 선지자들의 입의 말을 이때에 듣는 너희는 손을 견고히 할지어다. 그날 전에는 사람도 삯을 얻지 못하였고 짐승도 삯을 받지 못하였으며 사람이 대적을 인하여 출입에 평안치 못하였었나니 이는 내가 뭇사람으로 서로 치게 하였음이어니와"(8:9-10).

이 말씀을 볼 때 우리는 유다 백성들이 성전을 재건할 당시에 삶의 기본적인 것들조차 보장받지 못하는 어려운 형편에 처해 있었음을 알게 됩니다. 그때는 사람도 삯을 얻지 못했고 짐승도 삯을 받지 못했습니다. 이것은 일한 대가를 받지 못했다는 뜻이 아니라, 아무리 일해도 열매가를 거두지 못했다는 뜻입니다. 얼마나 땅이 척박하고 기후가 좋지 못했던지 씨를 뿌리고 밭을 갈아도 얻는 것이 없었고, 짐승들도 죽도록 일했지만 먹을 것이 나오지 않았습니다. 그리고 대적들이 어찌나 설쳐 대는지 한시도 편할 틈이 없었습니다. 주위의 도적 떼들도 몰려오고 사마리아 사람들도 몰려와서 괴롭혔습니다. 게다가 유다 백성들끼리도 서로 싸우고 미워하는 바람에 육체적으로나 정신적으로 너무 힘든 삶을 살아야 했습니다.

그런데 그 고달픈 삶에 갑작스러운 전환점이 찾아왔습니다. 언제 찾아왔습니까? 너무 절망스럽고 떠나 버리고 싶은 심정이 굴뚝 같은데도 선지자들의 말씀을 듣고 성전 지대를 놓았을 때 찾아왔습니다. 상식적으로 생각하면 먹고사는 일이나 생활의 안전조차 보장되지 않는 상태에서 성전 공사부터 시작한다는 것은 무리한 일입니다. 그러나 그 어려운 현실에도 불구하고 억지로 성전 지대를 놓았을 때, 갑자기 일이 풀리기 시작했습니다. 대적들도 쳐들어오지 않았고 백성들도 싸우지 않았으며 밭에서도 열매가 맺히기 시작했습니다.

성전 지대를 놓은 것은 분명한 의지의 표현이었습니다. '이제 우리는 하나님 제일주의로 살겠다. 이제 누가 뭐라고 하든, 어떤 어려움이 닥쳐 오든 반드시 성전을 건축하고야 말겠다'라는 의지를 천명하자 갑자기 모든 문제가 풀리기 시작한 것입니다.

우리의 삶에도 이러한 전환점이 있습니다. 지금까지 꼬여 있던 문제 들이 실타래 풀리듯이 술술 풀려 나가기 시작하는 시점이 있습니다. 여 기에서 우리가 알아야 할 사실이 무엇입니까? 하나님의 백성들은 무엇 보다 우선순위를 바로잡아야 한다는 것입니다. 눈앞의 현실과 상관없이 잘못된 우선순위를 바로잡고 하나님께 먼저 헌신하면, 이상하게도 그때 부터 하나님의 함께하심이 나타나기 시작합니다.

제게도 그런 경험이 있습니다. 한때 저는 덫에 걸린 사람처럼 아무리 애를 써도 어려움에서 헤어나올 수가 없었습니다. 그런 상황은 수년 동 안 계속되었습니다. 주님을 몹시 사랑해서 날마다 말씀을 묵상했고 눈 물로 기도하면서 살았는데도 제대로 풀리는 일이 한 가지도 없었습니 다. 그런데 그 당시에 순종하기 싫은 일이 딱 한 가지 있었습니다. 그것 은 목사가 되는 것이었습니다. 저는 목사가 되는 것이 너무 싫어서 평 신도로 살기를 고집했습니다. 그러다가 마지못해 신학교에 입학했습니 다. 그것이 저에게는 전환점이 되었고, 그때부터 모든 상황이 변하기 시 작했습니다. 그렇다고 여러분들도 전부 신학교에 가야 한다는 말이 아 닙니다. 아무리 하나님을 사랑하고 말씀대로 산다 해도 한 걸음 더 나 아가 순종해야 할 일이 있으며, 포기해야 할 부분이 있다는 것입니다.

유다 백성들에게는 성전 지대를 놓는 일이 그것이었습니다. 그들이 성전 지대를 놓은 것은 분명한 헌신의 표시였고, 아무리 상황이 어려워 도 하나님이 기뻐하시는 일부터 하겠다는 결단의 표시였습니다. 바로 그때부터 기도의 응답이 나타나기 시작했습니다. "만군의 여호와가 말 하노니 이제는 내가 이 남은 백성을 대하기를 전일과 같이 아니할 것인즉 곧 평안한 추수를 얻을 것이라. 포도나무가 열매를 맺으며 땅이 산물을 내며 하늘은 이슬을 내리리니 내가 이 남은 백성으로 이 모든 것을 누리게 하리라"(8:11-12).

이처럼 우선순위를 바로잡으면 우리의 생활 주변에 근본적인 변화가 나타나기 시작합니다. 고생하지 않고 편안하게 추수하며, 포도나무가 열매를 맺고, 땅이 산물을 내고, 하늘이 이슬을 내리는 일이 일어나기 시작합니다.

하나님이 결론적으로 하시는 말씀이 무엇입니까? "유다 족속아, 이스라엘 족속아, 너희가 이방 가운데서 저주가 되었었으나 이제는 내가 너희를 구원하여 너희로 축복이 되게 하리니 두려워 말지니라. 손을 견고히 할지니라"(8:13).

지금까지 유다와 이스라엘은 저주의 대명사였습니다. 세상에서 가장 재수 없는 사람들, 불행한 사람들로 통했습니다. 그런데 이제는 축복의 대명사로 바뀔 것이라고 약속하십니다. 이제부터는 그들을 통해 마음껏 세상을 축복하겠다고 약속하십니다.

진정한 복은 세상에 있지 않습니다. 그런데도 세상에 복이 있다고 생각하는 것이 우리의 함정이요 올무입니다. 진정한 복은 우리 하나님께 있습니다. 혹시 아직도 망설이며 결단하지 못하는 부분이 있습니까? 하나님께로 한 걸음 더 나아가시기 바랍니다. 주님의 손을 붙드는 손을 약하게 하지 마십시오. 하나님 앞에서 도망치려 하지 마십시오. 더 담대하게 나아가 하나님이 준비하신 축복의 보자기를 터뜨리십시오.

12

진정한 이스라엘의 회복

스가랴 8:14-23

8:14 "만군의 여호와가 말하노라. 전에 너희 열조가 나의 노를 격발할 때에 내가 그들에게
재앙을 내리기로 뜻하고 뉘우치지 아니하였었으나

15 이제 내가 예루살렘과 유다 족속에게 은혜를 베풀기로 뜻하였나니 너희는 두려워
말지니라.

16 너희가 행할 일은 이러하니라. 너희는 각기 이웃으로 더불어 진실을 말하며 너희
성문에서 진실하고 화평한 재판을 베풀고

17 심중에 서로 해하기를 도모하지 말며 거짓 맹세를 좋아하지 말라. 이 모든 일은 나의
미워하는 것임이니라. 나 여호와의 말이니라."

18 만군의 여호와의 말씀이 내게 임하여 이르시되

19 "만군의 여호와가 말하노라. 4월의 금식과 5월의 금식과 7월의 금식과 10월의 금식이
변하여 유다 족속에게 기쁨과 즐거움과 희락의 절기가 되리니 오직 너희는 진실과
화평을 사랑할지니라.

20 만군의 여호와가 말하노라. 그 후에 여러 백성과 많은 성읍의 거민이 올 것이라.

21 이 성읍 거민이 저 성읍에 가서 이르기를 '우리가 속히 가서 만군의 여호와를 찾고
여호와께 은혜를 구하자' 할 것이면 '나도 가겠노라' 하겠으며

22 많은 백성과 강대한 나라들이 예루살렘으로 와서 만군의 여호와를 찾고 여호와께
은혜를 구하리라.

23 만군의 여호와가 말하노라. 그날에는 방언이 다른 열국 백성 열 명이 유다 사람 하나의
옷자락을 잡을 것이라. 곧 잡고 말하기를 '하나님이 너희와 함께하심을 들었나니 우리가
너희와 함께 가려 하노라' 하리라" 하시니라.

8:14-23

사람들 중에는 현재지향적인 인간형이 있는가 하면 과거지향적인 인간형도 있습니다. 섬에 유배된 후에도 여전히 황제처럼 생각하며 어떻게 해서든지 탈출해서 과거의 영광을 되찾으려 했던 나폴레옹은 과거지향적인 인간형이라고 할 수 있습니다.

그리스도인은 누구보다 현재지향적이야 합니다. 그것은 무조건 "여기가 좋사오니" 하는 식으로 현실에 주저앉는 태도를 말하지 않습니다. 어떤 경로를 통해 현재에 이르게 되었든지 간에 현재를 철저하게 인정하고, 그 현재를 토대로 새로운 삶과 미래를 만들어 나가야 한다는 것입니다. 주위를 둘러보면 현재의 불행에 대해 남의 탓이나 환경 탓을 하는 이들이 많이 있습니다. 그러나 그렇게 남의 탓만 하고 있는 사람은 더 나은 삶을 만들어 낼 수 없습니다. 하나님은 우리가 어떻게 현재에 이르게 되었든지 간에 지금의 모습을 있는 그대로 인정하고, 오늘 이 자리에서부터 하루하루 충실하게 만들어 나가기를 원하십니다.

행복하고 좋았던 과거의 기억이 있는 사람은 아무래도 그때로 돌아가고 싶다는 욕망 내지는 그리움을 느낄 것입니다. 예를 들어 아주 유복하게 살다가 사업 실패로 집안이 몰락한 사람은 옛날을 그리워하며 그

때 살던 집에서 다시 살고 싶어 할 것입니다. 또 좋은 학교를 나왔지만 그 후에 실패한 삶을 살아온 사람은 학창시절로 돌아가고 싶어 할 것입니다. 명문 고등학교 출신들은 세월이 많이 흘렀는데도 동문들끼리 만나서 시간을 보내는 경우가 많습니다. 함께 모여서 일류 고등학교에 다녔던 좋은 시절을 추억하는 것입니다. 또 과거에 신앙생활 하던 교회나 그때 만났던 사람들에 대해 좋은 기억이 있는 사람은 '그때 그 교회로 돌아가고 싶다'라는 마음을 자주 느낄 것입니다. 이런 것들은 전부 과거지향적인 태도로서, 주로 행복한 과거를 가진 사람들이 이러한 태도를 보입니다.

그러나 우리가 알아야 할 것은 과거는 이미 흘러가서 되돌릴 수 없다는 사실입니다. 그것이 자연의 이치이며 하나님의 뜻입니다. 강물이 아무리 아름다워도 이미 흘러간 물은 되돌릴 수 없는 것과 같습니다. 제가 어렸을 때 찾아갔던 한강의 한 지류는 "엄마야 누나야 강변 살자"라는 노래가 절로 나올 정도로 물이 깨끗했고 강가에는 금빛 모래가 반짝였습니다. 그러나 얼마 지나지 않아 사람들이 그 금빛 모래를 전부 파내다가 아파트를 지어 버렸습니다.

우리가 아무리 원한다고 해도 과거로 돌아갈 수는 없습니다. 지금처럼 변화의 급물살을 타고 있는 현실에서 우리가 할 수 있는 일은 과거를 돌아보는 것이 아니라 새로운 삶을 창조하며 새로운 세계를 만들어내는 것입니다. 우리나라는 IMF 이후에 많은 변화를 겪었습니다. 그 전까지는 경제도 계속 성장했고 젊은이들의 미래도 보장되어 있는 것 같았습니다. 그러나 IMF가 터지면서 많은 기업들이 무너졌으며 실업자가 양산되었습니다. 그런데도 아직도 IMF 이전을 돌아보며 미련을 버리지 못하는 사람들이 많이 있는 것 같습니다. 그런 사람들은 모든 일을 IMF 이전과 비교하면서 "옛날보다 못하다"라고 불평하고, 가능한 한 그때와 같은 상태로 돌아가고 싶어 합니다. 그러나 그것은 불가능한 일일 뿐 아니라 올바른 해결방법 또한 아닙니다. 우리는 과거를 돌아보는 대신 현실을 인정해야 하며, 지금 이 자리에서 하나님이 기뻐하시는 삶을 만들어 내야 합니다. 그러면 놀라운 부흥이 일어날 것이라고 하나님은 약속하십니다.

유다 백성들은 대단히 과거지향적인 사람들이었습니다. 그들은 예루살렘이 망하기 이전이 좋았습니다. 그래서 가능한 한 모든 것을 그 이전으로 되돌려 놓고 싶어 했습니다. 그들은 바벨론에서 포로생활을 할 때 여러 날을 금식일로 정해 놓았습니다. 그날들은 전부 예루살렘이 포위되거나 함락된 날들이었습니다. 그들이 이렇게 금식일을 정해 놓은 데에는 '비참한 역사를 잊지 말고 이를 악물고서라도 국력을 모아 나라를 회복하자'라는 뜻이 담겨 있었습니다.

그러나 하나님은 그런 금식일을 지킬 필요가 없다고 말씀하십니다. 그들이 해야 할 일은 과거를 돌아보며 금식하는 것이 아니라 예루살렘의 멸망과 바벨론의 포로가 된 현실을 인정하고 지금 이 자리에서 하나님이 기뻐하시는 뜻에 순종하는 것입니다. 그러면 과거와는 비교할 수도 없는 축복의 날이 이를 것이라고 약속하고 계십니다. 그들이 축복받는 길은 예루살렘이 망하기 전의 과거로 돌아가는 것이 아닙니다. 오히려 과거의 자존심과 자랑은 깨끗이 잊고, 새로운 은혜를 주신 하나님께 감사하면서 새로운 세계를 만들어 나가야 합니다.

새 시대, 새 이스라엘

바벨론에서 돌아온 유다 백성들이 가장 혼동을 느낀 문제는 '우리의 귀환이 과연 무엇을 의미하는가?' 하는 것이었습니다. 그것은 유다 왕국의 복구를 의미하는 것입니까, 아니면 유다 왕국과는 전혀 다른 새로운 나라의 시작을 의미하는 것입니까?

이 문제는 우리에게도 똑같이 해당됩니다. 우리는 오늘 이 시대를 어떻게 파악해야 합니까? 이 시대를 제대로 파악하지 못하면 그 옛날 엘바 섬에 유배당했던 나폴레옹처럼 자꾸 시간을 뒤로 돌려 놓으려 들게 됩니다. 대부분의 유다 백성들은 무너진 유다 왕국이나 이스라엘 왕국을 재건하는 것을 자신들의 사명으로 생각했습니다. 그러나 하나님은 과거의 왕국은 완전히 끝났으며, 이제 새로운 나라가 세워질 것이라고 분명히 말씀하십니다. "만군의 여호와가 말하노라. 전에 너희 열조가 나의 노를 격발할 때에 내가 그들에게 재앙을 내리기로 뜻하고 뉘우치지 아니하였었으나"(8:14).

하나님이 유다 백성들을 다시 돌아오게 하신 것은 그들을 멸망시킨 것이 후회가 되어서 과거의 왕국을 다시 회복시켜 주기 위함이 아닙니다. 사람은 그럴 수 있습니다. 처음에는 원리 원칙을 따져서 엄하게 대했다가도 시간이 지나면 마음도 누그러지고 미안한 생각도 들어서 약간의 실수 정도는 눈감아 주게 마련입니다. 부모들도 말 안 듣는 자녀를 심하게 야단쳤다가도 시간이 지나면 후회하면서 더 잘해 주려 들지 않습니까?

유다 백성들은 하나님이 자신들을 돌려보내 주셨을 때 '그럼 그렇지! 하나님도 지난번에 우리를 너무 심하게 다루었다고 생각하시는 거야. 이제는 우리에 대한 노여움도 진정되셨을 테니 과거의 왕국을 회복시켜 주시겠지' 라고 생각했습니다. 그러나 하나님은 전혀 그렇지 않다고 말씀하십니다. 하나님은 유다의 멸망에 대해 미안해하는 마음이나 후회하는 마음을 조금도 느끼시지 않습니다. 그렇다면 그들의 귀환은 무엇을 의미하는 것입니까? 하나님은 과거 유다 왕국을 복구하기 위해서가 아니라 새 나라를 건설하기 위해 그들을 돌아오게 하셨다고 말씀하십니다.

그렇다면 한 가지 의문이 생깁니다. 새 시대를 열고 새 나라를 세우실 작정이라면 장소도 완전히 다른 곳을 택하실 것이지, 왜 굳이 유다의 부서진 폐허 위에서 그 일을 시작하시는 것입니까? 하나님은 이 세상 어디에서도 새로운 일을 시작하실 수 있습니다. 유럽에서도 시작하실 수 있고 미국에서도 시작하실 수 있습니다. 그런데 왜 하필이면 망해서 폐허가 되어 버린 예루살렘에서 그 일을 시작하시는 것입니까?

누군가 새 집을 지으려 합니다. 그는 넓은 땅을 가지고 있어서 어디에든지 새 집을 지을 수 있습니다. 그런데 굳이 여러 가지 문제로 버려진 폐가를 사들여서 집을 지으려 든다면 얼마나 이상하겠습니까? 그 집을 사려면 법적인 절차도 복잡할 뿐 아니라 다 쓰러져 가는 건물을 부수고 치우는 일도 만만치가 않습니다. 그런데도 그 사람이 모든 불편을 감수하고 굳이 거기에 집을 세우겠다고 고집한다면 모두 이상한 눈으로 쳐다볼 것입니다.

하나님은 분명히 구약 이스라엘은 끝났다고 말씀하셨습니다. 그럼에도 불구하고 굳이 망해 버린 예루살렘에서 새 나라를 시작하고자 하시는 것은 하나님의 인자하고 신실한 성품 때문입니다.

하나님은 이스라엘 백성들과 영원한 언약을 세우겠다고 말씀하셨습니다. 그들이 그 언약을 지키지 않아서 나라는 망했지만, 언약은 여전히 유효했습니다. 예를 들어 어느 곳에 아주 오래된 보물지도가 있다고 합시다. 사람들이 그 지도의 가치를 몰라서 보물을 찾지 못하는 것은 그들 자신의 사정일 뿐, 그 보물지도 자체가 잘못되었기 때문이 아닙니다. 오랜 세월이 지나도 그 지도의 가치를 알아보는 사람만 나타나면 얼마든지 보물을 차지할 수 있습니다. 성경은 바로 그런 보물지도와 같습니다. 그 가치를 알아보지 못하면 아무리 이스라엘 백성들이라도 망할 수밖에 없지만, 이방인이라 해도 그 가치만 알아본다면 얼마든지 보물을 차지할 수 있습니다.

얼핏 보면 구약과 신약은 완전히 별개의 세계 같습니다. 그러나 구약과 신약은 모두 동일하신 하나님에 대해 말하고 있으며 동일한 믿음에 대해 말하고 있습니다. 하나님이 전부 파괴되어 거대한 쓰레기 더미로 전락한 예루살렘에서 굳이 새 일을 시작하고자 하시는 것은, 구약의 언약과 신약의 언약 안에 들어 있는 기본 원리가 동일하기 때문이며 하나님의 축복과 약속 또한 여전히 동일하기 때문입니다.

하나님이 한번 세우신 언약은 절대 무효가 되지 않습니다. 백성들이 그 언약을 지키지 않을 때 하나님은 그들이 돌이키기까지 기다려 주십니다. 그리고 끝까지 돌이키지 않을 때에는 다른 사람들에게 그 언약을 돌리시지, 절대로 언약 자체를 무효로 만드시지 않습니다.

어떤 마음씨 놓은 사람이 누군가에게 주려고 은행에서 돈을 찾아왔습니다. 그런데 막상 그 사람을 만나 보니 돈을 받을 마음이 전혀 없었습니다. 보통 사람 같으면 "내가 답답할 게 뭐가 있나? 아까운데 잘됐다" 하면서 그 돈을 은행에 도로 넣어 버릴 것입니다. 그러나 이 사람은 오히려 더 많은 돈을 찾아와서 다른 이들에게 나누어 주었을 뿐 아니라 과거에 돈 받기를 거부했던 사람에게도 같은 기회를 다시 허락해 주었습니다. 하나님은 그처럼 관대하신 분입니다.

만약 우리가 준비되어 있지 않다고 해서 하나님이 주고자 하셨던 은혜를 속속 거두어 가신다면, 세상에 망하지 않을 사람이 없을 것입니다. 사실 하나님이 은혜를 주실 때 처음부터 "아멘!" 하며 받는 사람은 별로 없습니다. 전부 거부하고 제 갈 길로 가 버립니다. 우리도 세상에서 써먹을 수 있고 출세할 수 있는 지식이 더 좋아서 하나님의 말씀을 업신여기고 무시한 경험이 있지 않습니까? 그러나 우리나라를 살릴 수 있는 것은 세상이 알아주는 그런 지식이 아닙니다. 우리나라가 지금처럼 어려운 처지로 떨어진 것은 말씀 속에 있는 보물을 찾지 못했기 때문입니다. 세상의 복은 전부 흘러가는 강물과 같습니다. 한번 지나가면 그만입니다. 그러나 하나님은 그 흐르는 복의 강물을 막아서 댐을 만들어 주십니다. 그래서 두고두고 자기 자신과 다른 사람들을 위해 사용하게 하십니다.

하나님은 "뉘우치지 아니하였었으냐"라고 말씀하십니다. 하나님은 바벨론의 손으로 예루살렘을 멸망시킨 일을 뉘우치지 않으십니다. 그들은 언약을 깨뜨렸지만 하나님은 더 큰 일을 준비하셨습니다. 더 큰 축복으로 모든 사람에게 풍성한 은혜를 주고자 하신 것입니다. 하나님은 유다 백성들이 범죄했다고 해서 구원 계획을 취소하지 않으셨습니다. 오히려 그들이 범죄할수록 더 큰 은혜를 예비하여 온 세상 사람들에게 주기로 작정하셨습니다. 하나님은 유다 백성들이 실패한 그 자리에서 다시 일을 시작하셨습니다. 인간은 실패해도 하나님은 실패하지 않으십니다. 인간은 언약을 깨뜨려도 하나님은 결코 그 언약을 취소하지 않으십니다. 그래서 사도 바울도 "죄가 더한 곳에 은혜가 더욱 넘쳤나니"(롬 5:20)라고 말한 것입니다.

바벨론에서 돌아온 유다 백성들이 하루빨리 깨달아야 할 사실이 무엇입니까? '아, 하나님은 유다를 재건하고자 하시는 것이 아니로구나! 완전히 새로운 나라를 세우는 일에 우리를 먼저 초청하신 거로구나! 이제부터는 과거를 돌아보지 말고 이 새로운 시대를 준비하는 일에 헌신해야겠다'라는 것입니다. 만약 그들이 조금이라도 특권의식을 가지고 과거를 돌아본다면 이 축복의 기회마저 영영 놓쳐 버릴 것입니다.

하나님이 굳이 예루살렘에서 새 일을 시작하시는 것은 그들에게 무슨 특별한 자격이 있기 때문이 아닙니다. 오히려 과거에 한 짓을 생각하면 그들을 제외시켜야 마땅할 것입니다. 그러나 하나님은 놀라운 사랑으로 실패한 장본인들에게 가장 먼저 기회를 주셨습니다. 그러므로 이제 그들은 더 이상 과거의 왕국을 고집하면 안 됩니다. 자신들에게 가장 먼저 기회를 주신 사랑에 보답하기 위해 누구보다 앞장서서 헌신해야 합니다.

가끔 타임머신을 타고 과거로 돌아가 현재를 바꾸는 줄거리를 담은 영화가 나옵니다. 우리도 가능하다면 그런 식으로 현재를 바꾸고 싶을 때가 있습니다. 그러나 그것은 이미 흘러가 버린 강물을 도로 끌어오려 하는 것만큼이나 미련한 짓입니다. 우리는 바로 지금 이 자리에 하나님의 뜻이 있음을 인정해야 합니다. 그리고 지금 이 자리에서부터 새로 시작해야 합니다. 하나님의 백성들에게 주어진 가장 귀한 축복은 언제든지 새로 출발할 수 있다는 것입니다. 은혜를 깨닫는 그 시간이 바로 새롭게 출발할 시점입니다.

그래서 예수님은 새 술을 새 부대에 담으라고 말씀하셨습니다. 하나님은 우리에게 새로운 시간과 새로운 사명을 주셨습니다. 그러니까 이 순간부터 하나님이 주시는 새로운 능력으로 살아가면 되는 것입니다. 그렇지 않고 고집스럽게 과거로 돌아가려 하는 사람은 이 축복을 놓치고 말 것입니다. 우리에게는 더 이상 '왕년'이라는 것이 없습니다. 그렇다고 미래에 대해 구체적으로 아는 바가 있는 것도 아닙니다. 우리에게 주어진 중요한 과제는 바로 이 순간 하나님이 주시는 힘과 능력으로 새로운 삶을 사는 것입니다.

두려워하지 말라

하나님은 유다 백성들에게 두려워하지 말라고 하십니다. "이제 내가 예루살렘과 유다 족속에게 은혜를 베풀기로 뜻하였나니 너희는 두려워 말지니라"(8:15).

왜 두려워하지 말라고 하십니까? 그들은 이미 하나님의 언약을 깨뜨리고 비참하게 멸망한 경험이 있었기 때문에 '혹시 또 무언가를 잘못해서 멸망하면 어쩌나?' 하는 두려움을 가지고 있었습니다. 게다가 그 당시 세계는 크게 격동하고 있었습니다. 바벨론이 망하고 페르시아 제국이 들어섰는데, 그 페르시아도 얼마 가지 않아 알렉산더 대왕이 이끄는 마케도니아에 멸망해 버렸습니다. 이처럼 강대국들도 하루아침에 망해서 사라지는 판국에 콩알같이 작은 유다 백성들이 어떻게 살아남을 수 있겠습니까?

더욱이 그들 앞에 주어진 길은 한 번도 걸어가 본 적이 없는 새 길이었습니다. 새 길에는 항상 예측할 수 없는 위험이 따르게 마련입니다. 사람들이 왜 늘 다니는 길로만 다닙니까? 그 길이 안전하기 때문입니다. 그리스도인들은 미래를 예측할 수 없습니다. 미래는 한 번도 걸어가 본 적이 없는 새 길과 같습니다. 그러나 하나님은 절대 두려워하지 말라고 하십니다.

하나님은 유다 백성들에게 많은 것을 요구하지 않으십니다. 아무것도 두려워하지 말고 오직 한 가지만 지키라고 하십니다. "너희가 행할 일은 이러하니라. 너희는 각기 이웃으로 더불어 진실을 말하며 너희 성문에서 진실하고 화평한 재판을 베풀고 심중에 서로 해하기를 도모하지 말며 거짓 맹세를 좋아하지 말라. 이 모든 일은 나의 미워하는 것임이니라. 나 여호와의 말이니라"(8:16-17).

하나님이 요구하시는 한 가지 계명은 이웃에게 정직하라는 것입니다. 그리고 나머지 문제들은 하나님께 맡기라는 것입니다. 포로생활에서 돌아온 유다 백성들은 아무것도 가진 것이 없었습니다. 가져왔던 양식도 다 떨어졌고, 인원도 별로 없었으며, 예루살렘은 여전히 폐허 상태에 있었고, 주변에서는 강도들이 노리고 있었습니다. 그런데 하나님은 무기를 만들라든지 돈을 모으라든지 힘을 기르라고 하시는 것이 아니라 정직하라고 하십니다. 그러면 능히 살 수 있다는 것입니다. 이렇게 세계가 요동질을 치고 있는데 정직하게만 산다고 해서 과연 생존할 수 있겠습니까? 그러나 하나님은 정직하라는 이 계명 한 가지만 지킨다면, 바벨론이나 페르시아 같은 강대국들은 망해도 그들은 망하지 않을 것이라고 약속하십니다.

유다 백성들이 원하는 바는 과거 유다 왕국의 영광을 회복하는 것이었으며 그때처럼 다시 안정된 삶을 사는 것이었습니다. 그래서 그들은 네 번의 금식일을 정해서 지키고 있었습니다. "만군의 여호와의 말씀이 내게 임하여 이르시되 '만군의 여호와가 말하노라. 4월의 금식과 5월의 금식과 7월의 금식과 10월의 금식이 변하여 유다 족속에게 기쁨과 즐거움과 희락의 절기가 되리니 오직 너희는 진실과 화평을 사랑할지니라'"(8:18-19).

이미 살펴보았듯이 네 번의 금식일은 모두 예루살렘의 포위나 함락과 관계가 있었습니다. 4월의 금식은 예루살렘 함락을 기억하는 것이었고, 5월의 금식은 예루살렘 성전과 귀인들의 집이 불탄 것을 기억하는 것이었으며, 7월의 금식은 임시 총독으로 있던 그다랴가 이스마엘에게 죽임을 당함으로써 남은 유다 백성들이 망한 일을 기억하는 것이었고, 10월의 금식은 느부갓네살 군대가 예루살렘을 에워싼 날을 기억하는 것이었습니다. 유다 백성들이 이렇게 많은 날들을 금식일로 정해서 지킨 이유가 무엇입니까? 예루살렘이 그토록 비참하게 멸망한 사건을 결코 잊지 말자는 것입니다. 몇 년이 걸리든 몇십 년이 걸리든 잃어버린 나라의 주권을 반드시 회복하자는 것입니다.

그러나 하나님은 이제 그런 금식일들을 그만 지키라고 하십니다. 더 이상 과거의 유다 왕국에 미련을 갖지 말라고 하십니다. 과거의 분노와 상처와 울분은 전부 하나님 앞에 내려놓고 새롭게 출발하라고 하십니다. 이제 하나님이 세우실 나라는 눈에 보이는 유다 왕국이 아니라 모든 믿는 자들로 이루어질 나라입니다. 그들은 그 나라에 먼저 초청받은 자들로서, 유다나 각 개인의 작은 유익을 구하는 대신 온 세상을 구원할 교회 시대를 준비해야 했습니다.

먼저 하나님의 은혜를 받은 자들이 해야 할 일은 이처럼 자기 것을 포기하는 것입니다. 그래야 그 은혜가 다른 이들에게 전달될 수 있습니다. 하나님이 유다 백성들에게 요구하신 것은 나라를 되찾기 위해 금식일을 열심히 지키는 것이 아니라 이웃을 정직하게 대하는 것이었습니다. 다시 말해서 하나님의 백성으로 새롭게 출발하기를 원하셨던 것입니다. 정직은 그 첫걸음이었습니다.

여기에서 알 수 있듯이 하나님의 요구는 그리 어려운 것이 아닙니다. 없으면 없다고 말하고 아니면 아니라고 말하면 됩니다. 왜 사람들은 없으면서도 있는 것처럼 말하고, 아닌데도 그런 것처럼 말합니까? 남들의 인정을 받기 위해서입니다. 그러나 하나님은 겉 다르고 속 다른 것을 가장 싫어하십니다.

초대 교회 때 일어난 가장 충격적인 사건은 아나니아와 삽비라 사건이었습니다. 그들은 재산의 절반을 팔아 베드로 앞에 내놓았습니다. 재산의 절반은 아무나 내놓을 수 있는 것이 아닙니다. 그런데도 그들은 그것이 마치 재산의 전부인 양 거짓말을 했습니다. 실제로 한 일보다 더 크게 인정받고 싶었기 때문입니다. 사실 우리도 그런 유혹을 많이 받습니다. 그러나 하나님은 사람들에게 인정받기 위해 속이지 말고 하나님 앞에서 정직하라고 말씀하십니다.

누가복음 19장에는 삭개오라는 인물이 나옵니다. 그는 예수님을 만나기 전까지 돈만 위해 살았던 세리였습니다. 욕이야 먹든 말든 재산을 많이 모으는 것이 삶의 목적이었고 행복이었습니다. 그러나 예수님을 만난 후 그의 삶은 완전히 변해 버렸습니다. 그는 토색한 것은 율법에 따라 네 배로 갚을 뿐 아니라 재산의 절반을 팔아서 가난한 자들에게 나누어 주겠다고 말했습니다. 우리는 예수님을 믿으면 재산이 몇 배로 늘어나고 더 잘살게 될 것을 기대합니다. 그런데 삭개오는 예수님을 만나서 오히려 재산이 절반 이하로 줄어들게 되었습니다. 그 대신 그가 얻은 것이 무엇입니까? 줄어든 재산과는 비교도 되지 않는 하나님의 은혜입니다.

오늘날 사람들은 깨끗한 양심을 그다지 중요하게 생각하지 않습니다. 그것은 눈에 보이지도 않고 사람들이 알아주지도 않기 때문입니다. 그러나 하나님 앞에서는 깨끗한 양심이야말로 수십억짜리 물방울 다이아몬드보다 보배로운 것입니다. 하나님은 깨끗한 양심을 가진 사람을 존귀하게 여기십니다. 그런데 우리는 그 깨끗한 양심을 하나님께로부터 얻을 수 있습니다. 거짓말하고 욕심 부리고 죄지은 것들을 정직하게 내놓고 회개하기만 하면 깨끗한 양심을 주십니다.

우리 마음속에 하나님의 은혜가 임한 증거는 무엇입니까? 나 자신이 하나님께 너무나도 소중하고 귀한 보배임을 깨닫는 것입니다. 우리에게는 이 깨달음만 있으면 됩니다. 굳이 거짓말을 해 가면서까지 사람에게 인정받을 필요도, 생색낼 필요도 없습니다. 모든 것을 보고 계신 하나님 앞에서만 바르게 살면 되는 것입니다.

하나님은 우리를 양처럼 약한 존재로 세상에 보내셨습니다. 양은 스스로 풀밭을 찾을 수도 없고 물을 찾을 수도 없습니다. 그 점을 인정해야 합니다. 우리는 사람들 앞에 약하게 보이기가 싫습니다. 사실 자신의 약함을 그대로 노출시키고 산다는 것은 '날 잡아잡수시오' 하면서 자신을 무방비 상태로 내놓는 것과 같습니다. 그러나 주님은 그렇게 하기를 두려워하지 말라고 하십니다. "강한 척하지 말아라. 없으면 없다고 하고 아니면 아니라고 해라. 나머지는 내가 전부 책임져 주겠다"라고 하십니다.

19절 끝부분을 다시 보십시오. "오직 너희는 진실과 화평을 사랑할지니라."

진정한 화평은 진실에 있고 정직에 있습니다. 거짓말은 거짓말을 낳고 그 거짓말은 또 다른 거짓말을 낳습니다. 사실을 밝히고 정직을 지키는 것이 화평으로 가는 길입니다.

지금 유다 백성들이 생각하는 바가 무엇입니까? 자존심을 회복하자는 것입니다. '우리 민족의 긍지를 되찾자. 한마음으로 금식해서 나라를 되찾자'라는 것입니다. 그러나 하나님은 유다 왕국의 회복에 대해서는 끝내 아무 말씀도 하시지 않습니다. 오히려 "이제 금식 그만 해라. 새 시대가 왔으니 새 시대에 맞게 살아라. 예루살렘의 현실을 있는 그대로 인정해라. 왜 자꾸 솔로몬 시대를 흉내 내려 하느냐? 너희는 어차피 그렇게 할 수 없다. 그만한 역군을 동원할 능력도 없고 그만한 금은도 없지 않으냐? 그것을 인정하고, 내 백성의 가장 기본적인 자질인 정직부터 배우거라"라고 말씀하십니다.

지금까지 우리는 너무 정신없이 살아왔습니다. 땀 흘린 만큼만 버는 것이 아니라 그 이상을 벌기 위해 거짓말하고 속이면서 살아왔습니다.

그래서 결국 지금과 같은 경제적인 어려움에 빠지게 된 것입니다. 이때 하나님이 우리에게 요구하시는 것이 무엇입니까? 온갖 수단 방법을 다 써서 IMF 이전으로 돌아가는 것이 아닙니다. 현재의 어려움을 있는 그대로 인정하고, 이제부터라도 정직하게 사는 것입니다. 남의 것을 탐내지 않고, 미래를 염려하거나 근심하지 않고, 하나님이 주시는 만나를 먹어 가면서 말씀이 인도하시는 대로 걸어가는 것입니다. 우리나라의 어려움은 정직하지 못한 데서 비롯된 것입니다. 실제로 외국 투자가들은 우리나라 기업들의 재무제표를 믿지 않는다고 합니다. 자존심을 찾으려 하기 전에 먼저 회복해야 할 것은 정직입니다.

한국 교회도 마찬가지입니다. 지금 한국 교회가 해야 할 일은 신앙의 가장 기초적인 단계, 즉 정직으로 돌아가는 것입니다. 정직은 내가 가진 것 이상으로 부풀리지 않는 것이며, 내 모습 이상으로 인정받으려 하지 않는 것입니다. 욕먹을 부분은 욕먹고 무시당할 부분은 무시당하겠다는 마음으로 자기 모습을 정직하게 드러내는 것입니다. 우리는 이 기초단계를 제쳐 놓은 채 너무 빨리 자라 버린 것 같습니다. 이제라도 기초단계로 되돌아가야 합니다. 내 삶 속에 정직하지 못한 부분을 찾아내서 바로잡을 때, 4월의 금식과 5월의 금식과 7월의 금식과 10월의 금식을 지키지 않아도 하나님이 회복시켜 주실 것입니다.

하나님은 우리가 실패했다고 해서 은혜를 거두어 가시지 않습니다. 오히려 우리가 실패했기 때문에 더 넘치도록 은혜를 부어 주셔서 다른 사람들에게까지 흘러가게 하십니다. 완전히 망했다고 생각하고 더 이상 내 것을 구하지 마십시오. 하나님은 우리를 버리지 않으십니다. 오히려 우리가 실패한 그 자리에서 큰일을 새로이 시작하십니다. 우리의 실상을 있는 그대로 인정합시다. 우리의 신앙이 엉터리였고 우리의 자랑이 헛된 것이었음을 정직하게 고백하며 나아갑시다.

전 세계가 돌아올 하나님 나라

앞으로 예루살렘은 어떻게 변하게 됩니까? "만군의 여호와가 말하노라. 그 후에 여러 백성과 많은 성읍의 거민이 올 것이라. 이 성읍 거민이 저 성읍에 가서 이르기를 '우리가 속히 가서 만군의 여호와를 찾고 여호와께 은혜를 구하자' 할 것이면 '나도 가겠노라' 하겠으며"(8:20-21).

사람들은 오직 여호와를 찾고 여호와께 은혜를 구하기 위해 예루살렘을 찾아올 것입니다. 이 예루살렘은 지역적인 예루살렘이 아니라 하나님의 말씀이 있는 곳입니다. 그 당시에도 말씀을 듣기 위해 유대인의 회당을 찾는 이방인들이 점점 늘고 있었습니다. 그것은 사람들 가운데 하나님을 갈망하는 마음이 점점 커지고 있었다는 뜻입니다. 정직한 사람은 절대 세상의 돈이나 명예나 지식만으로 만족하지 못합니다. 세상의 다른 것들로 사람을 만족시키는 것은 당장 가려운 데만 긁어 주는 일에 지나지 않습니다.

성 아우구스티누스는 젊은 시절에 지식을 추구하기도 했고 마니교에 심취하기도 했으며 성적인 타락에 빠지기도 했습니다. 그랬던 그가 결국 고백한 것이 무엇입니까? 그리스도의 십자가를 붙들기 전까지는 결코 만족을 얻을 수 없었다는 것입니다.

로마가 세계를 통일하면서 여행의 안전이 보장되자 수많은 유대인들이 전 세계에서 예루살렘을 찾아오기 시작했습니다. 절기 때마다 수백만 명씩 성전으로 몰려왔습니다. 예수님은 절기를 맞아 예루살렘에 올라가실 때 감람산에서 노숙하셨습니다. 사람들이 너무 많아서 빈 방이 없었기 때문입니다. 그만큼 사람들은 진리에 갈급하며 은혜에 목말라 있었습니다. 그런데 그 당시 제사장들은 그런 사람들을 이용하여 돈을 벌고자 했습니다. 율법 한 구절이라도 얻어듣고 싶어서, 사람들 사이에 끼어 제사라도 한 번 드리고 싶어서 찾아오는 사람들을 이용하여 자기들 주머니나 채울 생각을 했던 것입니다. 그들은 그 죄를 사함받지 못했습니다.

반면에, 그렇게 예루살렘을 찾아왔던 사람들은 죄 없는 하나님의 아들이 십자가에 못 박혀 죽으신 일과 그 후에 성령이 불같이 제자들에게 임하신 일을 목격했으며, 하루에 수천 명씩 회개하고 주께로 돌아왔습니다.

중국의 진시황제는 불로초를 찾기 위해 세계 곳곳에 신하들을 보냈다고 합니다. 오늘날에도 다시 젊어질 수 있는 약만 있다면 땅 끝까지라도 찾아갈 사람이 많을 것입니다. 그러나 그것은 아무 소용이 없는 일입니다. 젊음을 되찾아 인생을 다시 산다고 해도 과거의 죄와 잘못을 똑같이 반복할 것이기 때문입니다. 우리 인간에게 필요한 것은 젊음을 되찾아 줄 불로초가 아니라 새로운 삶을 살게 해 줄 성령의 능력입니다.

여러 백성들과 여러 성읍 거민들이 예루살렘으로 몰려오는 것은 그들의 마음이 죄의식으로 가득 차서 말씀을 듣지 않고서는 견딜 수 없는 상태가 되기 때문입니다. 그것이 성령의 역사입니다. 마음에 성령의 빛이 비치지 않은 사람은 절대 하나님의 은혜를 구하지 않습니다. 마치 병이 없다고 생각하는 사람들이 병원을 찾지 않는 것과 같습니다. 사람들의 마음속에 죄의식이 생겼다는 것은 성령이 이미 그 속에서 역사하셨다는 증거입니다. 성령이 역사하지 않으시면 아무리 무서운 죄를 지어서 감옥에 들어간 사람이라도 스스로 죄인인 줄 깨닫지 못합니다.

21절은 "이 성읍 거민이 저 성읍에 가서 이르기를 '우리가 속히 가서 만군의 여호와를 찾고 여호와께 은혜를 구하자' 할 것이면 '나도 가겠노라' 하겠으며"라고 말합니다.

이것은 부흥의 시대에 일어나는 현상입니다. 어떤 사람이 이웃 성읍에 가서 "내가 지금 하나님의 은혜를 구하러 가는데 같이 가지 않겠느냐?"라고 물으면 그 성읍 사람이 "나도 가겠다"라고 하면서 따라나선다는 것입니다. 하나님이 사람들 가운데 두려움과 하나님을 찾는 마음을 주시는 부흥의 시대에는 항상 이런 일이 일어납니다.

요나가 니느웨 성에 가서 40일 후에 성이 무너질 것이라고 외쳤을 때, 모든 니느웨 백성들이 하나님 앞에 무릎을 꿇고 회개했습니다. 그것은 하나님이 미리 그들의 마음을 준비시키셨기 때문입니다. 정상적인 상태에서는 절대 하나님을 찾지 않습니다. 하나님이 어려움을 통해 미리 마음을 준비시키셔야 비로소 '세상 일이 내 뜻대로 되지 않는구나'라는 것을 깨닫고 겸허해지는 것입니다. 그러니까 내 인생이 내 마음대로 되지 않는다는 것이 얼마나 감사한 일인지 모릅니다. 하나님은 그런 일들을 통해 내 마음을 준비시키십니다. 사실 전도는 우리가 하는 것이 아니라 하나님이 하시는 것입니다. 예수님은 제자들에게 사람을 낚는 어부가 되라고 하셨습니다. 그러나 그들은 낚을 고기 자체를 만들 수는 없습니다. 하나님이 준비해 놓으신 고기를 낚아 올릴 뿐입니다.

오늘 본문에서 말하듯이 이 성읍과 저 성읍 거민들이 다 함께 하나님을 찾는 일이 일어나려면 세상 전체에 어려움이 임해야 합니다. 요즘 우리나라에는 무엇을 해야 좋을지 알 수 없는 어려운 상황에 처해서 마음이 가난해진 사람들이 많이 있습니다. 이럴 때 우리는 요나처럼 하나님의 말씀을 가지고 찾아가 외쳐야 합니다. 우리만 하나님께 나아가면 안 됩니다. 이웃 성읍에도 찾아가서 함께 하나님의 은혜를 구하자고 말해야 합니다.

22절을 보십시오. "많은 백성과 강대한 나라들이 예루살렘으로 와서 만군의 여호와를 찾고 여호와께 은혜를 구하리라."

여기에서 예루살렘은 신약 교회를 의미합니다. 초대 교회 당시 사람들은 가난하고 비천한 자들만 교회에 모인다고 생각했습니다. 교회를 현실에 적응하지 못하는 사람들의 도피처 정도로 생각한 것입니다. 그러나 하나님은 강대한 나라들도 오고 학식 많은 자들도 오고 유명한 자들도 와서 은혜를 구할 것이라고 말씀하십니다. 인간은 하나님 앞에 똑같이 가난한 죄인입니다. 강한 자든 약한 자든 다 교회 앞에 나아와야 합니다. 수리아의 군대장관 나아만을 보십시오. 그는 강대국의 장군이었지만 문둥병에 걸려서 엘리사에게 나아가지 않을 수 없었습니다. 죄인이면 다 같은 죄인이지 더 강한 죄인이 어디 있으며 더 유식한 죄인이 어디 있습니까? 어떤 죄인이든지 하나님께 나아가지 않으면 치료받을 수도 없고 새로운 삶을 시작할 수도 없습니다.

23절은 오늘 본문의 절정을 이루는 말씀입니다. "만군의 여호와가 말하노라. 그날에는 방언이 다른 열국 백성 열 명이 유다 사람 하나의 옷자락을 잡을 것이라. 곧 잡고 말하기를 '하나님이 너희와 함께하심을 들었나니 우리가 너희와 함께 가려 하노라' 하리라."

이방인 열 명이 유다 사람 한 명의 옷자락을 붙잡고 제발 하나님께 가는 길을 알려 달라고 간절히 매달린다는 것입니다. 이 말씀은 두 가지로 해석할 수 있습니다. 첫째는 믿는 사람 한 명의 위치와 역할이 그만큼 중요하다는 사실을 강조하는 말씀으로 보는 것입니다. 유다 사람 한 명이 해야 할 일이 무엇입니까? 이방인 열 명을 진리로 이끄는 것입니다. 지금 유다 백성들은 어떻게 하면 자기들의 나라를 다시 세우며 주권을 되찾을 것인가 궁리하고 있습니다. 그러나 그들이 해야 할 일은 유다를 다시 세우는 것이 아니라 전 세계에 흩어져서 선교적인 사명을 다하는 것입니다.

둘째는 여기 나오는 "유다 사람 하나"가 예수 그리스도를 가리킨다고 보는 것입니다. 결국 온 세상 사람들은 예수 그리스도의 옷자락을 붙잡고 하나님께 나아갈 것입니다. 이 두 가지 모두 가능한 해석입니다.

세상 사람들은 결코 혼자 힘으로 하나님께 나아갈 수 없습니다. 누군가 바른 진리의 자리로 이끌어 주어야 합니다. 누가 그 일을 해야 합니까? 먼저 믿은 자들이 해야 합니다. 우리는 혼자 잘 믿는 데 만족할 것이 아니라 다른 이들을 하나님께로 인도하기 위해 애써야 합니다. 세상에서 방황하는 이들, 진리에 대해 갈급해하는 이들에게 작은 관심이라도 보여야 하며 작은 친절이라도 베풀어야 합니다.

은혜를 사모해서 믿는 자의 옷자락을 붙잡는 사람은 자신도 모르는 사이에 주님의 옷자락을 붙잡게 될 것입니다. 하나님은 진리에 목말라하는 자들을 알고 계시며 그들에게 기꺼이 붙잡을 옷자락을 내주십니다.

오늘 성경이 말씀하는 바가 무엇입니까? 하나님은 절대 실패하지 않으신다는 것입니다. 하나님은 유다 백성들이 실패한 그 자리에서 다시 시작하셨습니다. 그리고 과거의 반복이 아니라 완전히 새로운 축복을 약속하셨습니다. 하나님의 사랑은 우리처럼 옹졸한 사랑이 아닙니다. 실패한 자에게도 열 배, 백 배의 은혜를 더 부으셔서 그 자신도 구원받고 다른 사람들도 구원하게 하시는 위대한 사랑입니다.

하나님은 현실을 정직하게 인정하라고 말씀하시며, 우리가 연약한 양이라는 사실을 부끄러워하지 말라고 말씀하십니다. 우리가 우리의 모습을 있는 그대로 인정할 때, 하나님은 그 연약함과 부족함을 취하여 성령의 역사를 일으키실 것입니다. 자기 모습을 있는 그대로 인정하는 사람은 당당할 수 있습니다. 그러나 없는 것을 있는 척 가장하면 상황이 복잡해지기 시작합니다.

세상은 우리가 아니라 하나님을 만나기를 원합니다. 우리는 그들에게 옷자락을 내주는 한 명의 유다 백성이 되어야 합니다. 열 사람이 우리의 옷자락을 붙잡고 "너 하나님을 만났다면서? 어떻게 하면 나도 하나님을 만날 수 있을까?"라고 물을 때, "내 죄를 고백하고 십자가를 붙들면 하나님을 만날 수 있어"라고 말해 주어야 합니다.

사랑하는 성도 여러분, 우리의 약함을 부끄러워하지 말고 인정합시다. 그럴 때 우리는 당당함을 얻을 것이며 세상의 수많은 사람들을 구원으로 이끄는 성령의 역사에 사용될 것입니다.

13

—

격동하는 세계 속의 그리스도인

스가랴 9:1-10

9:1 여호와의 말씀의 경고가 하드락 땅에 임하며 다메섹에 머물리니 세상 사람과 이스라엘 모든 지파의 눈이 여호와를 우러러봄이니라.

2 그 접경된 하맛에도 임하겠고 두로와 시돈은 넓은 지혜가 있으니 그들에게도 임하리라.

3 두로는 자기를 위하여 보장을 건축하며 은을 티끌같이, 정금을 거리의 진흙같이 쌓았은즉

4 주께서 그를 쫓아내시며 그의 바다 권세를 치시리니 그가 불에 삼키울지라.

5 아스글론이 보고 무서워하며 가사도 심히 아파할 것이며 에그론은 그 소망이 수치가 되므로 역시 그러하리라. 가사에는 임금이 끊칠 것이며 아스글론에는 거민이 없을 것이며

6 아스돗에는 잡족이 거하리라. 내가 블레셋 사람의 교만을 끊고

7 그 입에서 그 피를, 그 잇사이에서 그 가증한 것을 제하리니 그도 남아서 우리 하나님께로 돌아와서 유다의 한 두목같이 되겠고 에그론은 여부스 사람같이 되리라.

8 내가 내 집을 둘러 진을 쳐서 적군을 막아 거기 왕래하지 못하게 할 것이라. 포학한 자가 다시는 그 지경으로 지나지 못하리니 이는 내가 눈으로 친히 봄이니라.

9 시온의 딸아, 크게 기뻐할지어다! 예루살렘의 딸아, 즐거이 부를지어다! 보라, 네 왕이 네게 임하나니 그는 공의로우며 구원을 베풀며 겸손하여서 나귀를 타나니 나귀의 작은 것 곧 나귀 새끼니라.

10 내가 에브라임의 병거와 예루살렘의 말을 끊겠고 전쟁하는 활도 끊으리니 그가 이방 사람에게 화평을 전할 것이요 그의 정권은 바다에서 바다까지 이르고 유브라데 강에서 땅 끝까지 이르리라.

9:1-10

최근의 국제정세를 보면, 다른 나라들의 경제사정은 호전되고 있는데 유달리 우리만 더 어려워지고 있으며 개선될 전망도 별로 보이지 않는 것 같습니다. 세계 경제가 전부 어렵다면 우리의 형편도 어려운 것이 당연한 일이겠지만, 다른 나라들의 경제사정은 호전되었는데 우리만 계속 악화되고 있다면 그 원인을 마땅히 찾아보아야 할 것입니다.

요즘 나이 든 사람들이 가장 불안해하는 것은 안보 문제입니다. 주한미군이 일부 빠져 나가면 안보 상황은 어떻게 되는지, 우리나라의 국방비 부담은 어떻게 되는지 염려하고 있습니다. 물론 우리나라 국방은 우리가 책임지는 것이 당연합니다. 그동안에는 미국이 책임져 주었기 때문에 스스로 나라를 지키지 않아도 될 것처럼 생각하는 이들도 없지 않았습니다. 그러나 이제는 어떤 나라도 우리나라를 지켜 주지 않을 것입니다. 이제 우리는 먹고사는 문제뿐 아니라 국방을 비롯한 모든 영역을 스스로 책임져야 합니다. 그런데 이 거대한 강대국들 사이에서 어느 정도까지 그 일을 감당할 수 있느냐가 문제입니다.

여러 사람이 공모해서 죄를 지었다고 합시다. 그런데 한 사람의 밀고로 전부 체포되어 오랜 감옥살이를 하게 되었습니다. 그들이 형기를 채우고 나와 보니 세상은 너무나도 많이 변해 있었고 자신들을 밀고했던 친구는 훌륭한 저택에서 사회의 인정과 존경을 받으며 잘살고 있었습니다. 이처럼 자신들이 감옥에서 썩고 있는 동안 밀고자는 아무 고생 없이 잘살고 있었다는 사실을 확인할 때, 세상이 얼마나 불공평하게 느껴지겠으며 속에서부터 복수심이 타오르겠습니까?

바벨론에서 돌아온 유다 백성들의 심정이 그러했습니다. 자신들만 하나님 앞에 죄를 지었던 것이 아닙니다. 주변 나라들도 똑같이 죄짓고 살았습니다. 그런데 70년간의 포로생활을 마치고 돌아와 보니 주변 나라들은 행복하게 잘살고 있었습니다. 수리아도, 두로와 시돈도, 블레셋의 도시국가들도 아무 탈 없이 잘 지내고 있었습니다.

아마도 그들은 '억울하게 우리만 당했다'라는 생각이 들었을 것입니다. '왜 똑같이 죄를 지었는데 우리만 폭삭 망하고 저 나라들은 저렇게 멀쩡히 잘살고 있는가? 결국 세상에서는 요령 있고 수단 좋은 사람만 살아남는 것이 아닌가?'라는 생각이 들었을 것입니다. 그러나 하나님은 눈에 보이는 행복이 전부가 아니라고 말씀하십니다. 바벨론의 공격을 피하고 무사히 살아남았다고 해서 좋은 게 아니라는 거예요. 오히려 먼저 매 맞는 편이 낫다는 것입니다.

하나님은 왜 유다 백성들에게 그토록 심한 고생을 시키셨습니까? 세상의 돈과 권력에 눈이 멀어서 자신들에게 주어진 가장 중요한 보물을 알아보지 못했기 때문입니다. 오늘 우리들도 마찬가지입니다. 하나님이 주시는 가장 중요한 보물은 세상에서 출세하는 길에 있지 않습니다. 오히려 변두리에 있습니다. 그 보물은 바로 말씀 속에 들어 있는 진리입니다. 만약 우리가 세상 욕심에 눈이 어두워 출세하는 길을 따라간다면, 하나님은 우리도 유다 백성들처럼 실패하게 하시고 망하게 하실 것입니다. 그렇게 해서라도 교회 안에 있는 이 놀라운 보물을 차지하게 하실 것입니다.

바벨론의 침공에서 살아남은 나라들

짧은 안목으로 보면 요령 좋고 처세술에 능한 사람들이 성공하는 것 같습니다. 그런 사람들은 남들이 다 직장에서 쫓겨날 때에도 살아남을 뿐 아니라 돈이 모이는 곳에 투자해서 재산까지 불립니다. 그러나 하나님은 그런 식으로 살아남거나 잘사는 것은 결코 좋은 일이 아니라고 말씀하십니다. 진정한 축복은 그런 데 있지 않습니다.

바벨론이 팔레스타인을 공격했을 때 유다처럼 멸망한 나라가 있었는가 하면 요령 좋게 살아남아서 때 아닌 호황을 누린 나라들도 있었습니다. 그들은 주로 유다 북쪽과 서쪽 해안에 있던 나라들이었습니다. "여호와의 말씀의 경고가 하드락 땅에 임하며 다메섹에 머물리니 세상 사람과 이스라엘 모든 지파의 눈이 여호와를 우러러봄이니라"(9:1).

"하드락"이 어디인지는 분명치 않습니다. 지명이 아니라 왕의 이름일 것이라고 추측하는 이가 있을 정도로 하드락은 알려지지 않은 곳입니다. 아마도 하드락은 바벨론 침공에서 살아남은 지역으로서 예루살렘 멸망 후에 상당한 호황을 누리다가 알렉산더 대왕의 손에 멸망한 것 같습니다. 성경이 연이어 언급하고 있는 장소들이 전부 그런 곳들이기 때문입니다. 한국전쟁이 터졌을 때 일본이 군수산업으로 호황을 누린 것처럼 그들도 전쟁 덕분에 호황을 누렸습니다. 군수산업을 하는 사람들은 이웃 나라에서 전쟁이 터지기를 은근히 바랍니다. 그래야 전쟁 물자를 팔아서 부자가 될 수 있기 때문입니다.

유다와 예루살렘의 멸망은 이전까지 전혀 주목받지 못했던 서부 해안 도시들의 부흥을 가져왔습니다. 고대 세계의 주된 통상로는 애굽과 앗수르를 연결하는 길이었는데, 그 중심에 이스라엘과 유다가 있었기 때문에 자연스럽게 중요한 위치를 차지할 수 있었습니다. 그러나 유다와 애굽의 멸망으로 세계의 중심지가 페르시아와 유럽으로 옮겨 가면서 새로운 항구 도시들이 발전하게 되었습니다. 하드락과 다메섹은 바로 그 새로운 통상로가 지나는 지역에 있었습니다. 그들은 유다 백성들이 포로가 되어 바벨론에서 70년 동안 썩고 있을 때, 큰 호황을 누리며 부를 축적했습니다.

그런데 스가랴 선지자는 바로 그러한 도시들에 대해 경고의 말씀을 전하고 있습니다. 그 이유가 무엇입니까? "세상 사람과 이스라엘 모든 지파의 눈이 여호와를 우러러"보기 때문입니다. 다시 말해서 세상 사람들이 전부 '어떻게 저런 나라들이 이렇게 잘살 수 있지?' 하면서 하나님을 쳐다보고 있기 때문이라는 것입니다. 사람들은 '공의로운 하나님이 계시다면 왜 저런 악질적인 나라들이 심판받지 않고 잘살고 있을까?' 기막혀 하면서 하늘을 쳐다보고 있습니다.

우리도 마찬가지입니다. 요즘 우리나라는 경제적으로 점점 더 어려워지고 있습니다. 특히 대학을 갓 졸업한 젊은이들의 좌절은 보통 심각한 것이 아닙니다. 그들은 특별한 기술이 있는 것도 아니고 자본이 있는 것도 아닙니다. 오직 기업에 취직해서 일을 배우는 길밖에 없는데 그 길이 열리지 않는 것입니다. 이렇게 자신들은 일할 기회조차 얻지 못하고 있는데 주변 나라들은 호황을 누릴 때 이 나라에 태어난 것을 한탄하게 될 수 있습니다.

저도 어렸을 때 그랬습니다. 그때는 먹고사는 일 자체가 아주 힘들었습니다. 그래서 잠시 동안이나마 이렇게 가난한 나라에 태어난 것을 원망한 적이 있습니다. 그러나 그 후에는 그런 생각을 하지 않았습니다. 세상적으로는 여전히 가진 것이 없었지만 늘 교회와 더불어 생활한 덕분이었습니다. 저는 하나님의 보물섬 주위에서 뛰어놀고 있었습니다. 그러나 거기 보물이 감추어져 있다는 사실은 미처 알지 못했습니다. 그 후로도 저는 오랫동안 많은 고생과 실패를 겪었습니다. 다른 친구들은 전부 출세의 길을 걷는데 저만 변두리에서 빌빌거렸습니다. 할 일이라고는 오직 말씀을 묵상하고 연구하는 것밖에 없었습니다. 그러다가 말씀 속에 있는 어마어마한 진리를 발견하게 되었습니다.

경제적인 호황은 진짜 보물이 아닙니다. 우리는 불순물이 섞이지 않은 가장 순수한 보물이 우리나라에 있음을 알 필요가 있습니다. 지방 청년들은 서울에 사는 청년들에 비해 출세할 길이 좁은 것이 사실입니다. 유능하다는 사람들은 전부 서울로 몰려들고 좋은 일자리도 서울에 집중되어 있기 때문입니다. 그러나 서울은 하나님의 진리를 깊이 연구하기에 너무나 복잡한 도시입니다. 지방 젊은이들은 세상에서 소외되어 있기 때문에 오히려 최고의 보물에 더 가까이 갈 수 있습니다. 그리하여 세상에서 출세하거나 호황을 누리지 못하는 사람이 더 귀중한 보배를 소유하게 되는 역설이 성립됩니다.

바벨론에서 돌아온 유다 백성들은 자신들이 실컷 고생하는 동안 호황을 누리며 잘살고 있는 나라들을 보면서 헛고생했다는 생각을 했을 수도 있고 복수하고 싶다는 생각을 했을 수도 있습니다. 그러나 하나님은 그 70년간의 노예생활을 통해 쓰레기 더미 안에 감추어진 보물을 캐낼 기회를 주셨습니다.

여기에서 우리는 몇 가지 사실을 짚고 넘어갈 필요가 있습니다. 첫째로, 하나님의 백성이 망하는 기준과 다른 나라들이 망하는 기준은 서로 다르다는 것입니다. 유다가 망한 것은 율법의 가치를 몰랐기 때문입니다. 자신들에게 어마어마한 보물이 있는데도 그것을 캐내지 않아서 망한 것입니다. 하나님은 그들이 혹시라도 말씀의 가치를 깨닫고 돌아오지 않을까 기대하면서 오래도록 기다려 주셨습니다. 그러나 그들에게 말씀을 붙잡을 생각이 조금도 없음이 드러나자 그들을 멸망시키셨습니다.

하나님의 백성이 믿음과 욕심 사이에서 갈등하고 있다면 아직 가능성이 있는 것입니다. 하나님의 백성은 말씀을 지키고 싶지만 실제로는 그렇게 하지 못하는 데서 비롯되는 갈등을 겪게 마련입니다. 그런데 그런 갈등이 싫어서 스스로 말씀을 버리는 사람은 은혜에서 떨어져 나가게 됩니다. '왜 나만 말씀 때문에 이렇게 씨름해야 하나? 이렇게 하지 않아도 잘사는 사람들이 많은데 왜 나만 힘들게 살아야 하나? 나도 남들처럼 편하게 살고 싶다'라고 하면서 씨름하던 손을 놓아 버릴 때, 그는 유다처럼 바벨론의 침공 목표가 되어 버립니다. 하나님은 우리가 율법을 완전히 지키기 때문에 그 백성으로 삼으시는 것이 아닙니다. 하나님 앞에서 자신의 부족함을 정직하게 고백하기 때문에 백성으로 삼으시는 것입니다.

주변 나라들은 유다 백성들과 똑같이 범죄했는데도 잘살고 있었습니다. 그런 것을 보면 하나님이 전혀 공평치 않으신 것 같습니다. 그러나 그것은 공평치 않으시기 때문이 아니라 심판하시는 목적과 시기가 다르기 때문입니다. 하나님은 택하신 백성들을 먼저 심판하심으로써 그들의 교만을 꺾으시고 남은 삶을 전적으로 진리에 따라 살게 하십니다. 그것만이 그들의 살 길이기 때문입니다. 즉, 하나님이 자기 백성을 심판하시는 것은 치료하시기 위해서입니다. 마치 수술하는 것과 같습니다. 그러나 택함받지 못한 백성들은 그냥 내버려 두어서 자기 욕심대로 살다가 자연적으로 망하게 하십니다.

이상하게도 다른 사람들이 전부 망하기를 기다리는 악한 자들일수록 금방 망하지 않고 오래 살면서 부귀영화를 누리는 것 같습니다. 그러나 그들은 이미 오래 전에 죽은 사람이나 다름없습니다. 다른 모든 이들의 마음속에 '저런 식으로 잘사는 것은 추잡한 일이지 절대 좋은 일이 아니다'라는 판단이 설 때, 그들은 이미 심판을 받은 것이며 죽은 것입니다. 그 비참함은 그들이 잘살면 잘살수록 더 드러나게 됩니다.

하나님의 백성이 스스로 믿음을 저버리고 세상과 타협하는 것은 일종의 자살행위입니다. '말씀대로 살지도 못하면서 괴로워해 봤자 무슨 소용이 있나? 차라리 수준을 낮추어서 편하게 믿자'라고 합리화할 때 그 사람은 이미 죽은 것입니다. 하나님께 한번 택함받은 백성은 절대 자기 마음대로 살 수가 없습니다. 하나님은 그들에게 환난을 주고 고난을 주어서라도 말씀 속에 들어 있는 무궁무진한 진리를 캐내게 하십니다. 반면에, 택함받지 못한 사람들은 하나님의 백성들이 무지무지하게 고생하는 동안에도 호의호식하며 잘삽니다. 그러다가 때가 이르면 순식간에 망해 버리며, 다시는 구원의 기회를 얻지 못합니다.

우리의 소유는 전부 하나님의 것입니다. 하나님이 주고자 하시면 얼마든지 더 주실 수도 있고, 빼앗고자 하시면 순식간에 빼앗아 가실 수도 있습니다. 하나님은 사랑하는 자녀들이 요령을 부려서 잘살도록 내버려 두지 않으십니다. 고난을 주어서라도 믿음의 길, 진리의 길로 돌아오게 하십니다.

두로와 블레셋의 다른 운명

바벨론의 침공은 팔레스타인 사람들에게 큰 재앙이었고, 그 재앙을 모면한 나라들은 스스로 굉장히 복 받은 자들이라고 생각했습니다. 그러나 하나님은 그것이 끝이 아니라고 말씀하십니다. "그 접경된 하맛에도 임하겠고 두로와 시돈은 넓은 지혜가 있으니 그들에게도 임하리라. 두로는 자기를 위하여 보장을 건축하며 은을 티끌같이, 정금을 거리의 진흙같이 쌓았은즉 주께서 그를 쫓아내시며 그의 바다 권세를 치시리니 그가 불에 삼키울지라"(9:2-4).

"하맛" 역시 바벨론 침공 이후 새롭게 떠오른 도시였습니다. 하맛은 이스라엘 북쪽에 있는 도시로서 강을 끼고 있었기 때문에 두로나 시돈에서 하역된 물건이 바로 이곳에서 유브라데 강을 따라 페르시아 쪽으로 옮겨졌습니다. 그래서 하맛도 새롭게 부상할 수 있었고, 두로와 시돈은 바야흐로 전성기를 맞이하게 되었습니다.

"두로는 자기를 위하여 보장을 건축하며 은을 티끌같이, 정금을 거리의 진흙같이" 쌓았습니다. 두로에는 구(舊) 두로와 신(新) 두로가 있었습니다. 바벨론이 구 두로를 불태워 버리자 육지에서 떨어진 섬에 난공불락의 성을 세웠는데, 그것이 신 두로였습니다. 신 두로는 은을 티끌같이, 정금을 진흙같이 쓸 정도로 번창했습니다.

사실 유다 백성들에게는 두로와 시돈이야말로 한 많은 도시였습니다. 포로가 된 백성들이 주로 그곳에서 전 세계로 팔려 나갔기 때문입니다. 스가랴는 "주께서 그를 쫓아내시며 그의 바다 권세를 치시리니 그가 불에 삼키울지라"라고 말합니다.

페르시아 시장은 알렉산더가 등장할 때까지 번창했습니다. 없는 물건이 없을 정도로 전 세계의 온갖 물건들이 다 모여 있었습니다. 그러나 알렉산더의 등장과 함께 세계의 중심은 페르시아에서 마케도니아로, 다시 말해서 중동 지역에서 유럽 지역으로 옮겨졌습니다. 알렉산더 대왕은 두로를 쳐서 함락시켰습니다. 그는 신 두로를 공략하기 위해 구 두로의 돌과 흙을 가져다가 섬까지 방파제를 만들었고, 결국 신 두로를 함락시켜 1만 명을 죽이고 3만 명을 노예로 사로잡았습니다. 그 후 두로는 다시 번창하지 못했습니다.

페르시아가 패권을 잡고 있는 동안에는 두로나 하맛이 살아남을 수 있었습니다. 그러나 페르시아가 망하자 이들도 영원히 망하고 말았습니다. 그러나 바벨론에서 돌아온 유다는 어떻게 되었습니까? 예수 그리스도의 출생을 기다리면서 다시 한 번 세계사의 중심지로 준비되고 있었습니다. 다시 말해서 유다가 미리 멸망을 경험하고 바벨론 포로생활이라는 뜨거운 환난의 불을 통과해서 돌아온 후에 비록 초라한 모습이지만 위대한 역사를 준비했던 데 반해, 그동안 호황을 누리며 번창했던 도시들은 알렉산더라는 한 사람의 등장과 함께 영영 무대에서 사라져버린 것입니다.

세계의 중심지는 정치적으로나 상업적으로 번영하는 곳이 아니라 하나님의 말씀이 왕성하게 활동하는 곳입니다. 하나님의 백성들이 죄를 지어 바벨론에 잡혀 가 있는 동안에는 상업 중심지와 정치 중심지들이 세계의 중심을 차지했습니다. 그러나 그들은 막간에 잠시 등장하는 광고 정도밖에 되지 않습니다. 때가 이르면 다시 하나님의 백성들 사이에서 말씀이 왕성하게 활동하기 시작할 것이며, 바로 그곳이 세계의 중심지로 떠오르게 될 것입니다.

솔로몬이 말했듯이 해 아래에는 새 것도 없고 영원한 것도 없습니다. 지금 우리 눈에 영화롭게 보이는 세상의 영광은 막간 광고에 불과하다는 사실을 알 필요가 있습니다. 세상 사람들은 그것이 전부인 양 그것만 붙잡고 살고 있습니다. 그들은 한 가지 재앙만 피하면 안전하리라고 생각하지만 결코 그렇지 않습니다. 또 다른 직격탄이 기다리고 있습니다.

그러므로 하나님의 백성들은 무엇보다 진리로 무장하기를 힘써야 합니다. 지금까지 누구도 경험하지 못했던 권세 있는 말씀이 교회에서 선포되고 교인들이 그것을 "아멘!"으로 받을 때, 우리는 세계의 중심이 될 수 있습니다. 세상에서 잘되고 성공하는 사람들을 부러워하거나 시기하지 마십시오. 우리에게는 우리의 축복이 있습니다. 우리는 세상을 힐끗거릴 것이 아니라 그 축복을 얻기 위해 모든 노력을 기울여야 합니다.

블레셋은 유다보다 훨씬 오래 전에 망했어야 할 나라였습니다. 그러나 유다 백성들이 바벨론에서 돌아왔을 때까지도 여전히 남아 있었습니다. 하나님은 그들을 남긴 것이 그들 가운데 두려워하는 자가 있기 때문이라고 말씀하십니다. "아스글론이 보고 무서워하며 가사도 심히 아파할 것이며 에그론은 그 소망이 수치가 되므로 역시 그러하리라. 가사에는 임금이 끊칠 것이며 아스글론에는 거민이 없을 것이며 아스돗에는 잡족이 거하리라. 내가 블레셋 사람의 교만을 끊고 그 입에서 그 피를, 그 잇사이에서 그 가증한 것을 제하리니 그도 남아서 우리 하나님께로 돌아와서 유다의 한 두목같이 되겠고 에그론은 여부스 사람같이 되리라"(9:5-7).

"아스글론"과 "가사"와 "아스돗"은 모두 블레셋의 중심적인 도시국가들입니다. 아마도 가드만 일찍 멸망하고 다른 도시국가들은 그대로 남아 있었던 것 같습니다. 블레셋 역시 서쪽으로 지중해를 끼고 있었기 때문에 두로와 시돈처럼 번창한 항구도시가 되기를 희망했을 것입니다. 그러나 그들은 두로와 시돈이 멸망하는 것을 보면서 그 모든 희망을 포기할 것이며, 교만한 마음을 버리고 잡족이 되어 버릴 것입니다.

블레셋은 자존심 강한 나라였습니다. 다섯 도시국가가 민주주의 정치를 펴면서 뛰어난 시민의식을 과시했고, 전쟁이 일어나면 다 함께 힘을 합쳐 적을 물리치는 단결력을 발휘했습니다. 그런데 그런 나라 백성들이 두로와 하맛이 망하는 것을 보면서 '우리가 살아남는 길은 엘리트주의를 버리고 여부스 족속처럼 되는 일뿐'이라고 생각하게 된다는 것입니다. 여부스 족속은 가나안의 잡족으로서, 개중에는 쫓겨나지 않고 버티다가 정식으로 이스라엘 백성이 된 자들이 있었습니다. 물론 끝까지 걸림돌로 남은 자들도 없지 않았지만, 진심으로 회개하고 하나님의 백성이 된 자들도 있었습니다.

아스글론이나 가사의 블레셋 사람들이 끝까지 자존심을 고집한다면 두로와 시돈처럼 망해 버릴 것입니다. 그러나 그들은 두로와 시돈이 망하는 모습을 보면서 세상의 욕망이 얼마나 무의미한지 깨닫고 스스로 나라를 이루기를 포기한 채 잡족이 되어 버릴 것입니다. 그리고 어느 순간부터 유다에 편입되어 유다의 한 두목 같은 존재가 될 것입니다. 즉, 유다 백성 중에서도 아주 중요한 역할을 하는 존재가 된다는 것입니다.

"그 입에서 그 피를, 그 잇사이에서 그 가증한 것을 제하리니"라는 구절에 대해서는 두 가지 해석이 있습니다. 한 가지는 블레셋을 들짐승에 비유했다고 보는 해석입니다. 그 정도로 야수성이 강해서 닥치는 대로 다른 민족을 물고 뜯었지만 이제는 하나님이 그들을 변화시키신다는 것입니다. 또 한 가지는 "가증한 것"이라는 표현에 주목하는 해석입니다. 성경에서 "가증한 것"은 우상을 가리킬 때 쓰는 표현입니다. 블레셋 사람들은 우상을 섬기고 제물의 피를 마시며 잇새에 제물의 고기가 끼여 있던 부정한 자들이었습니다. 우리도 담배 냄새, 술 냄새, 고기 냄새가 뒤섞인 냄새를 풍기는 사람과 같이 있으면 참기 힘들 때가 있습니다.

그런데 하나님은 그런 사람들도 바꾸신다는 것입니다. 그 잇새에서 니코틴을 없애고 알코올 냄새를 없애서 하나님을 찬양하게 하신다는 것입니다.

이 말씀은 문자적으로도 성취되었습니다. 미리 얻어맞은 예루살렘은 되살아나고 번창하던 두로는 망하는 것을 보면서 "이제는 욕심을 버리고 잡족이 되어 버리자. 여부스 족속처럼 이스라엘에서 나무 패고 물 긷는 사람들이 되어 버리자"라고 했을 때 블레셋 사람들은 하나님의 백성으로 편입될 수 있었습니다.

그러나 그보다 더 중요한 것은 이 말씀이 오늘날 수많은 이방인들의 회심을 예고하고 있다는 점입니다. 사실 예수 믿기 전에는 우리 모두 블레셋 족속처럼 자부심 강한 사람들이었습니다. '나는 이러이러한 집안 출신이다', '나는 어떤 학교를 졸업했다', '나는 어떤 회사의 어떤 직책에 있는 사람이다' 라는 자부심으로 꽉 차 있었습니다. 그런데 어느 날 '학벌이나 직장이 무슨 대수냐? 내가 살려면 잡족이 되어야 한다' 라는 것을 깨닫고 교회에서 주보도 나누어 주고 청소도 하고 허드렛일도 하게 된 것입니다. 하나님은 그것을 굉장히 기뻐하십니다. 하나님은 잡족들의 하나님이시기 때문입니다.

전에 제가 잘 알던 분이 있는데, 장로의 아들로 신앙적인 자부심이 아주 강한 사람이었습니다. 그런데 그는 목사님의 설교가 마음에 들지 않아서 예배 시간만 되면 잠을 잤습니다. 성가대 찬양이 끝날 때까지만 의식이 있었고, 설교가 시작될 때부터 축도할 때까지는 정신이 몽롱해졌습니다. 그런데 하나님이 그에게 어려움을 주셨습니다. 그가 다니던 회사 부서가 이윤을 내지 못해서 통째로 없어져 버린 것입니다. 명문 대학을 나와 좋은 직장에 취직해서 아무 어려움 없이 살아왔던 사람이 그때부터 엄청난 고생을 하게 되었습니다. 그는 인생 밑바닥에서 다시 울며 기도하기 시작했습니다. 그리고 하나님 앞에서 잡족이 되기로, 은혜를 구걸하는 거지가 되기로 결심했습니다. 나중에 그가 교회 사람들을 설득해서 집회를 가졌는데, 그때 성령의 큰 역사가 일어났습니다. 하나님이 교회에 성령의 불을 붙이시는 일에 그 잡족을 귀하게 사용하신 것입니다.

하나님의 백성이 되고 싶은 사람은 두로를 목표로 삼으면 안 됩니다. 그러면 알렉산더가 나타나서 박살내 버립니다. 오히려 자신이 붙들고 있던 모든 자랑을 버리고 여부스 족속이 되기로 결단할 때, 하나님은 그 사람을 새 나라의 귀한 일꾼으로 다시 빚어서 사용해 주실 것입니다.

돌아온 유다 백성들의 위치

바벨론에서 돌아온 유다 백성들은 자신들의 주변에서 일어나는 복잡한 세계정세의 변화를 이해할 수가 없었습니다. 바벨론이 전 세계를 도둑질하더니 페르시아의 손에 무너져 버리고, 그 페르시아는 알렉산더에게 또 무너져 버렸습니다. 그 모든 일이 의미하는 바가 무엇입니까?

그 모든 일은 유다 땅에서 조용히 시작될 메시아의 나라를 준비하는 서곡이었습니다. 하나님은 세계를 중동이라는 좁은 지역에서 유럽과 아프리카와 아시아까지 포함하는 넓은 지역으로 확대시킴으로써 복음이 전파될 발판을 마련하셨습니다. 또 전쟁이 계속되면 복음이 증거되기 어려우니까 그리스도가 오시기 전에 심판하실 나라들을 다 심판하셨습니다. 그러니까 제국들의 멸망과 부상은 그리스도의 오심을 준비하는 일종의 사전 정비작업이었던 것입니다.

8절을 보십시오. "내가 내 집을 둘러 진을 쳐서 적군을 막아 거기 왕래하지 못하게 할 것이라. 포학한 자가 다시는 그 지경으로 지나지 못하리니 이는 내가 눈으로 친히 봄이니라."

여기에서 "내 집"은 어디를 의미할까요? 어떤 사람들은 예루살렘 성전을 의미한다고 생각했습니다. 이후에 유다가 어느 정도 자치권을 인정받고 마카비 왕조가 일시적으로 독립했을 때에는 그 생각이 맞는 것

같기도 했습니다. 그러나 얼마 후에 마카비 왕조가 망하고 악한 자들이 성전에 침입해서 돼지 피를 뿌리며 우상에게 절할 것을 강요하고 수많은 유대인들을 죽이는 참극이 벌어지자, 그 생각은 힘을 잃고 말았습니다. 여기에서 말하는 "내 집"은 예루살렘 성전이 아니라 앞으로 세워질 신약 교회를 가리킵니다. 믿는 자들의 모임이 성령의 전이요 하나님의 집인 것입니다.

그렇다면 교회 안에는 악한 자들이 전혀 들어오지 못할까요? 저는 오히려 그 반대라고 생각합니다. 교회에는 악한 자들이 계속 들어와야 합니다. 교회는 죄인들을 위해 존재하는 곳이기 때문입니다. 그러나 그 악한 자들은 교회를 변질시키거나 진리를 막기 위해 오는 자들이 아니라 진리로 치료받기 위해 오는 자들입니다. 얼마 전에 어떤 과학자가 양을 복제했다고 해서 큰 화제가 된 적이 있는데, 그리스도인들이 보기에는 우스운 일에 지나지 않습니다. 양을 복제하는 것은 그리 대단한 일이 아닙니다. 교회는 늑대 같은 사람도 양으로 바꾸고 사자 같은 사람도 양으로 바꾸며 곰 같은 사람도 양으로 바꾸는 곳입니다.

믿는 자들의 공동체야말로 진정한 성역입니다. 그 안에 있으면 어떤 죄인도 성령께서 보호해 주십니다. 그러나 본인 자신도 해야 할 일이 있습니다. 그것은 자기 마음대로 경계선을 넘어가지 않는 것입니다. 자기 삶에 눈에 보이지 않는 경계선을 그어 놓고 그 안에서만 움직이는 것입니다.

다윗이 압살롬에게 쫓겨 도망칠 때 시므이라는 사람이 그를 저주했습니다. 나중에 솔로몬은 그에게 경계선을 정해 주고 그 밖으로 나오지 않는다는 조건으로 목숨을 살려 주었습니다. 그런데 그는 종이 도망쳤다고 해서 그 선을 마음대로 벗어나 추격했고, 결국 솔로몬에게 죽임을 당하고 말았습니다.

하나님의 보호를 받으려면 무한정 욕심을 채울 것이 아니라 스스로 넘지 못할 선을 그어 놓아야 합니다. 그리스도인은 하고 싶어도 못하는 일들이 있어야 합니다. 너무 잘해 보려고 두로나 하맛처럼 막 나갈 것이 아니라 사도 바울처럼 자족하는 법을 배워야 합니다. 부요하다고 해서 교만해져서도 안 되고 가난하다고 해서 비굴해져서도 안 됩니다. 그러려면 무엇보다 말씀의 가치를 깨달아야 합니다. 말씀 속에 있는 엄청난 보배의 가치를 깨달을 때, 조금 잘사는 것도 그리 자랑스럽지 않으며 조금 못사는 것도 그리 부끄럽지 않게 됩니다.

지금 역사가 기다리고 있는 것은 한 주인공의 등장입니다. 바벨론의 느부갓네살이나 페르시아의 다리오 왕이나 마케도니아의 알렉산더 대왕은 모두 들러리에 불과합니다. 이 세계적인 왕들이 전부 들러리에 불과할 정도라면 장차 오실 그 왕은 얼마나 엄청난 분일까요? 또 그의 등장은 얼마나 요란하고 찬란할까요? 그러나 그는 놀라울 정도로 초라하게 등장하십니다. "시온의 딸아, 크게 기뻐할지어다! 예루살렘의 딸아, 즐거이 부를지어다! 보라, 네 왕이 네게 임하나니 그는 공의로우며 구원을 베풀며 겸손하여서 나귀를 타나니 나귀의 작은 것 곧 나귀 새끼니라"(9:9).

옛날에 위대한 왕들은 높은 말에 올라탄 채 헤아릴 수 없이 많은 군인들과 포로들을 거느리고 입성하는 것이 상례였습니다. 그러나 온 세상이 고대하는 이 왕은 말이 아닌 나귀를, 그것도 나귀 새끼를 타고 입성하실 것입니다.

미국 대통령이 공식적으로 우리나라를 방문했는데 리무진 대신 50시시짜리 작은 스쿠터를 타고 다닌다면 얼마나 우습겠습니까? 미국 대통령 정도라면 적어도 수십 명의 경호원과 수행원을 거느려야 어울릴 것입니다. 그런데 온 세상이 기다리던 이 왕은 작은 나귀 새끼를 타고 예루살렘에 입성하신다는 것입니다. 그 이유가 무엇입니까?

그는 평화의 사자로 오시는 분이기 때문입니다. 그는 나귀 새끼를 타고 입성하심으로써 "하나님이 원하시는 것은 샬롬이다. 나는 그것을 위해 왔다"라는 사실을 명백히 밝히실 것입니다. 이 왕은 전쟁에서 승리하는 데 그 목적이 있지 않습니다. 이 왕은 전쟁과 질병과 가난의 근본적인 원인을 알고 계십니다. 단순히 반역하는 나라를 정복하여 수많은 포로들을 잡아들인다고 해서 문제가 해결되지 않음을 알고 계십니다. 모든 불행의 원인은 인간의 마음속에 있습니다. 인간의 마음이 교만하고 악하기 때문에 계속해서 죄를 짓고 불행을 자초하는 것입니다. 이것이 바벨론이나 앗수르나 두로나 시돈이 멸망한 이유였습니다. 예수 그리스도는 바로 그러한 인간의 근본 문제를 해결하기 위해 오시는 분입니다.

그렇기 때문에 그에게는 많은 군인이나 말들이나 병거나 포로가 필요치 않습니다. 실제로 그는 겸손하게 나귀를 타고 입성해서 십자가에 달려 죽으셨습니다. 자신을 욕하는 사람들에게 마주 욕하거나 자신에게 매질을 하고 침을 뱉는 사람들에게 저주를 퍼붓지 않고 기꺼이 십자가에 달려 죽으셨습니다. 그것이 수천 년 동안 막혀 있던 하나님의 사랑의 물꼬를 터뜨렸습니다. 물론 하나님은 그 전에도 인간들을 사랑하셨습니다. 그러나 죄가 해결되지 않는 한 그 사랑을 구체적으로 부어 주실 수는 없었습니다. 그런데 십자가의 순종이 그 물꼬를 터뜨린 것입니다.

십자가는 수천 년 동안 하나님을 의심하며 미워하고 증오했던 인간들의 눈에서도 눈물이 터져 나오게 했습니다. 예수 그리스도는 그들을 무력으로 굴복시키지 않으셨습니다. 아무 말 없이 십자가에 못 박혀 죽으심으로써 하나님도 울게 만드셨고 인간도 울게 만드셨습니다. 예수님의 십자가를 제대로 쳐다본 사람이라면 누구나 울음을 터뜨리지 않을 수 없습니다. 그가 바로 자신의 죄 때문에 거기 매달리셨다는 것을 깨달은 사람이라면 누구든지 그 앞에 무릎을 꿇지 않을 수 없습니다. 이처럼 예수님은 총칼 없이 온 세상을 정복하셨습니다.

10절을 보십시오. "내가 에브라임의 병거와 예루살렘의 말을 끊겠고 전쟁하는 활도 끊으리니 그가 이방 사람에게 화평을 전할 것이요 그의 정권은 바다에서 바다까지 이르고 유브라데 강에서 땅 끝까지 이르리라."

"에브라임의 병거와 예루살렘의 말"은 지금까지 이스라엘과 유다가 자신들을 지키기 위해 전쟁용으로 준비한 것입니다. 하나님이 그들을 지켜 주셨음에도 불구하고 그들에게는 말이나 활이 필요했습니다. 그러나 주님이 나귀를 타고 입성하여 십자가에 달려 돌아가시고 나면 더 이상 무기가 필요 없을 것입니다. 그리스도는 세상에 진정한 평화를 주시기 위해 오시는 분입니다. 그러므로 더 이상 옛날처럼 전쟁을 통해 나라를 지킬 필요가 없습니다.

그렇다면 이제 더 이상 문단속을 하지 않아도 될까요? 더 이상 무기도 만들지 않고 군대에 가지 않아도 될까요? 그렇지는 않습니다. 완전한 그리스도의 나라가 임할 때까지 우리는 여전히 문단속을 해야 하며 군대에 가야 합니다. 그러나 우리 마음에는 이미 하나님의 나라가 임했기 때문에 더 이상 분노로 자신을 지킬 필요가 없습니다.

그리스도는 우리를 평화의 사자로 세상에 보내셨습니다. 평화의 사자가 갖추어야 할 자격이 무엇입니까? 누가 욕을 해도 얼굴이 벌게지지 않고, 누가 공격해도 반격하지 않으며, 누가 비난해도 흥분하지 않고 소화해 내는 것입니다. 우리가 많이 기도해야 하는 이유가 여기 있습니다. 우리에게는 아직도 혈기가 너무 많습니다. 누가 한 대 때리면 두 대로 갚아 주고 누가 한마디 하면 수십 마디로 갚아 주려 듭니다. 그러니까 평화가 오지 않는 것입니다. 그런 사람은 아직도 에브라임의 병거와 예루살렘의 말로 싸우는 것입니다.

그러나 주님은 "평화의 사자는 무장할 필요가 없다"라고 말씀하십니다. 무장하지 않으면 무서운 것이 사실입니다. 그러나 한 사람 한 사람 그 속을 들여다보면 무서워할 필요가 전혀 없다는 것을 알게 됩니다. 잘 모르니까 무서운 것이지 알고 보면 다 불쌍한 사람들입니다. 세상 사람들이 하나님께 분노하는 것은 인정받지 못한다고 생각하기 때문이며, 하나님이 자신들을 무시하고 거부한다고 생각하기 때문입니다. 그리고 소리를 지르면서 말하는 것은 겁이 나기 때문입니다. 당당한 사람은 굳이 소리를 지르면서 이야기할 필요가 없습니다. 그들은 전부 이해받기를 원하며 인정받기를 원하는 약한 사람들입니다.

주님은 우리에게 굉장히 강력한 무기 두 가지를 주셨습니다. 한 가지는 사랑할 수 있는 능력입니다. 겉보기에는 사나운데 왠지 모르게 불쌍해 보이고 이해해 주고 싶은 생각이 듭니다. 그 사람에게 내가 알지 못하는 사정이 있을 것만 같고, 무조건 그를 믿어 주고 싶습니다. 이런 것은 오직 기도로만 얻을 수 있는 마음입니다. 또 한 가지는 진리를 가지고 진실하게 나아가는 것입니다. 마귀는 진리 앞에 힘을 쓰지 못합니다. 우리에게는 이 두 가지 무기가 있기 때문에 칼과 창으로 싸울 필요가 없습니다.

아마 그 당시에 모든 물건은 유브라데 강을 통해 운송되었던 것 같습니다. 그러나 이제는 복음이 유브라데 강을 통해 땅 끝까지 전달될 것입니다.

오늘 성경이 우리에게 말씀하는 바가 무엇입니까? 복잡한 세계정세의 변화는 결국 나귀를 타고 오실 왕을 맞이하기 위한 예비작업이라는 것입니다. 알렉산더나 다른 영웅들이 한 일은 그 왕이 오실 길을 닦아 놓는 것이었습니다.

이처럼 우리는 주변에서 일어나는 일들의 영적인 의미를 간파해야 합니다. 누가 대통령이 되고 환율이 어떻게 변동되었는지 알아보는 데서 그치면 안 됩니다. 그러한 변화 이면에 있는 그리스도의 의도를 알아야 합니다. 하나님은 경제적인 어려움을 통해 우리나라 젊은이들에게 진정한 축복, 하나님의 말씀 속에 들어 있는 진리를 캐내는 축복을 주고자 하십니다. 우리는 그것을 깨달아야 합니다.

이 세상의 평화는 무력으로 이루어지지 않습니다. 물론 반란을 일으킨 자들을 무력으로 진압해서 잡아들이면 당분간은 전쟁이 일어나지 않을 것입니다. 그러나 그것은 그야말로 당분간일 뿐입니다. 인간의 마음이 근본적으로 변하지 않는 한 전쟁은 사라지지 않습니다.

그리스도의 십자가는 우리에게 근본적인 해결책을 제시해 주었습니다. 하나님의 사랑의 물꼬를 터뜨려 사람들 위에 쏟아지게 만들었고, 사람들로 하여금 자기 속에 있는 악에 대해 고민하게 만들었습니다. 사람의 마음이 변하지 않는 한 전쟁이나 갈등은 사라지지 않습니다. 그래서 그리스도는 멋있는 말 대신 보잘것없는 나귀 새끼를 타고 입성하셨습니다. 스가랴의 예언은 문자 그대로 성취되었습니다.

오늘날 이 땅에 진정한 평화를 가져오려면 어떻게 해야 합니까? 말과 활을 준비하는 대신 복음을 들고 나아가야 합니다. 그동안 우리 사회에는 많은 전쟁이 있었습니다. 노동자와 사용자 사이에 전쟁이 있었고, 위정자와 학생들 사이에 전쟁이 있었으며, 집 주인과 세입자 사이에 전쟁이 있었습니다. 그리고 지금은 많은 사람들이 직장을 잃은 채 생존을 위해 싸우고 있습니다. 우리가 다 함께 살려면 무엇보다 먼저 하나님과 화해해야 합니다. 그래야 자기 자신과도 화해할 수 있고 이웃과도 화해할 수 있으며 자연 환경과도 화해할 수 있습니다.

지금 세상에 필요한 사람은 자신이 먼저 연단을 받고 고난을 받음으로써 마음속에 있는 혈기와 분노가 다 빠져 나간 자들, 하나님과 인간을 화해시킬 수 있는 평화의 사자들입니다. 세상의 무기와 힘으로 자신을 지키려 하지 마십시오. 사랑과 진리로 세상을 향해 나아가는 평화의 사자가 되십시오.

14

면류관의 보석 같은 성도들

스가랴 9:11-17

9:11 또 너로 말할진대 네 언약의 피를 인하여 내가 너의 갇힌 자들을 물 없는 구덩이에서 놓았나니

12 소망을 품은 갇혔던 자들아, 너희는 보장으로 돌아올지니라. 내가 오늘날도 이르노라. 내가 배나 네게 갚을 것이라.

13 내가 유다로 당긴 활을 삼고 에브라임으로 먹인 살을 삼았으니 시온아, 내가 네 자식을 격동시켜 헬라 자식을 치게 하며 너로 용사의 칼과 같게 하리라.

14 여호와께서 그 위에 나타나서 그 살을 번개같이 쏘아 내실 것이며 주 여호와께서 나팔을 불리시며 남방 회리바람을 타고 행하실 것이라.

15 만군의 여호와께서 그들을 호위하시리니 그들이 원수를 삼키며 물매돌을 밟을 것이며 그들이 피를 마시고 즐거이 부르기를 술 취한 것같이 할 것인즉 피가 가득한 동이와도 같고 피 묻은 제단 모퉁이와도 같을 것이라.

16 이날에 그들의 하나님 여호와께서 그들을 자기 백성의 양 떼같이 구원하시리니 그들이 면류관의 보석같이 여호와의 땅에 빛나리로다.

17 그의 형통함과 그의 아름다움이 어찌 그리 큰지! 소년은 곡식으로 강건하며 처녀는 새 포도주로 그러하리로다.

9:11-17

학창시절에 경주로 수학여행을 갔습니다. 그런데 석굴암은 해 뜰 때 보아야 한다고 해서 캄캄한 새벽에 여관을 나서 꼬불꼬불한 산길을 걸어 올라갔습니다. 날씨가 흐려서 해 뜨는 모습은 보지 못했지만, 예전에 동해에서 태양이 떠오르면 석굴암에 모신 부처상의 이마에 박힌 보석에 반사되어 석굴암 전체가 환해졌다는 설명을 들었던 기억이 납니다.

우리는 하나님의 뜻대로 날마다 말씀과 은혜에 넘치는 생활을 하면 당장 무슨 축복이 임할 것처럼 생각합니다. 그런데 마음에는 은혜가 넘치는데 오히려 현실적으로는 상황이 계속 꼬이고 어려워질 때, 심각한 침체에 빠지기 쉽습니다. 그러나 성경은 이것이야말로 면류관에 박힌 보석이 되는 과정이라고 말합니다. 세상에 나 한 사람만 산다면 이런 연단의 과정이 필요 없을지도 모릅니다. 그러나 하나님은 우리가 많은 이들의 빛이 되기를 원하십니다. 그래서 오랜 기간에 걸쳐 보석으로 연단해 나가십니다. 금고 속에 감추어진 보석이 아니라 왕의 면류관 중앙에 박혀 온 세상을 환하게 밝히는 보석으로 만들어 나가시는 것입니다.

장사하는 사람과 농사짓는 사람은 행동양식이 많이 다릅니다. 장사하는 사람은 시간을 다투면서 일합니다. 물건을 제때 구하지 못하면 팔

기회가 있는데도 팔지 못하게 되고 남은 물건들은 그대로 재고로 쌓이기 때문에 모든 일을 속전속결로 처리합니다. 그에 비해, 농사짓는 사람은 소처럼 천천히 일합니다. 곡식은 서두른다고 익는 것이 아니기 때문입니다. 농부들은 오래 인내한 끝에 열매를 얻습니다. 이렇게 볼 때 성격이 급한 사람은 장사는 할 수 있어도 농사는 짓기 어려울 것입니다.

그런데 신앙생활에서 열매를 얻으려면 농사지을 때보다 더 오랜 시간을 기다려야 합니다. 신앙생활은 마치 깊은 산에서 원석을 캐내어 보석으로 가공하는 일과 같습니다. 우리를 향한 하나님의 뜻은 장사처럼 하루이틀이나 한두 달에 이루어지는 것도 아니고, 농사처럼 1, 2년이나 4, 5년에 이루어지는 것도 아닙니다. 신앙의 열매는 아무리 초고속으로 맺혀도 10년입니다. 제일 속도가 빠른 사람이 10년 걸려요. 그러니까 아름다운 열매를 맺기까지 얼마나 오랫동안 인내해야 하는지 모릅니다. 그러나 일단 열매를 맺은 사람은 면류관에 박힌 빛나는 보석이 되어서 온 세상을 환하게 비출 수 있습니다. 그 대표적인 인물이 요셉입니다. 그는 어릴 때 애굽에 팔려 가서 청년기 대부분을 노예로 보냈습니다. 그러나 일단 하나님의 손에 잡혀 사용되기 시작하니, 보석처럼 온 세상을 환하게 비추는 존재가 되었습니다.

유다 백성들은 바벨론에서 돌아옴으로써 모든 어려움이 끝났다고 생각했습니다. 이제는 다윗 왕조가 회복되고 통일된 독립국가로서 옛 영광과 권세를 회복할 수 있으리라고 믿었습니다. 그러나 그들이 곧 깨달은 사실은 아직도 갈 길이 멀고 험하다는 것이었습니다. 바벨론이 망한 후 페르시아가 전 세계를 지배하더니, 알렉산더라는 엄청난 침략자가 등장해서 페르시아를 무너뜨렸습니다. 사실 알렉산더는 단순한 정복자가 아니었습니다. 그는 스스로 헬라 문화의 전도사를 자처했습니다. 그래서 가는 곳마다 강제로 헬라어를 사용하게 했고 헬라 문화를 퍼뜨렸습니다. 그의 사후에 팔레스타인은 네 후계자들의 각축장이 되었습니다. 그 중에서도 안티오코스 에피파네스는 유대인들에게 우상숭배를 강요하고 성전에 돼지 피를 뿌렸으며 제우스 신에게 절하지 않는 많은 유대인들을 살육했습니다. 그 후에 세계는 로마라는 강대국의 지배 아래 들어갑니다.

하나님의 약속을 붙들고 예루살렘으로 돌아온 유다 백성들이 그러한 일들을 보면서 무슨 생각을 했겠습니까? '하나님의 축복은 왜 이리 더디게 이루어질까?'라는 의문을 품지 않았겠습니까? 그들은 바벨론에서 돌아와 예루살렘 성전을 짓기만 하면 곧바로 메시아의 나라가 시작될 줄 알았습니다. 그런데 세계는 메시아와 아무 상관 없이 힘을 가진 악한 자들을 중심으로 흘러가고 있었습니다.

물 없는 구덩이에 갇힌 자들

누군가 아무도 살지 않는 빈집의 물 없는 우물에 빠졌다고 합시다. 물이 없으니 당장 죽지는 않겠지만 쉽게 빠져 나오지는 못할 것입니다. 며칠이 지나도록 물 한 모금 마시지 못하고 사람의 인기척조차 전혀 느껴지지 않을 때 무슨 생각이 들겠습니까? 아마 '사람이 이런 식으로 죽는구나'라는 생각이 들면서 말할 수 없는 두려움과 외로움에 휩싸일 것입니다. 또 처음에는 "사람 살려!"라고 소리라도 지르겠지만, 결국 아무도 듣는 사람이 없다는 것을 알 때 자포자기하게 될 것입니다. 그런데 어느 순간 사람의 말소리가 들려온다면 얼마나 반갑겠습니까? 다시 한번 혼신의 힘을 다해 "사람 살려!"라고 소리칠 것입니다.

그동안 유다 백성들은 마치 물 없는 구덩이에 빠진 자들처럼 절망 속에 살아왔습니다. 포로로 잡혀 간 곳에서는 아무리 소리를 질러도 들어주는 사람이 없었습니다. "또 너로 말할진대 네 언약의 피를 인하여 내가 너의 갇힌 자들을 물 없는 구덩이에서 놓았나니"(9:11).

하나님은 유다 백성들을 물 없는 구덩이에 갇힌 자들로 묘사하고 계십니다. 우리말 중에 이것과 가장 가까운 표현은 '사면초가'일 것입니다. 사면이 완전히 막혀서 도저히 빠져 나갈 길이 없는 것입니다. 어려움은 계속되는데 출구는 아무 데도 보이지 않습니다.

그렇다면 그들에게 물 없는 구덩이에 갇힌 상황이란 구체적으로 어떤 것이었을까요? 끝이 보이지 않는 기나긴 포로생활이었습니다. 그들 중 일부는 바벨론으로 잡혀 갔고, 나머지는 전 세계에 노예로 팔려 가 많은 고생을 하며 살았습니다. 아무리 기다리고 부르짖어도 도움의 손길은 나타나지 않았습니다. 심지어 일부 유다 백성들이 바벨론에서 돌아와 성전을 지었다는 놀라운 소식을 듣고 열심히 기다렸는데도 구원은 임하지 않았습니다.

그들은 대체 왜 이처럼 물 없는 구덩이에 오랫동안 갇혀 있어야 했습니까? 하나님은 "네 언약의 피를 인하여" 이렇게 되었다고 말씀하십니다. 다시 말해서 그들이 하나님의 백성이 아니라면 이런 고생을 할 필요가 없었겠지만, 하나님의 백성이기 때문에 구덩이에 빠져서 소망 없는 나날을 보내게 되었다는 것입니다.

아마 여러분도 그렇게 답답한 기간을 보냈던 경험이 있을 것입니다. 지금 내 모습은 분명히 하나님이 원하시는 모습이 아닙니다. 나의 삶은 회복되어야 하는 것이 분명합니다. 그런데 빠져 나갈 길이 전혀 보이지 않습니다. 예를 들어 대학을 졸업한 지 수년이 지나도록 직장이 없습니다. 결혼을 해서 아이까지 낳았는데도 직장이 없습니다. 또 어떤 자매는 하루하루 기쁨의 눈물이 마를 날이 없을 정도로 감격스러운 생활을 하고 있음에도 불구하고 결혼할 사람이 나타나지 않습니다. 분명히 하나님을 사랑하고 있고 제대로 신앙생활 하고 있는데도 현실적으로는 아무 변화의 기미도 나타나지 않는 것입니다. 그럴 때 마음에 찾아오는 것이 무엇입니까? '이 물 없는 구덩이에 언제까지 갇혀 살아야 하는가?'라는 두려움입니다.

그리스도인은 희망으로 사는 사람들입니다. 아무리 현재가 불만스러워도 미래의 소망만 보이면 얼마든지 견뎌 낼 수 있습니다. 그런데 아무리 기다려도 나아질 가능성이 보이지 않을 때 우리는 절망하게 됩니다. 그리고 그 기간이 길어질수록 신앙은 냉소주의에 빠지고, 뜨거웠던 자신감은 사라지며, '나는 아무것도 할 수 없다'라는 패배적인 생각에 사로잡히게 됩니다.

하나님이 남들은 겪지 않는 이런 구덩이의 기간을 주시는 이유가 무엇입니까? 바로 언약의 피 때문입니다. 내가 하나님의 백성이기 때문에, 하나님이 나에 대해 놀라운 계획을 가지고 계시기 때문에 이러한 연단의 기간을 통해 준비시키시는 것입니다.

하나님의 약속이 더디게 이루어지는 이유

규모가 크든 작든 간에 예루살렘 성전이 재건되었다는 소식은 전 세계에 흩어져 하나님의 구원을 기다리던 유다 백성들에게 아주 기쁜 소식이었습니다. 그들에게는 '이제 드디어 하나님이 움직이기 시작하셨구나. 이 비참한 노예생활도 곧 끝나겠구나'라는 희망이 생겼습니다. 그런데 하나님의 구원은 나타나지 않고 알렉산더라는 더 엄청난 정복자가 나타나서 패권을 장악해 버렸습니다. 페르시아가 망하기만을 고대했던 백성들은 '도대체 얼마를 더 기다려야 메시아의 나라가 오는 것인가?'라는 절망에 빠지게 되었습니다.

그런데 그들이 깨닫지 못한 사실이 몇 가지 있습니다. 그것이 무엇입니까? 첫째는 그리스도가 오시기 전에 인간의 죄성을 있는 그대로 보여 주시는 기간이 필요하다는 것입니다. 영화를 보면 주인공이 등장하기 전에 온갖 악당들이 나와서 못된 짓을 하는 것을 볼 수 있습니다. 관객들은 그 악당들을 보면서 왜 주인공이 나타나지 않는지 조급한 마음으로 기다리게 됩니다. 또 환자는 아픈 정도가 심하고 기간이 길어질수록 의사를 반가워합니다. 만약 자신은 아프다는 생각을 하지 않고 있는데 의사가 와서 치료해 주겠다고 하면 오히려 화를 내면서 돌려보낼 것입니다.

유다 백성 일부가 바벨론에서 돌아와 성전을 재건한 것이 이제 곧 그리스도가 오신다는 신호였음은 분명합니다. 그러나 그 전에 세상은 도대체 무엇 때문에 그리스도가 오셔야 하는지 알 필요가 있습니다. 즉, 인간의 죄성을 생생히 목격해야 하는 것입니다. 바벨론 시대와 페르시아 시대와 마케도니아 시대가 지나면서 인간들은 전쟁을 지긋지긋하게 겪었습니다. '이제는 이런 영웅들 필요 없다! 우리에게는 평화를 줄 왕이 필요하다' 라는 생각이 들 때까지 하나님은 격동의 역사를 허락하셨습니다.

둘째는 하나님이 그러한 격동의 역사를 통해 메시아의 길을 준비하셨다는 것입니다. 세상이 요동했다고 해서 서로 싸우고 죽이기만 한 것은 아닙니다. 알렉산더는 문화적으로 메시아의 길을 닦아 놓았습니다. 그는 자신이 정복한 나라들을 헬라 문화권에 통합시켰습니다. 그 중에서도 중요한 일은 주변 세계가 전부 헬라어를 사용하게 되었다는 것입니다. 신약성경은 헬라어로 기록되었고, 구약성경도 헬라어로 번역되어 전 세계로 퍼져 나갔습니다.

또한 로마는 여러 나라의 저항을 진압하고 평화를 정착시키며 도로를 닦아 놓음으로써 전도자들이 마음껏 여행하며 복음을 전할 수 있는 여건을 마련했고, 전 세계에 흩어져 있던 유대인들이 예루살렘을 찾아와 복음을 들을 수 있는 환경을 조성해 놓았습니다.

셋째는 장차 임할 메시아의 나라가 바벨론이나 페르시아나 마케도니아처럼 무력으로 세계를 점령하지 않는다는 것입니다. 많은 이들은 바벨론의 느부갓네살이나 페르시아의 다리오나 마케도니아의 알렉산더 같은 위대한 장군이 나타나서 온 세상을 칼로 정복하고 메시아의 나라를 세울 줄 알았습니다. 그러나 메시아의 나라는 무력으로 정복하는 나라가 아니었습니다. 오직 믿음으로만 확산되는 신앙의 나라였고 이 세상 나라와 공존하는 나라였습니다. 이 세상을 무력으로 정복하는 일은 메시아가 두 번째 오실 때 이루어질 것입니다.

구약과 신약을 가르는 중대한 차이가 여기 있습니다. 구약 시대 사람들은 메시아의 나라를 멀리서 내다보았기 때문에 메시아의 나라가 시작되는 일과 메시아가 세상을 정복하고 심판하시는 일이 동시에 일어날 것이라고 생각했습니다. 실제로는 서로 떨어져 있는 두 산봉우리가 멀리서 보면 한데 붙어 보이는 이치와 같습니다. 심지어 세례 요한조차 그리스도가 오심과 동시에 정복과 심판이 이루어지는 줄 알았습니다. 그래서 예수님께 "오실 그이가 당신이오니이까? 우리가 다른 이를 기다리오리이까?"(마 11:3)라고 물었던 것입니다.

그러나 신약 시대에 이르면 이 두 산봉우리가 실제로는 상당히 떨어져 있으며 그 사이에 교회 시대가 자리잡고 있음을 알게 됩니다. 그리스도가 두 번째 오실 때까지 온 세상에 복음을 전하며 사람들을 천국으로 초청하는 시대가 열리는 것입니다. 정복은 인류 역사 마지막 순간에 이루어집니다.

이럴 때 우리는 어떻게 해야 합니까? 천신만고를 겪으며 오늘날까지 견뎌 왔는데 내가 소망하던 일과 실제 이루어지는 일이 다른 것으로 판명날 때 어떻게 해야 합니까? "소망을 품은 갇혔던 자들아, 너희는 보장으로 돌아올지니라. 내가 오늘날도 이르노라. 내가 배나 네게 갚을 것이라"(9:12).

가장 중요한 일은 절망하지 않는 것입니다. 감정적으로는 너무나 슬프고 절망스럽지만, 그렇다고 해서 하나님 의지하기를 중단하면 안 됩니다. 하나님만이 나를 도울 수 있는 유일한 분이시기 때문입니다. 12절은 하나님을 "보장"이라고 표현하고 있습니다. 이것은 '나를 보호하는 안전한 성채'라는 뜻입니다.

사면초가의 상황에서 가장 먼저 기억해야 할 사실은, 사방은 막혀 있어도 하늘은 뚫려 있다는 것입니다. 세상에는 도움을 청할 사람이 아무도 없고 현실적으로 어려움을 해결할 길 또한 전혀 없어도 하늘은 열려 있으며 하나님은 내 기도를 듣고 계십니다. 물 없는 구덩이에 갇혀 있어도 기도는 할 수 있습니다. 그러므로 사방이 막히면 막힐수록 더 하나님께로 달려가야 합니다. 하나님 앞에서 울고 싶은 만큼 울고 소리 지르고 싶은 만큼 소리 지르면서 기도해야 합니다. 너무 기가 막혀서 말도 안 나오고 "어~어~" 하는 소리만 질러도 하나님은 다 알아들으십니다. 우리 위에 뚫려 있는 하늘은 느부갓네살도 못 막고 다리오도 못 막고 알렉산더도 못 막습니다. 아무 출구도 보이지 않고 사방이 막힐 때 '아, 지금은 기도할 때로구나. 좋다! 한평생 기도할 거 이번에 다 해 보자' 하는 마음으로 기도하십시오. 우리가 바라볼 곳은 하늘뿐입니다.

그 다음으로 기억할 사실은 이때가 바로 악의 때, 악이 마음껏 활개를 치는 때라는 것입니다. 그럴 때 무슨 큰일을 하겠다고 성급하게 덤비면 안 됩니다. 악의 때에는 자기 영혼 하나만 잘 지켜도 대성공입니다. 가족도 돕지 못하고 헌금도 많이 못 드린다 해도 내 영혼 하나 바로 지키면 그보다 더 큰 성공이 없습니다. 그럴 때는 그냥 안 죽고 살아만 있어도 잘하는 것입니다. 그러려면 곰의 겨울잠 전법을 써야 합니다. 가능한 한 에너지 사용을 줄이고 숨만 쉬면서 겨울을 넘겨야 합니다. 하나님이 아직 힘을 주시지 않은 때는 앞에 나서서 무슨 일을 할 때가 아니라 실컷 은혜 받을 때입니다. 하나님께 위대하게 사용되었던 사람들은 전부 그렇게 자신을 준비했습니다. 사도 요한은 에베소에서 목회 잘하다가 밧모 섬에 유배되었습니다. 성도를 만나지 못한다는 것은 목회자에게 굉장히 큰 고통입니다. 그런데 그는 그 섬에서 하나님의 엄청난 은혜를 체험하고 요한계시록을 썼습니다.

고난 가운데 내가 만난 하나님은 다른 사람들에게도 필요한 하나님이고, 어려움 속에서 내가 체험한 은혜는 다른 사람들에게도 필요한 은혜입니다. 그러니까 사방이 막혔을 때 내 힘으로 빠져 나가려고 발버둥치지 말고 실컷 은혜 받을 생각을 하십시오. 그러면 그때 만난 하나님, 그때 깨달은 성경, 그때 부른 찬송, 그때 흘린 눈물이 만국공용어가 되어 다른 고난받는 사람들에게 위로와 격려로 다가갈 것입니다.

또한 말씀을 붙들고 있으면 반드시 재기할 기회를 주신다는 사실을 기억해야 합니다. 하나님은 "내가 오늘날도 이르노라. 내가 배나 네게 갚을 것이라"라고 말씀하십니다. 말씀을 붙들고 겪는 고난에는 반드시 보상이 있습니다. 하나님이 배나 갚아 주십니다. 반드시 구덩이를 빠져 나와 그동안 잃어버린 세월, 잃어버린 기회의 몇 배로 하나님께 영광 돌리게 될 것입니다.

헬라를 치는 이스라엘

이미 말했듯이 유다 백성들이 바벨론에서 돌아온 후부터 그리스도가 오시기 전까지의 기간에 세계는 헬라 문화권에 통합됩니다. 예수 그리스도는 로마 시대에 태어나셨지만, 사실 로마는 헬라 문화를 수용하고 복사한 나라에 지나지 않습니다. "내가 유다로 당긴 활을 삼고 에브라임으로 먹인 살을 삼았으니 시온아, 내가 네 자식을 격동시켜 헬라 자식을 치게 하며 너로 용사의 칼과 같게 하리라"(9:13).

용사가 활을 쏠 때 어떻게 합니까? 평범한 사람은 당길 수도 없는 큰 활을 당겨서 튼튼한 화살을 먹여 놓습니다. 그렇게 힘껏 당겼던 시위를 놓으면 화살이 날아가서 목표에 적중하는 것입니다. 하나님은 바벨론에서 돌아온 유다 백성들과 전 세계에 흩어져 있는 이스라엘 백성들을 그런 화살로 사용하겠다고 말씀하십니다.

"에브라임"은 북쪽 이스라엘 백성을 가리키는 표현입니다. 사실 그들은 노예로 팔려가자마자 이방인들과 섞여 버렸기 때문에 순수한 이스라엘 혈통이라고 할 수 없었습니다. 그저 자신들의 조상이 이스라엘 백성이었다는 희미한 기억 정도만 남아 있었을 뿐입니다. 그런데 놀랍게도 그런 사람들을 화살로 사용하시겠다는 것입니다. 사도행전을 보면 이스라엘의 후손들이 오순절에 예루살렘으로 제사 드리러 왔다가 성령을 받고 그리스도인이 되는 장면이 나옵니다. 그들은 아시아와 유럽과 아프리카에서 온 사람들로서 언어도 통하지 않았고 생김새도 달랐으며 옷차림도 판이하게 달랐습니다. 단지 희미하게 남아 있는 조상들의 하나님을 기억하고 찾아왔다가 성령을 받은 것입니다. 유다를 활로, 에브라임을 먹인 살로 사용하신다는 말씀은 초대 교회 때 그대로 성취되었습니다. 예루살렘에서 성령의 역사를 체험한 이스라엘의 후손들은 화살처럼 전 세계로 날아가 교회를 세우고 복음을 전했습니다.

하나님은 "시온아, 내가 네 자식을 격동하여 헬라 자식을 치게 하며"라고 말씀하십니다. 여기에서 "헬라 자식"은 전 세계 모든 사람을 가리킵니다. 신약 시대 때 통치의 주체는 로마였지만 그 사고방식은 헬라적이었습니다. 실제로 사도 바울은 유대인이 아닌 사람들을 "헬라인"으로 총칭해서 불렀습니다. 헬라 문화권에 속한 사람들, 헬라어를 쓰는 사람들, 이방인 중에서 스스로 똑똑하다고 생각하는 사람들, 당시에 야만인으로 불렸던 게르만 족 등을 제외한 이방인들을 전부 헬라인으로 부른 것입니다.

하나님은 그 백성들이 어떤 처지에 있든지 유용하게 사용하십니다. 예루살렘에 있는 유다 백성들은 활로 사용하셨고 전 세계에 흩어진 이스라엘의 후손들은 먹인 살로 사용하셨습니다. 우리도 마찬가지입니다. 지금 어떤 형편에 있든지 주님께 놀랍게 사용될 수 있습니다. 그러나 내 방식과 내 입장을 지나치게 고집하면 사용되기 어렵습니다. 하나님은 유다 백성 모두를 사용하기 원하셨지만, 그들은 자신들의 장벽을 넘지 못해서 넘어지고 말았습니다. 예수님이 바울을 이방인의 사도로 따로 준비하신 것은 예수님의 제자들조차 유대인의 문화와 관습이라는 장벽을 뛰어넘기 어려웠기 때문입니다. 자기 틀이 강하면 강할수록 사용되는 폭이 좁아질 수밖에 없습니다.

그렇기 때문에 하나님 앞에서 자꾸 자기 틀을 버리는 것이 좋습니다. 내 방식, 내 시간, 내 이익, 내 집, 내 교회, 내 것들에 대한 집착을 버릴 수록 더 강력한 화살로 사용될 수 있습니다. 주님의 도구가 되려면 그 손에 찰싹 달라붙어 있어야 합니다. 좋은 도구는 손에 쥐기 쉬운 도구입니다. 제멋대로 움직이는 도구는 진열용으로밖에 쓰이지 못합니다. 활도 용사의 뜻에 따라 얼마든지 구부러져야 합니다. 그래야 정확하게 표적에 날아가 박힐 수 있습니다. 하나님은 그런 도구를 만드시려고 물 없는 구덩이에 넣어서 자꾸 틀을 깨시는 것입니다.

14절에서 하나님은 유다나 이스라엘을 사용하시는 목적이 철저히 영적인 것임을 밝히고 계십니다. "여호와께서 그 위에 나타나서 그 살을 번개같이 쏘아 내실 것이며 주 여호와께서 나팔을 불리시며 남방 회리바람을 타고 행하실 것이라."

하나님이 그들을 사용하시는 것은 그들 자신의 나라를 위해서가 아닙니다. 그들의 정치적 독립이나 번영을 위해 이런 일을 하시는 것이 아니라는 말입니다. 그러니까 그들은 되도록 자신들이 유다 백성이라는 사실을 잊는 것이 좋습니다. 우리도 하나님께 바로 사용되려면 우리가 한국 사람이라는 사실을 잊는 것이 좋습니다. 하나님이 우리를 사용하시는 목적은 한국을 번영시키려는 데 있는 것이 아니라 전 세계의 죄인들을 회개시켜 새사람 되게 하려는 데 있기 때문입니다.

우리가 사도 바울에게서 배워야 할 점이 바로 이것입니다. 바울은 말했습니다. "유대인들에게는 내가 유대인과 같이 된 것은 유대인들을 얻고자 함이요 율법 아래 있는 자들에게는 내가 율법 아래 있지 아니하나 율법 아래 있는 자같이 된 것은 율법 아래 있는 자들을 얻고자 함이요 율법 없는 자에게는 내가 하나님께는 율법 없는 자가 아니요 도리어 그리스도의 율법 아래 있는 자나 율법 없는 자와 같이 된 것은 율법 없는 자들을 얻고자 함이라. 약한 자들에게는 내가 약한 자와 같이 된 것은 약한 자들을 얻고자 함이요 여러 사람에게 내가 여러 모양이 된 것은 아무쪼록 몇몇 사람들을 구원코자 함이니"(고전 9:20-22).

무슨 뜻입니까? '나는 한 영혼이라도 얻기 위해 내 틀을 철저하게 깨

버렸고 내 방식을 전부 포기했다'라는 것입니다. 이렇게 자기 틀을 깨 버렸기 때문에 그가 한번 복음의 화살을 쏘면 헬라 자식들의 가슴에 바로 날아가 꽂혔습니다. 그는 자신의 모든 자랑거리를 배설물 취급 했습니다. 그것으로는 한 영혼도 건지지 못함을 알았기 때문입니다. 무식한 사람들 앞에서 유식한 척해 봐야 한 사람도 얻지 못합니다. 오히려 마음에 걸림돌만 제공할 뿐입니다. 영어 모르는 사람들 앞에서 영어 자꾸 써 봐야 아무 도움도 안 돼요. 기분만 더 나쁘게 만들지요. 그래서 자랑거리가 없는 사람이 주님께 사용되기에는 더 유리합니다.

그뿐 아니라 하나님은 세상을 경고하는 일에 자기 백성들을 사용하겠다고 말씀하십니다. 화살을 번개같이 쏘신다거나 나팔을 불게 하신다거나 남방 회리바람을 타고 행하신다는 것은 그들을 통해 하나님의 무서운 심판을 알리신다는 뜻입니다. 복음에는 사람들을 기분 좋게 해 주는 위로의 말씀만 들어 있는 것이 아닙니다. 무서운 정죄의 말씀도 들어 있습니다. 죄인들에게 화살처럼 날아가 양심을 쏘며, 자는 자들을 심판의 나팔 소리로 깨우고, 악한 자들의 계획을 회리바람으로 날려 버리는 말씀이 들어 있습니다.

그 일을 위해 하나님은 어떻게 하십니까? 자기 백성들에게 먼저 고난을 주어서 준비시키십니다. 사실 우리는 말로는 믿는다고 하지만, 실제로는 세상 사람들과 다를 바 없이 세상을 위해 살 때가 많습니다. 그래서 때로는 자신들조차 불신자들과 무엇이 다른지 모르는 경우가 있습니다. 그러나 물 없는 구덩이에서 고난받은 사람은 강력한 화살이 되어서 하나님이 원하시는 목표에 정확하게 날아가 꽂힙니다.

15절에는 아주 과격한 표현이 나옵니다. "만군의 여호와께서 그들을 호위하시리니 그들이 원수를 삼키며 물매돌을 밟을 것이며 그들이 피를 마시고 즐거이 부르기를 술 취한 것같이 할 것인즉 피가 가득한 동이와도 같고 피 묻은 제단 모퉁이와도 같을 것이라."

하나님이 훈련시킨 백성들을 호위하신다는 말씀까지는 좋습니다. 그런데 원수를 삼키고 물매돌을 밟으며 피를 마시고 즐거이 노래 부른다는 것은 선뜻 받아들이기 힘든 표현입니다. 이것은 이방인들이 이교도적인 의식을 행하는 장면을 연상시킵니다.

이 말씀이 의미하는 바는 하나님의 백성들이 주의 일을 할 때 그만큼 철저하게 한다는 것입니다. 물매돌을 밟는다는 데에는 적들이 저항하지 못하도록 철저하게 막는다는 뜻이 담겨 있습니다. 물론 적들이 처음부터 물매돌로 싸우는 것은 아닙니다. 처음에는 창도 던지고 활도 쏘겠지만, 무기가 다 떨어지면 결국 돌을 들고 저항할 것입니다. 그런데 그 돌까지 밟는다는 것은 다시는 저항하지 못하도록 철저하게 굴복시킨다는 뜻입니다.

그 당시 이교도들 사이에는 적을 완전히 섬멸했을 때 피를 마시는 의식이 있었던 것 같습니다. 여기에서 피를 마셨다는 것은 상황이 완전히 끝났다, 완전히 정복했다는 말입니다.

세상과 싸우는 그리스도인의 전쟁은 철저해야 합니다. 하나님께 연단받은 성도들은 대충 싸우다 마는 것이 아니라 끝을 볼 생각을 해야 합니다. 입으로만 항복을 받거나 대충 정복하는 것이 아니라 완전한 승리를 얻어야 하는 것입니다. 창세기 3장에서는 이것을 뱀의 머리를 깨는 것으로, 여호수아서에서는 가나안 왕들의 목을 밟는 것으로 표현하고 있습니다. 다시는 대항하지 못하도록 완전히 굴복시키는 것입니다.

그렇다면 어떻게 복음으로 세상을 완전히 굴복시킬 수 있을까요? 결국 예수 믿고 하나님 백성이 되게 하는 것 외에는 완전히 굴복시킬 방법이 없습니다. 믿지 않는 자들도 예수를 믿으면 자기의 모든 것을 버려야 한다는 사실을 알기 때문에 어떻게 해서든지 믿지 않으려고 합니다. 그런데 요즘 기독교는 완전히 굴복시킬 생각이 없는 것 같습니다. 복음의 문턱을 한껏 낮추어서 아무나 믿을 수 있게 합니다. 그러나 그것은 스스로 위태롭게 만드는 짓입니다. 언젠가는 세상이 다시 머리를 쳐들고 뒤에서 발꿈치를 물 것이기 때문입니다.

완전한 굴복이라고 해서 억지로 예수 믿게 하라거나 강제로 세례 받게 하라는 말이 아닙니다. 인간의 죄성을 철저하게 드러내고 선포하라는 것입니다. 이처럼 완전한 복음을 제시함으로써 한 사람 한 사람을 온전한 그리스도인으로 만드는 것을 오늘 성경은 물매돌을 밟는 일로, 원수를 삼키는 일로, 피를 마시는 일로 비유하고 있습니다.

15절 끝부분은 "피가 가득한 동이와도 같고 피 묻은 제단 모퉁이와도 같을 것이라"라고 말하고 있습니다. 어떻게 하면 동이에 피가 가득해지고 제단 모퉁이에 피가 묻겠습니까? 제사를 많이 드려야 합니다. 한두 번 제사를 드려서는 그렇게 피가 흥건해지지 않습니다. 수백 번, 수천 번 제사를 드려야 합니다. 이 말씀은 예수를 믿는 자들이 많아져서 신령과 진정으로 수없이 예배드릴 때 이러한 축복이 이루어진다는 것을 보여 주고 있습니다.

신약 교회의 풍성한 삶

예수를 믿는 삶은 고통스럽습니다. 자기 자랑이나 자기 의를 모두 버려야 하기 때문입니다. 예전의 자기 자신을 철저하게 죽여야만 하나님의 백성이 될 수 있습니다. 그러나 일단 하나님의 백성이 되고 나면 어떻게 됩니까? 하나님이 친히 보호하시고 존귀하게 만들어 주십니다.

16절과 17절은 그리스도인들의 풍성한 삶을 네 가지로 묘사하고 있습니다. "이날에 그들의 하나님 여호와께서 그들을 자기 백성의 양 떼같이 구원하시리니 그들이 면류관의 보석같이 여호와의 땅에 빛나리로다. 그의 형통함과 그의 아름다움이 어찌 그리 큰지! 소년은 곡식으로 강건하며 처녀는 새 포도주로 그러하리로다."

첫째로, 하나님은 우리를 양 떼같이 보호하십니다. 양 떼의 특징은 자기 삶을 스스로 책임지지 못한다는 것입니다. 목자가 인도해 주지 않으면 아무것도 하지 못합니다. 구원받은 백성도 주님이 인도해 주시지 않으면 아무것도 하지 못합니다. 양은 풀이 어디 있는지, 시내가 어디 있는지 모릅니다. 그렇기 때문에 목자가 인도하기 전까지는 그 자리에 가만히 머물러 있는 것이 가장 좋습니다. 제멋대로 가면 절벽으로 떨어지기 십상입니다. 목자는 양이 알아듣지 못해도 몇 번씩 다시 말해 줍니다. 제대로 따라오지 않으면 되돌아와서 직접 데려가기도 합니다. 그러니까 양은 아무것도 두려워할 필요가 없습니다.

만약 지금 순종하고 있는데도 길이 열리지 않는다면 그것은 내 잘못이 아닙니다. 목자가 그 길로 인도하고 있는 것입니다. 언제나 풀이 보이고 물이 보이는 곳으로만 가야 하는 것은 아닙니다. 가시밭이나 돌짝밭이 오히려 지름길일 수도 있습니다. 자신은 방황한다고 생각하겠지만 나중에 돌아보면 정확히 직선 코스로 걸어 왔음을 발견할 것입니다.

둘째로, 하나님은 우리를 면류관에 박힌 보석처럼 빛나게 하십니다. 면류관에 박힌 보석의 특징이 무엇입니까? 아주 아름답고 존귀하다는 것입니다. 면류관에는 흔한 돌을 박아 놓지 않습니다. 특별히 아름답고 구하기 어려운 보석을 박아 놓습니다. 그 보석은 어두운 방도 환하게 밝힐 수 있을 정도로 빛이 납니다. 연단을 받은 성도는 이처럼 어두운 곳을 밝히며 사람을 살려 냅니다.

그러므로 연단이 올 때 자꾸 피하려 하지 말고 기꺼이 받을 생각을 하십시오. 그래야 보석으로 갈고 닦일 수 있습니다. 어차피 우리는 남들처럼 평범하게 살 수 없습니다. 예수를 믿는 순간 평범한 삶은 이미 끝나 버렸어요. 우리를 부르신 분이 전혀 평범치 않으시기 때문입니다.

욕심이 있는 사람은 변질됩니다. 그러나 연단을 받은 사람은 욕심을 이길 수 있습니다. 그리고 그렇게 욕심을 이겨 낸 사람은 면류관에 박힌 보석처럼 무슨 일을 하든지 아름답게 빛이 납니다. 그러나 유다 백성들은 그러한 보석이 되기를 원치 않았습니다. 세상 사람들과 똑같이 살기를 원했고, 흔한 공깃돌처럼 살기를 원했습니다. 그러다가 망한 것입니다.

셋째로, 하나님은 그 백성들을 청년과 처녀처럼 만들어 주십니다. 그것도 병든 청년이나 처녀가 아니라 곡식을 먹고 포도주를 마셔서 힘이 넘치는 젊은이들로 만들어 주십니다. 늙은이의 특징이 무엇입니까? 의욕이 있어도 몸이 따라 주지 않는다는 것입니다. 그들에게는 남은 시간이 얼마 없습니다. 그러나 젊은이는 마음만 먹으면 얼마든지 새로 시작할 수 있습니다. 그들에게는 미래가 있고 꿈이 있습니다. 언제든지 새 출발 할 수 있다는 것은 얼마나 기쁘고 감사한 일입니까?

또한 하나님은 그들을 풍성하고 형통케 하겠다고 말씀하십니다. "그의 형통함과 그의 아름다움이 어찌 그리 큰지!" 여기에서 형통하다는 것은 그의 하는 일이 선하다는 뜻입니다. 그들이 남에게 하는 일들이 얼마나 선하고 아름다운지 말로 표현할 수가 없다는 것입니다.

그뿐 아니라 그들에게는 곡식과 포도주의 풍성함이 있습니다. 이것은 교회에 주시는 성령의 새 기운을 의미합니다. 성령께서 늘 우리를 새롭게 하시고 풍성하게 만드신다는 것입니다. 세상에서 가장 복된 사람이 누구입니까? 성령이 언제나 그 마음에 계시는 사람입니다. 그에게는 청년의 힘과 처녀의 아름다움이 있습니다. 아무리 나이가 들어도 늙지 않습니다. 성령께서 그 마음을 늘 새롭게 하시기 때문입니다. 그런 사람들을 만나면 늘 새로운 사람을 만난 것처럼 신선합니다. 그들은 늘 드리는 예배도 매번 새롭게 드리고, 늘 하는 일도 매번 새롭게 하며, 늘 보는 것도 매번 새롭게 봅니다. 유다와 이스라엘 백성들이 아무리 오랜 침체의 시기를 겪었다 해도 성령만 임하신다면 그동안의 모든 답답함을 이기고도 남을 기쁨과 만족을 얻을 수 있습니다.

오늘 성경이 우리에게 말씀하는 바가 무엇입니까? 우리는 장사하듯이 예수를 믿을 수 없다는 것입니다. 당일 사서 당일 팔겠다는 조급한 마음으로는 신앙생활을 할 수가 없습니다. 그리스도인은 농부보다 더 오래 참고 기다려야 합니다.

지금 물 없는 구덩이에 빠져 있습니까? 언약의 피 때문이라는 것을 기억하십시오. 하나님이 이 시대의 활과 화살로 쓰시려고 우리를 연단하시는 것입니다. 하나님의 손에 붙들린 화살은 한 치의 오차도 없이 정확히 날아가야 합니다. 죄의 어원은 '화살이 표적에서 빗나갔다'는 것입니다. 우리는 정확히 표적에 꽂히는 화살이 되기 위해 연단받을 필요가 있습니다.

그렇게 연단받은 사람들에게 주시는 축복은 무엇입니까? 곡식을 먹은 청년처럼, 포도주를 마신 처녀처럼 신선하고 풍성하게 사는 것입니다. 오늘 받는 연단을 인내와 믿음으로 감당하여 하나님의 손에 붙들린 강력한 활과 화살이 되시기 바랍니다. 곡식으로 강건한 청년과 새 포도주로 신선한 처녀의 축복을 누리시기 바랍니다.

15

비를 구하라

스가랴 10:1-5

^{10:1} 봄비 때에 여호와 곧 번개를 내는 여호와께 비를 구하라. 무리에게 소낙비를 내려서 밭의 채소를 각 사람에게 주리라.

2 대저 드라빔들은 허탄한 것을 말하며 복술자는 진실치 않은 것을 보고 거짓 꿈을 말한즉 그 위로함이 헛되므로 백성이 양같이 유리하며 목자가 없으므로 곤고를 당하나니

3 "내가 목자들에게 노를 발하며 내가 숫염소들을 벌하리라. 만군의 여호와가 그 무리 곧 유다 족속을 권고하여 그들로 전쟁의 준마와 같게 하리니

4 모퉁잇돌이 그에게로서, 말뚝이 그에게로서, 싸우는 활이 그에게로서, 권세 잡은 자가 다 일제히 그에게로서 나와서

5 싸울 때에 용사같이 거리의 진흙 중에 대적을 밟을 것이라. 여호와가 그들과 함께한즉 그들이 싸워 말 탄 자들로 부끄러워하게 하리라."

10:1-5

미국이 아프가니스탄을 침공했을 때 가장 큰 피해를 입은 사람들은 바로 민간인들이었습니다. 특히 어린이들이 굶주림과 추위로 많은 고통을 받고 목숨까지 잃었습니다. 여러분도 폭격으로 집들이 무너진 폐허 위에서 풀을 뜯어먹는 어린이들의 사진을 신문에서 보았을 것입니다. 아마 그 어린이들의 가장 큰 소원은 어디에선가 풍성한 식량이 조달되어 실컷 먹는 일일 것입니다.

제가 어렸을 때 가장 좋아하던 꿈이 두 가지 있습니다. 한 가지는 돈을 줍는 꿈이었습니다. 돈을 막 주으려다가 꿈에서 깨면 얼마나 애석했는지 모릅니다. 또 한 가지는 잔칫집에 가서 실컷 먹는 꿈이었는데, 어머니가 부르시는 소리에 잠이라도 깰라치면 너무나 아쉬워서 일부러 눈을 감고 있었던 기억이 있습니다.

우리나라 사람들은 오랫동안 정치적인 억압을 받았습니다. 일제 시대에는 일본의 지배를 받았고 해방 후에는 독재정권과 군사정권의 억압을 받았습니다. 우리는 그 억압에서 벗어나기 위해 많은 희생을 치러야 했습니다.

그런데 드디어 정치적인 자유를 얻은 우리에게 찾아온 것이 무엇입니까? 더 큰 혼란과 불안입니다. 그 이유는 우리가 무조건 억압에서 벗어나 더 많은 자유를 얻으려고만 했지, 그보다 더 중요한 일에 대해서는 생각지 않은 데 있습니다.

오랫동안 억압받은 자들의 가장 큰 특징은 자아상이 심하게 훼손된다는 것입니다. 그렇기 때문에 자신이 누구이며 왜 살아야 하는지 잘 모를 뿐 아니라 시키는 일은 마지못해 하지만 스스로 가치 있는 일을 찾아 열심히 해 나가지는 못합니다. 억압받던 자들이 참으로 아름다운 삶을 살 수 있으려면 자유만 되찾을 것이 아니라 훼손된 자아상도 회복해야 합니다.

유다 백성들은 오랫동안 정치적 독립을 갈망했습니다. 그러나 하나님은 그 이상의 것을 주기 원하셨습니다. 바른 자아상, 바른 인생의 목표를 주기 원하신 것입니다. 이처럼 유다 백성들의 바람과 하나님의 바람 사이에는 큰 차이가 있었습니다. 어쩌면 그 차이 때문에 그들에게 그토록 봄이 더디게 찾아온 것인지도 모릅니다.

오늘 본문에서 하나님은 그 백성들과 바른 관계를 회복하기 원한다고 말씀하십니다. 즉, 그들의 정치적 독립이 아니라 신앙의 회복을 더 원하신다는 것입니다. 우리나라가 아직도 일제 치하에 있다면 얼마나 독립을 갈망하겠습니까? 그런데 하나님은 나라를 회복하기 전에 신앙부터 회복하라고 말씀하십니다. 요즘 우리나라 사람들은 경기가 회복되기를 간절히 바라고 있습니다. 그러나 하나님은 그보다 신앙의 회복을 더 사모하라고 말씀하십니다.

오늘 본문에서 하나님은 유다 백성들에게 비를 구하라고 명하십니다. 여기에 나오는 비는 은유입니다. 유다 백성들이 수백 년 동안 느껴 온 갈증을 해소하고도 남을 소낙비, 즉 하나님의 큰 축복을 간구하라는 것입니다. 이 비는 단순히 물질적인 축복이 아니라 성령의 강력한 부으심을 의미합니다. 하나님은 그들이 다시 성령으로 충만해져서 온 세상 사람들에게 그 축복을 전하기를 원하셨습니다. 그들이 자신들의 나라만 생각하는 것은 하나님이 원하시는 바가 아니었습니다. 이스라엘과 유다는 완전히 망했습니다. 이제 그들이 생각해야 할 일은 '어떻게 나라를 정치적으로 회복시킬 것인가'가 아니라 '어떻게 세상에 더 큰 성령의 축복을 전해 줄 것인가'입니다. 하나님은 모든 사람의 마음속에 말씀이 비추어져서 스스로 얼마나 존귀하게 지음받은 존재인지 깨닫고 바른 목표를 가지고 살게 되기를 원하셨습니다. 유다 백성들은 바로 그것을 갈망해야 했습니다.

하나님은 우리에게도 그것을 사모하고 간구하라고 말씀하십니다. 그것이야말로 가장 중요한 일이기 때문입니다. 하나님은 우리가 가장 중요한 것을 얻기 위해 기도하기를 원하십니다.

유다가 구해야 할 비

오늘 본문에는 농촌의 모습을 실감나게 묘사하는 표현들이 많이 등장하고 있습니다. 10장 1절을 보십시오. "봄비 때에 여호와 곧 번개를 내는 여호와께 비를 구하라. 무리에게 소낙비를 내려서 밭의 채소를 각 사람에게 주리라."

오랫동안 비가 내리지 않으면 논밭이 완전히 말라붙습니다. 아무리 하늘을 쳐다봐도 비가 내릴 조짐이 전혀 보이지 않아서 자포자기하고 있을 때, 하나님이 말씀하시는 것이 무엇입니까? 그렇게 자포자기하지 말고 비를 내리시는 하나님께 기도해 보라는 것입니다. "번개를 내는 여호와께 비를 구하라"라는 것은 보통 비가 아니라 번개를 동반한 큰비를 구하라는 말입니다.

사람들은 상황에 아무 변화가 없기 때문에 여전히 비가 내리지 않을 것이라고 생각합니다. 그러나 선지자는 아무리 상황에 변화가 없어도 말씀만 있으면 달라진다고 말합니다. 그러니까 기도하라는 것입니다. 그것도 그냥 비가 아니라 큰비를 달라고 기도하라는 것입니다.

이 말씀은 엘리야 선지자를 떠올리게 합니다. 그 당시 이스라엘 백성들은 바알 신이 비를 내린다고 생각했습니다. 농사 전문가들인 가나안 사람들이 그렇게 말했기 때문입니다. 그러나 엘리야는 그렇지 않다고 하면서, 자신이 기도하면 여호와께서 3년 반 동안 비를 주시지 않을 것이라고 예언합니다. 이스라엘 백성들은 '설마'라고 생각했지만, 정말 그의 예언대로 비가 내리지 않았고 그 결과 많은 백성들이 굶어 죽었습니다. 그러니 온 백성이 얼마나 엘리야를 미워했겠습니까? 실제로 아합 왕은 엘리야를 국적 제1호로 생각해서 3년 반 후에 그가 나타났을 때 "이스라엘을 괴롭게 하는 자야, 너냐?"라고 말하기도 했습니다. 그러나 엘리야는 진짜 이스라엘을 괴롭게 하는 자는 아합이라고 말하면서, 바알 선지자들과 대결하기를 청했습니다. 그리고 바알 선지자 450명과 대결해서 그들을 죽인 후에 하나님께 기도하자 3년 반 동안 내리지 않던 비가 억수같이 쏟아졌습니다. 그러나 그 비는 절로 쏟아진 것이 아니었습니다. 엘리야가 갈멜 산에 올라가 혼신의 힘을 다해 기도했기 때문에 쏟아진 것이었습니다.

비가 내리지 않은 3년 반의 기간은 무엇을 의미합니까? 그것은 '이 세상에 비를 내리시는 분은 하나님이시며, 비가 오지 않을 때에는 그 하나님께 기도해야 한다'라는 것을 배우는 기간이었습니다. 그들은 수년 간의 기근과 많은 이들의 죽음이라는 값비싼 수업료를 내고 그것을 배웠습니다.

그런데 이번에도 하나님은 그때처럼 비를 구하라고 말씀하십니다. 이들도 바알을 섬기고 있기 때문입니까? 아닙니다. 이들은 바벨론 포로생활을 거치면서 바알 신앙을 완전히 내버렸습니다. 포로로 보낸 70년은 그들의 머리에서 바알 신앙을 완전히 씻어 내는 기간이었습니다. 이제 그들이 목숨을 걸고 구해야 할 것은 눈에 보이는 물리적인 비가 아니라 메마른 사람들의 심령에 임할 성령의 비, 축복의 비입니다.

지금은 기근의 때가 아닙니다. 그런데도 그들은 무언가를 갈망하고 있습니다. 봄비처럼 자신들의 마음을 시원케 해 줄 소식을 기다리고 있습니다. 그것이 무엇입니까? 자신들 가운데 다시 한 번 하나님의 위대한 말씀이 선포됨으로써 성령의 능력을 되찾아 하나님의 뜻에 헌신하게 된다는 소식입니다. 모든 죄의 사슬을 끊어 버리고 하나님의 종으로 살게 된다는 소식입니다.

하나님이 우리에게 주시는 가장 큰 선물은 번개를 동반한 소낙비입니다. 아무리 밭이 가뭄으로 타들어 가고 있고 들판이 메말라 있다 해도 번개를 동반한 소낙비만 쏟아지면 모든 생명이 되살아날 수 있습니다. 하나님은 "무리에게 소낙비를 내려서 밭의 채소를 각 사람에게 주리라"라고 말씀하십니다. 우리는 '주시려면 좀 대단한 걸 주시지, 많고 많은 것 중에 하필 채소가 뭐야?'라고 생각할 수 있습니다. 채소는 시장에만 가도 얼마든지 싸게 살 수 있기 때문입니다. 그러나 사실은 이 채소가 중요한 것입니다. 오랫동안 배를 타고 다닌 사람들이 가장 먹고 싶어 하는 것이 바로 신선한 채소입니다. 옛날에도 겨울 내내 시래기국만 먹다가 봄이 되어 막 돋아난 푸릇푸릇한 채소를 먹으면 절로 힘이 솟지 않았습니까? 사람은 신선한 채소를 먹어야 비타민을 풍부하게 공급받아 새 힘을 얻을 수 있습니다.

하나님은 강대국들이 우리나라를 살리는 것도 아니고 경제 동향이나 주가 변동이 우리나라를 살리는 것도 아니라고 말씀하십니다. 오직 바른 신앙으로 돌아와 번개를 동반한 큰비를 구하는 것만이 이 나라를 살리는 길이라고 말씀하십니다.

왜 하필 늦은 비인가?

그런데 하나님은 왜 하필 성령을 '늦은 비'에 비유하면서, 그것을 구하라고 하실까요? 팔레스타인에 내리는 이른 비는 그렇게 심한 폭우가 아닙니다. 파종하기에 적당할 만큼 가볍게 오는 비입니다. 그러나 그 비로는 곡식이 영글지 못합니다. 곡식이 영글려면 번개를 동반한 엄청난 폭우가 쏟아져야 합니다.

하나님이 신약 시대에 임할 성령의 축복을 늦은 비에 비유하시는 이유는 두 가지입니다. 첫째로, 늦은 비는 천둥이나 번개를 동반한 폭우로서 한순간에 온 세상의 모습을 바꾸어 버릴 정도로 강력하기 때문입니다. 늦은 비가 한번 내리면 집들도 휩쓸려 나가고 강이 없던 곳에도 강이 생겨납니다. 예수님이 비가 오고 창수가 날 때 모래 위에 지은 집은 심하게 무너진다는 말씀을 하신 적이 있는데, 그때 언급하신 비가 바로 이 늦은 비입니다. 이렇게 강력한 비가 한번 쏟아지면 건기 동안 죽어 있던 들판이 일제히 살아납니다.

둘째로, 구약 시대에 일어났던 성령의 역사와 신약 시대에 일어날 성령의 역사는 완전히 다른 것이기 때문입니다. 공교롭게도 성령이 임하신 오순절 날은 구약 이스라엘 백성들이 시내 산에서 율법을 받은 날과 일치합니다. 성령의 역사는 구약 시대에도 있었습니다. 하나님은 선지자나 나실인들에게 성령을 주셔서 말씀을 가르치게도 하시고 기적을 행하게도 하셨습니다. 또 하나님을 모르는 백성들에게도 양심과 도덕을 주셔서 지나치게 죄를 짓지 못하도록 막아 주셨습니다. 그러나 그러한 성령의 능력은 그야말로 파종할 정도의 가는 비에 불과했습니다. 싹은 내게 할 수가 있었지만 열매는 맺게 할 수가 없었습니다.

반면에, 신약 시대에 임하신 성령은 세상과 사람을 완전히 뒤바꾸어 놓는 강력한 역사를 일으키셨습니다. 오순절에 성령이 임하셨을 때, 사람들은 급하고 강한 바람 같은 소리를 들었고 불의 혀같이 갈라지는 모습을 보았습니다. 그리고 성도들은 성령으로 충만해져서 각국 방언을 말했습니다. 사람들은 너무 놀라서 그들이 새 술에 취했다고 말했습니다.

그런데 더 놀라운 일은 그 후에 일어났습니다. 베드로는 이 현상을 궁금히 여기는 사람들에게 "이것은 요엘서의 예언이 성취된 것이며 누구든지 회개하고 예수를 믿으면 이러한 성령을 선물로 받게 된다"라고 전했습니다. 베드로의 그 설교가 얼마나 강력했던지 그날 하루에만 3,000명이 회개하고 세례를 받았습니다.

얼마 후에 베드로와 요한은 성전에 기도하러 올라가다가 미문 앞에 앉아서 구걸하는 앉은뱅이를 만났습니다. 그들은 "은과 금은 내게 없거니와 내게 있는 것으로 네게 주노니 곧 나사렛 예수 그리스도의 이름으로 걸으라"(행 3:6)라고 말했고, 앉은뱅이는 그 자리에서 일어나 뛰면서 하나님을 찬미했습니다.

세례 요한은 유대인들에게 회개에 합당한 열매를 맺으라고 도전했습니다. 그 당시에 싹을 내고 꽃을 피우는 자들은 있었지만 열매를 맺는 자들은 없었기 때문입니다. 처음에는 하나님의 뜻대로 살지 못한 자신의 삶을 슬퍼하는 듯하다가도 금방 세상에 휩쓸려 시들어 버렸습니다. 회개의 열매를 맺지 못하고 싹만 조금 내다가 말라 죽은 것입니다. 그러면 어떻게 해야 완전한 회개의 열매를 맺을 수 있을까요? 성령이 강력한 깨달음을 주셔야 하고, 결단하는 자리까지 밀어붙이셔야 합니다. 말씀을 들을 때 눈앞에서 번개가 번쩍거리고 귀에서 천둥소리가 나야 해요. '이것은 바로 나에게 하시는 말씀이며 도저히 피할 수 없는 능력의 말씀이다'라는 깨달음이 있어야 합니다.

이스라엘 백성들은 시내 산에서 율법을 받으면서 그것을 경험했습니다. 하나님이 말씀하실 때 번개가 치고 천둥이 울리며 산이 흔들렸습니다. 오늘날 우리에게도 그렇게 강력한 말씀이 필요합니다. 그렇지 않으면 일시적으로 자기 죄를 슬퍼할 수는 있어도, 열매를 맺기까지 그 마음을 밀어붙일 뒷심은 얻을 수가 없습니다. 그래서 결국에는 개가 토한 것을 도로 먹고 돼지가 시궁창에 다시 뒹굴듯이 원점으로 되돌아가 버립니다.

우리에게는 죄를 이길 강력한 힘이 필요합니다. 그것이 없으면 위선적인 신앙인이 될 수밖에 없습니다. 사람들이 왜 이중적인 삶을 살고 있습니까? 죄가 나쁜 줄은 알지만 그것을 떨쳐 버릴 능력이 없어서 엉

거주춤하며 타협해 버리기 때문입니다.

사도 바울은 데살로니가 교인들에게 "이는 우리 복음이 말로만 너희에게 이른 것이 아니라 오직 능력과 성령과 큰 확신으로 된 것이니"(살전 1:5)라고 썼습니다. 바울이 설교했을 때 데살로니가 교인들은 번개가 번쩍이는 것을 보았으며 천둥이 울리는 소리를 들었습니다. 그가 전하는 말씀 한마디 한마디에서 지축을 흔드는 하나님의 권세를 경험했습니다. 그들이 그 많은 환난 가운데서도 열매 맺는 신앙을 가질 수 있었던 것은 바로 그 때문입니다.

성경은 데살로니가에서 어떤 성령의 역사가 일어났는지 구체적으로 기록하고 있지 않습니다. 아마도 빌립보와 비슷한 역사가 일어나지 않았을까 합니다. 바울은 데살로니가에 가기 전에 빌립보에서 복음을 전했습니다. 그런데 점치는 소녀가 가는 곳마다 따라다니면서 훼방하자 그 소녀를 사로잡은 귀신을 쫓아냈습니다. 돈줄이 끊어진 소녀의 주인은 그들을 고발했고 그들은 체포되어 채찍질당한 후에 지하감옥에 갇혔습니다. 그러나 그들이 감옥 속에서 찬송할 때 지진이 일어나면서 옥문이 열리고 그들의 발을 결박하고 있던 착고가 풀어져 버렸습니다. 감옥을 지키던 간수는 죄수들이 다 달아난 줄 알고 칼을 빼서 자살하려 했습니다. 그러자 바울과 실라는 "우리가 다 여기 있노라"라고 안심시키면서 "주 예수를 믿으라. 그리하면 너와 네 집이 구원을 얻으리라"(행 16:31)라고 선포했습니다. 이 얼마나 강력한 역사입니까?

하나님이 우리 인간에게 주시는 가장 놀라운 축복은 이처럼 강력한 성령이 임하시는 것입니다. 이것은 정치적인 자유보다, 경제적인 번영보다, 명문 대학 학위보다 더 큰 축복입니다. 성령이 우리 속에 오시는 것은 일순간의 체험이 아닙니다. 성령은 계속해서 우리 속에 거하시면서 인격과 가치관과 삶을 바꾸어 나가십니다. 전에는 세상적인 욕망을 위해 살았고 세상 것을 좀더 차지하기 위해 살았습니다. 그것은 진부한 삶이었습니다. 그러나 하나님의 가장 큰 선물이신 성령은 우리의 죽은 영혼을 살리시며, 죄가 남겨 놓은 모든 상처와 흉터를 치료하시고, 세상을 바라보는 눈 자체를 바꾸어 놓으십니다.

요즘 정치인들이 개혁을 많이 부르짖고 있는데, 그들이 말하는 개혁이 대체 무엇인지 잘 모르겠습니다. 그들이 말하는 개혁은 결국 밥그릇 싸움에 지나지 않는 것 같습니다. '전에는 너희가 차지하고 있던 것을 이제부터는 우리가 차지하겠다' 라는 식입니다. 그러나 그것은 개혁이 아니라 가구 배치를 바꾸는 일에 불과합니다. 그렇게 개혁을 부르짖는 자들 역시 부정부패에서 완전히 자유롭지 못합니다.

그러나 성령은 우리의 마음을 불로 지져서 모든 죄를 태워 버리십니다. 몇십만 볼트의 능력으로 우리를 사로잡으십니다. 그러면 옛날에 그렇게 열심히 추구했던 것들은 하나도 눈에 들어오지 않고 오직 하나님만 위해 살고 싶어지며, 더 이상 몇 년 후의 목표에 삶을 지배당하지 않게 됩니다. 이것이 우리를 사람답게 만듭니다. 우리의 생각이 복잡한 것은 미래를 완전히 책임지려 하기 때문입니다. 그 미래에 대한 염려와 두려움을 버리고 현재 이 순간을 하나님의 뜻대로 살기로 결단할 때, 우리는 아름답고 풍성한 삶을 살 수 있습니다.

하나님은 왜 비를 위해 기도하라고 하십니까? 기도하지 않으면 비를 주시지 않을 것이기 때문입니까? 그렇지 않습니다. 하나님은 때때로 기도하지 않아도 좋은 것을 주십니다. 그럼에도 이들에게 비를 위해 기도하라고 하신 것은, 바른 목표를 가지고 미래를 준비하게 하시기 위해서입니다. 만약 이들이 비를 위해 기도하지 않는다면 폭우가 쏟아질 때 오히려 두려워하며 피하려 들 것입니다. '그리고 우리가 원한 것은 이런 것이 아니었다' 라고 생각하며 하나님을 원망할 것입니다.

이 일은 유대인들에게 그대로 일어났습니다. 그들은 비를 위해 기도하는 대신 정치적인 독립을 위해서만 기도했습니다. 그 결과, 성령이 강력하게 임하실 때 그 축복을 함께 받지 못하고 성령 받은 자들을 오히려 조롱하며 박해하는 죄를 지었습니다.

하나님은 우리 자신을 위해 기도하지 말라고 하십니다. 우리의 목표가 바르다면 나머지 필요는 하나님이 친히 채워 주실 것입니다. 나의 필요를 스스로 걱정하지 말고, 하나님이 대신 걱정하시게 만드십시오. 하나님은 나의 필요를 세세히 다 채워 주기 원하십니다. 그리고 우리가 자기 문제에 매여 그것만을 위해 기도하는 것을 기뻐하지 않으십니다. 나는 내 생각보다 훨씬 가치 있는 존재이며, 하나님은 나에 대해 나 자신보다 더 큰 계획을 가지고 계시기 때문입니다. 하나님은 우리를 슬프게 만드는 일, 힘들게 만드는 일들은 전부 하나님께 맡기고 큰비를 위해 기도하라고 하십니다.

큰비는 추수 때 내리는 비입니다. 지금은 영혼을 추수할 때입니다. 복음을 뿌리기만 하는 것이 아니라 한 영혼 한 영혼을 붙잡아 하나님의 완전한 백성으로 만들어야 할 때, 새로운 삶을 살게 해야 할 때입니다. 주님은 "그러므로 너희는 가서 모든 족속으로 제자를 삼아 아버지와 아들과 성령의 이름으로 세례를 주고 내가 너희에게 분부한 모든 것을 가르쳐 지키게 하라"(마 28:19-20)라고 명령하셨습니다. 단순히 복음을 외치기만 하고 뒷일은 내버려 두면 되는 것이 아닙니다. 요나처럼 "40일이 지나면 니느웨가 망할 테니 알아서 하시오"라고 외치기만 하면 되는 게 아니에요. 사람들에게 세례를 주고 제자를 삼으며 말씀을 가르쳐 지키게 해야 합니다. 우리는 기존의 전도 방식을 바꾸어야 합니다. 예수만 믿으라고 권하고 그 후에는 어느 교회를 가든지 말든지 상관하지 않는 것이 아니라, 그 사람이 세례를 받고 말씀을 배우며 열매를 맺기까지 수고해야 하는 것입니다.

주님은 말씀하셨습니다. "거두는 자가 이미 삯도 받고 영생에 이르는 열매를 모으나니 이는 뿌리는 자와 거두는 자가 함께 즐거워하게 하려 함이니라"(요 4:36). 그 당시에도 일자리는 흔치 않았고, 어렵게 일자리를 얻어도 곧바로 품삯을 받을 수가 없었습니다. 그런데 예외적으로 품삯을 미리 받는 사람들이 있었는데, 그들은 바로 추수하는 일꾼들이었습니다. 추수 때는 일이 많아서 임금을 미리 주지 않으면 일꾼을 구하기가 힘들었기 때문입니다. 제자들이 보기에는 할 일이 하나도 없는 것 같았습니다. 그러나 예수님은 할 일이 너무 많아서 천국의 일꾼들을 더 요청해야 한다고 말씀하셨습니다.

여러분은 무엇을 위해 남은 삶을 사시렵니까? 우리는 해야 할 일도 많고 하고 싶은 일도 많습니다. 그러나 그 모든 일이 다 가치 있는 것은 아닙니다. 그 당시 일꾼들도 전부 임금을 선불로 받았던 것은 아닙니다. 추수하는 일군들만 선불로 받았습니다. 심지어 추수 때에는 소도 곡식 먹는 것을 금하지 않았습니다. 그만큼 추수에 사용된다는 것은 복된 일입니다. 남은 삶을 이 일에 투자하십시오. 영혼을 추수하는 일, 사탄에게 매여 있는 사람들을 한 명 한 명 빼앗아 오는 일, 믿고 싶으면 믿고 믿기 싫으면 그만두라고 하는 것이 아니라 권세 있게 붙잡아서 완전한 하나님의 백성으로 만드는 일, 자신의 진정한 가치를 깨닫고 하나님이 원하시는 삶을 살게 하는 일에 투자하십시오.

그러려면 내 신앙이 먼저 회복되어야 합니다. 내 신앙이 회복되지 않으면 다른 사람들을 도울 수 없기 때문입니다. 똑같이 물에 빠져 허우적거리면서 남을 도울 수는 없는 노릇입니다. 무엇보다 먼저 기도하십시오. 기도보다 중요한 일이 없습니다. 그리고 말씀의 능력을 깨달아야 합니다. 불가능한 것을 가능케 하는 말씀의 능력을 확신해야 합니다.

지금까지 유다를 방황케 했던 것

지금까지 성령의 역사가 늦어진 이유가 무엇입니까? 왜 유다는 나라를 잃고 전 세계에 흩어져 방황해야 했습니까? 그것은 그들이 말씀보다 다른 것들을 더 중시했기 때문입니다. "대저 드라빔들은 허탄한 것을 말하며 복술자는 진실치 않은 것을 보고 거짓 꿈을 말한즉 그 위로함이 헛되므로 백성이 양같이 유리하며 목자가 없으므로 곤고를 당하나니"(10:2).

"드라빔"은 유다 백성들이 가정의 수호신으로 섬겼던 작은 우상입니다. 그들은 가정의 중대사를 결정할 때 드라빔의 신탁을 듣곤 했습니다. "복술자"는 점치는 사람입니다. 그들은 진실치 않은 것을 보고 거짓 꿈을 말했습니다. 유다 백성들은 이러한 수호신의 신탁이나 점치는 자들의 거짓된 예언을 율법의 말씀보다 더 좋아했습니다. 그 결과, 오랫동안 방황하며 은혜의 비가 내리지 않는 메마른 세월을 보내야 했습니다.

그렇다면 그들은 왜 율법의 말씀보다 이런 거짓된 말들을 더 좋아했을까요? 그 이유는 한 가지입니다. 말씀은 죄를 책망하기 때문입니다. 그들은 죄 문제는 건드리지 않고 자신들의 필요만 채우기를 바랐기 때문에 거짓 예언을 더 좋아했습니다.

오늘날에도 사람들이 잘못된 신앙에 빠지는 것은 예수를 믿기는 믿되 쉽게 믿으려 들기 때문입니다. 즉, 죄는 수술하지 않고 신앙만 가지려고 하니까 죄 설교만 들으면 걸려서 넘어지는 것입니다. 사람들은 마치 마약처럼 일시적으로 좋은 감정에만 빠지면 신앙이 좋아지는 것처럼 착각하고 있습니다. 그러나 그런 신앙으로는 세상을 이길 수가 없습니다. 우리는 세상과 정면승부를 해야 합니다. 나 자신의 모습과 세상의 현실을 있는 그대로 보아야 하며, 흔들림 없이 하나님의 능력을 의지해야 합니다.

그런데 사람이 얼마나 간사한지, 나이가 들면 들수록 거짓말이라도 듣기 좋은 말에 귀를 기울이게 되고, 사실이 아닌 줄 알면서도 아첨하는 말에 솔깃해지게 됩니다. 특히 우리나라 사람들은 꿈을 얼마나 좋아하는지 모릅니다. 몇십 년 믿었다는 사람들도 무슨무슨 꿈을 꾸었다고 하면서 얼마나 심각하게 의미를 두는지 모릅니다. 그러면서 말씀은 굉장히 부담스러워합니다. "스가랴서 10장을 봅시다"라는 말이 들리면 벌써 긴장이 되면서 마음이 편치가 않습니다. 그러니까 쉬운 이야기, 마냥 은혜스러운 이야기, 귀에 술술 들어오는 이야기만 들으려 하는 것입니다.

유다 백성들이 그렇게 듣기 좋은 말만 듣다가 결국 어떻게 되었습니까? 목자 없는 양같이 유리하면서 많은 고통을 받게 되었습니다. 하나님의 백성이 말씀의 인도를 받지 않으면 한 발자국도 앞으로 나아갈 수가 없습니다. 밤새 걸어도 아침에 확인해 보면 늘 제자리입니다.

사람들은 미래를 보지 못하기 때문에 무슨 말이든 쉽게 믿는 경향이 있습니다. 더구나 눈에 보이지 않는 영적인 부분에 대해서는 누가 멋대로 지껄여도 사실 여부를 증명할 길이 없습니다. 그런데 사실은 이 영적인 부분을 무엇보다 잘 지켜야 합니다. 육체의 상처보다 더 중요한 것이 마음의 상처이고, 육체의 행복보다 엄청나게 더 중요한 것이 영혼의 행복입니다. 그런데 그 영혼을 치료할 수 있는 분은 오직 예수 그리스도밖에 없습니다. 그가 주시는 말씀과 성령만이 해결책입니다. 그래서 무엇을 듣느냐가 중요한 것입니다. 목자의 음성이 아니면 아무리 달콤한 이야기라도 귀를 기울이면 안 됩니다.

3절에는 유다 백성들을 잘못된 곳으로 이끈 두 부류의 책임자가 나옵니다. "내가 목자들에게 노를 발하며 내가 숫염소들을 벌하리라. 만군의 여호와가 그 무리 곧 유다 족속을 권고하여 그들로 전쟁의 준마와 같게 하리니."

유다 백성들을 잘못된 곳으로 이끈 자들은 목자와 숫염소였습니다. 팔레스타인에서 양 떼를 이끌 때에는 대개 목자가 앞에서 인도하고, 숫염소들이 뒤에서 뿔로 몰아갔습니다. 영국에서는 개가 모는 일을 하지만 팔레스타인에서는 숫염소가 모는 일을 했습니다. 그렇게 해서 바른 길로만 가게 했다면 아무 문제가 없습니다. 그 뿔로 양 떼를 위협해서 하나님을 떠나게 했기 때문에 문제가 되는 것입니다.

목자는 누구며 숫염소는 누구인지에 대해서는 여러 가지 해석이 있습니다. 그 중에 가장 유력한 해석은 목자를 거짓 선지자로, 숫염소를 권력자들로 보는 것입니다. 이러한 정치와 종교의 유착은 유다에 많은 시련과 고통을 안겨다 주었습니다.

그런데 하나님이 백성들에게 은혜를 주시면 어떻게 됩니까? 거짓 목자나 숫염소가 더 이상 그들을 몰아가지 못합니다. 양들이 준마가 되어 그들보다 더 빨리 달려가기 때문입니다. 숫염소가 아무리 뿔로 들이받고 위협해도 준마에게는 통하지 않습니다.

그래서 자신이 누구이며 자기 삶의 목적이 무엇인지 바로 아는 일이 중요한 것입니다. 그것을 모르면 별별 말들이 다 나에게 영향을 끼칩니다. 지나가는 사람이 무심코 한 말이나 꿈에서 들은 말까지 영향을 끼쳐요. 누가 지나가면서 "야, 너 얼굴 보니까 시집가기는 글렀다"라고 한마디 하면 그 말을 그대로 믿고 눈물을 뚝뚝 흘리고, 누가 "어제 꿈에서 보니까 너 무슨 다리 밑에 떨어져 있더라"라고 하면 그 다음부터 마음 놓고 그 다리를 지나다니지 못합니다. 내가 도대체 어떤 사람인지 모르니까 가치도 없는 남의 말에 눈물을 흘리고 상처를 받는 것이며, 누가 쇼핑하러 가자고 하면 사고 싶은 물건도 없으면서 괜히 따라가서 돈 쓰고 오고 누가 뭐 먹으러 가자고 하면 별로 먹고 싶지도 않으면서 괜히 따라가서 밥값 내고 오는 것입니다.

인사치레로 하는 말과 책임지고 하는 말은 완전히 다릅니다. 우리에게 중요한 것은 인사치레로 하는 말이 아니라 책임지고 하는 말입니다. 영혼을 책임지는 말씀이 임하면, 매일 남의 말에 휘둘리던 사람이 강해지기 시작합니다. 남들이 아무리 쓸데없는 소리를 하고 발목을 잡아당겨도 더 이상 끌려다니지 않습니다.

이처럼 자신이 누구이며 왜 사는지 깨달은 사람은 양이 아니라 준마가 됩니다. 성질 나쁜 숫염소가 자기가 원하는 대로 데려가려고 아무리 뿔로 위협해도 겁내지 않으며 상처 받지 않습니다. 자신이 달려갈 길이 어디인지 분명히 알기 때문입니다. 준마는 힘을 많이 쓸 필요도 없습니다. 뒷발로 탁 건드리기만 해도 숫염소가 "매애애" 울면서 도망치게 되어 있습니다.

거듭 말하지만, 우리에게 가장 중요한 것은 영혼입니다. 말씀이 없으면 영혼은 길을 잃게 되어 있고 억압과 압제를 당하게 되어 있습니다.

거짓 목자와 숫염소에게 영혼을 도둑질당하면 삶 전체가 의미를 잃습니다. 그러나 말씀만 살아 있으면 얼마든지 힘을 내고 능력을 발휘할 수 있습니다. 그래서 말씀이 그토록 중요한 것입니다.

유다 백성들은 누가 시켜서가 아니라 스스로 노예의 길을 선택했습니다. 세상적인 삶과 영혼을 흥정해 버린 것입니다. 그러나 말씀이 다시 임하면 준마처럼 달리기 시작할 것입니다.

우리에게도 말씀이 임하면 이리저리 헤매는 양이 아니라 달리는 준마가 됩니다. "나는 너를 사랑한다. 내 아들을 죽음에 내주면서까지 너를 사랑했다. 네가 수없이 방황하는 동안에도 나는 한 번도 너를 떠난 적이 없었다. 네가 술집을 전전하며 방황할 때에도 너와 함께 있었고, 네 스스로 삶을 포기하려 했을 때에도 네 생명을 지켜 주었다"라는 말씀이 들릴 때, 우리는 완전히 변화되기 시작합니다. 삶의 목적이 분명해지고, 다시는 과거의 무의미한 삶으로 돌아가지 않게 됩니다.

유다가 회복되는 모습

하나님은 유다가 회복되는 모습을 전쟁터 장면에 비유하고 계십니다. 비가 내려 엉망이 된 땅에 군사들이 말뚝을 박고 장막을 세웁니다. 그리고 적에게 화살을 날리며 말을 타고 추격해서 진흙에 처박아 버립니다. "모퉁잇돌이 그에게로서, 말뚝이 그에게로서, 싸우는 활이 그에게로서, 권세 잡은 자가 다 일제히 그에게로서 나와서 싸울 때에 용사같이 거리의 진흙 중에 대적을 밟을 것이라. 여호와가 그들과 함께한즉 그들이 싸워 말 탄 자들로 부끄러워하게 하리라"(10:4-5).

하나님은 여기에서 정적인 이미지와 동적인 이미지를 동시에 사용하고 계십니다. 정적인 이미지는 "모퉁잇돌"과 "말뚝"입니다. 이것은 집이나 장막을 세우는 데 사용되는 물건으로서 움직일 수 없는 것들입니다. 모퉁잇돌과 말뚝은 처음 박힌 자리에 영구히 박혀 있어야 합니다. 모퉁잇돌은 집의 규모나 모양을 결정짓는 기초가 됩니다. 그리고 말뚝은 장막을 치는 데 중요한 역할을 합니다. 이것은 회복된 유다 백성이 하나님 나라의 기초가 될 것을 보여 줍니다. 한번 진리를 깨달은 사람, 진리의 기초가 확고히 박힌 성도는 아무도 속일 수 없으며 위협할 수 없습니다. 진리를 깨달은 성도는 어떤 그럴듯한 꿈 이야기나 거짓 설교에도 속아 넘어가지 않습니다.

또한 하나님은 "싸우는 활"과 "전장을 달리는 말"이라는 동적인 이미지를 사용하십니다. 싸우는 활은 목표를 향해 정확히 날아가서 적을 쓰러뜨립니다. 또 전장을 달리는 말은 대적을 진흙 속에 처박아 다시는 일어나지 못하게 만듭니다.

이것은 교회의 두 가지 기능을 보여 줍니다. 교회는 진리를 밝히고 지키는 정적인 기능을 가지고 있습니다. 교회는 진리를 담는 그릇이며 진리를 밝히는 공동체입니다. 마치 장막의 말뚝이나 집의 모퉁잇돌과 같습니다. 진리는 여러 가지가 있을 수 없습니다. 진리는 오직 하나, 그리스도께서 사도들을 통하여 가르치신 것뿐입니다. 또한 진리는 단순한 이론이 아닙니다. 활처럼 현실을 향해 쏜살같이 날아가 적용되는 것이며, 적을 추격하는 말처럼 끝까지 거짓을 추격해서 짓밟는 것입니다.

교회에는 진리를 지키는 보수성과 복음을 전하는 전투성이 있습니다. 교회는 절대 진리를 변질시켜서는 안 됩니다. 그렇다고 진리만 붙들고 가만히 앉아 있어서도 안 됩니다. 가만히 앉아 있는데도 제 발로 찾아와 믿을 사람은 아무도 없습니다. 교회는 사람들의 현실 속으로 깊숙이 들어가야 하며, 때로는 끝까지 추격해서 사탄의 세력을 진흙 속에 처박고 그가 사로잡고 있던 영혼들을 빼앗아 와야 합니다.

하나님은 유다 백성들에게 유다의 독립을 위해 기도할 것이 아니라 성령의 큰비를 위해 기도하라고 하셨습니다. 만약 정치적인 독립이 목적이었다면 이렇게 복잡한 비유나 말씀이 필요치 않았을 것입니다. 하나의 독립된 나라로서의 유다는 더 이상 존재하지 않습니다. 이제 존재하는 것은 하나님의 나라뿐입니다. 만약 그들이 자신들의 나라를 위해 기도하지 않고 성령의 시대를 준비하는 사명을 위해 기도했더라면 하나님이 친히 그들의 모든 필요를 채워 주셨을 것입니다. 그러나 그들은 성령을 구하지 않고 자기 이익을 구했기 때문에 성령의 역사에 동참하지 못하고 바깥 어두운 데로 쫓겨나 슬피 울며 이를 가는 처지가 되었습니다.

내 것을 구하지 마십시오. 내 문제는 하나님께 맡기십시오. 하나님은 내가 생각하는 것보다 나를 훨씬 더 높이 평가하시며 내가 가지고 있는 계획보다 훨씬 더 선한 계획을 가지고 계심을 믿고, 성령의 큰 역사를 일으켜 달라고 기도하십시오. 하나님의 뜻이 온전히 이루어지며 더 많은 사람들이 자신을 되찾고 바른 삶을 회복하는 구원의 역사를 일으켜 달라고 기도하십시오. 그리고 그 일을 위해 우리 자신의 신앙을 먼저 회복시켜 달라고 구하십시오.

오늘 우리에게 필요한 것은 들어도 그만 안 들어도 그만인 밋밋한 말씀이 아니라, 번개가 치며 천둥이 울리는 말씀, 큰 소낙비 가운데 들려오는 능력 있는 말씀입니다. 그 말씀은 지금까지 거짓 목자에게 시달리고 숫염소의 뿔에 받혔던 우리를 준마로 만들어 줄 것입니다. 그들이 상처를 주려야 줄 수 없고 잡아매려야 잡아맬 수 없을 만큼 빠르고 강한 준마, 바른 목표를 향해 질주하기 때문에 사소한 이해관계나 시기심이 발목을 잡을 수 없는 준마로 만들어 줄 것입니다.

그동안 무엇이 우리를 그토록 방황케 했습니까? 무엇이 앞에서 강제로 우리를 끌고 가며 뒤에서 뿔로 들이받았습니까? 우리를 얽어맨 것은 하나님의 말씀을 바로 알지 못하는 무지와 쉽게 믿으려는 얄팍한 꾀였습니다. 이제 우리는 하나님 나라의 말뚝과 모퉁잇돌이 되기를 힘써야 합니다. 날아가는 화살과 질주하여 원수를 진흙탕에 처박는 말처럼 영혼을 건져 내는 성도가 되어야 합니다.

오늘 우리가 무엇보다 힘써 구해야 할 것이 무엇입니까? 모든 사람들의 문제를 해결하고도 남을 성령의 큰비입니다. 이제 더 이상 나 자신의 먹고사는 문제로 염려하지 않기로 굳게 결심하십시오. 오직 하나님께서 이 땅에 성령의 큰비를 내려 모든 말라 죽은 것들을 싱싱한 채소처럼 되살려 주시기를 간구하십시오.

16

———

에브라임을 소집하시다

스가랴 10:6-12

10:6 "내가 유다 족속을 견고하게 하며 요셉 족속을 구원할지라. 내가 그들을 긍휼히
여김으로 그들로 돌아오게 하리니 그들이 내게 내어버리움이 없었음같이 되리라.
나는 그들의 하나님 여호와라. 내가 그들을 들으리라.

7 에브라임이 용사 같아서 포도주를 마심같이 마음이 즐거울 것이요 그 자손은 보고
기뻐하며 여호와를 인하여 마음에 즐거워하리라.

8 내가 그들을 향하여 휘파람 불어 모을 것은 내가 그들을 구속하였음이라. 그들이 전에
번성하던 것같이 번성하리라.

9 내가 그들을 열방에 뿌리려니와 그들이 원방에서 나를 기억하고 그들의 자녀와 함께 다
생존하여 돌아올지라.

10 내가 그들을 애굽 땅에서 이끌어 돌아오며 그들을 앗수르에서부터 모으며 길르앗 땅과
레바논으로 그들을 이끌어 가리니 그 거할 곳이 부족하리라.

11 내가 그들로 고해를 지나게 하며 바다 물결을 치리니 나일의 깊은 곳이 다 마르겠고
앗수르의 교만이 낮아지겠고 애굽의 홀이 없어지리라.

12 내가 그들로 나 여호와를 의지하여 견고케 하리니 그들이 내 이름을 받들어 왕래하리라.
나 여호와의 말이니라."

10:6-12

텔레비전 아침 프로그램 중에 오래 전에 헤어졌던 가족들을 찾는 순서가 있습니다. 그들은 대개 가난 때문에 헤어진 사람들입니다. 형편이 어려워서 친척 집이나 고아원에 보내졌다가 헤어진 사람들이 가족을 찾을 수 있다는 말을 듣고 방송에 출연하는 것입니다.

형제가 많은데 부모님이 다 돌아가신 경우, 아이들 전부가 한 고아원에 수용되기는 어렵습니다. 그들은 대개 여러 고아원에 흩어져서 지내게 됩니다. 그 당시에는 너무 어려서 그 일이 무엇을 의미하는지 잘 모릅니다. 어른이 되어서야 그것이 기막힌 생이별이었음을 깨닫고 가슴을 치는 것입니다. 혹시라도 그 중에 외국으로 입양된 형제가 있을 경우에는 더 찾기가 어렵습니다. 더구나 그 형제가 외국인과 결혼해서 자녀를 낳은 후에 죽었다면, 더더욱 찾아낼 가능성이 희박할 것입니다. 그럼에도 불구하고 그런 자녀들 중에 할아버지나 할머니의 혈통을 찾아 우리나라에 찾아오는 이들을 가끔 보게 됩니다.

북 이스라엘 백성들이 바로 그러했습니다. 이스라엘 왕국은 북 이스라엘과 남 유다로 나뉘어 있었는데, 유다 백성들은 비교적 최근에 망했기 때문에 혈통을 고수하고 있었던 반면, 망한 지 수백 년이 지난 이스라엘 백성들은 이방인과 혈통이 섞여 버린 지 이미 오래였습니다.

지금 유다 백성들은 일부나마 돌아와 성전을 재건하고 있습니다. 그들의 관심사는 앞으로 어떻게 더 많은 유다 백성들을 불러 모아 강한 나라를 재건할 것인가 하는 것입니다. 그러나 하나님은 유다 백성들을 찾을 것이 아니라 전 세계에 흩어져 혼혈족이 되어 버린 에브라임 사람들을 찾으라고 말씀하십니다.

무슨 말입니까? 아직 유다 백성들 중에도 돌아오지 않은 자들이 많이 있습니다. 그렇다면 당연히 그들부터 불러 모아야 하지 않습니까? 그러나 하나님은 유다 백성들을 더 불러 모을 것이 아니라 이미 남이 되어 버린 이스라엘 백성들을 찾아오라고 하시는 것입니다. 여기에는 '너희는 과거의 민족 개념, 가족 개념, 국가 개념을 뛰어넘어서 말씀을 듣고 싶어 하는 모든 사람을 만나야 한다. 이제는 그들이 너희의 가족이요 민족이다'라는 뜻이 들어 있습니다.

에브라임이 돌아오리라

10장 6절을 보십시오. "내가 유다 족속을 견고하게 하며 요셉 족속을 구원할지라. 내가 그들을 긍휼히 여김으로 그들로 돌아오게 하리니 그들이 내게 내어버리움이 없었음같이 되리라. 나는 그들의 하나님 여호와라. 내가 그들을 들으리라."

여기에서 "유다 족속"은 남 유다 백성들을 가리키며, "요셉 족속"은 오래 전에 앗수르에 망한 북 이스라엘 백성들을 가리킵니다. 하나님은 유다와 이스라엘을 모두 구원하시되, 전혀 버림받은 적이 없는 것처럼 완전히 회복시키겠다고 말씀하십니다.

여름 수련회를 가거나 대규모 캠프를 할 때에는 선발대가 미리 가서 숙소를 점검하고 전기시설이나 화장실 시설 등을 살펴봅니다. 그들은 자신들을 위해 그런 준비를 하는 것이 아닙니다. 곧 도착할 본대를 위해 하는 것입니다.

바벨론에서 돌아와 성전을 짓고 있는 5만여 명의 유다 백성들도 마찬가지였습니다. 그들은 선발대로서 본대가 올 때를 대비하여 준비할 임무가 있었습니다. 그렇다면 본대는 누구입니까? 그들은 당연히 아직 돌아오지 못한 유다 백성들이라고 생각했습니다. 물론 언젠가는 북 이스라엘 백성들과도 하나가 될 날이 오겠지만, 당장은 유다 백성들부터 불러 모아서 유다 왕국을 재건해야 한다고 생각했던 것입니다.

그러나 하나님은 유다 백성들도 돌아오겠지만, 이미 오래 전에 망해서 전 세계에 흩어져 버린 북 이스라엘 백성들이 돌아와야 한다고 말씀하십니다. "내가 유다 족속을 견고하게 하며 요셉 족속을 구원할지라." 하나님이 유다 백성들에게 성전을 짓게 하시는 것은 유다 왕국을 재건하시기 위해서가 아니라 이스라엘 전체를 구원하시기 위해서입니다.

사람은 언제나 자기중심적으로 생각하는 경향이 있습니다. 그래서 하나님이 형통케 하고 부요케 하실 때 가족부터 챙기려 합니다. 사람들이 가장 많이 하는 말이 "돈 많이 벌어서 아버지 집 사 드리고 어머니 백금 반지 해 드리고 동생 자동차 사 주고……" 하는 것 아닙니까? 그런데 내가 본 적도 없고 나와 아무 상관도 없는 외국인을 위해 그 돈을 쓰라고 한다면 뭐라고 대답하겠습니까?

선교사들이 처음에 "먼 곳에 가서 복음을 전하라"는 부르심을 받을 때 던지는 질문도 그것이라고 합니다. "하나님, 아직 제 부모 형제도 믿지 않는데 어떻게 생전 본 적도 없는 사람들을 찾아가 복음을 전하겠습니까?" 그러나 모든 사람이 그렇게 가까운 사람들부터 전도한 후에 남들에게 전도할 생각을 했다면, 우리는 아직도 복음을 듣지 못했을 것입니다. 선교사들이 부모 형제와 자녀들부터 챙기고 여유가 생긴 후에 선교하겠다고 생각했다면, 우리는 아직도 말씀을 듣지 못했을 거예요. 우리 생각에는 내 가족도 예수를 믿지 않는데 남들한테 전도한다는 것이 말도 안 되는 일 같습니다. 그런데 하나님은 그 말도 안 되는 일을 하라고 명하십니다.

한번은 예수님이 많은 무리에게 말씀을 가르치고 계시는데, 가족들이 예수님을 만나려고 찾아왔습니다. 사실은 만나러 왔다기보다는 잡으러 온 것입니다. 지금까지 예수님은 열심히 목수 일을 해서 가족들을 돌보았습니다. 그런데 언제부터인가 어부들과 몰려다니면서 가족들을 돌보지 않는 것입니다. 그때 예수님은 "누가 내 모친이며 내 동생들이냐?"라고 물으시면서 "누구든지 하늘에 계신 내 아버지의 뜻대로 하는 자가 내 형제요 자매요 모친이니라"(마 12:50)라고 말씀하셨습니다. 완전히 새로운 가족 개념을 제시하신 것입니다. 이처럼 가족 개념도 새롭게 하고 민족 개념도 새롭게 해야 주님의 뜻대로 사용될 수 있습니다.

요즘은 전 세계적으로 민족주의가 더 강화되는 추세인 것 같습니다. 각 나라는 월드컵 같은 국제적인 운동경기를 통해 사람들의 애국심을 자극하고 있습니다. 오늘날 세계는 모든 나라, 모든 사람이 잘사는 길보다는 자기 민족이 잘사는 길을 찾아 움직이고 있으며, 강대국일수록 더 강한 민족주의적 성향을 드러내고 있습니다. 우리나라도 예외는 아닙니다. 우리도 어떻게 해서든지 민족의 정체성과 자존심을 세우려 합니다. 그러나 하나님이 원하시는 것은 우리 민족만을 위해 많은 일을 하는 것이 아닙니다. 하나님은 인종과 피부색을 떠나 말씀을 듣고 싶어 하는 모든 사람을 우리의 가족과 민족으로 여기기를 원하십니다.

유다 백성들 중에서도 극히 소수만 돌아온 이유가 무엇입니까? 대다수 사람들은 바벨론에 정착해서 안정되게 살고 있었기 때문입니다. 하나님은 돈벌이 때문에 돌아올 기회가 있는데도 돌아오지 않는 유다 백성들을 불러 모으는 일보다 전 세계에 흩어져서 말씀의 지푸라기라도 듣고 싶어 하는 요셉 족속에게 복음을 전하는 일이 더 시급하다고 하십니다.

하나님은 "내가 그들을 긍휼히 여김으로 그들로 돌아오게 하리니"라고 말씀하시며 "그들이 내게 내어버리움이 없었음같이 되리라"라고 말씀하십니다. 인간적으로 볼 때 이스라엘 백성들은 하나님의 백성이라고 할 수 없을 정도로 혼혈이 되어 있었습니다. 그런데 그들을 한 번도 망한 적이 없는 사람들처럼 완전히 치료하시겠다는 것입니다. 어떻게 그렇게 하십니까? 그들의 마음을 치료하심으로써 그렇게 하십니다. 강한 말씀과 성령의 위로로 그들 속에 쌓여 있는 응어리와 한을 전부 치료하심으로써 한 번도 버림받은 적이 없는 사람들처럼 완전히 회복시키시는 것입니다.

사실 이스라엘은 유다보다 더 심하게 멸망했습니다. 유다 백성들은 그래도 대부분 바벨론으로 잡혀 갔지만, 북 이스라엘은 완전히 박살이 나서 전 세계로 흩어져 버렸고 그렇게 산산히 흩어졌기 때문에 혈통을 유지하려야 유지할 수가 없었습니다. 그들은 불과 얼마 지나지 않아 이방인들과 혼혈이 되어 버렸습니다. 그러니까 말이 이스라엘의 후손이지 사실 이스라엘의 피는 한두 방울밖에 없었던 것입니다. 그런데 하나님은 그렇게 한두 방울 섞인 사람들도 전부 이스라엘로 여기시며, 이스라엘과 조금이라도 관계가 있는 사람들 역시 전부 이스라엘로 여겨서 구원하기를 원하셨습니다. 하나님이 유다 백성들을 완전히 흩지 않으시고 덩어리째 바벨론으로 보내신 것은 그들만을 구원하시기 위해서가 아니라 그들을 통해 이스라엘 백성들과 이방인들까지 구원하시기 위해서였습니다.

사실 이방인들이 이스라엘 안으로 들어오는 데에는 많은 장애물이 있었습니다. 그런데 하나님은 사도 바울이라는 탁월한 전도자를 세워서 그 높은 유대인의 담을 허물고, 이방인 신자들을 당당한 이스라엘로 삼아 주셨습니다. 오늘날도 하나님은 그렇게 하기를 원하십니다. 인종과 피부색을 떠나 모든 사람에게 복음을 전함으로써 그들을 이스라엘로 만들기를 원하시는 것입니다.

7절을 보십시오. "에브라임이 용사 같아서 포도주를 마심같이 마음이 즐거울 것이요 그 자손은 보고 기뻐하며 여호와를 인하여 마음에 즐거워하리라."

여기 나오는 "에브라임"은 앞서 말한 "요셉 족속"입니다. "에브라임
이 용사 같아서"를 직역하면 '에브라임은 용사가 될 것이라' 입니다. 이
미 혼혈이 되어 이방인이 되어 버린 이스라엘의 후손들은 수백 년 동안
노예로 살아왔습니다. 그들은 자기 혼자서는 무슨 일을 할 의지도, 능력
도 없는 자들이었습니다.

민수기는 한 노예 민족이 하나님 나라의 용사가 되어 가는 과정을 보
여 주는 성경입니다. 노예는 무엇이든지 뜻대로 되지 않으면 소리부터
지르고 봅니다. 이스라엘 백성이 걸핏하면 했던 말이 무엇입니까? "모
세야, 우리를 죽이려고 끌고 왔느냐?"라는 것입니다. "우리를 굶겨 죽
이려고 끌고 왔느냐, 목말라 죽게 하려고 끌고 왔느냐, 고기 못 먹어 죽
게 하려고 끌고 왔느냐?"라는 거예요. 그런데 40년 동안 광야에서 연단
받고 난 후에 어떻게 바뀌었습니까? 적을 코앞에 두고서도 군소리 하나
없이 할례를 받았고, 여리고 성을 7일 동안 도는데도 아무도 불평하지
않았습니다. 그들의 입이 그렇게 다물어지기까지 무려 40년이 걸렸습니
다. 예전 같았으면 엄청난 불평이 쏟아져 나왔을 것입니다. "왜 하루에
한 바퀴만 돌라는 거야? 난 두 바퀴 돌고 싶은데. 그리고 왜 이쪽으로만
도는 거야? 저쪽으로 돌면 좀 안 돼?" 하면서 구시렁거렸을 것입니다.
그런데 40년 동안 광야에서 훈련을 받고 나니 입이 딱 다물어졌습니다.
군소리 없이 하루에 한 바퀴씩만 정확하게 돌고 돌아왔습니다. 노예가
용사로 변한 것입니다.

노예와 용사는 완전히 다릅니다. 노예는 명령하거나 때리지 않으면
일하지 않습니다. 노예의 소원은 그저 하루하루 무사히 넘기는 것입니
다. 그러나 용사는 편하게 지낼 수 있는데도 일부러 어려운 일을 자청
합니다. 그것이 하나님의 뜻인 줄 알기 때문에, 자신이 해야 할 일인 줄
알기 때문에 기쁨으로 어려운 일을 자청하는 것입니다. 하나님은 지금
노예로 흩어져 있는 에브라임 족속을 이런 용사들로 만들겠다고 말씀하

십니다.

그렇다면 어떻게 노예가 용사가 될 수 있을까요? 7절은 "포도주를 마심같이 마음이 즐거울 것이요"라고 말하고 있습니다. 이것은 사람들이 성령으로 충만해진 그리스도인들을 보고 조롱했던 말과 같습니다. 그들은 성령을 받고 참을 수 없는 기쁨으로 충만해진 성도들을 보면서 "저희가 새 술이 취하였다"(행 2:13)라고 조롱했습니다.

담근 지 얼마 안 되는 새 포도주는 신선할 뿐 아니라 사람의 기분을 좋게 해 줍니다. 묵은 포도주는 맛이 독하고 서서히 취하게 하는 데 반해, 새 포도주는 독하지도 않고 맛도 좋아 많이 마실 수가 있습니다. 몇백 년 동안 노예로 살아온 자들을 용사로 만드는 것은 이 새 포도주 같은 성령의 능력입니다.

술이 사람을 변하게 하듯이 성령도 사람을 변하게 합니다. 술에 취하면 평소에 말 없던 사람도 말이 많아지고, 침울하던 사람도 활발해지며, 소극적이던 사람도 호언장담하는 것을 볼 수 있습니다. 본질은 다르지만 성령도 그런 변화를 일으키십니다. 성령이 임하시면 책임을 회피하던 사람이 담대해지고, 자기만 생각하던 사람이 남을 사랑하게 되며, 자신의 처지를 비관하던 사람이 현실을 인정하고 감사하게 됩니다.

여기 나오는 "에브라임"은 우리 같은 이방인들을 가리킵니다. 우리는 하나님을 알기 전까지 만족을 모르던 자들이었고 죄의 노예로 살던 자들이었습니다. 어떤 의미에서 분노나 복수심으로 살아온 자들이었다고 말할 수 있습니다. 이를테면 '우리집이 가난하다고 그렇게 무시했지? 두고봐라. 내가 열심히 공부해서 출세할 테니' 라는 식의 마음으로 살아온 것입니다. 한(恨)은 한국 어머니들의 보편적인 감정이었습니다. 그 한이 얼마나 심각했던지 "여자가 한을 품으면 오뉴월에도 서리가 내린다"라는 속담이 다 생길 정도였습니다. 그런데 그런 우리에게 기쁨이 생긴 것입니다. 어떻게 생겼습니까? 돈을 많이 벌어서가 아닙니다. 상황이 호전되어서도 아닙니다. "하나님이 나를 죽도록 사랑하신다"라는 소식을 들었을 때, 오뉴월에 서리를 내리던 한이 스러져 버리고 복수심과 분노로 이글대던 마음이 새로워진 것입니다. 예수를 믿으면 세상 사람들이 알지 못하는 능력이 내 속에 들어오는 것을 느끼게 되며, 하늘의 무한한 능력이 나에게 약속되어 있음을 알게 됩니다. 그 확신과 놀라운 사랑이 우리 마음을 뒤덮고 있던 어두운 그림자를 밀어 내고 우리 마음을 기쁘게 만드는 것입니다.

하나님은 "여호와를 인하여 마음에 즐거워하리라"라고 말씀하십니다. 이것은 우리 믿는 자들 안에 하나님이 주시는 기쁨이 있다는 뜻입니다. 기쁨은 우리의 양식입니다. 아무리 답답하고 힘들어도 하나님만 바라보면 언제든지 새로워질 수 있습니다. 형편이 여전히 어려운데도 큰 걱정이 되지 않고 '어떻게 될 것 같다' 라는 편한 생각이 듭니다. 그것이 하나님이 주시는 믿음이요 기쁨입니다.

"그 자손은 보고 기뻐하며"라는 것은 에브라임의 자손들이 이런 기쁨을 누리고 체험한다는 뜻입니다. 율법에 따르면 혼혈족이나 사생자들은 성전에서 하나님을 뵐 수 없었습니다. 그러나 그들에게 성령이 임하시면 유다 백성들보다 더 열심 있는 하나님의 백성이 될 것입니다.

오늘 우리가 생각해야 할 것이 무엇입니까? 요즘 우리나라는 큰 어려움을 겪고 있습니다. 그러나 더 큰 걱정은 앞으로 이 어려움이 얼마나 더 심각해질지 아무도 예측할 수 없다는 것입니다. 경제나 정치 상황이 더 악화되어 바닥으로 내려갈 수도 있습니다. 그러나 우리에게는 출애굽의 기적이 있습니다. 하나님의 백성들이 말씀 중심으로 모이면 기적의 능력이 그 자리에 임하게 되어 있습니다. 하나님은 구름기둥과 불기둥으로 이스라엘 백성들을 인도하셨고, 바다를 가르는 능력으로 그들을 지켜 주셨으며, 하늘의 만나와 메추라기로 먹여 주셨습니다.

지금 우리는 광야를 걷고 있습니다. 이럴 때 하나님을 원망하고 불평해 봐야 아무 도움도 되지 않습니다. 우리가 바라는 것은 한 사람도 낙오되지 않고 모두 안전한 가나안 땅으로 들어가는 것입니다. 그 가나안 땅이 무엇입니까? 나와 우리 자녀들만 포도원을 소유하며 감람나무 아래서 편안히 지내는 것입니까? 아닙니다. 우리가 믿음의 연단을 거쳐 얻어야 할 가나안은 우리 가족이나 우리 민족만의 낙원이 아니라 모든 외국인들과 함께 즐거워하는 땅입니다. 우리는 그들에게 복음을 전해서 그들과 함께 하나님께 예배드려야 합니다.

어떻게 하면 하나님의 긍휼을 계속 얻을 수 있습니까? 우리가 먼저 에브라임 족속을 찾아가서 사랑해야 합니다. 우리보다 못한 이들을 불쌍히 여기며 그들에 대한 긍휼과 사랑을 거두지 않아야 합니다. 그러면 하나님도 우리를 향한 긍휼과 사랑을 거두지 않으실 것입니다. 하나님의 축복을 잃는 가장 손쉬운 방법은 이기적인 신자가 되는 것이고, 손해 볼 일을 전혀 하지 않는 것입니다.

시세 좋은 아파트를 사 두지 못했다고 해서, 값이 오를 만한 땅을 사두지 못했다고 해서, 돈을 많이 벌지 못했다고 해서 아쉬워하지 마십시오. 세상에서 아무것도 손해 보지 않고 모든 이득을 챙기는 사람에게는 하나님이 긍휼을 베풀어 주시지 않습니다.

에브라임을 어떻게 모을 것인가?

그렇다면 전 세계에 뿔뿔이 흩어져 있는 에브라임을 어떻게 일일이 찾아서 모을 수 있을까요? 한두 명이 고아원에 있다가 입양되어 갔다면 처음에 들어갔던 고아원부터 찾아가서 기록을 뒤지면 실마리가 풀릴 것입니다. 그러나 노예들은 그런 기록조차 없었을 뿐 아니라 전부 혼혈이 되는 바람에 겉모습으로도 찾을 길이 없었습니다. 그들에게는 자신들의 먼 조상이 이스라엘 사람이었다는 희미한 기억만 남아 있을 뿐입니다. 그런데 어떻게 그런 사람들을 이끌어 내서 하나로 모을 수 있겠습니까?

하나님은 참으로 놀라운 방법으로 그들을 모으겠다고 하십니다. 그 방법이란 휘파람을 부는 것입니다. "내가 그들을 향하여 휘파람 불어

모을 것은 내가 그들을 구속하였음이라. 그들이 전에 번성하던 것같이 번성하리라"(10:8)

휘파람을 불어서 모으는 것은 목자가 양 떼를 모을 때 사용하던 방법이었습니다. 목자는 양 떼를 모으기 위해 일일이 뛰어다니지 않습니다. 그렇게 해서는 도저히 그 많은 양들을 모을 수가 없습니다. 그저 휘파람만 한번 세게 불면 흩어져 있던 양들이 알아듣고 모이는 것입니다.

양 떼의 모습이 잘 그려지지 않으면 개들을 생각해 보십시오. 주인이 여러 마리 개를 데리고 들판에 나갔다고 합시다. 그런데 그 개들이 여기저기 흩어져서 제멋대로 돌아다니거나 낯선 개와 싸우려고 으르렁거릴 때 주인이 어떻게 합니까? 간단하게 휘파람만 불면 됩니다. 그러면 그 소리를 들은 개들이 돌아오게 되어 있습니다.

하나님이 흩어진 에브라임을 휘파람으로 불러 모으신다는 것은 말씀으로 부르신다는 뜻입니다. 사람들은 말씀이 들릴 때, 그 속에서 자신들을 찾고 계시는 하나님의 음성을 듣습니다. 그것이 바로 하나님의 휘파람 소리입니다. 어렸을 때 해가 지면 어머니들이 나와서 각자 자기 집 아이들을 부르지 않습니까? 그러면 아무리 재미있게 놀던 아이들이라도 그 음성을 알아듣고 집으로 돌아갑니다.

하나님은 예수님이 오시기 전에 이미 전 세계 이방인들에게 율법을 들려 주셨습니다. 그래서 유대인의 명절만 되면 이방인들이 흩어진 유대인들과 함께 예루살렘으로 몰려들었습니다. 그것은 하나님이 휘파람으로 부르셨기 때문에 가능한 일이었습니다. 그들은 그 휘파람 소리를 듣고 성전을 찾았다가 성령의 강력한 부으심을 받고 새 이스라엘이 되었습니다. 새 이스라엘에는 국경이 없습니다. 새 이스라엘의 백성들은 피부색도 다양하고 언어도 다양합니다.

전도하다 보면 하나님이 이미 휘파람을 부셨다는 것이 느껴질 때가 있습니다. 똑같이 전도해도 욕하고 조롱하는 사람들이 있는가 하면, 오히려 전도하는 쪽에서 당황할 정도로 적극적으로 받아들이는 사람들도 있습니다. 그 사람들은 하나님의 휘파람 소리를 들었기 때문에 그렇게 적극적으로 받아들이는 것입니다.

우리 교회의 어느 집사님 부부는 결혼 후 첫아이를 낳고 외국에서 생활하느라 무척 힘든 시절을 보냈다고 합니다. 그런데 어떤 한국인이 기독교 서적을 주면서 읽어 보라고 권하더라는 것입니다. 그래서 읽어 보니 그렇게 좋을 수가 없었습니다. 그 부부는 책을 준 사람과 그리 긴 이야기를 나누지 않았는데도 교회에 나가게 되었습니다. 그리고 아주 신실한 신자가 되었습니다. 그것은 하나님이 휘파람을 부셨기 때문에 가능한 일입니다. 그 부부의 마음속에 하나님을 간절히 찾는 마음을 불러일으키셨기 때문에 가능한 일인 것입니다.

요즘의 불경기는 그냥 불경기가 아니라 하나님의 휘파람입니다. 그것도 한두 사람만 불러 모으는 휘파람이 아니라 그물로 고기를 몰듯이 한꺼번에 불러 모으는 휘파람입니다. 특히 젊은이들은 지금 하나님께 돌아가는 것 외에는 달리 살 길이 없습니다. 이 기회를 놓치지 말고 돌아가야 합니다.

"그들이 전에 번성하던 것같이 번성하리라"라는 것은 이방화되었던 이스라엘 백성들이 돌아와서 그 옛날 솔로몬 시대처럼 번성하게 된다는 뜻입니다. 솔로몬 시대의 특징이 무엇이었습니까? 수많은 외국인들이 말씀을 듣기 위해 예루살렘을 방문한 것입니다. 이 구절은 장차 요셉 족속의 교회, 이방인 교회에 하나님의 말씀이 더 많이 부어져서 말씀의 예루살렘이 될 것을 보여 줍니다. 말씀이 충만한 곳에는 성령이 충만하게 되어 있고 축복이 넘치게 되어 있습니다.

9절도 동일한 말씀입니다. "내가 그들을 열방에 뿌리려니와 그들이 원방에서 나를 기억하고 그들의 자녀와 함께 다 생존하여 돌아올지라."

이들을 전 세계에 포로로 흩으신 분은 하나님이십니다. 그들은 하나님이 자신들을 영원히 버리신 줄 알았지만 하나님은 그 과정을 통해 신약 교회를 준비하고 계셨습니다. 결국 이 흩어진 자들을 통해 말씀을 들은 이방인들이 초대 교회의 주된 구성원이 되었습니다. 이처럼 하나님은 우리를 이끄시는 과정을 일일이 설명하거나 미리 허락을 구하지 않으시며, 우리의 의견을 물은 후에 계획을 세우지도 않으십니다. 역사의 주인공이 되려면 하나님의 계획을 빨리 깨닫고 헌신해야 합니다. 유대인들은 먼저 부르심을 받았음에도 주인공이 되지 못했습니다. 성경을 오해하고 끝까지 유대인 중심의 나라를 고집했기 때문입니다. 누구든지 성경을 정확하게 알아야 주인공이 될 수 있습니다. 사도 바울은 성경에 나타난 하나님의 뜻을 가장 정확하게 알았던 사람이었습니다. 그래서 일찌감치 유대주의를 포기했고, 이방인의 사도로서 중요한 역할을 감당했습니다.

그러므로 우리에게 중요한 일은 힘을 많이 기르거나 사람을 많이 모으거나 맹목적으로 열심을 내는 것이 아니라 성경을 더 정확하게 아는 것입니다. 결국 성경을 바로 알고 거기에 헌신하는 사람이 역사의 흐름을 주장하게 되어 있습니다. 예수님은 이것을 눈의 비유를 통해 가르치셨습니다. 우리 몸에는 중요한 기관들이 많이 있습니다. 그것들은 전부 생명을 유지하는 데 필요한 기관들입니다. 그런데 바른 목표를 가지고 움직이기 위해서는 외부에서 빛을 받아들이는 기관, 즉 눈의 역할이 가장 중요합니다. 눈이 어두우면 생명은 유지할 수 있어도 바른 목표를 향하여 나아가기는 어렵습니다. 마찬가지로 우리가 가진 재능과 자질들을 바르게 사용하려면 말씀을 바로 받아들이는 일이 가장 중요합니다. 말씀이 환하게 밝혀지고 믿음으로 그것을 받아들일 때에야 걸림돌에 걸려 넘어지지 않고 모든 일을 바로 해 나갈 수 있습니다. 그 부분이 어두워지면 다른 부분들도 다 어두워질 수밖에 없습니다.

우리나라 성도들은 굉장히 많은 가능성을 가지고 있습니다. 그러나 말씀이 명확히 선포되지 않으면 현상유지밖에 할 수 없습니다. 전부 손으로 더듬거리며 가든지 엉덩이로 밀고 갈 수밖에 없는 것입니다. 전속력으로 달려가야 할 사람들이 엉덩이로 밀고 가려니 얼마나 답답하겠습니까? 그러다가 말씀이 바로 밝혀지면 어떻게 됩니까? 그때부터 온몸에 활기가 돌기 시작하면서 그 능력이 수십 배 수백 배로 증폭됩니다. 이처럼 교회에서 바른 말씀을 듣는 것이야말로 성도가 세상에서 수십 배 수백 배 능력 있게 사는 길입니다.

지금 절망적인 상황에 빠져 있다 하더라도 말씀이 밝혀지고 있다면 곧 길이 열릴 것을 믿으십시오. 우리 귀에 말씀이 들린다는 것은 하나님이 우리에 대해 놀라운 계획을 가지고 계시다는 뜻입니다. 이스라엘 후손들은 노예가 되어 전 세계에 흩어져 있었지만 하나님은 그들에 대해 좋은 계획, 유다 백성들에 대한 계획보다 더 좋은 계획을 세우고 계셨습니다. 우리가 지금까지 어떻게 살아왔든지 그것은 중요치 않습니다. 혼혈에 혼혈을 거듭한 이스라엘 후손들처럼 깊은 절망 속에 빠져 있다 하더라도 말씀이 임하고 성령이 임하면 솔로몬 때보다 더 번성하는 축복을 누릴 수 있습니다. 실제로 이스라엘 후손들은 성령을 받고 하나님의 교회를 세우는 축복을 받습니다.

돌아오는 이스라엘의 후손들

애굽에서 종살이하던 이스라엘 백성들이 가나안에 들어가기까지는 많은 장애물이 있었습니다. 첫 번째 장애물은 바로였습니다. 바로는 그들을 억압하며 놓아 주려 하지 않았습니다. 환경적인 장애물도 있었습니다. 이스라엘 백성들은 홍해도 건너고 불타는 사막도 건너야 했습니다. 또 한 가지 장애물은 심리적인 것이었습니다. 그들의 마음속에는 '이 고생을 하면서까지 애굽을 떠나 가나안으로 갈 필요가 있는가' 라는 의심이 있었습니다. 그 당시 애굽은 세계에서 최고로 문명이 발달한 나라였습니다. 그런데 그렇게 좋은 나라를 떠나 잘 알지도 못하는 땅을 향해 험한 길을 갈 필요가 있겠습니까?

그런데 전 세계에 흩어져 있는 이스라엘의 후손들에게는 그때보다 더 심각한 장애물이 있었습니다. "내가 그들을 애굽 땅에서 이끌어 돌아오며 그들을 앗수르에서부터 모으며 길르앗 땅과 레바논으로 그들을 이끌어 가리니 그 거할 곳이 부족하리라"(10:10).

이스라엘 백성들이 출애굽할 당시에는 모든 백성이 고센이라는 한 지역에 모여 있었습니다. 그러나 신약 교회를 이루게 될 이 이방화된 이스라엘은 혈통만 뒤섞여 있는 것이 아니라 지리적으로도 전 세계에 흩어져 있어서 불러 모으기가 더 힘들었습니다. 그런데 하나님은 그들을 물리적으로 한 장소에 모을 필요가 없다고 하십니다. 왜 그렇습니까? 성령께서 복음을 들고 일일이 그들을 찾아가실 것이기 때문입니다.

요즘 우리는 '지구촌'이라는 말을 자주 듣습니다. 전 세계는 컴퓨터와 전자기술로 전부 연결되어 있습니다. 세계 구석구석에서 일어나는 사건들을 그날 저녁 뉴스에서 볼 수도 있고, 컴퓨터 키 몇 개로 많은 돈을 외국으로 보낼 수도 있습니다. 그처럼 하나님은 성령으로 전 세계에 흩어져 있는 이스라엘 후손들을 하나로 모으겠다고 하십니다.

"길르앗과 레바논"은 이스라엘이 망하기 전 본토의 동쪽과 북쪽에 있던 땅입니다. 이것은 그들이 본토로 돌아오지 않고 그 가까운 곳으로 온다는 뜻입니다. 그들의 숫자가 너무 많아서 본토에 다 수용할 수가 없기 때문입니다.

11절을 보십시오. "내가 그들로 고해를 지나게 하며 바다 물결을 치리니 나일의 깊은 곳이 다 마르겠고 앗수르의 교만이 낮아지겠고 애굽의 홀이 없어지지라."

"고해를 지나게 하며"라는 것은 그들이 하나님께 돌아오기까지 여러 가지 어려움을 겪는다는 뜻입니다. 하나님께 돌아오고자 하는 사람은 고통의 바다를 건너야 합니다. 어려움에 빠져서 어쩔 수 없이 하나님께 돌아오는 사람도 있고, 예수를 믿는다는 이유로 핍박을 받거나 손해를 보는 사람도 있습니다. 어떤 형태로든지 하나님께 돌아오는 과정에서 고난을 겪지 않는 사람은 없습니다. 그러나 하나님은 그 고난 가운데 함께하셔서 그 고난이 결코 그들을 좌절시키지 못하게 하겠다고 약속하십니다. 구름기둥과 불기둥으로 이스라엘을 인도하셨듯이 그들을 인도해서 하나님이 원하시는 목적지로 이끌겠다고 약속하십니다.

"고해"는 이스라엘 백성들이 건너야 했던 홍해를 떠올리게 합니다. 하나님은 홍해를 갈라서 마른 땅으로 건너게 하셨습니다. "나일의 깊은 곳이 다 마르겠고"에서 "나일"은 원래 '강'이라고만 되어 있습니다. 성경을 번역한 이들이 출애굽의 광경을 생각해서 이렇게 의역한 것 같습니다. 그러나 나일 강 외에도 하나님의 백성들이 건너야 할 강은 많이 있습니다. 야곱이 얍복 강을 건너야 했던 것처럼 우리에게도 하나님이 원하시는 삶을 살기 위해 반드시 건너야 할 고난의 강이 있습니다. 그러나 하나님은 그 가운데 반드시 길을 예비해 놓으십니다. 하나님이 주신 어려움 속에는 반드시 해답이 들어 있습니다. 그 해답을 찾기 위해 다른 곳을 헤매 다닐 필요가 없어요. 내 잘못으로 어려움을 겪게 되었든지 내 잘못과 상관없이 어려움을 겪게 되었든지 간에 하나님은 해답을 준비해 놓고 계십니다.

그러나 우리 편에서도 해야 할 일이 있습니다. 그것은 자신의 우월감과 자존심과 세상적인 욕심과 미래에 대한 염려를 버리는 것입니다. 자기 삶을 오로지 하나님의 주권에 맡기는 사람만이 고통의 바다를 건널 수 있으며, 나일 강이 마르고 요단 강이 마르는 역사를 체험할 수 있습니다.

물론 세상 사람들은 우리가 하나님께 돌아가지 못하도록 있는 힘껏 막을 것입니다. 앗수르의 교만도 우리를 막을 것이며 바로의 홀도 우리를 막을 것입니다. 그러나 그것은 우리의 믿음을 시험하는 도구일 뿐, 가려고만 들면 얼마든지 떨치고 나아갈 수 있습니다. 아무도 하나님의 백성들이 그분을 찾아가는 길을 막지 못합니다.

12절을 보십시오. "내가 그들로 나 여호와를 의지하여 견고케 하리니 그들이 내 이름을 받들어 왕래하리라. 나 여호와의 말이니라."

새로 출애굽하는 이스라엘 백성들의 특징이 무엇입니까? 전적으로 하나님만 의지하는 것입니다. 세상이 아무리 그들을 망하게 하려고 덤벼들어도 하나님의 허락 없이는 머리털 하나 상하게 하지 못할 것입니다.

"내 이름을 받들어 왕래하리라"라는 것은 하나님의 이름으로 행한다는 뜻입니다. 하나님은 자신의 이름을 그들에게 빌려 주실 것입니다. 즉, 하나님의 대리자로 삼으시는 것입니다. 그들은 하나님의 이름으로 모든 일을 하며 하나님의 권세로 모든 일을 할 것입니다. 그리고 하나님은 그들이 자신의 이름으로 한 모든 일에 대해 책임을 지실 것입니다.

결국 하나님이 우리에게 말씀하시는 바가 무엇입니까? 세상의 많은 돈과 권력은 유혹에 불과하다는 것입니다. 하나님은 우리가 그런 것을 추구하기보다 하나님의 대리자가 되어 그가 주시는 능력으로 모든 일을 하기를 원하십니다. 얼마나 크고 많은 일을 하느냐는 중요치 않습니다. 작은 능력을 주시면 작은 일을 하고, 큰 능력을 주시면 큰 일을 하면 됩니다.

유다와 이스라엘 백성들 앞에는 제2의 출애굽이 기다리고 있었습니다. 그것은 과거의 출애굽처럼 물리적인 장소에서 해방되는 사건이 아니었습니다. 성령의 능력으로 죄짓는 삶을 떠나는 출애굽, 하나님이 기뻐하시는 삶으로 나아가는 출애굽이었습니다. 그 일을 위해 그리스도께서 친히 십자가에 못 박혀 죽으셨습니다. 그것은 열 재앙이나 홍해를 가른 이적보다 더 큰 능력의 사건이었습니다. 그 사건을 통해 하나님은 전 세계의 이방인들을 구원으로 부르셨습니다.

우리가 노예 상태를 벗어나 하나님의 백성이 된 증거는 무엇입니까? 우리 속에 성령으로 인한 기쁨, 새 포도주를 마신 것 같은 기쁨이 있는 것입니다. 나는 점점 사라지고 주님이 내 삶을 주장하시게 되는 것입니다.

하나님은 에브라임 족속보다 더 하나님의 백성이 될 가능성이 없었던 우리를 백성으로 불러 주셨습니다. 하나님이 이처럼 우리를 불러 주신 것은 또 다른 에브라임 족속을 찾아가게 하시기 위해서입니다. 나 중심의 사고방식을 버리십시오. '우리집 문제부터 해결하겠다', '우리 아이부터 챙기고 보겠다' 라는 생각을 버리고, 말씀을 듣고자 하는 이들은 전부 내 가족과 내 민족으로 여기십시오. 어떤 의미에서 우리는 내 가족, 내 민족보다 그들을 더 먼저 찾아가서 말씀을 전해야 합니다.

하나님은 휘파람으로 우리를 불러 모으셨습니다. 오늘 우리가 이 자리에 모인 것은 하나님이 휘파람으로 부르시고 사모하는 마음을 심어 주셨기 때문입니다. 하나님이 그렇게 하신 것은 우리에게 굉장히 소중한 것을 주시기 위해서입니다. 그것을 깨닫고 믿음으로 받아 누려야 합니다.

내 마음대로 할 수 있는 일이 하나도 없을 때 얼마나 답답합니까? 마치 창살 없는 감옥에 갇힌 것처럼 답답합니다. 직장 없이 몇 달 몇 년씩 지내다 보면 자신감이 전부 사라져 버립니다. 그러나 내 것이 철저하게 죽어야 하나님이 찾아오십니다. 내 생각, 내 고집, 내 자존심이 철저하게 사라져야 성령의 능력이 나타납니다. 지금 스스로 해결할 수 없는 어려움을 겪고 있습니까? 그것은 하나님이 나를 준비시키시는 과정입니다. 그 어려움 가운데 하나님을 인정하고 그분만 의지하십시오. 그러면 솔로몬 시대보다 더 번성하는 축복을 주실 것입니다.

17

메시아를 거부하는 양들

스가랴 11:1-17

11:1 레바논아, 네 문을 열고 불이 네 백향목을 사르게 하라!

2 너 잣나무여, 곡할지어다! 백향목이 넘겨졌고 아름다운 나무가 훼멸되었도다! 바산의 상수리나무여, 곡할지어다! 무성한 삼림이 엎드러졌도다!

3 목자의 곡하는 소리가 남이여, 그 영화로운 것이 훼멸되었음이로다! 어린 사자의 부르짖는 소리가 남이여, 이는 요단의 자랑이 황무하였음이로다!

4 여호와 나의 하나님이 가라사대 "너는 잡힐 양 떼를 먹이라.

5 산 자들은 '그들을 잡아도 죄가 없다' 하고 판 자들은 말하기를 '내가 부요케 되었은즉 여호와께 찬송하리라!' 하고 그 목자들은 그들을 불쌍히 여기지 아니하는도다.

6 여호와가 말하노라. 내가 다시는 이 땅 거민을 불쌍히 여기지 아니하고 그 사람을 각각 그 이웃의 손과 임금의 손에 붙이리니 그들이 이 땅을 칠지라도 내가 그 손에서 건져 내지 아니하리라" 하시기로

7 내가 이 잡힐 양 떼를 먹이니 참으로 가련한 양이라. 내가 이에 막대기 둘을 취하여 하나는 '은총' 이라 하며 하나는 '연락' 이라 하고 양 떼를 먹일새

8 한 달 동안에 내가 그 세 목자를 끊었으니 이는 내 마음에 그들을 싫어하였고 그들의 마음에도 나를 미워하였음이라.

9 내가 가로되 "내가 너희를 먹이지 아니하고 죽는 자는 죽는 대로, 망할 자는 망할 대로, 그 나머지는 피차 살을 먹는 대로 두리라" 하고

10 이에 '은총' 이라 하는 막대기를 취하여 잘랐으니 이는 모든 백성과 세운 언약을 폐하려 하였음이라.

11 당일에 곧 폐하매 내게 청종하던 가련한 양들은 이것이 여호와의 말씀이었던 줄 안지라.

12 내가 그들에게 이르되 "너희가 좋게 여기거든 내 고기를 내게 주고 그렇지 아니하거든 말라." 그들이 곧 은 삼십을 달아서 내 고기를 삼은지라.

13 여호와께서 내게 이르시되 "그들이 나를 헤아린 바 그 준가를 토기장이에게 던지라" 하시기로 내가 곧 그 은 삼십을 여호와의 전에서 토기장이에게 던지고

14 내가 또 '연락' 이라 하는 둘째 막대기를 잘랐으니 이는 유다와 이스라엘 형제의 의를 끊으려 함이었느니라.

15 여호와께서 내게 이르시되 "너는 또 우매한 목자의 기구들을 취할지니라.

16 보라, 내가 한 목자를 이 땅에 일으키리니 그가 없어진 자를 마음에 두지 아니하며 흩어진 자를 찾지 아니하며 상한 자를 고치지 아니하며 강건한 자를 먹이지 아니하고 오히려 살진 자의 고기를 먹으며 또 그 굽을 찢으리라.

17 화 있을진저, 양 떼를 버린 못된 목자여! 칼이 그 팔에, 우편 눈에 임하리니 그 팔이 아주 마르고 그 우편 눈이 아주 어두우리라!"

11:1-17

언어나 생활풍습이 완전히 다른 외국에 처음으로 여행을 갔을 때, 나쁜 안내자를 만나 돈이나 물건을 털리고 외딴 곳에 버려지는 경우가 생길 수 있습니다. 반면에, 아무것도 모르면서 똑똑한 체하고 안내자를 무시한 채 제멋대로 길을 가다가 강도를 만나 가진 것을 전부 빼앗기는 경우도 생길 수 있습니다.

요즘 우리는 미래가 어떻게 될지 전혀 알 수 없는 불안정한 상태에서 살고 있습니다. 이럴 때 마음이 불안해지고 걱정이 생기는 것은 이상한 일이 아닙니다. 원래 양 떼는 아무 힘이 없기 때문에 목자가 없으면 맹수들에게 물려 갈 수밖에 없습니다. 그러나 아무리 처음 가는 길이고 주위에 무서운 맹수와 도둑들이 우글거린다 해도 목자만 옆에 있으면 절대 안전합니다.

그렇다면 우리가 목자를 잘 따라가고 있다는 증거는 무엇일까요? 그것은 어떤 상황에서도 자기 마음대로, 자기 열심대로 믿지 않고 철저하게 말씀만 따라가는 것입니다. 위기 상황에서 적용되는 믿음이야말로 진정한 믿음입니다. 여호수아는 믿음으로 요단 강을 건넜습니다. 그리고 하나님의 명령에 따라 하루에 한 바퀴씩, 아무 말 없이 여리고 성 주변을 돌았습니다. 그는 자기 열심으로 여러 바퀴를 돌려 하지 않았으며, 그렇다고 포기하고 주저앉아 있지도 않았습니다. 오직 말씀에 따라 하루에 한 바퀴씩만 돌았을 뿐입니다. 그리고 마지막 날 온 백성이 크게 소리를 지르자 그 견고한 여리고 성이 그냥 무너져 버렸습니다. 우리는 세상을 보면서 놀라거나 무작정 덤벼들 것이 아니라 지속적으로 관심을 가지고 기도하면서 기다려야 합니다. 그러다가 결정적인 순간에 말씀의 능력을 가지고 나아가면 인간의 힘이 아닌 하나님의 힘이 나타납니다.

오늘 본문은 그다지 은혜가 되는 말씀이 아닙니다. 오히려 바벨론에서 돌아온 유다 백성들에게 무시무시한 경고가 되는 말씀입니다. 그들은 다시 한 번 예루살렘이 멸망하는 비극을 겪을 것입니다. 이제 막 바벨론에서 돌아온 백성들에게 '예루살렘 멸망'은 떠올리기도 싫은 끔찍한 사건입니다. 그런데 그런 비참한 심판을 또다시 당해야 한다는 것입니다. 그들은 하나님의 아들 예수 그리스도를 거부함으로써 그 심판을 받게 될 것입니다.

이 말씀은 문자 그대로 성취됩니다. 예수님이 십자가에 못 박혀 돌아가신 후 유대인들과 로마의 전쟁으로 예루살렘이 무너지고, 100만 명이 넘는 유대인들이 죽임을 당합니다. 오늘 본문은 제멋대로 열심을 내며 믿을 것이 아니라 그리스도를 붙들어야 한다고 말합니다. 그래야만 위기 때 생명을 건질 수 있다고 말합니다.

하나님은 스가랴에서 "너는 잡힐 양 떼를 먹이라"라고 하셨습니다. 양 떼를 키우되 아름다운 삶을 살게 하기 위해서가 아니라 도살하기 위해서 키우라는 것입니다. 그 이유가 무엇입니까? 유대인들이 완고한 자기 생각과 고집으로 하나님의 아들을 거부하고 십자가에 못 박아 버릴 것을 아셨기 때문입니다. 하나님은 교회를 위해 누구라도 사용하실 수 있습니다. 다리오도 사용하실 수 있고 고레스도 사용하실 수 있고 알렉산더도 사용하실 수 있습니다. 그러나 하나님께 사용되었다고 해서 다 구원받는 것은 아닙니다. 개인적으로 예수를 영접하는 사람만 구원받을 수 있습니다. 그래서 예수님은 자신을 따르는 자들에게 이렇게 말씀하셨습니다. "나더러 '주여, 주여' 하는 자마다 천국에 다 들어갈 것이 아니요 다만 하늘에 계신 내 아버지의 뜻대로 행하는 자라야 들어가리라" (마 7:21).

레바논의 대화재

지금 세계적으로 삼림이 가장 울창한 지역은 아마존 강 유역이나 인도네시아 정글지대일 것입니다. 그래서 사람들은 아마존 우림지대를 '지구의 허파'라고 부르기도 합니다. 구약 시대에 삼림이 가장 울창했던 지역은 요단 강가의 레바논이었습니다. 그런데 오늘 성경은 그 레바논에서 큰 불이 일어나 숲을 전부 태워 버릴 것이라고 말합니다. "레바논아, 네 문을 열고 불이 네 백향목을 사르게 하라! 너 잣나무여, 곡할지어다! 백향목이 넘어졌고 아름다운 나무가 훼멸되었도다! 바산의 상수리나무여, 곡할지어다! 무성한 삼림이 엎드려졌도다! 목자의 곡하는 소리가 남이여, 그 영화로운 것이 훼멸되었음이로다! 어린 사자의 부르짖는 소리가 남이여, 이는 요단의 자랑이 황무하였음이로다!" (11:1-3).

레바논의 문이 의미하는 바는 여러 가지로 해석할 수 있습니다. 일반적으로 레바논의 문은 무서운 재앙이 일어나지 않도록 지켜 주시는 은총의 문이라고 생각할 수 있습니다. 지금까지 레바논에 무서운 산불이 일어나지 않은 것은 하나님의 은혜 덕분입니다. 그동안 은총의 문으로 지켜 주셨기 때문에 숲이 불타지 않고 남아 있을 수 있었던 것입니다. 우리나라에 지난 50년간 전쟁이 일어나지 않았던 것도 미군이 지켜 주었기 때문이 아니라 하나님이 은총의 문으로 지켜 주셨기 때문입니다. 이 은총의 문이 열리면 전쟁의 불이 들어와 모든 아까운 것들을 불태워 버릴 것입니다. "레바논아, 내 문을 열고 불이 네 백향목을 사르게 하라"라는 것은 하나님이 지금까지 보호하시던 보호막을 제거해서 더 이상 숲을 지켜 주시지 않고 파괴되도록 내버려 두신다는 뜻이 될 수 있습니다.

또 다른 해석은 성전 문을 가리키는 상징으로 보는 것입니다. 예루살렘 성전 문은 레바논의 나무들로 만들어졌습니다. 그러니까 장차 예루살렘이 다시 한 번 불탈 것을 레바논의 대화재로 우회해서 표현했다고 보는 것입니다. 실제로 오늘 본문의 핵심은 레바논의 화재 자체에 있다기보다는 천신만고 끝에 바벨론에서 돌아와 성전을 건축한 유다 백성들이 다시 한 번 예루살렘이 불타는 비극을 겪게 된다는 데 있습니다.

그 이유가 무엇입니까? 그들에게는 열심이 많았지만, 그 열심은 지식에서 나온 열심이 아니었기 때문입니다. 사도 바울이 유대인들에 대해 지적한 바도 그것입니다. "내가 증거하노니 저희가 하나님께 열심이 있으나 지식을 좇은 것이 아니라. 하나님의 의를 모르고 자기 의를 세우려고 힘써 하나님의 의를 복종치 아니하였느니라"(롬 10:2-3).

그것은 바울 자신의 경험이기도 했습니다. 예수 그리스도를 만나기 전에도 그는 열심을 아주 많이 냈습니다. 하나님을 정말 사랑해서 그렇게 열심을 냈습니까? 아닙니다. 사람에게 인정받고 싶어서, 자랑하고 싶어서, 자기 자신을 내세우고 싶어서 열심을 냈습니다. 그 결과, 그리스도를 핍박하고 교회를 대적하는 일만 잔뜩 하게 되었습니다.

교회 일을 열심히 하는 것 자체가 중요한 것이 아닙니다. 누구를 위해 그 일을 하고 있는지 스스로 물어 보아야 합니다. 자기 의를 위해 열심히 하는 것인지, 주님을 위해 열심히 하는 것인지 확인해 보아야 합니다.

바벨론에서 돌아온 유다 백성들은 열심이 아주 많았습니다. 그러나 그 열심은 하나님의 뜻에 따른 것이 아니었습니다. 자신들의 나라를 세우기 위해 그토록 열심을 냈던 것입니다. 그 결과가 무엇입니까? 그토록 수고해서 지은 성전은 불타고 양 떼들은 모조리 죽임을 당한 것입니다.

성경은 이 두 번째 멸망이 첫 번째 멸망보다 더 끔찍할 것이라고 말합니다. "목자의 곡하는 소리가 남이여, 그 영화로운 것이 훼멸되었음이로다! 어린 사자의 부르짖는 소리가 남이여, 이는 요단의 자랑이 황무하였음이로다!"

"그 영화로운 것"은 일차적으로 요단 강가의 아름다운 초장을 가리키며, 더 나아가서는 유다 백성들이 열심히 재건한 성전과 예루살렘 성을 가리킵니다. 그것들은 전부 불타 버릴 것입니다. 하나님이 기뻐하시지 않는 영광은 전부 불타게 되어 있습니다.

하나님은 얼마나 두려운 분입니까? 하나님의 뜻에 비슷하게 맞추는 것만으로는 부족합니다. 정확히 일치해야 합니다. 그렇게 일치하지 않는 열심으로 세운 것들은 전부 사라져 버립니다. 그래서 사도 바울은 고린도 교회 교인들에게 이렇게 말했습니다. "만일 누구든지 금이나 은이나 보석이나 나무나 풀이나 짚으로 이 터 위에 세우면 각각 공력이 나타날 터인데 그날이 공력을 밝히리니 이는 불로 나타내고 그 불이 각 사람의 공력이 어떠한 것을 시험할 것임이니라. 만일 누구든지 그 위에 세운 공력이 그대로 있으면 상을 받고 누구든지 공력이 불타면 해를 받으리니 그러나 자기는 구원을 얻되 불 가운데서 얻은 것 같으리라"(고전 3:12-15).

집을 짓는 것은 하나님의 일을 하고 교회를 부흥시키는 것입니다. 그런데 그 집을 나무나 풀이나 짚으로 짓는다는 것은 말씀으로 일하지 않고 인간적인 열심과 세상적인 사상이나 유행으로 일한다는 것입니다. 그렇게 세운 영광은 불에 타서 하나도 남지 않을 것입니다. 그리고 그것을 위해 수고한 목자 자신도 불 속에서 겨우 목숨만 건진 사람처럼 간신히 구원받을 것입니다. 마치 롯이 소돔 성에서 겨우 목숨만 건져서 도망쳤듯이 부끄럽게 구원받는다는 것입니다.

멸망당할 양들

하나님은 스가랴에게 앞으로 잡혀 죽을 양 떼를 먹이라고 말씀하십니다. "여호와 나의 하나님이 가라사대 '너는 잡힐 양 떼를 먹이라'" (11:4).

"잡힐 양 떼"란 '장차 다른 사람들에게 도둑질 당하거나 빼앗겨서 모조리 도살당할 양 떼'라는 뜻입니다. 그리고 "먹이라"는 것은 말씀으로 먹이라는 뜻입니다. 지금 스가랴가 말씀을 전하고 있는 양들은 하나님 앞에 아름답게 남을 양들이 아니라 양 도둑이나 강도들에게 잡혀가 비참하게 죽임 당할 양들입니다. 그런데 그런 자들에게 말씀을 전하라고 하시는 이유가 무엇입니까? 그리고 그들이 이처럼 나라를 회복하지 못하고 또다시 비참하게 멸망하는 이유는 무엇입니까?

5절과 6절을 보십시오. "산 자들은 '그들을 잡아도 죄가 없다' 하고 판 자들은 말하기를 '내가 부요케 되었은즉 여호와께 찬송하리라!' 하고 그 목자들은 그들을 불쌍히 여기지 아니하는도다. 여호와가 말하노라. 내가 다시는 이 땅 거민을 불쌍히 여기지 아니하고 그 사람을 각각 그 이웃의 손과 임금의 손에 붙이리니 그들이 이 땅을 칠지라도 내가 그 손에서 건져 내지 아니하리라."

유다 백성들은 이미 예루살렘의 멸망을 경험한 자들입니다. 그들은 바벨론 군대가 어떻게 예루살렘을 에워싸서 자기 민족을 죽이고 나머지는 포로로 끌고 갔는지 잘 알고 있습니다. 아마 나이 많은 이들 중에는 예루살렘 멸망을 직접 목격한 자들도 있었을 것입니다. 그런데 지금 스가랴 선지자가 말하는 것이 무엇입니까? 그런 비극이 또 한 번 일어난다는 것입니다. 이번에는 전보다 더 인정사정없이 그들을 멸망시키고 죽이며 끌고 간다는 것입니다. 사람들이 유다 백성들을 마구 잡아서 노예로 팔아넘기는데도 하나님은 그들에게 죄가 없다고 하신다는 것입니다. 노예를 판 사람도, 산 사람도 "하나님 때문에 내가 부요해졌으니 찬송하자"라고 말한다는 것입니다.

생각해 보십시오. 이 얼마나 기막힌 말씀입니까? 유다 백성들은 무려 70년 동안이나 바벨론에서 포로생활을 하다가 겨우 돌아와 천신만고 끝에 성전을 재건했습니다. 그런데 이 예루살렘이 또다시 망한다는 것입니다.

우리나라에도 한국전쟁을 직접 겪은 분들이 아직까지 많이 살아 있습니다. 그런데 하나님이 "한국전쟁 같은 전쟁이 또 일어날 것이다"라고 말씀하신다면 "제발 그것만은 안 됩니다!"라고 소리치지 않겠습니까? 그런데 하나님은 그런 일이 또 일어날 뿐 아니라 그때 유다 백성들을 결코 긍휼히 여기지 않겠다고 말씀하십니다. 그 이유가 무엇입니까?

그들은 온갖 수고를 다 했고 온갖 열심을 다 냈습니다. 그런데 결정적으로 하나님의 아들을 영접하지 않았습니다. 그것은 그 조상들이 지었던 우상숭배의 죄보다 더 큰 죄였습니다.

예수님은 "누구든지 말로 인자를 거역하면 사하심을 받으려니와 성령을 모독하는 자는 사하심을 받지 못하리라"(눅 12:10)라고 말씀하셨습니다. 말로 인자를 거역한다는 것은 예수님을 잘 몰라서, 그의 겉모습만 보고 오해한 나머지 복음을 핍박하고 거부하는 것입니다. 그런 사람들은 나중에 회개할 기회를 얻을 수 있습니다. 그러나 이미 하나님의 말씀을 들었고 무엇이 진정한 복음이요 하나님의 나라인지 알면서도 자기 욕심 때문에 시기하고 반대한 사람은 영원히 사하심을 받지 못할 것입니다. 그들은 스스로 옳다고 생각하기 때문에 회개할 필요를 느끼지 못합니다.

하나님이 이처럼 두 번째 멸망을 예고하시는 것은, 자신의 선입견과 편견을 버리지 않으면 결코 구원받지 못한다는 사실을 가르쳐 주시기 위해서입니다. 비록 유다 백성들이 힘겨운 포로생활을 마치고 돌아와 성전을 재건함으로써 새로운 시대를 준비하는 수고를 했다 하더라도 '우리 유다 백성, 우리 민족, 우리 나라'라는 고집과 편견을 버리지 않으면 두 번째 멸망을 면치 못할 것입니다. 실제로 그들은 그리스도를 맞이할 모든 준비를 해 놓고서도 정작 자신들은 그를 거부함으로써 비극적인 심판을 당하게 됩니다.

두 개의 막대기

목자는 막대기를 들고 양 떼를 칩니다. 그 막대기는 때리기 위한 막대기가 아니라 사나운 짐승들로부터 양 떼를 지키기 위한 막대기입니다. 하나님은 지금까지 두 개의 막대기로 이스라엘을 인도해 오셨습니다. 그런데 이제는 그 두 개의 막대기를 꺾어 버리겠다고 하십니다. "내가 이 잡힐 양 떼를 먹이니 참으로 가련한 양이라. 내가 이에 막대기 둘을 취하여 하나는 '은총'이라 하며 하나는 '연락'이라 하고 양 떼를 먹일새 한 달 동안에 내가 그 세 목자를 끊었으니 이는 내 마음에 그들을 싫어하였고 그들의 마음에도 나를 미워하였음이라"(11:7-8).

하나님은 두 개의 막대기로 양을 치셨습니다. 이것은 두 가지 큰 원칙으로 이스라엘을 다스리셨다는 뜻입니다. 그 한 가지는 "은총"이었습니다. 즉, 그들이 아무리 부족해도 자기 잘못만 인정하고 나아오면 계속해서 용서하시고 받아주신 것입니다. 하나님이 그들을 무한히 참으시고 용납하신 것은 이처럼 은총의 막대기로 그들을 인도하셨기 때문입니다.

또 한 가지는 "연락"이었습니다. 북 이스라엘은 벌써 몇백 년 전에 망했고 남 유다도 무너졌지만 하나님은 그들을 하나의 백성으로 보시고 함께 구원하시려 했습니다. 하나님은 전 세계에 뿔뿔이 흩어진 그들을 연락의 막대기로 인도하심으로써 '우리는 이스라엘이다. 언젠가는 구원받는다'라는 생각을 심어 주셨습니다.

그런데 오늘 성경은 유다 백성들을 "잡힐 양 떼"라고 부르며 "참으로 가련한 양"이라고 부릅니다. 그 이유가 무엇입니까? 하나님은 이들이 지나친 우월감과 교만으로 하나님이 보내신 참 목자를 거부하고 제 갈 길로 갈 것을 아셨습니다.

예수님은 "나보다 먼저 온 자는 다 절도요 강도니 양들이 듣지 아니 하였느니라"(요 10:8)라고 말씀하셨습니다. 유대인들은 욕심 때문에 참 목자이신 예수 그리스도를 거부하고 자신들에게 진정한 생명을 주지 못할 거짓 목자들을 따라갔습니다. 거짓 목자들은 세상의 물질적인 축복을 강조했고 기복적인 신앙을 불어넣었습니다. 사람들이 잘못 살고 있는데도 칭찬함으로써 하나님의 의 대신 인간의 의를 쌓게 했습니다.

기복적인 신앙의 특징이 무엇입니까? 생각할 필요가 없다는 것입니다. 말씀을 듣지 않으면 머리를 쓸 필요가 없습니다. 성경을 진지하게 배워 보십시오. 얼마나 어렵습니까? 성경 한 구절을 깨달으려면 머리가 터지도록 생각을 해야 합니다. 그러나 기복적인 신앙을 부추기는 사람들은 제멋대로 살아도 자기가 시키는 대로만 하면 복 받는다고 하니까 머리 쓸 필요도 없고 참을 필요도 없고 절제할 필요도 없습니다.

예수님은 유대인들에게 영혼의 중요성을 계속 강조하셨습니다. 하나님의 말씀을 듣고 깨닫는 것이 비록 어렵기는 하지만 풍성하게 사는 길이며, 죄 사함을 받고 영혼의 치료를 받는 것이 돈을 많이 버는 것보다 더 중요한 일이라고 가르치셨습니다. 그러나 유대인들은 그 가르침이 싫어서 예수님을 거부했습니다.

오늘날도 마찬가지입니다. 거짓 목자들은 양 떼에게 자꾸 기복적인 신앙을 불어넣습니다. 자기 말을 들으면 형통하고 자기 말을 듣지 않으면 벌받을 것처럼 속이며, 하나님의 말씀 대신 자신의 엉터리 같은 생각을 믿게 만듭니다. 그런데도 사람들은 그런 목자를 따라갑니다. 머리를 쓰지 않아도 되기 때문입니다. 모든 것을 자기 의로 해도 되기 때문입니다.

하나님은 영혼이 어떤 상태에 있는지도 모르면서 자기 열심으로 설치며 눈앞에 있는 문제에만 집착하는 자들을 "잡힐 양 떼"라고 부르십니다. 중요한 것은 정신입니다. 믿음으로 유혹을 물리치고 죄를 이기는 것이야말로 가장 치열한 전쟁입니다. 공부하거나 장사하거나 회사에 다니거나 아이를 키우는 일은 전쟁이 끝난 후 부상병을 옮기고 파괴된 건물을 고치는 후속작업에 불과합니다. 전쟁에서 승리하려면 말씀을 듣고 정신을 온전케 해야 합니다. 정신이 병든 사람은 아무리 넉넉하게 잘살아도 결국에는 무너지게 되어 있습니다.

스가랴는 "한 달 동안에 내가 그 세 목자를 끊었으니"라고 말합니다. 여기에서 "한 달"은 아주 짧은 시일을 의미합니다. 그리고 "세 목자"란 장차 유다 사람들이 기대를 걸 유명한 지도자 내지는 전통적으로 기름부음을 받는 세 가지 직책, 즉 왕과 제사장과 선지자를 가리키는 말로 보입니다. 여기에서 가장 중요한 점은 아주 짧은 시일 안에 유다에서 다시 말씀이 사라져 버린다는 것입니다. 실제로 말라기 선지자 이후 세례 요한이 오기까지 유다에는 말씀이 들리지 않습니다. 완전한 영적 암흑기가 오는 것입니다. 왕도 없고 제사장도 없지만 무엇보다 심각한 현상은 말씀이 사라져 버리는 것입니다.

예수님이 오셨을 때 유대 사회에는 귀신들린 사람들이 아주 많았습니다. 심지어 어린아이까지 귀신이 들려 있었습니다. 그 이유가 무엇입니까? 너무 오랫동안 말씀을 듣지 못했기 때문입니다. 오랫동안 말씀을 듣지 못하면 두려워하게 되어 있고 거짓을 믿게 되어 있으며 결국 미치게 되어 있습니다.

저는 여러분이 말씀을 들을 때 울고 웃으면서 크게 기뻐하는 모습들을 봅니다. 두려움이 사라지고 불안이 사라지니까 기뻐하는 것입니다. 마음속에 하나님의 나라가 임한 사람은 아무것도 겁내지 않습니다. 정신이 약한 사람이 누가 한마디만 해도 벌벌 떠는 것입니다.

스가랴는 "내 마음에 그들을 싫어하였고 그들의 마음에도 나를 미워하였음이라"라고 말합니다. 하나님이 그리스도가 오시기까지 유대인들에게 말씀을 주시지 않은 것은 그들이 하나님을 미워했기 때문입니다.

아마 유대인들은 펄쩍 뛰며 항의할 것입니다. "우리가 언제 하나님을 미워했습니까? 우리는 하루 종일 율법을 낭독하고 기도하면서 시간을 다 보냅니다!" 그러나 하나님은 그러한 종교생활을 당신을 사랑하는 표시로 여기지 않으십니다. 아무리 매일 말씀을 읽고 외워도 그 말씀으로 변화되지 않는 사람은 하나님을 미워하는 것입니다. 하나님은 단순히 암송하라고 말씀을 주신 것이 아닙니다. 듣고 변화되라고 주신 것입니다.

내가 아무리 단단하게 결심하고 상세하게 계획했다 하더라도 하나님이 버리라고 하시면 버릴 수 있어야 합니다. 말씀이 내 마음속에 파고들어와 내 생각과 고집을 바꾸도록 맡겨야 하나님을 사랑하는 것입니다. 기독교를 배척하는 사람만 하나님을 미워하는 것이 아닙니다. 매일 예배를 드린다 해도, 심지어 직업이 목회자라고 해도 말씀으로 변하지 않는 사람은 하나님을 미워하는 것입니다.

하나님을 사랑하는 사람은 어떻게 기도합니까? "주여, 이 시간도 저를 바꾸어 주십시오. 제 교만을 깨뜨려 주십시오. 제 계획 중에 하나님이 기뻐하시지 않는 계획이 있다면 전부 가져가십시오. 제 고집과 생각을 바꾸어 주십시오. 얼마든지 바꾸어 주십시오. 저는 변하고 싶습니다. 질그릇 같은 저를 주님이 원하시는 모습으로 빚어 주십시오"라고 기도합니다. 그는 하나님 앞에 자신의 생각과 계획 미래를 전부 내려놓습니다. 하나님이 자신의 모든 것을 마음껏 쓰시도록 내려놓습니다.

9절과 10절을 보십시오. "내가 가로되 '내가 너희를 먹이지 아니하고 죽는 자는 죽는 대로, 망할 자는 망할 대로, 그 나머지는 피차 살을 먹는 대로 두리라' 하고 이에 '은총'이라 하는 막대기를 취하여 잘랐으니 이는 모든 백성과 세운 언약을 폐하려 하였음이라."

하나님은 말씀을 소중히 여기지 않고 마음대로 사는 사람들을 내버려 두어서 망할 자는 망하고 죽을 자는 죽게 하십니다. 그들은 이미 하나님의 양이 아니기 때문입니다. 그들은 말이 양이지 실제로는 개나 늑대와 같습니다. 양들은 목자가 인도해 주지 않으면 아무것도 못해야 정상입니다. 그런데 이 양들은 너무 똑똑한 나머지 주인을 가르치려 했고 이끌어 가려 했습니다.

요즘 환자들은 얼마나 똑똑한지 병원에 와서도 의사를 가르치려 든다고 합니다. 그러면 의사가 환자를 치료할 수 있겠습니까? 자기보다 똑똑한 환자를 치료할 수 있는 의사는 없습니다. 마찬가지로 예수님보다 똑똑한 척하는 사람은 예수님의 양이 될 수 없습니다. 말씀도 자기 생각에 맞아야 받아들이는 사람, 자기 감정에 맞아야 받아들이는 사람은 양이 아니에요. 하나님은 그런 사람들을 내버려 두어서 망할 자는 망하게 하시고 죽을 자는 죽게 하십니다. 은총의 막대기를 꺾고 더 이상 인도해 주시지 않습니다.

주님이 무엇 때문에 오셨습니까? 우리가 자신들의 힘으로는 도저히 살 수 없는 존재임을 아시기 때문에 오셨습니다. 우리는 마치 술 취한 운전사처럼 여기 처박고 저기 처박으면서 살아왔습니다. 그러나 이제는 도저히 운전할 자신이 없습니다. 그럴 때 예수님께 "제 삶을 운전해 주세요. 저는 정말 자신이 없습니다" 하고 맡길 수 있도록 주님이 오신 것입니다. 예수님을 만난 후에도 "안전벨트 매고 옆자리에 앉으세요. 그리고 제가 어떻게 운전하든 간섭하지 마세요" 하면서 계속 자기 마음대로 몰고 다닌다면 굳이 예수님이 오실 이유가 없습니다.

우리는 매일 매순간 주님이 필요한 사람들입니다. 단 한 순간도 성령의 도움 없이는 죄를 이길 수 없는 사람들입니다. 우리의 영혼이 그토록 자주 침체되며 미련해지고 유혹에 빠지는 것은 지극히 정상적인 일입니다. 그 모습 그대로 하나님 앞에 나아가 치료받기를 부끄러워하면 안 됩니다.

메시아를 거부한 유대인들

11절과 12절을 보십시오. "당일에 곧 폐하매 내게 청종하던 가련한 양들은 이것이 여호와의 말씀이었던 줄 안지라. 내가 그들에게 이르되

'너희가 좋게 여기거든 내 고가를 내게 주고 그렇지 아니하거든 말라.' 그들이 곧 은 삼십을 달아서 내 고가를 삼은지라."

"폐하매"라는 것은 목자의 고용계약을 파기했다는 뜻인 것 같습니다. 스가랴는 "내가 수고한 것이 있으니 품삯을 주고 싶으면 주고 그것도 주기 싫으면 관두십시오. 이제 고용관계를 폐합시다"라고 겸손하게 말했습니다. "고가"는 노동자의 품삯을 가리킵니다.

물론 선지자는 임금을 받고 일하지 않습니다. 사람들이 자발적으로 가져다주는 것을 받아서 먹고살기도 하며 말씀 전하는 일에 쓰기도 합니다. 그런데 스가랴는 유다 백성들에게 이제 더 이상 설교하지 않을 테니 그동안 수고한 것에 대해 품삯을 주고 싶으면 주고 싫으면 말라고 말했습니다. 그러자 유다 백성들은 좋다고 하면서 수고의 대가로 은 삼십을 달아 주었습니다.

이것이 문제입니다. 진정한 하나님의 백성이라면 이렇게 퇴직금을 주어서는 안 됩니다. 스가랴를 퇴직시킨다는 것은 더 이상 하나님의 말씀을 듣지 않겠다는 뜻과 같습니다. "스가랴 선지자, 그동안 고생 많았소. 이 은 삼십이 퇴직금이요. 이거나 받고 집에 가서 애나 보시오"라고 말하는 거나 마찬가지인 것입니다.

진정한 하나님의 백성이라면 '하나님이 지금 우리의 믿음을 달아 보시는구나' 라고 생각하고 "아니, 그게 무슨 말입니까? 선지자한테 퇴직이 어디 있습니까? 계속 우리에게 말씀을 전해 주십시오" 하고 떼를 써야 마땅합니다. 그런데 이들은 잘됐다고 하면서 얼른 은 삼십을 주어 버린 것입니다. 이 은 삼십은 유다 백성들이 스가랴를 거부하는 값이었습니다. 그의 입을 틀어막아 다시는 선지자 생활을 하지 못하도록 하기 위해 지불한 대가였습니다.

그런데 놀라운 점이 무엇입니까? 이 일이 예수 그리스도께도 똑같이 일어났다는 것입니다. 유대인들이 예수님을 죽이기 위해 지불한 가격이 정확하게 은 삼십이었습니다. 예수님의 말씀이 듣기 싫어서 그의 입을 영영 틀어막기 위해 가롯 유다에게 지불한 가격이 바로 은 삼십이었던 것입니다.

13절을 보십시오. "여호와께서 내게 이르시되 '그들이 나를 헤아린 바 그 준가를 토기장이에게 던지라' 하시기로 내가 곧 그 은 삼십을 여호와의 전에서 토기장이에게 던지고."

"토기장이"에는 '개 같은 자식'이라는 뜻이 들어 있습니다. 토기장이들이 주로 힌놈의 아들 골짜기에서 흙을 구해다 썼기 때문입니다. 그 골짜기는 가장 더럽고 저주받은 곳으로서, 과거에 우상을 태우고 이방 제사장들의 뼈를 태웠던 곳입니다. 퇴직금을 토기장이에게 던졌다는 것은 유다 백성들이 스가랴의 퇴직금을 굉장히 더러운 돈으로 취급했다는 뜻입니다. 아마도 그들은 스가랴의 설교를 '개 같은 자식'이 지껄이는 소리 정도로 들었던 것 같습니다.

이와 비슷한 말씀이 마태복음 27장 9절부터 10절까지에도 나오고 있습니다. "이에 선지자 예레미야로 하신 말씀이 이루었나니 일렀으되 '저희가 그 정가된 자 곧 이스라엘 자손 중에서 정가한 자의 가격 곧 은 삼십을 가지고 토기장이의 밭 값으로 주었으니 이는 주께서 내게 명하신 바와 같으니라' 하였더라."

유대인들은 예수 그리스도를 거부하기 위해 헐값을 지불했고, 가롯 유다가 양심의 가책을 이기지 못해서 도로 가져오자 더러운 돈으로 여겨 성전 금고에 넣는 대신 토기장이의 밭을 사서 나그네의 공동묘지로 삼았습니다. 그 정도로 유대인들은 예수님을 미워하고 싫어했습니다. 그 이유가 무엇입니까? 예수님이 그들을 인정해 주지 않고 자꾸 회개를 촉구하셨기 때문입니다.

하나님이 작은 복을 주실 때에도 우리는 감사를 드려야 합니다. "병을 고쳐 주셔서 감사합니다", "좋은 직장을 주셔서 감사합니다", "좋은 집을 주셔서 감사합니다" 하면서 주님이 베풀어 주신 사랑과 은혜를 기뻐해야 합니다. 그러나 그런 작은 복보다 더 사랑해야 하는 것은 스가라가 전한 말씀처럼 핵심을 찌르고 폐부를 찌르는 말씀입니다. "하나님, 건강이나 직장이나 집은 가져가셔도 되지만 말씀만큼은 제발 거두어 가지 마십시오"라고 간구하는 믿음이 있어야 합니다.

14절을 보십시오. "내가 또 '연락'이라 하는 둘째 막대기를 잘랐으니 이는 유다와 이스라엘 형제의 의를 끊으려 함이었느니라."

하나님은 연락의 막대기를 자르게 하심으로써 이제 유다와 이스라엘이 합쳐서 한 나라를 이루는 것은 더 이상 하나님 앞에 아무 의미가 없음을 보여 주셨습니다. 오히려 유다를 배신해야 하나님의 백성이 될 수 있고 이스라엘이라는 자부심을 포기해야 하나님의 백성이 될 것입니다. 그들은 그것을 포기하지 못해서 예수님을 거부하고 십자가에 못 박았습니다.

현재 이스라엘이 팔레스타인과 싸우고 있는 것은 성경적인 일이 아닙니다. 그것은 서로 증오하며 죽이는 민족간의 전쟁일 뿐입니다. 이스라엘 국민들이 구원받으려면 민족에 대한 그 집착을 끊어 버리고 예수님께로 돌아와야 합니다.

마찬가지로 우리도 하나님의 백성이 되려면 세상의 기득권을 포기해야 합니다. 학벌이나 재산이나 자격을 그대로 지니고서는 하나님의 백성이 될 수 없습니다. 세상이 주는 혜택과 기득권을 철저하게 부인해야 그리스도인이 될 수 있는 것입니다. 탈북자들이 대한민국 국민이 되려면 북한에서 누리던 모든 기득권을 포기해야 하는 것과 같습니다. 그렇게 하지 않으면 새 나라에서 아무것도 얻지 못합니다.

15절 이하는 유대인들이 어떻게 어리석은 지도자들의 충동질을 받아 멸망의 길을 걷게 되는지 보여 주고 있습니다. "여호와께서 내게 이르시되 '너는 또 우매한 목자의 기구들을 취할지니라. 보라, 내가 한 목자를 이 땅에 일으키리니 그가 없어진 자를 마음에 두지 아니하며 흩어진 자를 찾지 아니하며 상한 자를 고치지 아니하며 강건한 자를 먹이지 아니하고 오히려 살진 자의 고기를 먹으며 또 그 굽을 찢으리라. 화 있을

진저, 양 떼를 버린 못된 목자여! 칼이 그 팔에, 우편 눈에 임하리니 그 팔이 아주 마르고 그 우편 눈이 아주 어두우리라!"(11:15-17)

"한 목자"는 그리스도를 거부하는 일에 주도적인 역할을 할 한 사람을 가리키는 말로써, 예수님 당시의 유대 지도자를 의미할 수도 있고 가룟 유다를 의미할 수도 있습니다. 중요한 것은 그가 참된 목자가 아니라는 것입니다. 그는 절대 흩어진 자를 찾거나 상한 자를 고치지 않습니다. 오직 살진 양을 찾아서 자기 배를 채울 뿐입니다. 사실 거짓 목자는 한 사람이 아닙니다. 자신을 따르면 풍성한 삶을 얻는다고 주장하는 자들은 전부 거짓 목자입니다. 그런데 그들이 다 똑같은 마귀의 종이기 때문에 "한 목자"라고 묶어서 말씀하신 것 같습니다.

그들의 팔에는 칼이 임해서 쓸 수가 없습니다. 오른 눈도 찔려서 바로 보지 못합니다. 그 칼은 무능하게 하는 칼입니다. 다시 말해서 이들은 힘도 없고 바로 보지도 못하면서 오직 입만 살아 있는 목자요, 예수님이 말씀하신 바 소경 된 인도자인 것입니다. 소경이 소경을 따라가면 어떻게 됩니까? 둘 다 구덩이에 빠져 버립니다. 그 책임은 인도한 자에게만 있는 것이 아니라 따라간 자에게도 있습니다.

우리에게 가장 중요한 것은 영혼입니다. 무슨 일이 있어도 영혼만큼은 아무에게나 내맡기면 안 됩니다. 영혼은 십자가에 달리신 하나님의 아들 외에는 아무도 책임져 줄 수 없습니다. 십자가에 못 박히신 예수님만 우리 영혼의 참 목자십니다. 그러므로 우리는 오직 주님의 말씀으로 영혼을 건강하게 지켜야 합니다. 그래야 삶 전체가 평안해질 수 있습니다.

오늘 성경이 우리에게 말씀하는 바가 무엇입니까? 유다 백성들이 바벨론에서 돌아와 성전을 재건한 열정과 노력만으로는 구원받지 못한다는 것입니다. 오직 하나님이 보내신 참 목자를 영접해야 구원받을 수 있습니다.

내 영혼을 잘 지키는 것이야말로 먹고사는 문제나 남들에게 인정받는 일보다 훨씬 더 중요하다는 사실을 깨닫고, 그 영혼을 깨끗하고 건강하게 만들기 위해 날마다 그리스도 앞에 나아가야 합니다. 우리는 매일 매 순간 주님이 필요합니다. 양은 목자의 인도 없이 아무것도 할 수 없는 존재입니다. 앞길이 막연하고 스스로 할 수 있는 일이 하나도 없다고 해서 부끄러워하지 마십시오. 그보다 더 무서운 일은 내가 너무 똑똑해져서 예수님마저 가르치려 드는 것입니다.

복음적인 선지자 스가랴는 유다 백성들에게 명예퇴직을 당했습니다. 그들은 그의 입을 틀어막는 대가로 은 삼십을 지불했습니다. 그것은 유대인들이 그리스도를 죽이기 위해 지불한 비용이기도 했습니다. 그 돈이 하나님의 모든 은총과 자비를 끊어 버렸습니다. 말라기 선지자 이후 400년 동안 유다에는 하나님의 말씀이 사라져 버립니다.

자기 나름대로 열심히 신앙생활 하는 것은 위험한 일이며, 남들이 하는 대로 신앙생활 하는 것은 어리석은 일입니다. 오직 말씀대로 살아야 합니다.

아직도 내 삶에 하나님을 거부하는 영역이 있습니까? 하나님이 무한정 내 마음을 다스리시고 내 가정을 다스리시며 내 직장을 다스리시도록 내드립시다. 그것만이 우리의 살 길입니다. 세상이 준 기득권을 부인하지 않는 사람은 하나님의 백성이 될 수 없습니다.

하나님은 유대인을 향한 은총의 막대기를 자르시고 우리 모두에 대한 은총의 막대기를 드셨습니다. 우리가 아무리 실수하고 잘못해도 스스로 어리석고 힘없는 양임을 인정하고 나아가면 풍성한 은총을 얻을 수 있습니다. 그러나 내 욕심으로 세상의 눈먼 목자들을 따라가면 그들도 망하고 나도 망할 것입니다. 오직 십자가에 못 박히신 주님 앞에 모든 것을 내려놓고 철저히 그분만 따라가는 양이 되시기를 바랍니다.

18

하나님이 주시는 힘

스가랴 12:1-6

12:1 이스라엘에 관한 여호와의 말씀의 경고라. 여호와 곧 하늘을 펴시며 땅의 터를 세우시며 사람 안에 심령을 지으신 자가 가라사대

2 "보라, 내가 예루살렘으로 그 사면 국민에게 혼취케 하는 잔이 되게 할 것이라. 예루살렘이 에워싸일 때에 유다에까지 미치리라.

3 그날에는 내가 예루살렘으로 모든 국민에게 무거운 돌이 되게 하리니 무릇 그것을 드는 자는 크게 상할 것이라. 천하만국이 그것을 치려고 모이리라.

4 여호와가 말하노라. 그날에 내가 모든 말을 쳐서 놀라게 하며 그 탄 자를 쳐서 미치게 하되 유다 족속은 내가 돌아보고 모든 국민의 말을 쳐서 눈이 멀게 하리니

5 유다의 두목들이 심중에 이르기를 '예루살렘 거민이 그들의 하나님 만군의 여호와로 말미암아 힘을 얻었다' 할지라.

6 그날에 내가 유다 두목들로 나무 가운데 화로 같게 하며 곡식단 사이에 횃불 같게 하리니 그들이 그 좌우에 에워싼 모든 국민을 사를 것이요 예루살렘 사람은 다시 그 본곳 예루살렘에 거하게 되리라."

12:1-6

갓 태어난 아기는 힘찬 울음을 터뜨려야 합니다. 아기가 울지 않으면 의사나 간호사가 엉덩이를 때려서 일부러 울립니다. 그래야 숨통이 트이면서 호흡할 수 있기 때문입니다.

우리도 울어야 할 때에는 크게 울어야 합니다. 마음이 너무 굳어져서 울어야 할 때에도 울지 않는다면 맞고서라도 울어야 합니다. 며칠 전 신문에는 '선교의 꿈을 이라크에 묻다'라는 제목 하에, 이라크에 돈벌러 갔던 한 청년이 이라크 무장단체에 납치되어 참수당했다는 기사가 실렸습니다. 우리는 이 일을 정치적인 관점에서만 바라볼 수도 있습니다. 즉, 이라크에 군대를 보내는 것이 옳으냐 그르냐, 우리나라의 외교력이 어느 정도냐, 앞으로도 테러를 당할 위험이 있는 것은 아니냐 등을 생각할 수 있는 것입니다. 그러나 이 일을 순수하게 하나님 앞에서 생각해 볼 때, '우리가 울어야 하는데도 울지 않아서 이런 일이 생긴 것은 아닌가'라는 질문을 던지게 됩니다. 하나님의 은혜와 축복을 받으려면 울어야 하는데, 너무 마음이 굳어져서 울지 않으니까 온 국민을 때려서 울게 하시는 것이 아닌가 하는 것입니다.

우리는 지금 울어야 합니다. 아까운 청년의 죽음을 놓고서도 울어야 하지만, 강대국 사이에 끼어 도저히 미래를 예측할 수 없는 불안한 상황에 놓인 나라를 보면서도 울어야 합니다. 밖에서는 무시무시한 태풍이 밀려오고 있는데도 전혀 중심을 잡지 못한 채 서로 싸우고 분열하고 있는 국내의 현실을 바라보며 울어야 하고, 하나님의 눈앞에 너무 무서운 죄인인데도 그것을 깨닫지 못하고 자기의 욕심이나 채우려 드는 오늘 우리의 모습을 바라보며 울어야 합니다.

이처럼 믿음 좋은 젊은이들이 사고나 질병으로 갑자기 하나님의 부르심을 받는 일을 우리는 쉽게 이해하지 못합니다. 사람이 보기에도 죄를 많이 짓던 악인이 갑자기 죽으면 '천벌'이라고 여기며 당연하게 생각할 수 있습니다. 그런데 누구보다 하나님을 사랑하며 믿음으로 살고자 했던 젊은이가 채 피어나기도 전에 하나님의 부르심을 받을 때, 우리는 기막힌 눈물을 흘리지 않을 수가 없습니다. 하나님은 이렇게 해서라도 우리를 울리십니다. 울지 않으면 영적인 호흡곤란에 빠져서 완전히 죽을 것이기 때문에 이렇게 때려서라도 울면서 하나님께 매달리게 하십니다. 그리고 우리가 울면서 매달릴 때 그 슬픔 이상의 위로와 축복을 내려 주십니다.

오늘 본문을 보면 그 당시 상황이 요즘 우리나라와 너무 비슷하다는 것을 알 수 있습니다. 바벨론에서 돌아온 유다 백성들 주변에는 온통 강대국들뿐이었습니다. 그에 비해 유다 백성들은 바람 앞의 등불처럼 언제 꺼질지 모르는 약한 모습을 하고 있었습니다. 그러나 성경은 하나님만 함께하시면 아무리 강대국이라도 약한 유다 백성들을 건드리지 못할 뿐 아니라 오히려 이들에게서 놀라운 불길이 시작되어 온 세상으로 퍼져 나갈 것이라고 말하고 있습니다.

지금 우리나라는 이리들 틈에 있는 양과 같습니다. 주변의 이리들은 어떻게 하면 이 나라를 잡아먹을까 침을 흘리고 있습니다. 이럴 때 우리가 살 수 있는 길은 어디로 도망치는 것도 아니고 그들에게 사정하는 것도 아닙니다. 우리가 살 수 있는 길은 오직 우리 가운데 놀라운 성령의 불길을 일으키는 것입니다. 그러면 이리들은 제발로 달아나게 되어 있습니다. 그들은 불을 가장 무서워하기 때문입니다.

예수님은 제자들을 파송하면서 "내가 너희를 보냄이 어린양을 이리 가운데로 보냄과 같도다"(눅 10:3)라고 말씀하셨습니다. 어린양을 이리 가운데로 보내면 금방 잡아먹히지 않겠습니까? 그러나 하나님은 다니엘을 사자굴 속에서 지켜 주셨던 것처럼 양같이 연약한 우리들 또한 세상의 강한 자들로부터 지켜 주겠다고 약속하십니다.

심령을 지으신 하나님

우주선들이 찍어 보낸 달이나 화성의 표면 사진을 보면 너무나 거칠고 황무하며 생명의 흔적이라고는 찾아볼 수가 없습니다. 그에 비해 지구는 얼마나 아름답고 풍성한지 모릅니다. 넓은 들판이나 숲 속에 한번가 보십시오. 이름 모를 꽃들이 들판을 가득 채우고 있으며, 벌레 소리 새 소리가 귀가 따가울 정도로 숲을 울리고 있습니다. 이 아름답고 풍성한 지구의 모습은 황량하고 거친 달이나 화성의 모습과 너무나 대조적입니다. 그런데 하나님은 그만큼 심한 대조를 보이는 것이 또 있다고 말씀하십니다. 그것은 바로 인간의 마음입니다.

성경은 오늘 본문의 표제를 "이스라엘에 관한 여호와의 말씀의 경고" 라고 하면서 하나님을 이렇게 소개하고 있습니다. "이스라엘에 관한 여호와의 말씀의 경고라. 여호와 곧 하늘을 펴시며 땅의 터를 세우시며 사람 안에 심령을 지으신 자가 가라사대"(12:1).

하나님은 이 세상 모든 것을 지으신 창조자십니다. 푸른 하늘과 울창한 숲, 수많은 생명들을 창조하신 분이 바로 우리 하나님이십니다. 그런데 1절은 특이하게도 하나님을 "심령을 지으신 자"로 소개하고 있습니다. 성경은 왜 여기서 갑자기 하나님을 눈에 보이지 않는 심령의 세계, 영적인 세계를 창조하신 분으로 소개하는 것일까요? 그것은 우리 인간의 진정한 축복이 눈에 보이는 물질 세계가 아닌 심령의 세계에 있음을 가르쳐 주기 위해서입니다.

믿지 않는 사람들은 심령의 세계를 중시하지 않고 눈에 보이는 세계만 전부로 생각합니다. 그래서 가능한 한 눈에 보이는 것들을 많이 움켜쥐려 합니다. 돈이나 권력이나 학식을 많이 움켜쥔 사람, 자녀를 많이 낳고 건강하게 오래 사는 사람이야말로 가장 복 받은 자라고 생각하기 때문입니다. 그러나 성경은 그렇게 말하지 않습니다. "믿음은 바라는 것들의 실상이요 보지 못하는 것들의 증거니"(히 11:1).

우리는 눈에 보이는 세계를 실체로 생각하지만 성경은 그것이 그림자이며, 오히려 눈에 보이지 않는 하나님과 그분의 말씀만이 실체라고 말합니다. 그러니까 세상의 좋은 것들을 움켜쥔 사람들은 실체가 아닌 그림자를 움켜쥐고 있는 것입니다. 어떤 물건의 그림자를 잡았다고 해서 곧 그 물건을 잡았다고 할 수 있습니까? 그래서 솔로몬도 세상의 부귀와 영화를 추구하는 것은 마치 바람을 잡으려 드는 것과 같다고 말했습니다. 바람은 움켜쥔다고 잡히지 않습니다. 잡았다고 생각하는 순간, 손가락 사이로 다 빠져 나가 버립니다.

진정한 실체는 눈에 보이지 않는 하나님의 말씀밖에 없습니다. 그 말씀이 지금 이 세상을 지탱해 주고 있으며 계속해서 생명을 공급해 주고 있는 것입니다. 아무리 재산이 많고 공부를 많이 한 사람이라도 말씀이 없으면 기억상실증 환자에 지나지 않습니다.

어떤 젊은 부인이 노인성 치매에 걸렸습니다. 그는 어느 날부터 집을 찾을 수가 없었습니다. 그리고 얼마 후에는 가족들도 알아보지 못할 지경이 되어 결국 병원에 입원했습니다. 그 부인은 무엇을 보든지 돌아서는 즉시 잊어버렸습니다.

말씀을 모르는 사람은 이렇게 노인성 치매에 걸린 사람과 같습니다. 아무리 행복한 집에 살아도 자신이 누구인지 모르며, 자신이 얼마나 소중한 존재인지도 깨닫지 못합니다. 요즘 청소년들 중에는 인터넷 자살 사이트에 들어가 자살에 대해 여러 가지 정보를 나누며 실제로 자살까지 감행하는 아이들이 있습니다. 그들이 이런 짓을 하는 이유가 무엇입니까? 자신이 누구이며 왜 사는지 모르기 때문입니다.

1절은 하나님이 우리 눈에 보이는 아름다운 세상을 만드셨을 뿐 아니라 눈에 보이지 않는 심령도 만드셨다고 말합니다. 하나님은 달이나 화성의 표면처럼 황폐해서 아름다운 것이라고는 하나도 없는 우리의 내면을 꽃도 피고 나무도 자라고 열매도 맺는 아름다운 낙원으로 만드시는 분입니다.

심리학의 발전에도 불구하고 우리는 인간의 내면세계에 대해 아는 바가 거의 없습니다. 여러 철학자와 심리학자들이 인간의 마음에 대해 많은 연구를 했고 최근에는 프로이트 같은 학자가 주목할 만한 업적을 이루어 냈음에도 불구하고, 인간은 아직 마음에 대해 많은 것을 알지 못하고 있습니다. 불과 얼마 전까지만 해도 사람들은 우울증을 병으로 인정하지 않았습니다. 배 아프고 뼈 부러진 사람만 고칠 생각을 했지, 몸은 멀쩡한데 마음이 아프고 정신이 아픈 사람은 고칠 생각을 하지 않았습니다. 그러나 이제는 몸의 병보다 정신의 병이 더 심각하다는 것을 깨닫고 있습니다.

타락 이후 죄는 자연을 황폐하게 만들었습니다. 그러나 그보다 더 심각한 문제는 인간의 마음을 깊이 병들게 했다는 것입니다. 죄는 원자폭탄이 터진 도시나 홍수가 휩쓸고 간 마을처럼 인간의 마음을 황폐하게 만들어서 울어야 할 때에도 울지 않고 슬퍼해야 할 때에도 슬퍼하지 않는 무감각한 상태로 만들어 버렸습니다. 죄의 충동을 받으면 거의 미친 듯이 광기를 부리는 사람이 있는가 하면, 바로 옆에서 많은 이들이 고통을 겪으며 죽어 나가도 눈 하나 깜짝하지 않는 사람도 있고, 과거의 상처 때문에 계속 불안해하거나 강박증에 시달리는 사람도 있습니다. 그것은 전부 죄가 마음을 병들게 한 결과입니다.

중환자실에 들어간 환자는 얼굴과 몸이 많이 상해서 원래 모습을 알아볼 수 없을 때가 많습니다. 그런데 어떤 의사가 그 병을 완전히 치료해서 원래 모습을 되찾게 해 주었다면 얼마나 고맙겠습니까? 예수님은 마치 그런 의사처럼 사람의 병든 마음을 치료해서 하나님의 축복을 마음껏 받을 수 있는 아름다운 모습으로 회복시키려고 오셨습니다. 실제로 예수님은 이 땅에 계실 때 많은 병자들을 만나시고 치료해 주셨습니다. 예수님의 치료는 앉은뱅이를 일으키고 눈먼 자를 보게 하고 문둥병자를 깨끗케 하는 아주 광범위한 것이었습니다. 그런데 예수님은 육체만을 치료하시지 않았습니다. "네 죄 사함을 받았느니라", "네 믿음이 너를 구원하였느니라"라고 말씀하시면서 눈에 보이지 않는 부분까지 함께 치료해 주셨습니다.

얼마 전에 교회 게시판에서 '얼굴을 돌려줍니다' 라는 광고를 본 적이 있습니다. 예수를 믿는 성형외과 의사들이 가난 때문에 얼굴 기형을 치료받지 못한 채 살아가고 있는 어린이들을 고쳐 준다는 내용이었습니다. 얼굴 기형이 치료될 때 그 어린이들의 마음이 얼마나 기쁘겠습니까? 마치 다시 태어난 것처럼 기쁠 것입니다. 하물며 죄로 인해 원자폭탄을 맞은 것처럼 황폐해졌던 마음이 성령의 능력으로 치료될 때의 기쁨은 말로 표현할 수가 없는 것입니다.

어느 날, 사람들이 심한 중풍병자를 침상째 예수님께 데려왔습니다. 그런데 사람이 너무 많아서 안으로 들어갈 수 없자 그 집의 지붕을 뚫고 침상을 줄로 달아 내렸습니다. 예수님은 병자에게 병을 고쳐 주신다고 말씀하시는 대신 "소자야, 네 죄 사함을 받았느니라"(막 2:5)라고 말씀하셨습니다.

지금 이 병자는 죄 사함을 받으려고 온 것이 아닙니다. 중풍을 고치려고 온 것입니다. 그런데도 예수님은 그에게 죄 사함을 선포하셨습니다. 그는 아직 병이 낫지 않았습니다. 갑자기 눈물이 폭포수같이 쏟아진다거나 마음이 뜨거워진다거나 환상을 보는 등의 특별한 체험을 하지도 않았습니다. 그런데 이런 선포에 무슨 효과가 있습니까?

이 선포에는 엄청나게 큰 효과가 있습니다. 주님이 이렇게 선포하심으로써 그가 이때껏 살면서 지은 죄가 전부 사라졌고, 황폐하고 더러웠던 마음이 깨끗해졌습니다. 비록 사지는 움직일 수 없었지만 그의 영혼은 얼마든지 하나님 앞에 나아가 기도할 수 있는 상태가 되었고 그가 주시는 은혜를 받을 수 있는 상태가 되었습니다. 침상 위에서 온 세상의 주재가 되시는 하나님을 만나며 기도로 세상을 움직일 수 있는 자격을 얻게 된 것입니다.

그는 병을 고쳐 달라는 작은 은혜, 푼돈처럼 작은 은혜를 구했습니다. 그런데 예수님은 죄를 사해 주심으로써 하늘나라의 엄청난 재산을 물려주셨습니다. 그리고 사람들에게 질문하셨습니다. "중풍병자에게 '네 죄 사함을 받았느니라' 하는 말과 일어나 '네 상을 가지고 걸어가라' 하는 말이 어느 것이 쉽겠느냐?"(막 2:9). 우리가 생각할 때에는 죄 사함 받는 일보다 병 낫는 일이 더 어려운 것 같고 좋은 회사에 취직하는 일이 더 어려운 것 같습니다. 죄 사함은 기도하면 바로 받을 수 있지만, 취직은 날마다 기도해도 잘 되지 않기 때문입니다.

그러나 그렇지 않습니다. 죄 사함을 받고 마음의 치료를 받는 것이야말로 세상에서 가장 어려운 일입니다. 한 사람이 예수님 앞에 나아가 "제가 지금까지 정말 교만하게 살아왔고 하나님을 무시하며 살아왔습니다. 저의 삶은 죄덩어리 그 자체였습니다"라고 고백하게 되는 것이야말로 세상에서 가장 어려운 일입니다. 죄 사함을 받는다는 것은 하나님과 끊어졌던 관계가 완전히 회복된다는 뜻이며 죄가 우리 인격에 끼친 인격적인 독소와 악한 생활습관이 전부 고쳐진다는 뜻입니다. 그러므로 예수님 앞에 나아가 죄 사함을 받는 사람이야말로 인생에서 최고로 어려운 문제를 해결받은 것이며, 이 세상과 오는 세상에서 받을 수 있는 모든 복을 받은 것입니다. 죄 사함만 받고 나면 나머지 문제들은 얼마든지 하나씩 정복해 나갈 수 있습니다.

예수님은 눈에 보이는 자연세계와 병든 육체만 치료하러 오신 것이 아니라 눈에 보이지 않는 영혼과 마음까지 치료하러 오셨습니다. 기독교는 심령을 다루는 종교입니다. 물론 힌두교나 불교에서도 인간의 정신에 대해 많은 것을 가르치지만 그것은 전부 막연한 추측에 불과합니다. 요즘 텔레비전에서 방영되는 영혼에 대한 이야기들도 마찬가지입니다. 인간의 영혼은 한두 가지 표면적인 현상만으로 파악할 수 없는 복잡한 것입니다. 그래서 기독교는 사람의 정신세계에서 일어나는 현상들을 전부 설명하지 않습니다. 기독교가 설명하는 것은 오직 한 가지 뿐입니다. 즉, 우리의 정신은 죄 때문에 하나님과 단절됨으로써 비정상적인 상태에 빠지게 되었지만 하나님께서 예수 그리스도의 피와 성령의 불길로 치료하신다는 것입니다.

교회와 세상의 관계

인간적으로 볼 때 바벨론에서 돌아온 유다 백성들은 세상에서 가장 약하고 불쌍한 사람들입니다. 식물에 비유한다면 이제 막 돋아난 연한 싹처럼 얼마든지 따 버리거나 짓밟아 버릴 수 있는 존재들인 것입니다. 하나님은 이들과 주변 나라들과의 관계를 통해 교회와 세상의 관계에 대해 가르쳐 주십니다.

세상과 비교할 때 우리는 아무 힘도 가지고 있지 못한 것 같습니다. 그저 남들이 해치지 않는 것, 주변에서 난리가 일어나지 않는 것만을 고맙게 여겨야 할 것 같습니다. 그러나 실제로 우리는 그렇게 약한 존재가 아닙니다. "보라, 내가 예루살렘으로 그 사면 국민에게 혼취케 하는 잔이 되게 할 것이라. 예루살렘이 에워싸일 때에 유다에까지 미치리라. 그날에는 내가 예루살렘으로 모든 국민에게 무거운 돌이 되게 하리니 무릇 그것을 드는 자는 크게 상할 것이라. 천하만국이 그것을 치려고 모이리라. 여호와가 말하노라. 그날에 내가 모든 말을 쳐서 놀라게 하며 그 탄 자를 쳐서 미치게 하되 유다 족속은 내가 돌아보고 모든 국민의 말을 쳐서 눈이 멀게 하리니"(12:2-4).

하나님은 믿는 자들을 세 가지에 비유하십니다. 첫째는 "혼취케 하는 잔"입니다. 독한 술을 마시고 취한 사람은 사방이 빙빙 도는 것처럼 보이며, 걸음도 제대로 걷지 못하고, 사물도 분명히 구별하지 못합니다. 누군가를 때리려 해도 겨냥이 잘 되지 않아서 때릴 수가 없습니다.

그와 마찬가지로 세상 사람들은 그리스도인들의 정체를 제대로 파악하지 못합니다. 믿는 자들에게는 그들이 도무지 이해할 수 없는 비밀이 있습니다. 그래서 그들은 믿는 자들을 두려워합니다. 도대체 어떤 사람들인지, 무슨 재미로 살고 무슨 힘으로 사는 사람들인지 모르기 때문에 공격하려고 해도 제대로 공격할 수가 없습니다.

이에 대해 사도 바울은 다음과 같이 말하고 있습니다. "육에 속한 사람은 하나님의 성령의 일을 받지 아니하나니 저희에게는 미련하게 보임이요 또 깨닫지도 못하나니 이런 일은 영적으로라야 분변함이니라. 신령한 자는 모든 것을 판단하나 자기는 아무에게도 판단을 받지 아니하느니라"(고전 2:14-15).

믿지 않는 사람들이 아무리 욕을 해도 믿는 자들이 큰 상처를 입지 않는 것은 그들이 급소를 찌르는 말을 하지 못하기 때문입니다. 사실 더 아픈 상처를 주는 이들은 믿다가 떠난 사람들입니다. 아예 믿지 않는 사람들은 그리스도인을 잘 알지 못하기 때문에 화만 내고 소리만 지를 뿐 제대로 공격하지 못합니다. 그들에게는 세상에 있는 것들이 전부입니다. 그래서 목표가 분명합니다. 좋은 학교 입학하는 것, 좋은 회사 들어가는 것, 승진하는 것, 연봉 얼마 받는 것, 얼마짜리 집을 사는 것처럼 목표가 분명해요. 그런데 그런 눈으로 그리스도인들을 보면 도대체 무엇 때문에 사는지 알 수가 없습니다. 세상적으로 아주 좋은 기회가 왔는데도 하나님의 뜻이 아니라고 하면서 포기하는가 하면, 고생할 것이 뻔한 길을 일부러 선택하기도 합니다. 그리스도인들이 중시하는 것들은 그들이 보기에 아무 가치도 없는 것들입니다. 그러니까 도무지 이해할 수가 없는 것입니다. 자신들은 돈과 권력의 힘으로 사는데 그리스도인들은 그런 것 없이도 얼마나 당당하게 사는지 모릅니다.

"네 아버지 장관이냐?"

"아닌데요."

"국회의원이냐?"

"아닌데요."

"그럼 뭐 하는 분이냐?"

"돌아가셨는데요."

그런데도 마치 굉장한 백이 있는 사람처럼 자신만만하게 구니 어떻게 이해할 수가 있겠습니까? 또 조금 전까지만 해도 병든 닭처럼 비실거리던 사람이 예배 한번 드리고 나서 사자처럼 힘을 내는 것을 볼 때 얼마나 헷갈리는지 모릅니다. 왜 헷갈립니까? 성령의 능력을 알지 못하기 때문입니다.

그리스도인들은 말씀을 듣지 못하거나 죄에 빠지거나 교만해지면 힘을 잃습니다. 그러나 말씀을 듣고 죄를 토해 내면 다시 성령의 능력으로 충만해집니다. 특히 그들은 환난과 핍박을 받을 때일수록 더 큰 기쁨을 누리고, 어려움이나 시련이 닥칠수록 더 큰 힘을 얻습니다. 그럴 때 성령이 더 충만히 부어지기 때문입니다. 사람들은 그것을 이해하지 못합니다. 이런 의미에서 믿는 자들은 "혼취케 하는 잔"인 것입니다.

사사기를 읽으면, 삼손이 가진 힘의 비밀을 캐내고자 애쓰는 블레셋 사람들이 나옵니다. 그들이 볼 때 삼손은 수수께끼 같은 인물이었습니다. 도대체 그 엄청난 힘이 어디에서 나오는지 알 길이 없었습니다. 왜냐하면 그들은 성령의 능력에 대해 아는 바가 없었기 때문입니다. 그러나 그 능력을 잃게 만드는 방법은 찾아냈습니다. 그것은 죄를 짓게 만드는 것이었습니다. 술을 마시게 하고 음란에 빠지게 하며 나실인의 표시인 머리털을 밀어 버리면 힘이 없어진다는 사실을 그들은 알아냈습니다. 그런데 그들이 끝끝내 몰랐던 것이 무엇입니까? 머리털은 다시 자란다는 것입니다. 은혜는 사라질 수 있지만 다시 회복될 수도 있다는 것입니다. 삼손이 블레셋의 감옥에서 철저히 회개하자 성령의 능력이 다시 임했고, 그는 이전보다 더 많은 블레셋 사람들을 죽일 수 있었습니다.

제가 주례할 때 신랑에게 특히 권면하는 내용이 있습니다. "아내가 젊었을 때는 돈 잘 벌어다 주고 육체적으로 사랑해 주면 행복해하지만, 나이가 들수록 물질적인 것으로나 인간적인 것으로는 채워지지 않는 욕구를 느끼게 됩니다. 특히 예수 믿는 아내에게는 절대 그런 것만으로 채워지지 않는 욕구가 있는데, 그것은 바로 신앙적인 욕구입니다. 그러니까 남편 노릇을 제대로 하려면 돈 잘 벌어오는 것도 중요하지만, 무엇보다 신앙적으로 계속 성장해 나가야 합니다. 그래야 아내가 순종하고 따라옵니다."

목사도 마찬가지입니다. 무조건 교인들에게 잘해 준다고 좋아하는 것이 아닙니다. 목사 자신이 영적으로 계속 성장해 나가야 합니다. 교인들 속에는 굉장히 깊은 영적인 갈망, 세상적인 인정이나 인간적인 교제로 채워지지 않는 갈망이 있습니다. 그렇기 때문에 목사가 진정으로 교인들을 사랑하려면 자기 자신부터 신앙적으로 자라 나가야 합니다.

믿지 않는 자들이 믿는 자들을 미워하는 또 한 가지 중요한 이유는 열등감입니다. 하나님의 백성들에게는 세상적인 관점으로는 설명할 수 없는 존귀함과 고상함이 있습니다. 돈도 없고 배운 것도 없는데 무엇으로도 꺾을 수 없는 위엄이 있습니다. 그래서 믿지 않는 자들이 미워하고 시기하는 것입니다. 주변 사람들이 특별한 이유 없이 나를 싫어하고 질투할 때 너무 마음 상해 하지 말고 '내가 존귀해서 그러는구나'라고 생각하십시오. 세상적으로 자랑할 것이 없는데도 너무 당당하고 자신 있고 위엄 있으니까 교만하고 건방지게 생각해서 미워하는 것입니다.

세상 사람들은 술을 마시지 않으면 사랑한다는 말을 잘 못합니다. 그런데 믿는 사람들은 맨 정신으로도 수백 번씩 사랑한다고 말할 수 있습니다. 또 세상 사람들은 진지한 이야기를 할 때 담배부터 입에 물어야 하지만, 우리는 담배를 입에 물거나 술잔을 앞에 놓지 않고서도 얼마든지 진지하게 이야기할 수 있습니다. 그러니 얼마나 이상하게 보이겠습니까? 우리는 믿지 않는 사람들이 우리를 싫어하는 것을 이해하고자 노력해야 하며, 항상 겸손하고 솔직하게 대하고자 노력해야 합니다. 그러다 보면 "가진 것도 없이 도도하기만 한 인간인 줄 알았더니 인간적인 면도 있네" 하면서 마음을 여는 사람들이 하나 둘 생겨납니다.

두 번째 비유는 "무거운 돌"입니다. 어느 밭에 큰 돌이 있습니다. 그 돌을 어떻게 처치해야 좋을지, 여간 골치 아픈 것이 아닙니다. 확 치워 버리면 좋겠는데 너무 크고 무거워서 파낼 방법이 없습니다. 그렇다고 그대로 두자니 자꾸 신경이 쓰입니다. 그럴 때에는 대체 어떻게 해야 할까요? 그 돌을 잘 활용하는 수밖에 없습니다. 억지로 치우려 들다가는 시간만 낭비하고 사람만 다칠 것입니다.

3절은 예루살렘을 이러한 큰 돌에 비유하고 있습니다. "그날에는 내가 예루살렘으로 모든 국민에게 무거운 돌이 되게 하리니 무릇 그것을 드는 자는 크게 상할 것이라."

이 말씀을 가장 잘 해석한 분은 예수님입니다. "무릇 이 돌 위에 떨어지는 자는 깨어지겠고 이 돌이 사람 위에 떨어지면 저로 가루를 만들어 흩으리라"(눅 20:18).

예수님은 자신을 돌에 비유하셨습니다. 사람들은 예수님의 보잘것없는 겉모습만 보고 그를 쉽게 치워 버릴 수 있다고 생각했습니다. 그러나 그렇게 생각하고 그를 건드린 자는 크게 잘못한 것입니다. 그 돌의 끝은 땅 끝에 박혀 있고 그 근원은 하늘에 닿아 있기 때문입니다. 그 돌을 깨려 드는 사람은 오히려 자신이 깨질 것입니다. 그리고 그 돌이 사람 위에 떨어지면 그를 가루로 만들어 흩을 것입니다. 이 비유는 세상 어떤 것도 그리스도를 대적해서 이길 수 없음을 보여 주고 있습니다.

세상 사람들이 볼 때 믿는 자들의 겉모습은 너무나 보잘것이 없습니다. 권력을 가진 자도, 돈을 가진 자도 많지 않아서 살짝만 공격해도 쉽게 제거해 버릴 수 있을 것 같습니다. 그러나 실제로 그들을 제거하는 데 성공한 사람은 지금껏 아무도 없습니다. 그들은 뽑힐 듯 뽑힐 듯 절대 뽑히지 않습니다. 왜냐하면 그 근원이 하나님에게까지 연결되어 있기 때문입니다. 그리스도인들은 핍박을 당하면 당할수록 강해지고, 상황이 어려워지면 어려워질수록 순수해집니다.

그리스도인들은 무거운 바윗돌입니다. 그 바윗돌을 파내려 드는 자는 결국 자신이 다칠 것입니다. 우리를 이 세상에 박아 놓으신 분은 하나님입니다. 하나님 앞에 죄를 짓지 않는 이상 아무도 우리를 파낼 수가 없습니다.

그렇다면 이 세상에 대해 교회는 친구일까요, 적일까요? 원래는 친구입니다. 교회보다 세상에 더 필요한 존재는 없습니다. 세상에서는 새로운 것이 흘러 나올 수 없으며, 오직 하나님의 백성에게서만 새로운 것이 흘러 나오기 때문입니다. 세상이 고여 있는 썩은 물이라면, 교회는 항상 새 물이 솟아나는 샘과 같습니다. 샘에서 깨끗한 물이 흘러 나가야 세상도 깨끗해질 수 있습니다.

제가 어렸을 때는 아이들이 흙탕물에서 놀다가 중이염에 걸리는 경우가 많았습니다. 이 세상은 그런 흙탕물과 같습니다. 때로 말갛게 보여도 한 사람만 들어가서 휘저으면 금방 더러워집니다. 그러나 교회는 항상 사람을 새롭게 만들고 마음을 깨끗하게 씻어 줍니다. 그렇기 때문에 하나님의 백성들이 세상에 꼭 필요한 것입니다.

그런데 세상 사람들에게 우리의 존재가 눈엣가시처럼 귀찮고 성가셔질 때가 있습니다. 그때는 그들이 죄를 지으려 할 때입니다. 아이들이 못된 짓을 하고 싶을 때 엄마가 보지 못하도록 살짝 문을 닫아 버리듯이, 세상 사람들은 죄를 지으려 할 때 그리스도인들의 시선을 피하려 듭니다. 그리스도인들은 자신들이 하고자 하는 일에 소금을 뿌리고, 자신들의 더러운 죄에 빛을 비추기 때문입니다. 그래서 그 소금의 맛을 죽이고 빛을 꺼뜨리기 위해 핍박합니다.

셋째로, 하나님은 세상이 말과 군사로 그 백성들을 공격하려 할 때 말과 그 탄 자를 미치게 해서 건드리지 못하게 하겠다고 말씀하십니다. "천하만국이 그것을 치려고 모이리라. 여호와가 말하노라. 그날에 내가 모든 말을 쳐서 놀라게 하며 그 탄 자를 쳐서 미치게 하되 유다 족속은 내가 돌아보고 모든 국민의 말을 쳐서 눈이 멀게 하리니"(12:3하-4).

"말을 쳐서 놀라게 하며 그 탄 자를 쳐서 미치게 하되"라는 것은 세상 사람들이 아무리 뛰어난 군사력과 무기로 공격해도 그 무기들이 전부 엉뚱한 곳으로 날아가게 하신다는 뜻입니다. 요즘은 전쟁할 때 레이더를 사용하는데, 레이더가 고장나 버리면 그 미사일이나 폭탄이 다 어디로 날아가겠습니까? 세상 사람들이 하나님의 백성들을 향해 미사일을 날리고 폭탄을 퍼부어도 적중하지 않는 이유는 하나님이 그들의 레이더를 미치게 하시기 때문입니다.

출애굽 때 애굽의 군대가 말과 병거로 이스라엘 백성을 추격했지만 따라잡지 못했습니다. 알 수 없는 힘이 그들을 뒤에서 잡아당기며 병거 바퀴를 벗기고 말들을 미쳐 날뛰게 했기 때문입니다. 힘을 모아 하나님의 백성들을 공격하는 사람들은 애굽 군대처럼 오히려 자신들이 망하게 되어 있습니다. 하나님은 바로 그런 순간을 기다려서 그들을 멸망시키십니다. 그러므로 우리는 우리를 핍박하는 자들을 미워할 것이 아니라 오히려 그들을 위해 기도해 주어야 합니다. 그들은 우리를 핍박하는 순간, 가장 심각한 위험에 빠지기 때문입니다.

뜨거운 화로가 되게 하리라

결국 하나님이 우리 그리스도인들을 통해 세상에 하고자 하시는 일은 무엇입니까? "유다의 두목들이 심중에 이르기를 '예루살렘 거민이 그들의 하나님 만군의 여호와로 말미암아 힘을 얻었다' 할지라. 그날에 내가 유다 두목들로 나무 가운데 화로 같게 하며 곡식단 사이에 횃불 같게 하리니 그들이 그 좌우에 에워싼 모든 국민을 사를 것이요 예루살렘 사람은 다시 그 본곳 예루살렘에 거하게 되리라"(12:5-6).

가을에 볏단을 쌓아 놓았는데 누군가 횃불을 들이대면 전부 타 버릴 것입니다. 아무리 나무가 많고 곡식단이 많아도 횃불이나 화로를 들이대면 타 버릴 수밖에 없습니다.

하나님은 우리 믿는 자들이 이런 횃불이나 화로 같아서 섶 같고 볏짚 같은 세상 권력자들을 태워 버린다고 말씀하십니다. 그러나 우리 눈에 보이는 현실은 정반대입니다. 오히려 세상 권력자들의 분노가 횃불인 것 같고 화로인 것 같습니다. 강한 군사력만 있으면 작은 나라 하나쯤 잿더미로 만드는 것은 식은 죽 먹기인 것 같습니다.

우리는 아프리카에서 내전이 일어나 수십만 명이 굶어 죽는 비극을 목격했습니다. 우리나라에서도 민족간에 내전이 일어난다면 그동안 쌓아올렸던 부가 하루아침에 잿더미로 변할 것입니다. 그런데 하나님은 그러한 분노의 불, 미움의 불 말고 또 다른 불이 있다고 말씀하십니다. 그것은 성령의 불, 부흥의 불입니다. 이 불로 맞불을 붙일 때, 내전이나 쿠데타 같은 세상의 불은 절로 꺼지게 되어 있습니다.

여기에 나오는 "두목들"은 정치 지도자나 군사 지도자가 아니라 말씀을 믿고 붙드는 사람들을 가리키는 말이며, 이해할 수 없는 고난 가운데서도 끝까지 하나님을 붙드는 사람들을 가리키는 말입니다. 원래 유다의 두목은 교회의 머리 되신 그리스도시지만, 여기에서는 복수를 사용하고 있기 때문에 그리스도 한 분으로 보기보다는 하나님의 말씀으로 세상에 영향을 끼치는 그리스도인들로 보는 편이 좋습니다. 이런 두목은 스스로 나서서 되는 것이 아닙니다. 오히려 말씀을 붙들고 자신을 낮추며 기꺼이 죽으려 할 때 자기 능력이 아니라 하나님의 능력으로 움직이는 두목이 될 수 있습니다.

한번 생각해 보십시오. 세상은 힘과 무기를 가지고 있습니다. 그러나 교회의 영적 지도자들이 가진 것은 오직 말씀뿐입니다. 세상의 현실 앞에 하나님의 말씀이나 우리의 믿음이 한없이 무력하게 느껴질 때가 얼마나 많습니까? 그러나 하나님은 "예루살렘 거민이 그들의 하나님 만군의 여호와로 말미암아 힘을 얻었다"라는 말이 나오게 해 주겠다고 약속하십니다. 즉, 하나님을 의지하는 믿음이 결코 헛되이 돌아가지 않게 해 주겠다고 약속하시는 것입니다.

그러므로 아무리 내 믿음이 무력하게 느껴지더라도 결코 하나님 의지하기를 멈추어서는 안 됩니다. 하나님이 악의 세력을 허용하시는 것은 무능하시거나 힘이 없어서가 아닙니다. 세상의 교만과 죄악을 드러내기 위해 잠시 허용하시는 것일 뿐입니다. 그러므로 우리는 믿고 기다려야 합니다.

결국 우리가 받게 될 축복은 무엇입니까? 성령의 큰 역사입니다. "그 날에 내가 유다 두목들로 나무 가운데 화로 같게 하며 곡식단 사이에 횃불 같게 하리니 그들이 그 좌우에 에워싼 모든 국민을 사를 것이요 예루살렘 사람은 다시 그 본곳 예루살렘에 거하게 되리라!"

하나님이 교회에 주고자 하시는 것은 성령의 능력입니다. 여기에서 불이 나와 사른다는 것은 심판을 의미합니다. 성령은 인간의 양심을 살펴서 죄는 토해 내며 은혜는 받아들이게 하십니다. 몸이 살려면 공기와 물이 필요하지만, 영혼이 살려면 성령이 절대적으로 필요합니다. 사람에게 세상 것들을 주는 것은 병들어 죽어 가는 환자에게 진통제나 주스를 먹이는 일과 같습니다. 영혼이 살아나려면 성령의 능력이 임해야 합니다. 성령의 능력이 불같이 임해서 죽은 양심을 살려 내야 합니다.

교회는 먹고사는 일을 해결해 주는 곳이 아닙니다. 그것은 이차적인 문제입니다. 하나님이 우리에게 가장 주고 싶어 하시는 것은 영혼을 살리는 성령의 역사입니다. 그 성령의 역사를 세상에 전달하는 통로가 바로 여기에 나오는 유다와 예루살렘, 즉 교회인 것입니다. 교회가 존재하는 이유가 무엇입니까? 세상에 성령을 전달하기 위해서입니다. 교회를 통해 성령으로 변화된 사람은 인생 전체를 새롭게 다시 받는 것과 같습니다. 그것은 돈으로 도저히 환산할 수 없는 축복입니다.

하나님은 이러한 성령의 불길이 유다의 두목들로부터 나와서 온 세상에 옮겨 붙을 것이라고 축복하십니다. 그러나 이 축복은 그냥 주어지는 것이 아니라 양심에 심한 애통이 임한 후에야 주어질 것입니다.

다음 본문을 보면 예루살렘에 큰 애통이 있을 것에 대해 말씀하십니다. 그것은 하나님을 찌르고 난 후에 찾아오는 애통입니다. 양심에 큰 애통이 있기 전에는 성령의 불이 붙지 않습니다. 자기 죄성으로 인해 크게 통곡한 후에야 하나님이 성령의 불로 그 죄성을 불지르시는 것입니다. 우리가 자발적으로 울지 않으면 무죄한 자의 죽음을 통해서라도 억지로 울게 하실 것입니다. 그 후에 성령의 불길을 보내서 죄의 불길, 분노의 불길을 죽이시고, 참된 평화와 안식을 주실 것입니다.

19

예루살렘의 큰 애통

스가랴 12:7-14

12:7 "여호와가 먼저 유다 장막을 구원하리니 이는 다윗의 집의 영광과 예루살렘 거민의 영광이 유다보다 더하지 못하게 하려 함이니라.

8 그날에 여호와가 예루살렘 거민을 보호하리니 그 중에 약한 자가 그날에는 다윗 같겠고 다윗의 족속은 하나님 같고 무리 앞에 있는 여호와의 사자 같을 것이라.

9 예루살렘을 치러 오는 열국을 그날에 내가 멸하기를 힘쓰리라.

10 내가 다윗의 집과 예루살렘 거민에게 은총과 간구하는 심령을 부어 주리니 그들이 그 찌른 바 그를 바라보고 그를 위하여 애통하기를 독자를 위하여 애통하듯 하며 그를 위하여 통곡하기를 장자를 위하여 통곡하듯 하리로다.

11 그날에 예루살렘에 큰 애통이 있으리니 므깃도 골짜기 하다드림몬에 있던 애통과 같을 것이라.

12 온 땅 각 족속이 따로 애통하되 다윗의 족속이 따로 하고 그 아내들이 따로 하며 나단의 족속이 따로 하고 그 아내들이 따로 하며

13 레위의 족속이 따로 하고 그 아내들이 따로 하며 시므이의 족속이 따로 하고 그 아내들이 따로 하며

14 모든 남은 족속도 각기 따로 하고 그 아내들이 따로 하리라."

12:7-14

우리는 사람들이 자기 이익을 위해 남의 행복을 쉽게 파괴하는 모습을 자주 목격합니다. 얼마 전에도 우리나라의 한 젊은이가 이라크 무장 세력에 납치되어 무참하게 참수당하는 사건이 일어나, 온 국민을 비통하게 만들었습니다. 그들은 자기 나라를 지키기 위해 외국인 한 명쯤 죽이는 것은 아무것도 아니라고 생각했을지 모릅니다. 그러나 우리 국민들은 저마다 자기 자식이 죽은 것처럼 애통해하고 있습니다.

　학원 폭력도 마찬가지입니다. 어떤 학교의 불량한 학생들이 한 학생을 건방지게 보았습니다. 그래서 버릇을 고쳐 놓기 위해 빈 교실에 가두어 놓고 때렸습니다. 그 학생들은 무슨 심각한 의도로 그렇게 한 것이 아니었습니다. 심심하기도 하고 기분이 나쁘기도 하니까 좀 혼내 주겠다는 단순한 생각으로 그렇게 한 것입니다. 그런데 그들에게 맞은 학생이 그만 죽어 버렸습니다. 그들은 죽은 학생의 부모가 시신을 끌어안고 대성통곡하는 모습을 보고 나서야 비로소 자신들이 얼마나 엄청난 일을 저질렀는지 깨달았습니다. 알고 보니 죽은 학생은 그 집의 독자였고, 태어날 때부터 질병이 있어서 부모가 온갖 정성을 기울여 키운 아들이었습니다. 약간 건방지게 보였던 것도 병 때문에 몸이 자유롭지 못한 탓이었습니다. 그 학생은 부모가 가장 사랑하는 아들이자 그 집의 유일한 소망이었습니다. 그런데 이들은 그것도 모르고 그 집에 하나밖에 없는 독자를 때려 죽인 것입니다. 그들은 죽은 학생의 부모와 친척들이 몰려와 통곡하는 모습을 보고 나서야 자신들이 얼마나 귀한 존재를 죽였는지 알게 되었습니다.

이처럼 사람들은 자신의 행동이 얼마나 남의 행복을 빼앗고 그들을 절망시키는 것인지 모를 때가 많습니다. 나중에서야 '내가 큰일을 저질렀구나'라고 깨닫지만, 그때는 이미 상황을 돌이킬 수가 없습니다.

오늘 본문은 장차 예루살렘에서 일어날 엄청난 비극에 대해 예언하고 있습니다. 예루살렘에 좀 건방져 보이는 갈릴리 출신의 선지자가 나타났습니다. 예루살렘 사람들은 그렇지 않아도 갈릴리 사람들을 우습게 알았는데, 이 선지자는 특히 더 버르장머리가 없어 보였습니다. 그는 사사건건 교리 문제로 자신들과 부딪쳤고, 자신들의 허용 아래 성전에서 장사하는 자들의 상을 뒤엎었습니다. 안식일도 지키지 않았고, 심지어 스스로 하나님의 아들이라고 주장하기까지 했습니다. 그래서 지도자들은 이 버릇없는 갈릴리 선지자를 혼내 주기로 결정하고, 십자가에 못 박아 죽여 버렸습니다.

그런데 그 후에 예루살렘에 큰 애통이 일어났습니다. 그것은 전혀 예측하지도, 상상하지도 못한 일이었습니다. 그 애통은 예루살렘뿐 아니라 전 세계로 퍼져 나갔습니다. 그 이유가 무엇입니까? 그들이 버르장머리를 고치려고 십자가에 못 박아 죽인 그 선지자가 진짜 하나님의 아들이었던 것입니다. 그들이 대단찮게 여겨 죽여 버린 그가 하나님의 유일한 아들이요 소망이며 온 세상의 구원자였던 것입니다.

만약 미국 대통령의 아들이 우리나라를 방문했다가 깡패들의 손에 죽었다면 우리나라 전체가 책임을 져야 할 것입니다. 또 혹시라도 그 일에 정치세력이 조직적으로 개입되어 있을 시에는 미국 정부가 절대로 가만 있지 않을 것입니다. 예루살렘 사람들은 이 가난한 갈릴리 출신

선지자의 죽음을 대단찮게 생각했습니다. 그러나 그 죽음에는 예루살렘의 정치세력이 조직적으로 개입되어 있었습니다. 그렇다면 이 사건을 어떻게 처리해야 마땅하겠습니까?

하나님은 이 죽음에 대해 두 가지 방침을 세우셨습니다. 첫째는 '내 아들의 죽음을 보고 애통하는 자들, 이 죽음의 소식을 듣고 슬퍼 우는 자들은 용서해 주겠다' 라는 것입니다. 그리고 둘째는 '내 아들의 죽음에 조직적으로 개입했으면서도 그 죄를 은폐하는 세력들, 내 아들이 죽었는데도 마치 아무 일도 없었던 것처럼 여전히 자기 욕심대로 사는 자들은 철저하게 심판하겠다' 라는 것입니다. 그리하여 이방인에게는 놀라운 구원의 축복이 전파된 반면, 예루살렘 백성들은 주후 70년 로마와의 전쟁으로 공식적으로 110만 명이 죽임을 당하는 심판을 받았습니다.

스가랴서 12장은 장차 예루살렘에서 일어날 이 사건에 대해 예언하고 있습니다. 유다 백성들은 바벨론에서 돌아와 예루살렘 성전을 재건했습니다. 그것은 참으로 귀하고 위대한 일이었습니다. 그러나 모든 유다 백성들이 믿음으로 그 일을 한 것은 아니었습니다. 놀랍게도 그들은 하나님의 아들이 세상에 오셨을 때 그를 죽이고 말았습니다.

오늘 우리는 크게 애통해야 합니다. 한국의 한 젊은이가 외국 땅에서 죽은 사건을 놓고서도 애통해야 하지만, 자기 이익을 위해 너무나 쉽게 죄를 짓고 남의 행복을 빼앗아 가는 이 시대를 놓고서도 애통해야 합니다. 하나님이 기다리고 계신데도 좀더 욕심을 채우기 위해, 좀더 편하게 살기 위해 그분께로 돌아가지 않는 이 민족을 놓고 애통해야 합니다.

성 밖의 사람들

오늘 스가랴는 "예루살렘"이라는 말을 두 가지 의미로 사용하고 있습니다. 첫 번째는 7절에 나오는 바 눈에 보이는 예루살렘입니다. 선지자는 하나님이 유다 장막을 먼저 구원하실 것이라고 하면서, 예루살렘과 다윗의 영광이 결코 유다를 앞서지 못할 것이라고 말합니다. 실제로 예루살렘 사람들은 하나님의 독생자를 십자가에 못 박는 엄청난 죄를 저질렀습니다.

두 번째는 8절에 나오는 바 믿는 자들로 이루어진 눈에 보이지 않는 예루살렘입니다. 즉, 앞으로 세워질 신약 교회를 말하는 것입니다. 하나님은 이 새 예루살렘을 축복해서 강하게 하겠다고 약속하십니다. 아무리 약한 자라도 골리앗을 이긴 다윗처럼 강해질 것이며, 하나님 자신이나 하나님의 사자처럼 강해질 것입니다.

7절을 보십시오. "여호와가 먼저 유다 장막을 구원하리니 이는 다윗의 집의 영광과 예루살렘 거민의 영광이 유다보다 더하지 못하게 하려 함이니라."

하나님이 유다 장막을 먼저 구원하시는 것은 다윗 집의 영광과 예루살렘 거민의 영광이 유다보다 더하지 못하게 하기 위함이라고 하십니다. 장막은 돌이나 나무로 된 안정된 집이 아니라 유목민이나 피난민들의 임시 거처입니다.

구약성경에 나오는 '유다'는 대개 남 유다 왕국을 가리키며, 신약성경에 나오는 '유대인'은 자기 의가 강했던 그 당시 이스라엘 사람들을 가리킵니다. 그런데 여기에서 말하는 "유다 장막"은 예루살렘 성 밖에 있는 사람들, 즉 다윗의 집 밖에 있는 사람들을 의미합니다.

옛날에는 성 안에 사는 사람들과 성 밖에 사는 사람들 사이에 큰 차이가 있었습니다. 성 안에는 주로 귀족과 부자들이 살았습니다. '부르주아'라는 말의 원뜻은 '성 안에 사는 사람'이라는 것입니다. 그에 비해 여기 나오는 "유다 장막"은 성 밖에서 불안정한 생활을 하고 있는 사람들, 핵심그룹에 속하지 못하고 소외된 사람들을 가리킵니다. 하나님은 성 안 사람들도 구원하겠지만, 성 밖 장막에서 사는 자들을 먼저 구원하겠다고 말씀하십니다. 모든 이스라엘 백성을 차별 없이 구원의 대상으로 삼으시되, 성 밖의 가난한 자들을 우선적인 구원의 대상으로 삼으시겠다는 것입니다. 그 이유가 무엇입니까?

예루살렘 거민과 다윗 집안 사람들은 자부심을 가지고 율법을 엄격히 지키면서 스스로 의롭다고 생각하고 있었습니다. 그러나 하나님은 이러한 엘리트층에 구원의 우선권을 주지 않겠다고 말씀하십니다. 하나님은 그렇게 스스로 잘 믿는다고 생각하는 사람들보다 가난하고 궁핍한 가운데서도 하나님의 은혜를 사모하는 자들을 더 사랑하십니다.

유다 장막에 거하는 자들은 가난하고 배우지 못해서 성 안에 있는 자들처럼 율법을 잘 지키지 못했습니다. 가난하면 아무래도 세련되게 믿기 어렵습니다. 그러나 구질구질하게 믿어도 말씀에 대한 확신이 분명하며, 어떻게 해서든지 죄짓지 않고자 애를 쓰고, 하나님 앞에 바른 양심으로 살고자 노력하는 자들을 하나님은 사랑하십니다. 하나님은 그런 자들에게 먼저 복음이 전파될 것이라고 말씀하십니다.

왜 예수님이 예루살렘의 엘리트층을 중심으로 복음을 전하지 않으시고, 주로 갈릴리 사람들을 중심으로 복음을 전하셨습니까? 예루살렘 사람들의 마음이 너무나도 교만했기 때문입니다. 그들은 지나치게 자기중심적이었고 자신들의 구원을 당연시했습니다. 구원은 은혜의 선물입니다. 당연히 구원받을 수 있는 사람은 아무도 없습니다. 하나님은 사람의 외모를 보지 않으십니다. 누구든지 하나님의 은혜를 사모하고 말씀대로 살기 원하는 자들을 먼저 구원하십니다.

탕자의 비유는 이 점을 잘 보여 줍니다. 이 비유에는 두 아들이 나오는데, 큰아들은 아버지 곁에서 성실하게 농사를 지으며 살았던 데 비해 작은아들은 미리 유산을 받아 외국에서 허랑방탕하게 다 써 버렸습니다. 그런데 아버지는 작은아들이 회개하고 돌아왔을 때 크게 환영하면서 새 옷을 입혀 주고 반지를 끼워 주었을 뿐 아니라 큰 잔치까지 벌였습니다. 큰아들은 이 일을 기뻐하지 않았습니다. 구원의 소중함을 깨닫지 못했기 때문입니다. 큰아들이 무슨 특별한 죄를 지었던 것은 아닙니다. 그러나 자신의 아버지가 얼마나 위대한 분이신지, 자신이 아버지 집에 거하고 있다는 것이 얼마나 큰 축복인지는 전혀 깨닫지 못했습니다.

하나님은 사람의 종교성을 보지 않으시며, 표면적으로 얼마나 경건한 생활을 하느냐에 따라 구원하지 않으십니다. 하나님이 보시는 것은 그가 얼마나 진심으로 하나님을 사랑하며 그 말씀대로 살기를 원하느냐 하는 것입니다. 하나님은 믿음으로 살고자 하는 자들에게 우선권을 주시며 더 큰 축복을 내려 주십니다.

예수님 당시의 랍비들은 예루살렘의 엘리트들을 제자로 택했습니다. 그러나 예수님은 가룻 유다를 제외하고는 전부 갈릴리 사람들을 제자로 택하셨습니다. 똑똑하고 유능하지만 자기 의가 너무 강해서 기존의 생각을 바꾸려 들지 않는 자들, 하나님의 은혜가 파고 들어갈 틈이 전혀 없는 자들 대신, 진리에 마음이 열린 자들, 성 밖에서 은혜를 사모하는 자들을 제자로 삼으신 것입니다. 엘리트들에게 믿음을 심으려면 기존의 잘못된 지식을 전부 뒤집어엎은 후에 새 지식을 주어야 하는데 그것은 너무나 힘든 일입니다. 집이 없던 곳에 새 집을 짓는 것보다 이미 있던 집을 부수고 새 집을 짓는 것이 몇 배 더 힘든 법입니다.

이처럼 하나님께서 사람의 외모가 아닌 중심을 보신다는 것이 우리에게는 얼마나 귀한 축복인지 모릅니다. 과거에 어떻게 살았든지, 지금 어떤 형편에 있든지 간에 진심으로 하나님을 사랑하며 그 말씀을 지킬 마음만 있으면 최고로 복된 사람이 될 수 있기 때문입니다.

사람이 보기에는 목회자와 사형수 사이에 엄청난 차이가 있는 것 같고, 귀부인과 창녀는 천사와 악마만큼이나 다른 존재인 것 같습니다. 그러나 하나님은 그들 사이에 큰 차이가 없다고 말씀하십니다. 목회자든 사형수든, 귀부인이든 창녀든, 지금 전심으로 하나님을 사랑하는 사람이 먼저 천국의 축복을 받을 것이며, 목숨 걸고 말씀을 붙드는 사람이 최고로 능력 있는 삶을 살 것입니다.

예루살렘 사람들은 왜 하나님의 아들을 알아보지 못하고 십자가에 못박아 죽였을까요? 믿음이 없었기 때문입니다. 말씀을 믿었다면 하나님의 아들을 알아보았을 것입니다. 그러나 그들은 말씀이 아니라 자신들의 열심을 믿었기 때문에 겉으로는 하나님의 백성으로 행세했지만 실제로는 하나님을 대적하는 결과를 낳았습니다.

사도 바울도 그리스도 앞에서 거꾸러지기 전까지는 하나님을 대적하던 사람이었습니다. 머리로는 하나님을 알고 있었고 종교생활도 열심히 했지만, 실제로는 하나님이 아닌 자기 열심을 사랑했던 것입니다. 저도 어려서부터 교회에 다니면서 스스로 죄인이라는 생각을 해 본 적이 없었습니다. 그런데 대학 시절에 제 속에 있는 엄청난 죄성을 발견하고 고민하기 시작했습니다. 그 고민은 점점 더 심각해져서 나중에는 도저히 견딜 수 없을 지경이 되었고, 결국 예수님 앞에 무릎을 꿇고 항복하기에 이르렀습니다. 그러자 마음속에 하나님의 은혜와 사랑이 폭포수같이 쏟아지면서 하나님의 사랑과 나 자신의 소중함, 다른 사람들의 소중함을 깨닫게 되었습니다. 저는 제가 깨달은 것을 다른 사람들에게도 알려 주고 싶었습니다. 너무나도 많은 사람들이 자신들의 삶을 무가치하게 생각해서 함부로 포기하고 내버리는 것을 보았기 때문입니다.

이처럼 신앙생활을 열심히 하는 사람에게도 복음은 필요합니다. 그 열심이 곧 그를 구원하는 믿음이 되는 것은 아니기 때문입니다. 예수님의 십자가는 성 안에 있는 사람들에게도 필요하고 성 밖에 있는 사람들에게도 필요합니다. 예루살렘 사람들에게도 필요하고 갈릴리 사람들에게도 필요합니다. 그런데 베드로가 복음을 전했을 때 회개하고 돌아온 사람들은 예루살렘 사람들이 아니라 전 세계에 노예로 흩어졌던 자들의 후손이었습니다.

우리는 세상에서 불행하게 살아온 사람들이 오히려 하나님의 사랑을 더 크게 깨닫는 경우를 자주 봅니다. 예수님이 어느 바리새인의 집에 들어가 식사하실 때 눈물로 그 발을 씻고 향유를 부은 여인도 불행하게 살았던 사람이었습니다. 그런데 자기의 마음속에 하나님의 사랑이 폭포수같이 쏟아지는 것을 경험하고 도저히 가만히 있을 수가 없어서 예수님의 발에 값비싼 향유를 부었던 것입니다. 하나님은 정말 공평하신 분입니다. 이처럼 세상에서 가장 불행했던 사람을 가장 복된 사람으로 삼아 주십니다.

예루살렘을 보호하고 축복하리라

하나님은 예루살렘을 특별히 보호해서 어느 누구도 공격하지 못하게 할 뿐만 아니라 오히려 공격하는 나라를 멸망시키겠다고 말씀하십니다. "그날에 여호와가 예루살렘 거민을 보호하리니 그 중에 약한 자가 그날에는 다윗 같겠고 다윗의 족속은 하나님 같고 무리 앞에 있는 여호와의 사자 같을 것이라. 예루살렘을 치러 오는 열국을 그날에 내가 멸하기를 힘쓰리라"(12:8-9).

앞서 말했듯이 이 예루살렘은 눈에 보이는 예루살렘이 아니라 앞으로 예수를 믿고 하나님의 백성이 될 신약의 그리스도인들과 교회를 가리킵니다. 예루살렘이 시온이라는 커다란 바위 산 위에 세워진 난공불락의 성이었던 것처럼, 신약 교회 또한 어느 누구도 감히 범접할 수 없는 견고한 성이 될 것입니다. 우리야말로 구약 이스라엘 백성들에게 약속된 축복을 물려받은 자들입니다. '이스라엘'은 야곱이 천사와 씨름하여 이긴 후에 얻은 이름입니다. 구약 성경은 그 이스라엘에게 주시는 축복의 보물창고와 같습니다. 그런데 그 모든 축복을 바로 오늘 우리들이 물려받은 것입니다.

오순절 날 성령이 임하셨을 때, 예루살렘 사람들은 믿는 자들을 보면서 "새 술에 취했다"라고 조롱했습니다. 특별한 이유도 없이 상기된 얼굴로 펄펄 뛰며 좋아하는 모습이 비정상적으로 보였기 때문입니다. 그러나 베드로는 담대하게 말했습니다. "이 사람들이 취한 것이 아니라. 이는 곧 선지자 요엘로 말씀하신 것이니"(행 2:15-16). 그것은 구약 이스라엘에게 약속되었던 모든 축복이 신약 교회로 넘어오는 순간이었습니다.

하나님은 "그 중에 약한 자가 그날에는 다윗 같겠고"라고 말씀하십니다. 골리앗이 이스라엘을 공격했을 때 다른 군사들은 전부 벌벌 떨었지만, 소년 다윗은 사자처럼 용감하게 일어나 그를 쳐 죽였습니다. 어떻게 그렇게 할 수 있었을까요? 성령의 능력이 있었기 때문에 그렇게 할 수 있었습니다. 그러므로 성령이 임하신 신약 교회에서는 가장 약한 자도 다윗 같은 용사가 될 수 있습니다.

지금 우리 중에 가장 약한 사람이 누구입니까? 초신자일 수도 있고 할머님일 수도 있고 가난한 분일 수도 있습니다. 그분들이 전부 다윗처럼 될 수 있다는 것입니다. 다윗뿐 아니라 삼손처럼 될 수 있다는 것입니다. 우리에게는 사람의 힘과는 비교도 할 수 없는 성령의 능력이 있기 때문입니다.

평소에 다윗은 많은 찬송을 짓기도 했고 직접 부르기도 했습니다. 그의 찬송은 단순히 자연을 노래하거나 남녀간의 사랑을 노래한 것이 아니었습니다. 그것은 영감에 찬 예언의 말씀이자 신앙고백이었습니다. 다윗이 덤벼드는 곰이나 사자 새끼를 찢어 죽일 수 있었던 것은 그에게 이와 같은 성령의 능력이 있었기 때문입니다. 그런데 우리 중 가장 약한 자도 그 정도가 될 수 있습니다. 다윗처럼 말씀에 대해 깊은 통찰력을 지닐 수 있으며, 아무리 무서운 원수라도 물매돌로 때려눕히는 능력을 가질 수 있습니다.

스가랴서를 떠받치고 있는 두 가지 중요한 사상의 기둥은 기독론과 성령론입니다. 그리스도를 배제하고서는 스가랴서를 설명할 수가 없다는 점에서, 또한 스가랴서가 모든 문제의 해답을 성령의 역사에서 찾고 있다는 점에서 그렇습니다. 스가랴는 4장에서 스룹바벨의 성전 재건에 대해 "이것은 힘으로 되지 아니하며 능으로 되지 아니하며 오직 나의 신으로 되느니라"라고 말하고 있는데, 그것이 바로 스가랴서 전체의 요절입니다.

스스로 약하다고 생각지 마십시오. 우리 중에 가장 약한 사람도 다윗처럼 될 수 있습니다. 자신을 비참하게 여기는 것은 겸손한 태도가 아니라 마귀를 기쁘게 하는 태도입니다. 날마다 거울을 보면서 자기 자신을 향해 "너는 참으로 존귀한 자"라고 말해 주어야 합니다. 우리는 곰도 때려잡을 수 있고 골리앗도 쳐 죽일 수 있는 용사들입니다. 우리 중에 약한 자도 그런 일을 할 수 있다면 강한 자는 얼마나 더 큰 일을 할 수 있겠습니까?

8절 후반부에서는 더 엄청난 말씀을 하고 계십니다. "다윗의 족속은 하나님 같고 무리 앞에 있는 여호와의 사자 같을 것이라." 약한 자는 다윗 같고, 강한 자는 하나님 같으며 여호와의 사자 같다는 것입니다. 여기 나오는 사자는 앗수르 군대 185,000명을 하룻밤에 쓸어버린 바로 그 천사입니다. 우리 믿는 자 한 사람 한 사람이 그 천사, 즉 그리스도처럼 된다는 것입니다. 성령은 우리를 다윗만큼 강하게 하십니다. 그리스도만큼 강하게 하십니다.

구약 시대에는 이런 축복이 없었습니다. 위기가 닥칠 때마다 그때그때 지도자를 세워서 도와주셨을 뿐입니다. 그런데 신약 시대에는 성령으로 우리 한 사람 한 사람을 다윗처럼 만드시고 예수님처럼 만드십니다. 성령은 두려워 떨던 사람을 용감하게 바꾸고 내성적인 사람을 적극적으로 바꾸어 평소에는 생각도 할 수 없었던 일을 감당하게 하십니다. 도와주는 천사나 용사를 따로 보내 주시는 것이 아니라 우리 자신을 다윗 같은 용사로 만드시고 여호와의 사자 같은 존재로 만드시는 것입니다.

하나님은 "예루살렘을 치러 오는 열국을 그날에 내가 멸하기를 힘쓰리라"라고 말씀하십니다. 교회를 공격하는 자마다 특별한 재앙으로 멸하시겠다는 것입니다. 그런데 완전히 멸하시지는 않고 멸하기를 힘쓰겠다고만 하십니다. 이것은 원수들을 멸망시키는 것만이 최선의 방법은 아니라는 뜻입니다. 멸망시키기보다는 구원하는 것이 더 큰 승리입니다. 교회를 대적하는 자들은 망하는 것이 당연합니다. 그러나 그보다 더 좋은 일은 그들이 구원받는 것입니다.

예수님이 사마리아 지방을 지나가실 때 그곳 사람들이 거부하자, 제자들이 화가 나서 하늘에서 불을 내려 멸망시키자고 했습니다. 예수님은 그들을 책망하셨습니다. 교회의 목적은 사람들을 저주하는 데 있는 것이 아니라 구원하는 데 있기 때문입니다. 화재가 발생했을 때 경찰은 피해액이나 사망자의 숫자에 초점을 맞추지만, 구조대는 구조된 사람의 숫자에 더 관심을 기울입니다. 교회도 사람을 살리는 일에 더 관심을 기울여야 합니다.

세례 요한은 예수님이 오시자마자 세상을 심판하실 줄 알았습니다. 그의 초점은 심판에 있었기 때문입니다. 그러나 예수님의 초점은 구원에 있었습니다. 하나님을 대적하는 자들이 망하는 것은 이미 정해진 일입니다. 그렇기 때문에 굳이 "저 사람들 망하게 해 주세요"라고 철야해 가면서 기도할 필요가 없습니다. 그렇게 기도하지 않아도 그들은 망하게 되어 있습니다. 오히려 우리는 그 중에서 한 사람이라도 더 회개하고 예수 믿게 해 달라고 기도해야 합니다.

악한 자를 때려 부수는 것은 진정한 능력이 아닙니다. 때려 부수는 일은 힘만 있으면 누구나 할 수 있습니다. 그러나 사람을 바로잡는 일은 물리적인 힘으로 되지 않습니다. 미국의 부시 대통령이 잘못 생각한 점이 바로 이것입니다. 아프가니스탄과 이라크를 때려 부순다고 해서 이길 수 있는 것이 아닙니다. 정말 큰 능력은 그들을 설득해서 변화시키는 것입니다. 그것이 다윗의 능력이며 그 사자의 능력입니다.

예루살렘의 큰 애통

눈에 보이는 예루살렘은 장차 엄청난 죄를 범할 것입니다. "내가 다윗의 집과 예루살렘 거민에게 은총과 간구하는 심령을 부어 주리니 그들이 그 찌른 바 그를 바라보고 그를 위하여 애통하기를 독자를 위하여 애통하듯 하며 그를 위하여 통곡하기를 장자를 위하여 통곡하듯 하리로다"(12:10).

여기에서 중요한 것은 "그들이 그 찌른 바 그를 바라보고"라는 구절입니다. 원어 성경에는 '그들이 그 찌른 바 나를 바라보고'라고 되어 있습니다. 그런데 구약성경을 연구하던 학자들이 사람이 어떻게 하나님을 찌를 수 있겠느냐고 생각해서 '나'를 '그'로 바꾼 것입니다. 그러나 사실은 히브리어 성경이 더 정확합니다.

예루살렘 사람들은 장차 갈릴리 출신의 한 가난한 선지자를 십자가에 못 박아 죽일 것입니다. 그리고 확인 사살을 하기 위해 옆구리까지 찌른 후에 그를 바라볼 것입니다. 그들이 그 선지자를 죽인 이유는 간단합니다. 자신들의 말을 듣지 않고 도도하게 구니까 화가 나서 본때를 보여 주려고 죽인 것입니다. 당시 유대 사회에서 그것은 그리 대단한 일이 아니었습니다. 그런 식으로 죽임을 당한 자들은 그 선지자 외에도 많이 있었습니다. 그런데 이번에는 문제가 달랐습니다. 그들이 십자가에 못 박고 창으로 찌른 자는 바로 '나', 하나님 자신이었습니다. 이스라엘을 그토록 사랑해서 애굽에서 건져 내시고 위기 때마다 건져 내셨던 여호와의 사자를 잡아서 죽여 버린 것입니다. 온 세상의 주인이신 하나님의 외아들을 십자가에 못 박아 죽여 버린 것입니다.

마치 깡패들이 본때를 보여 주려고 어리숙해 보이는 학생 한 명을 때려 죽였는데, 알고 보니 그 집의 독자이자 부모의 유일한 소망이었던 것과 같습니다. 더 나아가 그 학생이 대통령의 아들이었다면 어떻게 되겠습니까? 그것은 마치 대통령 자신을 죽인 것과 같습니다.

예수님을 십자가에 못 박은 후에도 예루살렘 사람들은 자기들이 얼마나 엄청난 짓을 저질렀는지 깨닫지 못했습니다. 그런데 얼마 있지 않아 예루살렘에 큰 애통이 일어나기 시작했습니다. 그런데 애통한 사람들은 예루살렘 사람들이 아니라 예루살렘 성 밖에 있던 사람들이었습니다. 오순절을 지키려고 전 세계에서 찾아온 이스라엘의 후손들이 성령을 받고 크게 애통했던 것입니다. "내가 다윗의 집과 예루살렘 거민에게 은총과 간구하는 심령을 부어 주리니." 여기에 나오는 예루살렘은 눈에 보이는 예루살렘이 아니라 먼 곳에서 찾아온 이 사람들, 성령을 받은 이 사람들을 가리키는 말입니다.

베드로가 "그런즉 이스라엘 온 집이 정녕 알지니 너희가 십자가에 못 박은 이 예수를 하나님이 주와 그리스도가 되게 하셨느니라"(행 2:36)라고 말했을 때, 그들에게는 큰 두려움과 애통하는 마음이 생겨났습니다. 그 애통은 이후에도 복음이 증거되는 곳마다 나타났습니다. "예수가 너희를 위해 죽었다"라는 말에 예수를 한 번도 본 적이 없는 갈라디아 사람들이 울기 시작했습니다. 빌립보 사람들도 울기 시작했습니다. 복음이 증거되는 곳에서는 어디서나 사람들이 애통하며 자신들의 죄를 회개했습니다. 그리고 하나님은 그들의 죄를 용서하시고 성령으로 새롭게 해 주셨습니다.

이것이 성령의 역사입니다. 성령의 역사가 없으면 십자가에 못 박혀 죽은 사람이 누구인지 알지도 못할 뿐 아니라 관심조차 생기지 않습니다. "은총과 간구하는 심령"은 하나님의 용서를 비는 마음입니다. 내 손으로 직접 예수를 못 박지는 않았지만 내가 한 짓들이 사실은 그분을 수 없이 못 박은 것이었음을 깨닫고 애통하며 용서를 구하는 마음입니다.

하나님의 구원은 바로 이 예루살렘의 애통에서부터 시작됩니다. 하나님의 아들을 못 박은 일을 놓고 애통한 그 일이 사람들을 구원으로 이끌었습니다. 애통하면서 나아가는 자들을 하나님은 누구나 용서해 주십니다. "그를 위하여 애통하기를 독자를 위하여 애통하듯 하며 그를 위하여 통곡하기를 장자를 위하여 통곡하듯 하리로다." 독자나 장자가 죽으면 그 부모는 살 소망이 끊어집니다. 마찬가지로 십자가에 못 박혀 죽은 자가 하나님의 아들이었다는 사실이 밝혀졌을 때 인간들에게는 살 소망이 끊어져 버렸습니다. 하나님의 독자를 그렇게 죽여 버렸으니 대체 무엇으로 하나님의 진노를 풀 수 있겠습니까? 그런데 하나님은 그들의 애통이 소망을 가져올 것이며 그들의 탄식이 구원을 이룰 것이라고 말씀하십니다.

11절을 보십시오. "그날에 예루살렘에 큰 애통이 있으리니 므깃도 골짜기 하다드림몬에 있던 애통과 같을 것이라."

므깃도 골짜기의 하다드림몬에서 무슨 일이 있었습니까? 예루살렘이 바벨론에 망하기 전, 유다에 아주 슬픈 사건이 일어났습니다. 유다의 마지막 불꽃이었던 요시야 왕이 하다드림몬에서 죽은 것입니다. 그는 어처구니없는 전쟁에 개입했다가 허무하게 죽어 버렸고, 그 후 유다는 멸망으로 치닫게 되었습니다. 그의 죽음은 유다 역사상 가장 안타까운 죽음이었습니다. 많은 선지자들이 그의 죽음을 애도하며 애가를 지었습니다. 그만큼 그의 죽음은 유다 백성들에게 큰 절망을 안겨다 준 사건이었습니다.

하나님의 아들 그리스도의 허무한 죽음은 예루살렘 사람들에게 크나큰 절망이었습니다. 이 사건으로 그들은 하나님의 구원에서 영원히 제외되어 버렸기 때문입니다. 은총과 간구하는 심령을 받아 그의 찔림을 보고 애통한 모든 이방인은 구원을 얻을 것입니다. 그러나 회개하지 않은 예루살렘 사람들은 로마에 비참하게 멸망할 것입니다. 그리스도의 십자가 사건은 선민으로서 이스라엘의 역사에 종지부를 찍었습니다.

12절부터 14절까지 보시기 바랍니다. "온 땅 각 족속이 따로 애통하되 다윗의 족속이 따로 하고 그 아내들이 따로 하며 나단의 족속이 따로 하고 그 아내들이 따로 하며 레위의 족속이 따로 하고 그 아내들이 따로 하며 시므이의 족속이 따로 하고 그 아내들이 따로 하며 모든 남은 족속도 각기 따로 하고 그 아내들이 따로 하리라."

이것은 망하기 전에 마지막으로 애통하는 모습인 것 같습니다. 죽거나 잡혀 가기 전에 마지막으로 족속별, 남녀별로 애통하는 것입니다. 여기에는 중요한 두 족속이 등장하는데, 하나는 다윗의 집이고 다른 하나는 레위의 집입니다. 즉, 하나는 왕의 가문이요 다른 하나는 제사장의 가문인 것입니다. 다윗의 후손으로는 나단이 나오고 레위의 후손으로는 시므이 족속이 나오고 있습니다.

이것은 그리스도의 십자가 사건으로 다윗의 혈통과 제사장의 혈통이 끝난다는 뜻으로 보입니다. 이제는 누구든지 믿는 자가 다윗 집안의 왕이 되고 레위 지파의 제사장이 될 것입니다. 혈통으로서 이스라엘의 시대는 끝나고 믿음으로 하나님의 나라에 편입되는 이방인의 시대가 열리게 되는 것입니다.

오늘 성경이 우리에게 말씀하는 바가 무엇입니까? 그리스도의 십자가 사건은 인간의 모든 도덕적 노력에 대한 최후의 심판이라는 것입니다. 그동안 하나님은 인간들에게 많은 시간을 허락해 주셨습니다. 그런데 그 결과가 무엇입니까? 하나님의 아들이 오셨는데도 십자가에 못 박아 버리고 확인 사살까지 하기 위해 창으로 찌른 것입니다. 그로써 인간의 모든 도덕적 노력, 종교적 노력은 끝장나 버렸습니다. 이제 인간이 할 수 있는 유일한 일은 자신들이 찌른 하나님의 아들을 보고 놀라며 애통하는 것뿐입니다. 과거의 자랑거리들을 전부 버리고 은총을 간구하는 것뿐입니다.

다윗의 왕직이나 레위의 제사장직은 이제 더 이상 존재하지 않습니다. 십자가에 달리신 그리스도를 믿는 믿음을 가진 자들이 왕이요 제사장입니다. 하나님은 십자가에 달린 아들을 보고 애통하는 자들을 용서하셔서 새 예루살렘으로 삼으실 것이며 그들에게 성령을 부어 다윗처럼, 그리스도처럼 만들어 주실 것입니다. 교회를 공격하는 자들을 진리로 설득해서 변화시킬 능력을 주실 것입니다.

바로 그러한 성령의 능력이 오늘 우리에게 있습니다. 성령의 능력은 우리의 약함만 도와주는 데서 그치는 것이 아니라 우리를 근본적으로 변화시킵니다. 우리 가운데 큰 애통의 역사가 일어나서 이러한 성령의 능력을 받게 되기를 간구합시다.

20

완전한 해결책

스가랴 13:1-9

13:1 "그날에 죄와 더러움을 씻는 샘이 다윗의 족속과 예루살렘 거민을 위하여 열리리라.

2 만군의 여호와가 말하노라. 그날에 내가 우상의 이름을 이 땅에서 끊어서 기억도 되지 못하게 할 것이며 거짓 선지자와 더러운 사귀를 이 땅에서 떠나게 할 것이라.

3 사람이 오히려 예언할 것 같으면 그 낳은 부모가 그에게 이르기를 '네가 여호와의 이름을 빙자하여 거짓말을 하니 살지 못하리라' 하고 낳은 부모가 그 예언할 때에 칼로 찌르리라.

4 그날에 선지자들이 예언할 때에 그 이상을 각기 부끄러워할 것이며 사람을 속이려고 털옷도 입지 아니할 것이며

5 말하기를 '나는 선지자가 아니요 나는 농부라. 내가 어려서부터 사람의 종이 되었노라' 할 것이요

6 혹이 그에게 묻기를 '네 두 팔 사이에 상처는 어찜이냐?' 하면 대답하기를 '이는 나의 친구의 집에서 받은 상처라' 하리라.

7 만군의 여호와가 말하노라. 칼아, 깨어서 내 목자, 내 짝 된 자를 치라. 목자를 치면 양이 흩어지려니와 작은 자들 위에는 내가 내 손을 드리우리라.

8 여호와가 말하노라. 이 온 땅에서 3분지 2는 멸절하고 3분지 1은 거기 남으리니

9 내가 그 3분지 1을 불 가운데 던져 은같이 연단하며 금같이 시험할 것이라. 그들이 내 이름을 부르리니 내가 들을 것이며 나는 말하기를 '이는 내 백성이라' 할 것이요 그들은 말하기를 '여호와는 내 하나님이시라' 하리라."

13:1-9

얼마 전에 친척 한 분을 만났습니다. 명문 대학을 나왔지만 유학에 실패하고 오랫동안 정상적인 직장 없이 어렵게 생활하는 분이었습니다. 그는 영어와 독일어가 유창했지만, 안타깝게도 그 실력을 발휘할 데가 없었습니다. 그가 정상적인 사회인으로 복귀하려면 돈도 있어야 하고 깨끗한 양복도 있어야 할 것입니다. 그러나 그보다 더 필요한 것은 적합한 직장과 자신감입니다. 남자들에게는 자신에게 잘 맞는 직장을 갖는 일이 중요합니다. 직장만 있으면 정기적으로 수입이 생기기 때문에 빚도 갚을 수 있고 집도 마련할 수 있습니다.

요즘 우리나라는 심각한 경제난으로 중산층도 극빈층으로 전락하는 추세라고 합니다. 사람들은 앞으로도 상황이 나아지기는커녕 가난해질 가정이 더 늘어날 것이라고 말합니다. 우리 사회는 정신적으로도 큰 혼란에 빠져 방향을 잃은 채 헤매고 있습니다. 대체 어디로 가야 할지 몰라서 정치인들끼리도 싸우고, 지역 사람들끼리도 싸우며, 집단들끼리도 서로 불신하고 있습니다. 마치 거대한 소경 집단이 안내인 없이 제 생각들만 고집하며 싸우고 있는 것과 같습니다. 개인이 온전한 삶을 회복하는 데 필요한 것이 든든한 직장이라면, 지금 우리 사회가 구렁텅이에 빠지지 않고 바른 길을 가기 위해 필요한 것은 올바른 신앙의 눈입니다.

예수님이 소경을 고쳐 주실 때 단번에 고쳐 주시지 않고 중간 단계를 거쳐서 고쳐 주신 적이 있습니다. 절반만 고치신 후에 무엇이 보이느냐고 물었을 때, 그 사람은 "나무 같은 것이 걸어가는 것이 보입니다"라고 대답했습니다. 고쳐지기는 고쳐졌는데 완전히 고쳐지지 않은 것입니다. 예수님이 다시 한 번 만져 주시자 그제서야 모든 사물을 바로 볼 수 있게 되었습니다.

신앙에도 이런 단계가 있습니다. 무언가 보이기는 하는데 선명하지 않고 뿌옇게 보이는 시기가 있는 것입니다. 그때는 모든 것이 뒤죽박죽 혼동이 되어 제대로 분별하기가 힘듭니다. 그러한 혼동은 우리를 두렵게 만들고 불안하게 만들며 현실에서 도피하게 만듭니다.

우리나라 성도들은 하나님의 은혜를 참으로 많이 사모하는 것 같습니다. 그러다 보니 사람들을 웃기기도 하고 흥분시키기도 하는 엉터리 설교자들에게 환호하는 경우들이 생깁니다. 물론 그런 식으로 감동을 받아서 교회에 열심을 내게 된다면, 그것도 귀한 일일 것입니다. 그러나 그렇게 순진한 신앙을 가진 사람들의 특징은 남에게 잘 속아 넘어갈 뿐 아니라 세상을 능히 이기지 못한다는 것입니다. 마치 남의 말을 잘 믿는 어린아이가 세상의 어려운 일들을 감당치 못하는 것과 같습니다.

어느 부부가 부흥회에 참석했다가 은혜를 받아서 결혼반지를 바쳤습니다. 그런데 그 순간이 지나고 나니 두고두고 그 반지가 아까웠습니다. '그때 우리가 무슨 정신으로 결혼반지를 빼서 바쳤을까?' 라는 생각은 그때보다 믿음이 성숙해져서 생기는 것일까요, 반대로 믿음이 약해져서 생기는 것일까요?

단순히 현상만 놓고서는 대답할 수 없을 것입니다. 사실은 아무것도 모를 때의 신앙이 더 순수하고 열정적일 수 있습니다. 무언가를 알면 알수록 기도도 하지 않고 요령만 피우는 경우가 많습니다. 아무것도 모르고 열정이 넘칠 때에는 누가 무슨 설교를 해도 은혜를 받습니다. 그런 사람은 성경도 믿고 자기 꿈도 믿고 남이 예언해 주는 말들도 믿습니다. 그러나 하나님은 그렇게 순수하기만 한 열정을 무조건 좋다고 말씀하시지 않습니다. 사도 바울도 예수님을 만나기 전에 열정적으로 하나님을 섬겼지만, 실제로는 예수님을 핍박하는 결과를 낳지 않았습니까?

하나님은 신약 시대에 사는 우리들에게 과거의 불행과 슬픔, 상처를 깨끗하게 치료해 주겠다고 약속하셨으며, 구약 시대와는 비교도 되지 않는 영적인 지각을 주어서 다시는 거짓 선지자들에게 속거나 방황하지 않고 하나님의 뜻을 향해 직행하는 축복을 주겠다고 약속하셨습니다. 오랫동안 직장 없이 지내던 사람에게 좋은 직장이 생긴다면 얼마나 좋겠습니까? 지금처럼 혼란스러운 시대를 바로 볼 수 있는 분별력이 생긴다면 얼마나 좋겠습니까? 그러나 하나님은 그보다 더 중요한 것을 주겠다고 하십니다. 그것은 우리 속에 있는 죄를 완전히 치료받는 것이며, 하나님의 뜻을 분별하는 지혜를 받는 것입니다.

우리에게 성령이 임하셨다는 것은 진리를 깨닫는 능력이 구약의 선지자들보다 백 배 천 배 커졌다는 뜻입니다. 신약의 성도들에 비할 때 구약 백성들의 신앙은 어린아이나 초신자의 수준에 불과합니다. 그들이 순수하고 열정적으로 하나님을 섬길 때에도 그 안에는 위험할 정도로 심각한 무지가 섞여 있었고, 실제로 그 무지 때문에 잘못된 교훈을 따라간 적도 많이 있었습니다. 오늘 하나님은 우리에게 다시는 그런 일이 일어나지 않도록 성령으로 지켜 주겠다고 말씀하십니다.

양심을 씻는 샘

어떤 집에 귀한 도자기가 있었는데 아이들이 장난을 치다가 그만 깨뜨려 버렸습니다. 그래서 깨진 조각들을 일일이 찾아 접착제로 붙여 놓았지만 예전과 똑같은 상태로 만들 수는 없었습니다. 이렇게 접착제로 붙여 놓은 도자기는 아무 상품가치가 없기 때문에 아무리 싼값으로 내

놓아도 사가는 사람이 없습니다.

사람도 마찬가지입니다. 일단 죄를 짓고 나면 죄지은 사람이나 피해를 입은 사람이나 완전히 회복될 수가 없습니다. 법정의 판결로는 이미 발생한 피해의 책임 소재와 그 형벌의 정도를 결정할 수 있을 뿐, 피해 자체를 복구할 수는 없습니다. 예를 들어 어떤 남자가 결혼한 여성을 폭행해서 유죄판결을 받고 징역을 살았다고 합시다. 그렇다고 해서 피해를 입은 여성과 그 남편이 원래 상태로 돌아갈 수 있겠습니까? 만약 그 일로 인해 여성이 평생토록 정신적인 고통을 받거나 이혼을 당하거나 자살한다면, 그것을 무슨 수로 보상하겠습니까? 이처럼 법적인 처리는 마치 접착제로 도자기를 붙이는 것과 같아서, 인격과 마음의 상처까지는 회복시킬 수가 없습니다.

구약 시대의 율법은 죄에 대한 법적인 해결이라고 할 수 있습니다. 죄를 지은 사람은 재물로 보상하거나 몸으로 벌을 받아야 했습니다. 그러나 그것은 재발을 막기 위한 최소한의 조치였을 뿐, 죄짓기 전의 상태로 회복시킬 수는 없었습니다. 죄의 심각성이 바로 여기 있습니다. 한번 죄를 지으면 다시 주워 담을 수가 없는 것입니다. 그 죄로 인해 손상을 입은 사람은 온전히 치료될 수 없습니다. 아무리 위로해 주고 금전적으로 보상해 주어도 이미 죽은 사람은 되살아날 수 없으며 죄를 지은 사람의 양심에 남아 있는 죄책감도 완전히 사라질 수 없습니다.

그런데 오늘 본문은 굉장히 놀라운 축복을 약속하고 있습니다. 그것은 이러한 죄의 상처와 후유증을 접착제로 붙여 놓기만 하는 것이 아니라 아무 흔적도 없이 치료해 주는 샘, 아니 그 이전보다 더 온전히 치료해 주는 샘이 예루살렘에 열린다는 것입니다. "그날에 죄와 더러움을 씻는 샘이 다윗의 족속과 예루살렘 거민을 위하여 열리리라"(13:1).

"그날"은 예루살렘에 임할 큰 애통의 날을 가리킵니다. 예수님이 십자가에서 죽으신 사건이 왜 중요합니까? 일차적으로는 하나님 앞에서 우리 죄를 대신 책임져 주신 사건이기 때문에 중요합니다. 그의 죽음은 대속의 죽음이었습니다. 죄는 우리가 지었는데 책임은 예수님이 져 주신 것입니다. 물론 그 일은 순전히 법적인 것이었습니다. 법적인 죄의 책임 문제만 해결되었을 뿐, 죄가 우리 마음속에 남겨 놓은 깊은 상처까지 다 사라진 것은 아니라는 말입니다.

예수 그리스도의 십자가 사건이 중요한 또 다른 이유는 그 사건이 끼친 영향에 있습니다. 하나님은 예수님의 죽음을 보고 한 샘을 터뜨리셨습니다. 그것은 우리 안에 있는 죄와 더러움을 씻는 샘, 죽은 양심을 씻어서 깨끗케 하는 기적의 샘입니다.

우리가 세상에서 비참하게 살 수밖에 없는 것은 양심이 씻음을 받지 못한 탓입니다. 양심이 병들어 있고 죽어 있기 때문에 하나님이 이미 세상에 주신 것들은 겨우 사용해도 마음에 새롭게 주시는 축복은 전혀 받지 못하는 것입니다.

세상에는 두 가지 축복이 있습니다. 한 가지는 하나님이 세상에 흩어 놓으신 돈이나 권력이나 지식 같은 것들입니다. 그러나 그런 물질적인 축복은 진짜 축복이 아닙니다. 진짜 축복은 우리 마음에 임합니다. 그런데 양심이 치료되지 못한 사람은 마음에 주시는 그 영적인 축복을 전혀 받을 수가 없습니다. 그러니까 하나님의 사랑도 알지 못하고 자신의 소중함도 알지 못하며 남들의 소중함도 모른 채 사는 것입니다.

놀랍게도 성경은 성령을 물에 비유할 때가 많습니다. 성령은 물이 아니라 하나님이십니다. 그럼에도 불구하고 성령을 '생수'나 '샘'에 비유하며, 그의 사역을 '부으심'이나 '충만함'으로 표현하는 것입니다. 이것은 우리의 이해를 돕는 상당히 중요한 비유입니다. 아이들이 밖에서 놀다가 집에 들어와서 깨끗한 물로 씻으면 더러운 것들이 흔적도 없이 사라지지 않습니까? 성령이 우리에게 주시는 축복도 그와 같습니다. 죄의 상처는 우리가 아무리 노력해도 사라지지 않습니다. 그러나 성령은 그 상처나 흔적을 말끔히 씻으시고, 그런 일이 아예 일어나지 않았던 것처럼 새롭게 만들어 놓으십니다.

죄는 사람을 비참하게 만듭니다. 화를 잘 내는 이들 중에 자신이나 남을 소중하게 생각하는 사람은 없습니다. 그러나 성령은 우리를 아주 고귀하게 만들어 놓으십니다. 깨진 도자기를 접착제로 붙여 놓는 정도가 아니라 깨지기 전보다 더 아름다운 모습으로 회복시켜 놓으십니다. 죄짓기 전의 아담과 하와보다 더 아름답고 존귀한 모습으로 회복시켜 놓으십니다.

구약 이스라엘 백성들은 황소의 피로 죄를 씻었습니다. 그러나 법적인 비난이나 도의적인 책임만 씻었을 뿐 마음의 불신과 죄책감과 두려움까지 씻지는 못했습니다. 그런데 우리는 마음을 치료받을 수 있습니다. 마음만 치료되면 세상에 못할 일이 없습니다. 삶의 모든 부분이 새로워집니다.

그런데 이 일은 예수를 믿는다고 해서 자동적으로 이루어지지 않습니다. 자꾸 말씀의 빛 앞에 나아가 마음을 내놓아야 합니다. 열등감은 열등감대로, 부모에게 받은 상처는 상처대로 가지고 나아가야 합니다. 내마음을 짓누르고 있는 돌덩어리, 납덩어리들을 가지고 나아가서 구체적으로 고백해야 합니다. 그러면 그 돌덩어리, 납덩어리들이 보석으로 변하기 시작합니다. 과거의 불행이 크면 클수록 더 풍성한 복이 임하게 됩니다.

오늘날 사람들은 돈을 많이 벌어서 잘살게 되는 일을 죄와 허물을 씻는 일보다 더 중요하게 생각합니다. 우리나라가 이렇게 비참해지고 혼란스러워진 이유가 거기에 있습니다. 성령의 샘이 막히면 세상도 비참해지게 되어 있습니다. 샘에서 깨끗한 물이 자꾸 흘러 나가야 세상도 복을 받을 수 있는 것입니다. 우리나라가 살 길은 한 가지뿐입니다. 그것은 교회에서 바른 말씀이 자꾸 증거되는 것입니다. 그러면 하나님이 세상을 축복해 주십니다.

이 샘이 어디에 열린다고 하십니까? "다윗의 족속과 예루살렘 거민"에게 열린다고 하십니다. 이미 살펴보았듯이, 이것은 신약 교회를 가리키는 표현입니다. 이처럼 교회를 다윗의 족속과 예루살렘 거민으로 표현하는 것은, 교회에 왕이 있고 안전한 성이 있기 때문입니다. 하나님은 말씀과 성령으로 씻음받은 자들을 불기둥과 구름기둥으로 지켜 주시며, 어느 누구도 공격할 수 없도록 높은 성으로 에워싸 주십니다. 악한 세력이 덤벼들 때에도 다윗의 자손이신 예수님께 기도하면 그들을 쫓아내 주시고 우리를 구원해 주십니다.

우리는 더 이상 세상을 떠돌아다니는 난민이 아닙니다. 탈북자들이 대한민국 영토 안에 들어오면 대한민국의 보호를 받게 되듯이, 우리도 하나님의 나라에 들어가 하나님의 능력으로 보호받고 있는 사람들입니다. 우리가 이렇게 모이는 일이 왜 중요합니까? 우리가 모일 때 죄와 더러움을 씻는 샘이 열리기 때문입니다.

우리에게 있는 것들 중에 가장 약한 부분이 바로 마음입니다. 마음이 가장 상처받기 쉽고 병들기 쉽습니다. 좋지 않은 일이 생길 때 가장 먼저 타격을 받는 것도 마음이고 화를 낼 때 가장 먼저 상처를 입는 것도 마음입니다. 그렇기 때문에 마음이 치료되지 않으면 아무것도 할 수 없습니다.

사람은 단순히 돈이 없어서 거지가 되는 것이 아닙니다. 무력증 때문에 거지가 되는 것입니다. 이 일 저 일 해 보았지만 어느 것 하나 제대로 되지 않을 때, 사회에 대한 불신과 원망이 마음에 쌓이면서 무력증에 빠지게 됩니다. 그 사람이 정상인으로 회복되려면 무엇보다 자신감을 회복해야 합니다. 즉, 마음이 먼저 치료되어야 하는 것입니다. 마음만 건강해지면 무슨 일이든지 다시 시작할 수 있습니다.

얼마 전 신문에 교통사고로 한 팔과 두 다리를 잃은 소년의 사진이 실렸습니다. 그는 한 손으로 야구도 하고 농구도 하는데, 정상인보다 더 많은 점수를 얻는다고 합니다. 이처럼 마음만 건강하면 얼마든지 가치 있는 삶을 살 수 있습니다. 그런데 그 마음을 치료하는 놀라운 기적의 샘이 어디에서 열립니까? 예수 그리스도를 믿는 사람들이 모인 곳에서 열립니다. 우리가 모이는 이곳은 하버드 대학이나 옥스퍼드 대학과 비교도 되지 않는 기적의 장소입니다.

우리에게는 희망이 있고 소망이 있습니다. 십자가는 끝이 아니라 위대한 치료의 시작이었습니다. 우리는 이미 놀라운 성령의 치료를 받은 사람들이기 때문에 세상과 함께 망할까 봐 두려워할 필요가 없습니다. 세상적인 힘은 없지만 모든 것을 바로 분별할 수 있는 신앙의 눈이 있습니다. 그러니까 다시 마귀에게 속아서 죄의 노예 노릇을 할 필요가 없습니다.

만일 삼손에게 바른 분별력이 있었다면 절대 들릴라의 무릎을 베고 자지 않았을 것이며, 자기 힘의 비밀을 알려 주지도 않았을 것이고, 블레셋 사람들에게 눈을 뽑히지도 않았을 것입니다. 그는 누구도 이길 수 없는 기적의 힘을 가진 사람이었습니다. 그러나 분별력이 없었기 때문에 한 여자에게 속아서 망하고 말았습니다. 그러나 우리는 바로 분별하는 눈이 있기 때문에 사탄의 계략을 꿰뚫어 볼 수 있습니다. 아무리 연민의 탈을 쓰고 접근한다 해도 능히 간파하고 이겨 낼 수 있습니다.

진리의 분별력

예전에는 글 모르는 할머니들이 많이 계셨습니다. 그래서 아들에게서 편지가 오면 글 아는 청년을 찾아가 대신 읽어 달라고 청하곤 했습니다. 그런 할머니들은 청년이 엉터리로 편지를 읽어 주어도 분별할 길이 없었습니다. 아들이 교통사고를 내서 돈 50만 원이 필요하니 보내 달라고 썼는데, 읽어 주는 사람이 100만 원으로 부풀려 말해도 알 길이 없었던 것입니다.

구약 이스라엘 백성들의 치명적인 문제는 그들 스스로 진리를 분별할 수 없었다는 것입니다. 그래서 골치 아픈 일이 생길 때마다 매번 선지자를 찾아가서 물어야 했습니다. 그런데 그 선지자들이 전부 참된 하나님의 종은 아니었습니다. 그 중에는 생각나는 대로 지껄이는 엉터리 선지자들이 많았습니다. 그래서 백성들은 잘못된 길을 갈 수밖에 없었습니다.

2절을 보십시오. "만군의 여호와가 말하노라. 그날에 내가 우상의 이름을 이 땅에서 끊어서 기억도 되지 못하게 할 것이며 거짓 선지자와 더러운 사귀를 이 땅에서 떠나게 할 것이라."

구약 백성들을 망하게 만든 것은 우상이었습니다. 사실 우상 자체는 아무것도 아닙니다. 다 나무나 돌로 만든 것들이고 말 한마디 못하는 것들입니다. 그런데 그런 것들이 이스라엘에서 하나님의 능력과 영광을 몰아낸 것입니다. 이스라엘 백성들은 재앙이 임할까 봐 무서워서 감히 우상을 버리지 못했습니다.

오늘날 그리스도인들도 여러 가지 욕심을 포기하지 못하고 살 때가 많이 있습니다. 세상의 정욕은 우리 안에 있는 성령의 기쁨과 능력을 갉아먹습니다. 그런데 말씀으로 은혜를 받으면 그 정욕을 끊어 낼 용기가 생깁니다. 우상을 몰아낼 용기가 생기는 것입니다. 어떤 사람은 말씀을 듣고 텔레비전 드라마를 끊습니다. 어떤 사람은 술을 끊고, 어떤 사람은 유혹하는 세상 친구들을 끊으며, 어떤 사람은 예전에 자랑하던 것들을 더 이상 자랑하지 않습니다. 우리가 볼 때에는 전부 별것 아닌 사소한 일들 같지만, 사실은 에베레스트 산 꼭대기에 태극기를 꽂는 것보다 더 위대한 일입니다.

우리의 우상은 마음의 욕망입니다. 마귀는 그러한 욕망들을 절대 끊어 내서는 안 되며 반드시 채워 주어야 한다고 속삭입니다. 그것을 억지로 억누르면 미칠 것이라고 속삭입니다. 그러나 말씀으로 은혜를 받고 욕망을 거부하면 미치기는커녕 하나님의 능력이 더 충만히 차오르는 것을 느낄 수 있습니다. 이런 사람을 어떻게 마귀가 망하게 할 수 있겠습니까?

3절에는 충격적인 말씀이 나오고 있습니다. "사람이 오히려 예언할 것 같으면 그 낳은 부모가 그에게 이르기를 '네가 여호와의 이름을 빙자하여 거짓말을 하니 살지 못하리라' 하고 낳은 부모가 그 예언할 때에 칼로 찌르리라"

자녀가 하나님의 이름으로 거짓 예언을 할 때, 부모가 그것을 분별해내서 칼로 찔러 죽인다는 것입니다. 거짓 신앙을 가진 부모가 바른 신앙 가진 자녀를 핍박한다는 말은 가끔 들을 수 있지만, 바른 신앙을 가진 부모가 거짓 신앙 가진 자녀를 죽인다는 것은 쉽게 상상할 수 없는 일입니다.

이것은 비유적인 표현입니다. 즉, 교회가 엉터리 신앙을 원천적으로 용납하지 않는다는 뜻인 것입니다. 교회에 바른 말씀이 없으면 여러 가지 미신적인 신앙들이 생겨나게 됩니다. 꿈을 믿는 사람들도 생기고 제멋대로 예언하는 사람들도 생깁니다. 그런데 말씀이 환하게 증거되면 교인들이 진리를 알아보는 분별력을 갖게 되기 때문에 엉터리 예언이 틈탈 수가 없습니다.

"그날에 선지자들이 예언할 때에 그 이상을 각기 부끄러워할 것이며 사람을 속이려고 털옷도 입지 아니할 것이며 말하기를 '나는 선지자가 아니요 나는 농부라. 내가 어려서부터 사람의 종이 되었노라' 할 것이요 혹이 그에게 묻기를 '네 두 팔 사이의 상처는 어찜이냐?' 하면 대답하기를 '이는 나의 친구의 집에서 받은 상처라' 하리라"(13:4-6).

이것은 거짓 선지자들 자신이 과거에 거짓된 영에 속아서 엉터리 예언을 했던 것을 깨닫고 더 이상 선지자 행세를 하지 않는다는 말입니다. 그 당시에는 거짓 선지자들이 황홀경에 들어가기 위해 자기 몸에 상처를 내거나, 황홀경에 빠진 후에 정신이 없는 상태에서 상처를 내는 경우가 있었습니다. 그런데 이제는 그 일이 너무나 부끄러워서 도저히 그렇게 생긴 흉터라는 말을 하지 못하고 친구 집에서 놀다가 생긴 흉터라고 대답한다는 것입니다.

아버지가 거짓 예언을 하는 아들을 찌르는 것은 신정국가의 한 모습을 보여 줍니다. 사실 신앙이 다르다는 이유만으로 사람을 처형하는 것은 옳지 않은 일입니다. 그러나 이단은 아무리 자식이라도 칼로 찌르듯이 분명하게 분별하고 심판하는 것이 옳습니다. 이런 것을 '거친 사랑'이라고 부릅니다. 아무리 사랑하는 가족이라도 이단에 빠지거나 음란한 짓을 하거나 마약을 복용할 때에는 칼로 자르듯이 과감하게 끊게 해야 합니다. 전에 어떤 교인의 가족 한 사람이 이단에 빠졌는데 온 집안이 적극적으로 나서서 빠져 나오게 만들고, 결국은 훌륭한 그리스도인이 되게 하는 것을 보았습니다. 우리에게는 그처럼 적극적인 자세가 필요합니다.

어린 신앙의 특징은 스스로 최면을 걸어서 얻은 은혜를 진짜 은혜로 착각하는 것입니다. 개중에는 그것을 큰 자랑거리로 삼아서 떠들고 다니는 사람들도 있습니다. 그러나 말씀을 제대로 깨닫고 나면 그런 것들이 오히려 부끄러운 경험이며 남들 앞에 자랑스럽게 내놓을 수 없는 경험임을 알게 됩니다.

문제는 아직도 너무나도 많은 사람들이 그렇게 어린 수준에 머물러서 거짓된 경험에 빠진다는 것입니다. 하나님의 진리는 두려움을 떨치고 스스로 일어서게 만들지만, 거짓 가르침은 사람을 예속시킵니다. 그래서 거짓 가르침을 받은 사람일수록 두려움이나 강박관념이 강한 것을 볼 수 있습니다. 기도 안 해서 벌 받을까 봐 벌벌 떨고, 간밤에 이상한 꿈 꾸었다고 벌벌 떨고, 누가 불길한 말 한마디 했다고 벌벌 떱니다.

그렇기 때문에 우리는 바른 말씀으로 인한 부흥을 갈망하지 않을 수 없습니다. 하나님의 백성들은 더 이상 유치한 것들 때문에 눈물 흘리는 수준에 머무르면 안 됩니다. 말씀을 더 명확하게, 더 구체적으로 밝혀 냄으로써 사탄이 음흉한 공작을 펼 생각을 아예 못하게 해야 합니다. 일단 사탄이 역사하면 상처가 남습니다. 가장 좋은 것은 사탄이 역사하지 못하도록 처음부터 차단하는 것입니다.

우리는 이 약속을 우리 것으로 만들어야 합니다. 마귀에게 당하고 난 후에야 깨닫고 후회할 때가 얼마나 많습니까? 그러나 이제는 사전에 분별해 내야 합니다. 사람을 통해서 파고 들어오는 유혹도 경계해야 하지만, 내 속에서 일어나는 욕심도 사전에 차단해야 합니다. 사탄의 공작은 항상 그럴듯해 보입니다. 그러나 그 안에는 반드시 정직하지 못한 요소가 들어 있으며, 남을 속이는 요소가 들어 있고, 자기를 주장하려는 교만의 요소가 들어 있습니다.

물론 우리가 하나님이 아닌 이상 100퍼센트 완전히 예측해서 막을 수는 없습니다. 그러나 '이것은 아니다'라는 생각이 들 때에는 언제든지 물리칠 마음의 준비가 되어 있어야 합니다. 그러려면 순수한 열정만 있어서는 안 됩니다. 명쾌한 말씀이 있어야 합니다. 말씀이 분명히 밝혀져야 스스로 분별해서 아무 두려움 없이 끊을 것은 끊고 붙잡을 것은 붙잡을 수 있습니다.

고난을 통해 완성되는 구원

그런데 이 놀라운 축복은 고난을 통해 이루어질 것입니다. "만군의 여호와가 말하노라. 칼아, 깨어서 내 목자, 내 짝 된 자를 치라. 목자를 치면 양이 흩어지려니와 작은 자들 위에는 내가 내 손을 드리우리라"(13:7).

하나님은 칼에게 "내 목자, 내 짝 된 자를 치라"고 명하십니다. "내 목자"는 이스라엘의 진정한 목자를 가리킵니다. 그 목자는 사람이 아니라 하나님의 짝, 즉 하나님과 가장 가까운 동역자입니다. 그가 대체 누구입니까? 누가 감히 하나님의 종이 아닌 짝이 될 수 있습니까? 그는 하나님과 같은 신성을 지니신 예수 그리스도십니다.

유대인들이 예수님을 십자가에 못 박아 죽인 것은 진정으로 하나님을 두려워하지 않았기 때문입니다. 그들은 무지 때문에 가장 고통스러운 형틀인 십자가에 그를 못 박아 죽였습니다. 사울 왕 때 아히멜렉이라는 제사장이 다윗을 도와준 적이 있습니다. 사울은 그 일로 아히멜렉을 비롯한 제사장 85명을 죽이라고 명령했는데, 아무도 감히 그 명령을 시행하지 못했습니다. 그때 에돔 사람 도엑이 나서서 제사장들을 죽였습니다. 하나님에 대해 무지했고 하나님을 두려워하는 마음도 없었기 때문에 그런 짓을 할 수 있었던 것입니다.

하나님이 칼에게 그의 목자, 그의 짝을 치라고 명하시는 것은 양들의 죄 때문입니다. 하나님은 목자가 죽는 것 외에는 양들을 살릴 길이 없음을 알고 계셨습니다. 우리가 예수 믿고 축복받은 것은 거저 이루어진 일이 아닙니다. 사람들은 복음이 무가치해서 거저 주시는 줄 아는데, 사실은 값으로 도저히 따질 수 없기 때문에 거저 주시는 것입니다.

예수님은 십자가를 지시기 전에 바로 이 본문을 인용하셨습니다. "오늘 밤에 너희가 다 나를 버리리라. 기록된 바 '내가 목자를 치리니 양의 떼가 흩어지리라' 하였느니라"(마 26:31).

구원은 결코 고통 없이 이루어지지 않습니다. 그러나 목자의 죽음은 양 떼에게 완전한 절망입니다. 목자가 죽으면 양 떼가 다 어디로 가겠습니까? 배도 버리고 그물도 버리고 가족도 버린 채 예수님을 따랐는데 바로 그 예수님이 반역자로 몰려서 처형당해 버렸을 때, 제자들은 큰 충격과 절망에 빠졌습니다. 그들은 예수님을 믿는 바람에 망하게 되었습니다. 오죽했으면 도살당할 양에 비유했겠습니까?

그러나 그들은 도망치지 않았습니다. 살려고 다른 길로 간 가룟 유다는 목을 매고 죽었지만, 목자를 잃었던 양 떼는 전부 살아남아서 부활하신 주님을 만났습니다. 그리고 성령의 은혜를 받음으로써 어디에 가든지 목자의 음성을 들을 수 있게 되었습니다.

고통을 통과하지 않으면, 절망을 통과하지 않으면 부활하신 예수님을 만날 수 없습니다. 믿는 자들은 목자를 잃은 채 어디로 가야 할지 몰라 불안과 두려움에 빠질 때가 반드시 있습니다. 실제로 이러한 신앙의 모순된 모습을 보고 목자를 떠나는 자들도 많습니다. 복을 받기 위해 기독교를 찾은 사람은 진정한 복음을 들을 때 실망할 것입니다. 인간적인 교제를 위해 교회를 찾거나 종교적인 체험이나 자기 비전 때문에 교회를 찾은 사람도 죄 설교를 들을 때 실망할 것입니다. 그 실망을 딛고 자신이 죄인임을 인정하는 사람, 자신의 죄 때문에 그리스도께서 못 박히신 것을 인정하는 사람만이 성령의 축복을 받을 수가 있습니다.

예수님의 사역 초기에는 그를 따르는 자들이 많았습니다. 그러나 십자가에 못 박히신 후에도 따른 자들은 소수에 불과했습니다. 그래서 하나님이 "작은 자들 위에는 내가 내 손을 드리우리라"라고 말씀하신 것입니다. 결국 끝까지 주님을 따르는 자들은 작은 자들입니다. 기독교 신앙은 모든 사람의 필요를 채워 주지 못합니다. 많은 사람들이 관심을 가지고 신앙의 문을 두드리겠지만 십자가와 자기 부인의 요구 앞에 실망하고 떠날 것이며, 결국 소수만이 남게 될 것입니다.

오늘 성경은 놀라운 경고를 전하고 있습니다. "여호와가 말하노라. 이 온 땅에서 3분지 2는 멸절하고 3분지 1은 거기 남으리니 내가 그 3분지 1을 불 가운데 던져 은같이 연단하며 금같이 시험할 것이라. 그들이 내 이름을 부르리니 내가 들을 것이며 나는 말하기를 '이는 내 백성이라' 할 것이요 그들은 말하기를 '여호와는 내 하나님이시라' 하리라" (13:8-9).

세상 인구 중에 3분지 2는 버림받고 3분지 1은 구원을 받는다고 하십니다. 이것은 숫자적으로 정확히 그렇게 된다는 뜻이 아닙니다. 3분지 1은 부름받은 자들 중에서 구원받는 자들을 가리킵니다. 말씀을 접한 사람은 모두 부름받은 자들입니다. 그런데 그 들은 말씀에 진정으로 헌신하는 자가 3분지 1이요, 말씀을 듣고서도 저버리는 자와 아예 믿지 않는 자가 3분지 2라는 것입니다.

먼저 부름받은 이스라엘 백성들이 선택할 수 있는 길은 편하게 살다가 멸망하느냐, 연단받고 구원받느냐 둘 중에 하나였습니다. 우리 생각에는 고생하지 않고 편하게 살다가 구원받으면 좋을 것 같습니다. 그러나 그런 길은 없습니다. 편하게 살면 죽을 것이요, 주님과 함께 고난을 받으면 살 것입니다.

전체의 3분지 2가 망한다는 것은 우리 생각보다 많은 사람들이 망한다는 뜻입니다. 예수님도 멸망으로 인도하는 문은 크고 넓어서 그리로 가는 자가 많다고 하셨습니다. 실제로 유대인들 중에서 예수님과 함께 고난의 길을 간 자들은 극히 소수에 불과했습니다. 왜 나머지 사람들은 함께 가지 못했을까요? 세상에 대한 욕심 때문이었습니다. 영생에 들어가려면 세상 그 어떤 것보다 말씀을 더 사랑해야 합니다. 주님이 어느 부자 청년에게 말씀하셨듯이 자기 재산을 다 버리고서라도 말씀을 붙잡아야 하는 것입니다.

어떤 분이 빚 보증을 잘못 서는 바람에 재산을 전부 잃게 되었습니다. 매달 이자로 나가는 돈만 500만 원이 넘을 정도였습니다. 그러나 그는 자신이 재산을 잃는 바람에 말씀을 얻게 되었고, 빚 때문에 빛의 자녀가 되었노라고 고백했습니다.

우리도 선택의 기로에 서 있습니다. 편하게 살다가 망하겠습니까, 주님과 함께 고난받고 구원을 얻겠습니까? 전문가는 금이나 은을 연단할 때 약간의 찌꺼기도 용납하지 않습니다. 완전한 순금이 될 때까지 계속해서 끓이고 태웁니다. 하나님도 우리 속에 있는 죄성과 교만과 거짓과 무책임이 완전히 빠져 나갈 때까지 계속해서 끓이고 태우십니다. 우리 생각에는 어느 정도 정련된 것 같고 이제는 제대로 신앙생활 할 수 있을 것 같은데도 하나님은 사정을 봐주시지 않습니다. 처음에는 샘으로 씻으시지만, 그 다음에는 불로 녹이십니다. 교만은 물로 씻지 못합니다. 불로 완전히 녹여 버려야 합니다. 이렇게 하나님이 불로 끓이고 태우고 녹인 사람에게는 '나'라는 것이 없습니다. 자존심이라는 것도 없습니다. 그는 지극히 겸손합니다. 그야말로 정금 같은 사람이 되는 것입니다.

오늘 성경이 우리에게 말씀하는 바가 무엇입니까? 성령은 죄가 남긴 모든 불행과 슬픔의 흔적을 깨끗이 치료하신다는 것입니다. 죄짓기 전보다 더 아름답게 회복시키신다는 것입니다. 우리의 깊은 열등감과 죄책감, 비교의식, 우울증을 전부 고쳐 주신다는 것입니다. 입으로 고백하기만 하면, 시인하기만 하면 천사보다 아름답게 만들어 놓으신다는 것입니다.

말씀을 듣는 자들에게는 미신이 틈탈 자리가 없습니다. 믿지 않는 자들은 남의 저주에 한평생 속박당합니다. 누가 "네가 잘되면 내 손에 장을 지진다!"라고 한마디 하면 평생 그 말에 매여서 벗어나지 못합니다. 하지만 우리는 남이 자기 손에 된장을 지지든 간장을 지지든 상관하지 않습니다. 우리에게는 징크스도, 흉한 날도, 불길한 꿈도, 손금도, 토정비결도, 궁합도 통하지 않습니다. 그 어떤 것도 우리를 얽어매지 못합니다.

이 축복은 우리 목자의 죽음 때문에 주어진 것입니다. 그가 못 박히신 십자가 앞에서 절망하고 애통했기 때문에 주어진 것입니다. 하나님은 우리를 불로 태워서 100퍼센트 순수한 정금으로 만드십니다. 대충 믿으면서도 잘사는 사람들과 비교하지 마십시오. 자발적으로 연단을 받으십시오. 불 같은 시험이 올 때 오히려 기뻐하십시오. 그리하여 하나님 앞에 흠도 없고 티도 없는 정금 같은 성도로 나타나시기를 축원합니다.

21

—

예루살렘 골짜기

스가랴 14:1-11

14:1 여호와의 날이 이르리라. 그날에 네 재물이 약탈되어 너의 중에서 나누이리라.

2 내가 열국을 모아 예루살렘과 싸우게 하리니 성읍이 함락되며 가옥이 약탈되며
부녀가 욕을 보며 성읍 백성이 절반이나 사로잡혀 가려니와 남은 백성은
성읍에서 끊쳐지지 아니하리라.

3 그때에 여호와께서 나가사 그 열국을 치시되 이왕 전쟁 날에 싸운 것같이 하시리라.

4 그날에 그의 발이 예루살렘 앞 곧 동편 감람산에 서실 것이요 감람산은
그 한가운데가 동서로 갈라져 매우 큰 골짜기가 되어서 산 절반은 북으로,
절반은 남으로 옮기고

5 그 산골짜기는 아셀까지 미칠지라. 너희가 그의 산골짜기로 도망하되 유다 왕 웃시야
때에 지진을 피하여 도망하던 것같이 하리라. 나의 하나님 여호와께서 임하실 것이요
모든 거룩한 자가 주와 함께하리라.

6 그날에는 빛이 없겠고 광명한 자들이 떠날 것이라.

7 여호와의 아시는 한 날이 있으리니 낮도 아니요 밤도 아니라. 어두워 갈 때에
빛이 있으리로다.

8 그날에 생수가 예루살렘에서 솟아나서 절반은 동해로, 절반은 서해로 흐를 것이라.
여름에도 겨울에도 그러하리라.

9 여호와께서 천하의 왕이 되시리니 그날에는 여호와께서 홀로 하나이실 것이요
그 이름이 홀로 하나이실 것이며

10 온 땅이 아라바같이 되되 게바에서 예루살렘 남편 림몬까지 미칠 것이며 예루살렘이
높이 들려 그 본처에 있으리니 베냐민 문에서부터 첫 문 자리와 성 모퉁이 문까지, 또
하나넬 망대에서부터 왕의 포도주 짜는 곳까지라.

11 사람이 그 가운데 거하며 다시는 저주가 있지 아니하리니 예루살렘이 안연히 서리로다.

14:1-11

우리나라 사람들은 지난번 태풍 매미에 워낙 큰 피해를 입은 탓에 이제는 태풍이 온다는 말만 들어도 겁을 내는 것 같습니다. 태풍 매미가 왔을 때 금요기도회가 있었는데 천장에서 비가 쏟아지면서 제 머리도 젖고 성경책과 설교 원고도 젖어 버렸습니다. 그래도 무사히 예배를 마치고 밖으로 나가 보니 마치 전쟁터 같은 광경이 펼쳐지고 있었습니다. 가로수들은 뿌리째 뽑혀 나갔고, 전화 부스는 부서져서 뒹굴고 있었으며, 사람들은 바람에 날려갈 듯 위태롭게 발길을 재촉하고 있었습니다. 이번에도 큰 태풍이 온다는 뉴스가 있었는데, 그 시간이 바로 주일예배 시간이어서 다들 걱정을 했습니다. 그런데 갑자기 태풍이 소멸됨으로써 다시 한 번 하나님의 은혜와 사랑을 경험할 수 있었습니다. 우리나라 전체가 태풍의 영향권 안에 들었지만 태풍 자체가 소멸되어 버리는 바람에 아무 피해 없이 넘어가게 된 것입니다.

이제 우리는 스가랴서 마지막 장에 이르렀습니다. 어떻게 보면 이것은 구약성경의 마지막 예언이라고도 할 수 있습니다. 하나님은 장차 예루살렘이 또 한 번 멸망할 것이라고 말씀하십니다. 그들에게는 한 번의 멸망도 너무나 큰 고통이었습니다. 그런데 그런 멸망이 또다시 임한다는 것입니다. 이 두 번째 멸망은 첫 번째 멸망과 성격이 다릅니다. 첫 번째 멸망은 유다 백성들이 말씀을 버리고 우상을 섬김으로써 초래된 것이었다면, 두 번째 멸망은 온 세상에 대한 심판의 시작으로 임하는 것입니다. 즉, 예루살렘 심판을 시작으로 온 세상을 심판하신다는 것입니다.

그런데 예루살렘이 망한 후에도 세계는 아직 멸망하지 않고 남아 있습니다. 그렇다면 하나님의 심판이 취소된 것일까요? 성경은 그렇지 않다고 말합니다. 하나님의 심판은 취소되지 않았습니다. 단지 한 사람이라도 더 구원하기 위해 지연하고 계시는 것일 뿐입니다.

하나님은 누구든지 말씀만 믿으면 구원하겠다는 약속을 통해 예루살렘에 피할 길을 주고 계십니다. 무서운 하나님의 심판에 멸망당하고 싶지 않다면 오늘 이 말씀에 귀를 기울여야 합니다.

장차 임할 예루살렘의 멸망

우리가 어렸을 때에는 선생님께 매 맞는 일이 다반사였습니다. 무언가 잘못을 저질렀을 때 선생님이 "너 수업 끝나고 교무실로 와"라고 하시면 그날 하루종일 마음이 불안합니다. 차라리 그 자리에서 심판받는 편이 낫지, 나중으로 연기되면 하루종일 편안치가 않아요. 그래서 점심시간에 밥도 제대로 못 먹고 안절부절못하다가 교무실에 갔는데 선생님이 자리에 계시지 않습니다.

"우리 선생님 어디 가셨어요?"

"이발하러 가셨으니 좀 기다려라."

그러면 또 괴로움이 계속됩니다. 날은 어두워지는데 집에 가지도 못한 채 선생님이 오실 때까지 조마조마하게 기다려야 합니다. 그런데 막상 선생님이 돌아와서 "기다리느라고 수고했다. 다음부터는 조심해" 라는 한마디로 꾸중을 끝내시면 안도의 한숨이 절로 터져 나오지요.

출산을 앞둔 부인도 마찬가지입니다. 그는 언젠가 엄청난 해산의 고통을 겪어야 합니다. 그런데 그 진통의 순간이 언제 시작될지 모르기 때문에 늘 긴장하고 있습니다. 방을 닦다가 진통이 오는지, 자장면 먹다가 진통이 오는지, 남의 집에 놀러 갔다가 진통이 오는지 예측할 수가 없습니다. 그래서 계속 긴장하고 있다가 드디어 해산의 고통이 찾아오고 아기를 출산하고 나면, 새 생명을 품에 안게 된 기쁨으로 이전의 긴장과 고통은 까맣게 잊어버립니다.

유다 백성들은 바벨론에서 돌아옴으로써 모든 형벌이 끝났다고 생각했습니다. 그런데 하나님은 또 한 번의 멸망이 기다리고 있다고 말씀하십니다. "여호와의 날이 이르리라. 그날에 네 재물이 약탈되어 너의 중에서 나누이리라. 내가 열국을 모아 예루살렘과 싸우게 하리니 성읍이 함락되며 가옥이 약탈되며 부녀가 욕을 보며 성읍 백성이 절반이나 사로잡혀 가려니와 남은 백성은 성읍에서 끊쳐지지 아니하리라"(14:1-2).

하나님은 바벨론에서 돌아와 성전을 재건하고 있는 유다 백성들에게 결코 축복된 미래를 약속하시지 않습니다. 다윗과 솔로몬 시대처럼 부요하고 평화롭게 잘살게 될 것을 약속하시지 않는 것입니다. 하나님은 오히려 그들의 재물이 약탈당하며 부녀들은 욕을 보고 성읍은 함락될 것이라고 말씀하십니다.

언제인지는 모르지만 이들은 그 끔찍했던 멸망을 또 한 번 겪어야 합니다. 이들은 첫 번째 멸망 때처럼 많은 죄를 짓지도 않았습니다. 첫 번째 멸망 때에는 우상도 심하게 숭배했고, 동족들에게 악한 짓도 많이 저질렀으며, 빚을 갚지 않는다고 노예로 팔아 넘기기도 예사로 했습니다. 그런데 이들은 우상숭배도 하지 않았고 그렇게 악한 짓도 저지르지 않았습니다. 이들은 하나님의 심판이 얼마나 무서운지 경험했기 때문에 다시는 그런 심판을 받지 않기 위해 애쓰고 있었습니다. 그러니까 학생으로 치자면 아주 모범생이었던 것입니다. 그들은 자신들이 망한 원인이 율법을 지키지 않은 데 있다고 생각해서 맹목적일 정도로 열심히 율법을 지켰습니다. 성전도 다시 지었고 안식일도 준수했으며 유다의 독립을 위해 금식도 여러 날 했습니다. 그럼에도 불구하고 하나님이 또다시 멸망할 것이라고 말씀하시는 이유가 무엇입니까? 하나님은 대체 왜 이런 모범생들을 심판하신다는 것입니까?

시험을 보고 나서 가장 성적이 좋은 학생부터 때리는 선생님들이 간혹 있습니다. 시험을 가장 잘 본 학생이 맞아야 한다면, 그 아래 있는 학생들은 얼마나 더 맞아야 하겠습니까? 바벨론에서 돌아온 유다 백성들은 완전히 모범생들이었습니다. 그들은 율법을 문자 그대로 지키고자 애썼습니다. 그런 그들이 하나님께 무서운 심판을 받아야 한다면, 율법조차 모르는 다른 족속들은 어떻게 되겠습니까?

이것을 보면 하나님이 인간에게 요구하시는 의(義)의 수준이 얼마나 높은지 알 수 있습니다. 하나님은 우리에게 천사보다 완벽한 의를 요구하십니다. 그러므로 인간의 의로는 하나님의 심판을 면할 자가 없습니다. 모든 인간은 하나님의 기준에 불합격할 수밖에 없습니다.

예수님을 만나기 전에 바울은 율법의 모범생이었습니다. 율법이라는 기준에서만 보면 거의 수석이라고 할 수 있을 정도였습니다. 그런데 그런 그가 실제로는 하나님을 대적한 죄인으로 드러났다면, 그 아래 있는 사람들은 당연히 하나님의 심판권 안에 들어가지 않겠습니까? 만약 그가 예수님을 만나기 전에 죽었다면 여지없이 지옥으로 떨어졌을 것입니다. 그 자신도 스스로 "죄인 중의 괴수"였다고 고백했습니다.

하나님이 이처럼 열심히 신앙생활 하는 자들을 먼저 심판하시는 이유가 무엇입니까? 사도 바울의 말처럼 "하나님의 나라는 먹는 것과 마시는 것이 아니요 오직 성령 안에서 의와 평강과 희락"(롬 14:17)이기 때문입니다.

유다 백성들이 바벨론에서 돌아와 재건한 예루살렘은 율법의 세계를 상징합니다. 그들은 구원을 얻기 위해 인간으로서 할 수 있는 최고의 노력을 기울였습니다. 금식일도 여러 날 정해 놓고 기도했으며 율법 조항도 수백 개씩 만들어 철저하게 지켰습니다. 그러나 그러한 노력으로는 결코 하나님의 의에 이를 수 없습니다. 아무리 몇십 년씩 사회와 단절되어 도를 닦고 고행을 하면서 육체의 즐거움을 포기한다 해도 인간의 의지나 노력으로는 하나님의 기준에 도달할 수가 없습니다.

예수님은 말씀하셨습니다. "내가 너희에게 이르노니 너희 의가 서기관과 바리새인보다 더 낫지 못하면 결단코 천국에 들어가지 못하리라"(마 5:20). 바리새인들과 서기관들은 보통 사람들이 도저히 흉내 낼 수 없을 정도로 종교적으로 열심 있는 사람들이었습니다. 그런데 예수님은 우리의 의가 그들의 의보다 낫지 않으면 결코 천국에 들어갈 수 없다고 하셨습니다.

불교에서는 인간의 탐욕을 떨치기 위해 지극한 노력을 기울입니다. 수천 번씩 절을 하기도 하고 오랫동안 면벽 수행을 하기도 합니다. 정말 존경스러울 정도로 득도하기 위해 애를 씁니다. 그 중에는 몇 년씩 등을 땅에 붙이지 않고 수행하는 사람들도 있습니다. 그러나 아무리 그렇게 수행하고 애쓴다 해도 하나님의 심판은 면할 수가 없습니다. 하나님이 우리에게 요구하시는 기준은 인간으로서 도저히 도달할 수 없는 것입니다. 예루살렘의 두 번째 멸망은 그것을 보여 주고 있습니다.

바벨론에서 돌아온 유다 백성들은 거의 고행을 하다시피 열심히 종교 생활을 했습니다. 그런 그들도 망한다면 세상에 망하지 않을 사람이 어디 있겠습니까? 그러나 하나님은 인간이 구원받을 수 있는 길을 따로 준비해 놓으셨습니다. 그것은 하나님이 보내신 예수 그리스도를 믿고 성령으로 죄 씻음을 받아 새 사람이 되는 것입니다. 그것 외에는 진노의 심판을 피할 방법이 없습니다. 인간이 구원받는 길은 종교적 모범생이 되는 것이 아니라 하나님이 보내신 분 예수 그리스도를 믿고 성령으로 변화되는 것뿐입니다.

우리는 남들보다 특출해서 예수를 믿는 것이 아닙니다. 우리는 남들보다 특별히 선하지도, 특별히 교양 있지도 않습니다. 오히려 예수 믿는 사람들이 더 이기적인 경우도 많이 있습니다. 우리는 남들보다 특출해서 예수를 믿는 것이 아니라, 내 힘으로는 도저히 의로워질 수 없음을 알기 때문에 예수를 믿는 것입니다. 나 자신이 너무 부족한 존재임을 알기 때문에 어쩔 수 없이 예수를 믿는 것입니다. 그런데 놀랍게도 성경은 그것이 구원을 얻을 수 있는 유일한 길이라고 말합니다. "천하 인간에 구원을 얻을 만한 다른 이름을 우리에게 주신 일이 없음이니라"(행 4:12).

하나님이 바벨론에서 돌아온 유다 백성들에게 심판을 선고하신 것은 성격이 변덕스러워서도 아니고 공연히 그들을 미워하셔서도 아닙니다. 하나님이 그들에게 심판을 선고하신 것은 그들을 살릴 더 좋은 길을 준비해 놓으셨기 때문입니다. 하나님은 아들을 보내어 그를 믿는 모든 자들을 성령의 능력으로 구원하실 계획을 가지고 계셨습니다.

70년간의 포로생활을 마치고 겨우 돌아왔는데 또다시 예루살렘이 약탈을 당하고 성읍이 함락된다는 예언을 들었을 때, 유다 백성들은 어떤 반응을 보였을까요? 아마 대부분의 백성들은 그 말씀을 무시한 채 제 생각대로 살았을 것입니다. "그건 있을 수도 없는 일이야! 우리가 이 자리에 오기까지 얼마나 많은 고생을 했는데 설마 또 망하게 하시겠어? 그건 말도 안 되는 소리야!" 그러나 진지한 사람들은 고민에 빠졌을 것입니다. "무언가 심각한 문제가 있는 것 같다. 하나님이 왜 이렇게 모순된 말씀을 하시는 걸까? 하나님은 분명히 우리에게 성전을 지으라고 하셨고, 이 성전의 영광이 솔로몬 성전의 영광보다 클 것이라고 하셨다. 그런데 지금은 멸망을 예고하시다니, 대체 그 이유가 뭘까?"라고 질문했을 것입니다.

자신의 몸에 이상징후가 나타날 때 사람들은 대체로 어떻게 반응합니까? 아마 진지한 사람들은 따로 시간을 내서 정밀진단을 받을 것입니다. 그러나 대부분의 사람들은 "설마 별일 있겠어?" 하면서 미적거리다가 병을 키웁니다. IMF가 터지기 전에도 금융대란이 일어날 것이라는 소문이 파다했지만 사람들은 대수롭지 않게 여기다가 일을 당하고 나서야 땅을 쳤습니다.

말씀에 진지하게 반응하는 사람이라면 마땅히 이 예언을 듣고 고민에 빠져야 합니다. 하나님은 절대로 이랬다저랬다 하시는 분이 아닙니다. 그런데도 이렇게 모순된 말씀을 하시는 데에는 '한번 깊이 생각해 보라'는 요청이 담겨 있는 것입니다.

"그날에 네 재물이 약탈되어 너의 중에서 나누이리라. 내가 열국을 모아 예루살렘과 싸우게 하리니 성읍이 함락되며 가옥이 약탈되며 부녀가 욕을 보며 성읍 백성이 절반이나 사로잡혀 가려니와"라는 말씀을 유다 백성이 진지하게 생각했다면 '아, 재물을 의지하면 안 되겠구나. 우리가 힘들게 성전을 재건하고 성을 다시 세웠지만 그것도 의지하면 안 되겠구나. 결혼이나 많은 자녀를 전부로 생각해서도 안 되겠구나'라는 결론을 내렸어야 합니다.

그렇다면 그들이 가장 중요하게 생각해야 할 일은 무엇입니까? 이 땅에 오실 메시아를 기다리는 것입니다. 재물이나 가족이나 성전이 아닌 그리스도를 의지하고 바라보는 것입니다. 그러면 살 수 있습니다. 그러나 유다 백성들은 거꾸로 재물을 의지하고 예루살렘 성을 의지하고 성전 건물을 의지하면서, 자신들을 찾아오신 메시아는 십자가에 못 박아 버렸습니다. 그래서 망한 것입니다. 첫 번째는 우상숭배 때문에 망했지만, 두 번째는 가장 중요한 것을 붙들지 않았기 때문에 망했습니다.

하나님은 유다 백성들에게 성전을 짓게 하셨으면서도 그 성전 자체를 의지하지는 못하게 하셨습니다. 그 성전은 그리스도의 오심을 예비하는 곳에 지나지 않았기 때문입니다. 또한 하나님은 재물을 주셨으면서도 재물을 의지하지 못하게 하셨고, 많은 자녀를 주셨으면서도 그 자녀들을 의지하지 못하게 하셨습니다. 하나님은 그들이 오직 그리스도만 의지하기를 바라셨습니다.

하나님은 결코 이랬다저랬다 하시는 분이 아닙니다. 아무리 내 눈에 모순되게 보여도 하나님이 하시는 일은 절대 모순되지 않습니다. 오히려 모순되게 보이는 그 상황 안에 하나님의 지혜와 능력이 들어 있습니다. 하나님이 "무엇을 먹을까 무엇을 입을까 염려하지 말라"고 하셨는데 계속 먹을 것과 입을 것을 염려할 수밖에 없는 상황이 이어질 때, 대부분의 사람들은 "하나님은 정말 믿을 수 없는 분이다. 나는 이런 하나님 못 믿겠다" 하면서 뛰쳐나갑니다. 그러나 진지한 사람은 '하나님은 분명히 염려하지 말라고 하셨는데 왜 이렇게 염려할 수밖에 없는 상황을 계속 주실까? 혹시 내 삶에 하나님의 뜻에서 벗어난 부분이 있는 것은 아닐까? 하나님은 절대 실언하는 분이 아니다. 변덕스러운 분도 아니다. 그렇다면 하나님이 이런 상황을 통해 내게 말씀하시려는 것이 과연 무엇일까?' 라고 질문할 것입니다.

설사 하나님이 모순되고 불가능한 상황으로 계속 몰아넣으신다 해도 결코 하나님을 불신하지 마십시오. 그럴 때일수록 더 하나님을 믿고 의지해야 합니다. 진정한 신앙은 기계적으로 봉사하거나 예배에 참석하는 일을 통해서가 아니라 이렇게 모순되는 상황 속에서도 하나님의 지혜와 능력을 신뢰하는 데서 나타납니다.

하나님은 우리에게 재산도 주실 수 있고 가정도 주실 수 있고 사회적인 직책도 주실 수 있습니다. 그러나 그 자체를 의지하면 안 됩니다. 오직 예수님만 의지하고 하루하루 성령이 주시는 힘으로만 살아야 합니다. "하나님, 제게 안정된 직책이 있지만 그것을 의지하지 않겠습니다. 언제라도 이 자리에서 쫓겨날 수 있음을 알기 때문입니다", "지금은 제가 건강하지만 그 건강을 의지하지 않겠습니다. 하나님이 제 호흡을 거두어 가시면 오늘밤에라도 죽을 수 있음을 알기 때문입니다", "제게 많은 돈을 주셨지만 이 돈을 믿지 않겠습니다", "제게 아름다운 가정을 주셨지만 이 가정을 하나님보다 중시하지 않겠습니다"라고 말씀드려야 합니다. 그것이 우리의 살 길입니다.

멸망을 경고한 스가랴의 예언은 이 점을 깨닫게 해 주었다는 점에서 저주가 아니라 오히려 축복이었습니다. 그의 경고에는 살수 있는 길이 함께 들어 있었습니다.

오늘 다시 한 번 하나님 앞에 나아가 지금 누리고 있고 의지하고 있는 것들을 내려놓으시기 바랍니다. 오직 하나님을 자신의 힘으로 삼는 사람만이 세상을 이길 수 있습니다.

하나님의 놀라운 구원

하나님은 장차 예루살렘이 포위될 때 그곳에 임해서 열국과 싸우겠다고 말씀하십니다. "그때에 여호와께서 나가사 그 열국을 치시되 이왕 전쟁 날에서 싸운 것같이 하시리라. 그날에 그의 발이 예루살렘 앞 곧 동편 감람산에 서실 것이요 감람산은 그 한가운데가 동서로 갈라져 매우 큰 골짜기가 되어서 산 절반은 북으로, 절반은 남으로 옮기고 그 산골짜기는 아셀까지 미칠지라. 너희가 그의 산골짜기로 도망하되 유다 왕 웃시야 때에 지진을 피하여 도망하던 것같이 하리라. 나의 하나님 여호와께서 임하실 것이요 모든 거룩한 자가 주와 함께하리라"(14:3-5).

여기에서 중요한 점은 예루살렘의 두 번째 멸망이 단순히 예루살렘의 멸망만으로 그치지 않는다는 것입니다. 그날은 예루살렘을 대적하는 모든 나라들에게도 심판 날이 될 것입니다. 하나님이 예루살렘을 멸망시키신다는 것은 온 세상을 심판하신다는 뜻과 같습니다. 거룩한 성 예루살렘이 망해야 한다면, 온갖 더러운 죄를 지으면서 살아온 다른 나라들은 당연히 심판을 받아야 하는 것입니다.

인간들은 하나님을 모른 채 자기 정욕과 더러운 혈기대로 살아갑니다. 그러나 하나님은 그들이 하나님을 몰랐다고 해서 봐주지 않으십니다. 이것이 인간의 기막힌 운명입니다. 인간은 하나님을 모르는 상태에서 태어납니다. 그런데 하나님은 그런 인간들에게 거의 천사와 같은 수준의 순종과 믿음을 요구하십니다. 돈 많이 벌고 공부 많이 했다고 해서, 성공했다고 해서 만족하는 사람은 자기 함정에 빠진 것입니다. 인간으로 태어났다면 마땅히 진리를 찾아 순례의 길을 떠나야 합니다. 연어가 먼 바다로 나가도 자기가 부화된 강으로 돌아오고 철새가 먼 나라로 날아가도 제 고향으로 돌아오듯이, 인간도 마땅히 하나님을 찾아야 하는 것입니다. 그런데 하나님을 떠난 인간들은 도무지 하나님을 찾으려 들지 않습니다. 그래서 대표적으로 예루살렘을 멸망시키시는 것입니다. 예루살렘의 멸망은 온 세상을 향한 심판의 시작입니다. 예루살렘이 멸망함과 동시에 세계는 심판의 사정권 안으로 들어갑니다.

축구경기로 치자면 전광판 시계가 이미 멈춘 것과 같습니다. 이제 심판의 휘슬 소리만 들리면 경기는 종료될 것입니다. 예루살렘이 멸망함으로써 전광판 시계는 이미 멈추었습니다. 이제는 언제든지 심판이 임할 수 있습니다. 마치 여름에 나라 전체가 태풍의 영향권 안에 들어가 있는 것과 같습니다. 사람들은 당장 바람이 불지 않기 때문에 태풍이 왔다는 말을 믿지 않고 고기를 잡으러 나갑니다. 그러다가 날이 어두워지고 바람이 불어닥치며 빗줄기가 쏟아질 때에야 비로소 그 경고가 사실임을 깨닫는 것입니다. 우리는 언제든지 주님이 재림하실 수 있다는 사실을 기억해야 합니다. 그 긴장을 놓치면 순식간에 죄에 빠지게 됩니다. '오늘 저녁에도 주님이 오실 수 있다'라고 생각하고 대비해야 합니다.

하나님은 그날에 "예루살렘 앞 곧 동편 감람산에" 서겠다고 말씀하십니다. 그러면 감람산은 동서로 갈라져 큰 골짜기가 될 것이며, 택한 백성들은 그 골짜기로 피할 것입니다. 이것은 무서운 심판 한가운데 구원의 길을 열어 주신다는 약속입니다.

우리는 여기에서 두 가지 질문을 던지게 됩니다. 첫째는 예전에 감람산이 어떤 역할을 하던 곳이냐 하는 것이고, 둘째는 왜 여기에서 갑자기 웃시야 시대의 지진 이야기가 나오느냐 하는 것입니다. 아마도 전쟁 시에 감람산은 그리 좋은 역할을 하지 못했던 것 같습니다. 유다 백성들을 적에게서 지켜 주기보다는 오히려 도망치는 데 장애물이 되었던 것으로 보입니다. 웃시야 때 일어난 지진은 성경 다른 곳에도 기록되어 있을 정도로 유명한 사건이었습니다. 그때 감람산에 막혀서 제대로 피하지 못하는 바람에 많은 사람들이 떼죽음을 당했던 것 같습니다.

그런데 하나님은 장차 심판이 임할 때 이 감람산이 둘로 쪼개져서 사람들이 그 사이로 피할 수 있게 하겠다고 말씀하십니다. 다시 말해서 화려한 예루살렘 성전이 사람들을 살리는 것이 아니라 오히려 장애물로 여겼던 감람산이 사람들을 살린다는 것입니다.

이 감람산은 그리스도를 가리킵니다. 제자들은 하나님이 감람산에 임하신 것을 보았습니다. "나의 하나님 여호와께서 임하실 것이요." 예수님은 십자가를 지시기 전, 바로 감람산에서 피땀을 흘리며 기도하셨습니다. 그 당시 사람들은 예수님을 장애물이자 걸림돌로 여겼습니다. 그런데 그들이 그렇게 싫어하고 업신여기던 예수님 안에 지진을 피할 수 있는 길이 있었습니다.

만세반석 열리니 내가 들어갑니다
창에 허리 상하여 물과 피를 흘린 것
내게 효험 되어서 정결하게 하소서

넓은 들판에서 거센 폭풍우를 만나면 심히 두려울 것입니다. 그러나 크고 오래된 반석의 갈라진 틈바구니 안에 숨어 있으면 아무리 거센 폭풍우가 몰아쳐도 두려워할 필요가 없습니다.

"그 산골짜기는 아셀까지 미칠지라"라고 할 때, "아셀"은 지중해에 접한 땅을 가리킵니다. 아무리 예루살렘이 거센 공격을 당해도 감람산의 열린 골짜기로만 피하면 안전하게 지중해 바다까지 이를 수 있습니다.

저희 아버님의 친척들은 대동아 전쟁 말기에 일본 히로시마에 살고 있었는데, 먹을 것을 구하지 못해 산골짜기에 들어가 살았다고 합니다.

그때 히로시마에 원자폭탄이 터졌습니다. 본인들은 알지 못했지만, 하나님이 그들을 구해 주신 것입니다.

요즘 사람들은 여러 모로 재난을 피할 방법을 강구하고 있으며, 상대적으로 좀더 안전한 나라를 찾아 이민을 가기도 합니다. 그러나 아무리 안전한 나라라고 해도 하나님의 심판을 피할 수 있는 곳은 없습니다. 지금 세상에서 일어나는 수많은 사고나 재앙들은 예루살렘 멸망의 후속편이라고 할 수 있습니다. 그것은 곧 임할 심판에 대한 경고입니다. 하나님의 심판은 웃시야 시대의 지진보다, 일본 고베의 대지진보다, 인도 지구라트의 지진보다, 미국 무역센터가 무너진 사건보다 더 무섭습니다.

그러나 만세반석 되신 예수 그리스도께 피하는 자는 그 심판을 면할 것입니다. 하나님은 그에게 피하는 모든 자를 재앙에서 지켜 주겠다고 약속하셨습니다.

예루살렘의 생수

그런데 하나님은 왜 세상의 심판을 지연하고 계실까요? 예루살렘의 멸망은 세상에 대한 심판의 시작이었습니다. 그런데 왜 아직도 세상을 심판하기는커녕 교회를 통해 계속 복음을 들려주고 계실까요? "그날에 생수가 예루살렘에서 솟아나서 절반은 동해로, 절반은 서해로 흐를 것이라. 여름에도 겨울에도 그러하리라"(14:8).

"생수"는 오래 전부터 예언되어 온 성령의 역사를 의미합니다. 에스겔서는 구체적으로 성전 문지방에서부터 성령의 역사가 시작될 것을 예언하고 있습니다. 물론 그 성전은 문자적인 성전이 아니라 그리스도인으로 이루어진 신약 교회를 가리킵니다.

"생수가 예루살렘에서 솟아나서 절반은 동해로, 절반은 서해로" 흐른다는 것은 성령의 역사가 예루살렘에서 시작되어 온 세계로 퍼져 나간다는 뜻입니다. 우리나라도 백두산에서 발원한 물이 일부는 두만강으로, 일부는 압록강으로 흘러서 각기 동해와 서해로 흘러 들어갑니다. 그처럼 교회에서 발원한 성령의 역사도 믿는 사람들뿐 아니라 세상 모든 사람들에게까지 흘러 들어가 그들을 살릴 것입니다.

교회와 세상은 완전히 분리되어 있는 것이 아니라 하나님의 은혜로 연결되어 있다는 사실을 기억해야 합니다. 우리에게서 하나님의 은혜와 축복이 흘러 나가야 세상이 그래도 덜 부패하며 덜 심판받게 됩니다. 오늘 우리 사회가 이토록 심한 부패와 위기에 빠진 데에는 교회의 책임이 큽니다. 하나님은 우리에게 너무나 귀한 말씀을 주셨습니다. 우리는 힘써 그 안에 있는 진리를 캐내야 합니다. 교회가 돈이나 명예 같은 것은 좀 양보하고 더 귀한 것을 붙들어야 세상으로 은혜가 흘러 나갈 수 있습니다.

그런데 지금은 교회에서 말씀이 메말라 버렸습니다. 교인들도 말씀보다는 세상적인 축복에 대한 이야기를 더 좋아합니다. 그래서 세상이 자꾸 타락하고 있는 것입니다. 그러면 그 결과가 우리에게로 되돌아오게 됩니다. 이것이 '은혜의 부메랑 효과' 입니다. 우리가 진리를 사랑하고 진리에 순종하면 세상도 정직하고 겸손해져서 우리에게 그 혜택이 돌아오지만, 우리가 진리를 사랑하지 않고 세상의 욕망을 좇아가면 세상도 더 욕망에 빠져서 결국 함께 망하게 됩니다. 그러나 저는 아직도 늦지 않았다고 생각합니다. 지금이라도 우리가 세상 것을 조금씩 양보하고 진리를 붙들면 은혜의 생수가 흘러 나갈 수 있습니다.

왜 하나님은 온 세상을 멸망시키겠다고 하셨으면서 오히려 교회를 통해 살리려 하십니까? 세례 요한도 이 부분에 의문을 품었습니다. 그는 그리스도가 오시는 즉시 알곡은 모아 곳간에 들이고 쭉정이는 영원히 꺼지지 않는 지옥 불에 던지실 것이라고 생각했습니다. 그런데 그리스도는 심판을 하신 것이 아니라 오히려 복음을 전해서 죄인들을 회개시키셨습니다. 그래서 요한은 제자들을 보내 "오실 그이가 당신이니이까? 우리가 다른 이를 기다리오리이까?"라고 물었습니다.

그에 대한 예수님의 대답이 무엇이었습니까? 믿지 않는 자들은 이미 심판을 받았기 때문에 다시 정죄할 필요가 없다는 것입니다. 이미 사형 선고가 내려진 죄수에게 언제 사형을 집행하느냐는 그리 중요치 않습니다. 정말 중요한 것은 그 사형수들 중에 몇 명이라도 회개시켜서 살려 내는 것입니다. 사람들에게는 이미 사형선고가 내려져 있습니다. 그런데 하나님은 교회에 복음과 성령의 능력을 주심으로써 이미 사형선고를 받은 자들, 멸망이 작정된 자들 중에 다만 몇 명이라도 살려 내기를 원하십니다. 그것이 하나님의 뜻입니다.

9절과 10절을 보십시오. "여호와께서 천하의 왕이 되시리니 그날에는 여호와께서 홀로 하나이실 것이요 그 이름이 홀로 하나이실 것이며 온 땅이 아라바같이 되되 게바에서 예루살렘 남편 림몬까지 미칠 것이며 예루살렘이 높이 들려 그 본처에 있으리니 베냐민 문에서부터 첫 문 자리와 성 모퉁이 문까지, 또 하나넬 망대에서부터 왕의 포도주 짜는 곳까지라."

여호와께서 천하의 왕이 되신다는 것은 그리스도가 십자가 위에서 죽었다가 부활하심으로써 천하를 다스리는 왕의 자격을 얻으실 일을 가리키는 말씀입니다. 그리스도는 천하의 왕이십니다. 그분의 허락 없이는 어떤 일도 일어날 수 없습니다. 그리고 우리 믿는 자들은 그 왕의 신하들입니다. 그리스도는 세상 모든 왕과 대통령들 위에 계시며 천사와 천사장들 위에 계십니다. 단지 세상이 그것을 믿지 않고 인정하지 않을 뿐입니다. 그러나 언젠가는 모든 권력자들이 그리스도 앞에 무릎 꿇을 날이 올 것입니다. 지금 세상의 권력은 전부 예수님이 빌려 주신 것입니다. 부자들이 가진 돈도, 학자들이 가진 지식도 다 예수님이 빌려 주신 것입니다. 왕이 그 모든 것을 거두어 들이실 때 그들은 비참하게 무릎을 꿇고 자비를 구걸할 것입니다.

또한 예루살렘을 제외한 모든 땅은 아라바처럼 될 것이라고 말씀하십니다. "아라바"는 유다에 있는 평지 이름입니다. 때로는 사해를 포함한 넓은 지역을 전부 아라바라고 부르기도 합니다. 아라바는 아주 낮은 저지대로서, 특히 사해 주변은 해수면보다 600피트 이상 낮은 것으로 알려져 있습니다. 예루살렘을 제외한 모든 땅이 이 아라바처럼 낮아진다는 것은 세상 모든 권력과 지식이 복음의 권세 앞에 납작해진다는 뜻입니다.

그날에는 오직 예루살렘만 홀로 높이 설 것입니다. 이 예루살렘은 신약 교회를 가리킵니다. 이것은 교회의 정치적인 권세가 그렇게 높아진다는 뜻이 아니라, 교회가 증거하는 진리의 능력, 사랑의 힘을 세상 어느 것도 당하지 못한다는 뜻입니다. 성령의 시대에는 성도 한 사람 한 사람이 삼손처럼 강해지기 때문에 세상 누구도 그들과 힘을 겨루어 이길 수 없습니다. 세상 그 어느 것도 복음보다 강할 수 없으며, 영혼을 사랑하는 성도의 능력보다 강할 수 없습니다.

7절을 보십시오. "여호와의 아시는 한 날이 있으리니 낮도 아니요 밤도 아니라. 어두워 갈 때에 빛이 있으리로다."

우리가 매일 경험하는 낮과 밤과는 전혀 다른 낮과 밤이 있습니다. 그것은 진리의 낮과 밤입니다. 하나님의 진리가 비치면 미신과 무지에서 해방되어 자신의 진정한 가치를 되찾게 되는데, 그때가 바로 낮입니다. 전에는 부모에게 인정받고 사회에서 인정받기 위해 죽도록 뛰어다녔습니다. 그런데 영혼의 아침이 찾아오면 그렇게 죽도록 뛰어다니지 않아도 하나님 앞에 자신이 존귀한 존재임을 깨닫게 됩니다.

세상적인 기준으로 자신을 평가하지 마십시오. 내 속에 있는 성령의 기쁨과 은혜와 성경의 약속을 통해 평가하십시오. 세상 사람들은 한번 악성 루머에 휘말리면 재기하기 힘들지만, 그리스도인은 근거 없는 비난이나 저주에 무너지지 않습니다. 이제는 어두움에서 벗어나 빛에 속해 있기 때문입니다.

"어두워 갈 때에 빛이 있으리로다"라는 것은 무슨 뜻입니까? 때로 사탄이 복음의 광채를 가려서 마치 밤이 온 것처럼 어둡게 만들 때가 있습니다. 하나님의 빛이 임하고 있어도 가끔은 구름이 덮이고 그림자가 드리울 때가 있는 것입니다. 그 구름과 그림자를 쫓는 방법은 간단합니다. 부르짖기만 하면 되는 것입니다. 그러면 다시 어두움을 몰아내시고 진리의 빛을 환하게 비추어 주십니다.

하나님은 예루살렘의 두 번째 멸망과 함께 세상에 심판을 선고하셨습니다. 그런데 왜 교회를 통해 계속 사람들을 구원하고 계십니까? 하나님의 사랑 때문입니다. 하나님은 구원받을 가능성이 있는 단 한 사람을 위해 얼마든지 심판을 지연하십니다. 희미하게라도 하나님께 돌아올 마음이 있는 자가 한 사람도 남지 않을 때에야 비로소 심판이 임할 것입니다. 하나님은 한 영혼을 천하보다 귀히 여기십니다. 지금 하나님이 세상을 심판하지 않으시는 것은 말씀만 들으면 옛 생활을 버리고 돌아올 자가 어디엔가 있기 때문입니다. 하나님의 심정은 언제든지 사형을 집행할 수 있는데도 단 한 명이라도 돌이키기를 기다리며 집행을 지연하고 있는 왕의 심정과 같습니다. 하나님은 자신에게로 돌아올 마음이 있는 단 한 사람을 위해 세상을 지켜 주시며, 그 한 사람을 위해 수많은 복음전도자를 보내 주십니다.

이 세상은 언제 끝날지 모르는 긴박한 상태에 있습니다. 그렇다면 우리는 과연 무엇을 위해 살아야 하겠습니까? 약탈될 재물을 위하여 살아야 하겠습니까? 결혼을 위해 살아야 하겠습니까? 자녀에게 모든 소망을 걸고 살아야 하겠습니까? 이미 멸망이 작정된 세상을 붙드는 것은 지극히 위험한 일입니다.

세상을 의지하지 말고 매일매일 빈손으로 하나님께 나아가 그가 공급하시는 성령의 힘으로 살기를 구하십시오. 이제 어두운 밤은 지나갔습니다. 우리 앞을 가로막고 있던 감람산은 둘로 쪼개졌으며, 우리는 안전한 만세반석 안에 숨을 수 있게 되었습니다. 이제는 아무도 하나님이 주시는 풍성한 삶을 가로막을 수 없습니다. 하나님의 환한 진리를 붙들고 담대하게 나아가 천하의 왕이신 그리스도의 주권을 되찾기 위해 싸우시기 바랍니다. 한 사람의 죄인이라도 살리는 일에 여러분의 삶을 사용하시기 바랍니다.

22

영광스러운 새 예루살렘

스가랴 14:12-21

14:12 예루살렘을 친 모든 백성에게 여호와께서 내리실 재앙이 이러하니 곧 섰을 때에
그 살이 썩으며 그 눈이 구멍 속에서 썩으며 그 혀가 입 속에서 썩을 것이요

13 그날에 여호와께서 그들로 크게 요란케 하시리니 피차 손으로 붙잡으며 피차 손을 들어
칠 것이며

14 유다도 예루살렘에서 싸우리니 이때에 사면에 있는 열국의 보화 곧 금은과 의복이 심히
많이 모여질 것이요

15 또 말과 노새와 약대와 나귀와 그 진에 있는 모든 육축에게 미칠 재앙도 그 재앙과
같으리라.

16 예루살렘을 치러 왔던 열국 중에 남은 자가 해마다 올라와서 그 왕 만군의 여호와께
숭배하며 초막절을 지킬 것이라.

17 천하만국 중에 그 왕 만군의 여호와께 숭배하러 예루살렘에 올라오지 아니하는
자에게는 비를 내리지 아니하실 것인즉

18 만일 애굽 족속이 올라오지 아니할 때에는 창일함이 있지 아니하리니 여호와께서
초막절을 지키러 올라오지 아니하는 열국 사람을 치시는 재앙을 그에게 내리실 것이라.

19 애굽 사람이나 열국 사람이나 초막절을 지키러 올라오지 아니하는 자의 받을 벌이
이러하니라.

20 그날에는 말방울에까지 '여호와께 성결' 이라 기록될 것이라. 여호와의 전에 모든 솥이
제단 앞 주발과 다름이 없을 것이니

21 예루살렘과 유다의 모든 솥이 만군의 여호와의 성물이 될 것인즉 제사 드리는 자가 와서
이 솥을 취하여 그 가운데 고기를 삶으리라. 그날에는 만군의 여호와의 전에 가나안
사람이 다시 있지 아니하리라.

14:12-21

큰 기업체 회장의 자녀들이 주인공으로 등장하는 텔레비전 드라마들이 가끔 있습니다. 그런 드라마에는 베이징이나 파리나 발리 같은 외국이 배경으로 나오며, 벤츠나 BMW 같은 최고급 승용차들이 심심찮게 등장합니다. 아마 그런 드라마를 보면서 '나도 저런 재벌 2세의 애인이 되었으면 좋겠다'라는 헛된 꿈을 꾸는 사람도 적잖이 있을 것입니다.

만약 아버지가 부자여서 모든 혜택을 누릴 수 있다면 아주 좋을 것입니다. 아버지의 돈으로 유학 가서 좋은 대학에서 공부도 하고 여러 기업체들 중 건실한 기업을 물려받아 경영자의 자리까지 오른다면 더 이상 바랄 나위가 없을 것입니다. 그런데 그리스도인들은 우리 아버지가 얼마나 큰 부자이신지, 그가 우리에게 주고자 하시는 축복이 얼마나 엄청난 것인지 잘 모르고 있는 것 같습니다.

요즘 우리나라를 보면 정치나 경제나 사회 모든 면에서 방향감각을 잃고 표류하고 있다는 인상을 받습니다. 그래서 이런 식으로 나가다가는 결국 모두 망하는 것이 아닐까 두려워하는 사람들도 많이 있습니다. 한 가정이 망해도 그 가족들이 겪는 어려움은 이만저만 큰 것이 아닙니다. 더구나 나라가 망하면 국민 모두가 난민 신세를 면치 못할 것입니다. 그런데 이렇게 불안한 상황 속에서도 우리에게 위로가 되는 사실이 있습니다. 그것은 하나님이 교회에 주신 축복이 너무나 크다는 것이며, 하나님이 주신 축복은 어느 누구도 빼앗아 갈 수 없도록 약속되어 있다는 것입니다. 그 약속대로 되려면 나라도 망해서는 안 됩니다. 대한민국은 우리가 타고 있는 배인데, 이 배가 파선하면 우리의 축복도 사라져 버리지 않겠습니까? 과거에 예루살렘은 이방인들의 발에 짓밟히기도 했고 멸망을 당하기도 했습니다. 그러나 하나님은 이제 다시 그런 일이 없을 것이라고 약속하고 계십니다.

우리는 하나님이 주시는 크나큰 축복을 세상의 부나 명예 정도로 축소시켜서는 안 됩니다. 엘리사 시대에 수리아 군대가 쳐들어 왔습니다. 엘리사가 두려워 떠는 종 게하시의 눈을 열어 달라고 기도하자 온 성을 에워싸고 있는 하늘의 불말과 불병거가 보였습니다. 어떤 의미에서 우리는 세상에서 가장 힘없는 자들이라고 말할 수 있습니다. 교만한 사람들 중에는 믿는 자들을 세상에 기생해서 사는 무익한 존재로 취급하는 이들도 없지 않습니다. 그러나 실제로는 무익한 존재가 아니라 오히려 가장 필요한 존재라는 사실, 자신들이 오히려 우리들 덕분에 살고 있다는 사실을 그들은 분명히 깨달아야 합니다. 하나님이 세상을 곧장 심판하시지 않고 붙들고 계시는 것은 말씀으로 구원받고 변화되는 우리 같은 사람들이 있기 때문입니다.

그러므로 우리는 세상이 언제 망할까 불안해하거나 두려워할 필요가 없습니다. 오직 말씀을 붙들고 열심히 복음을 나타내기만 하면 우리로부터 하나님의 은혜가 흘러 나가 세상을 살려 낼 것입니다.

예루살렘을 공격한 자들이 받을 재앙

하나님은 예루살렘을 공격한 자들을 무섭게 저주하십니다. "예루살렘을 친 모든 백성에게 여호와께서 내리실 재앙이 이러하니 곧 섰을 때에 그 살이 썩으며 그 눈이 구멍 속에서 썩으며 그 혀가 입 속에서 썩을 것이요 그날에 여호와께서 그들로 크게 요란케 하시리니 피차 손으로 붙잡으며 피차 손을 들어 칠 것이며"(14:12-13).

예루살렘은 많은 나라의 침공을 받았습니다. 지리적으로 중동 지역의 중심지에 있었을 뿐 아니라 성전 안에 많은 보물이 있다는 사실 또한 알려져 있었기 때문입니다. 아무 힘도 없는 유다 백성들이 어떻게 가나안 땅 한복판을 차지하고 있는지 사람들은 도저히 이해할 수가 없었습니다. 에돔과 모압 등 그 지역을 탐냈던 족속들이 여럿 있었지만, 워낙 강한 나라들이 노리는 곳이어서 감히 엄두를 내지 못했습니다. 그런데 애굽에서 나온 노예 민족이 가나안 족속들을 싹쓸이하고 그 땅을 차지해 버린 것입니다. 그것은 하나님의 도움 없이는 도저히 불가능한 일이었습니다.

오늘날도 마찬가지입니다. 믿지 않는 사람들이 그렇게 애를 써도 차지하지 못하는 높은 지위나 자리를 하나님의 백성들이 차지하는 것은 전적으로 하나님이 주시는 선물입니다. 성도들은 하나님만 절대적으로 의지하며 말씀을 붙들 때 아무리 차지하기 힘든 지위나 자리라도 얼마든지 선물로 받을 수 있음을 알아야 합니다.

그런데 유다 백성들은 어리석게도 그 선물을 자신들의 힘으로 지키고자 했습니다. 하나님은 그들에게 말이나 마병을 의지하지 말라고 하시면서 친히 지켜 줄 것을 약속하셨습니다. 그런데도 군사력이나 동맹관계로 지키려 하다가 망한 것입니다. 선물을 주신 분이 하나님이시라면, 그것을 지켜 주시는 분도 하나님이십니다. 그러니까 처음부터 끝까지 하나님만 의지해야 살아남을 수 있는 것입니다.

게다가 예루살렘에는 보물이 많았습니다. 성전 문과 내벽, 기구들이 전부 금으로 싸여 있었고, 한때는 순금 방패도 수백 개나 있었습니다. 주변 강대국들이 그런 보물이 있다는 것을 알면서도 가만히 있을 리가 없습니다. 그래서 히스기야 왕이 바벨론의 사신들에게 성전과 왕궁의 보물들을 전부 보여 주었을 때, 이사야 선지자는 그의 어리석음을 책망했습니다. 사실 예루살렘의 보물들은 진정한 보물의 상징에 불과했습니다. 예루살렘의 진정한 보물은 하나님의 말씀과 성령이었습니다. 그것이 진정 유다 백성들을 부요케 하는 보물이었던 것입니다. 그런데 그 보물은 자랑하지 않고 눈에 보이는 보물들을 자랑하다가 전부 빼앗겨 버리고 말았습니다.

그러나 새 예루살렘은 다시 약탈당하지 않을 것입니다. 새 예루살렘의 보물은 도둑질하려야 할 수가 없기 때문입니다. 장차 세워질 신약 교회는 눈에 보이는 땅을 차지하지도 않을 것이며, 눈에 보이는 보물들을 소유하지도 않을 것입니다. 더욱이 하나님이 능력으로 지켜 주시기 때문에 공격하는 자들이 오히려 저주를 받을 것입니다. 그 저주가 얼마나 무서운지 눈 안에서는 눈이 썩고 입 안에서는 혀가 썩을 것입니다.

구약 시대 때 주변 나라들이 예루살렘을 공격한 이유가 무엇입니까? 이미 살펴보았듯이 표면적으로는 예루살렘의 지리적 이점과 보물 때문이었습니다. 그러나 더 근본적인 이유는 시기심에 있었습니다. 보잘것 없는 자들이 가장 좋은 땅과 보물을 차지하고 있는 모습이 미워서 공격한 것입니다.

그런데 이스라엘의 입장에서 볼 때 그들이 망한 가장 중요한 이유는 하나님 한 분만으로 만족하지 못한 데 있었습니다. 그들은 하나님의 신부였기 때문에 많든 적든 하나님이 주시는 것만으로 만족해야 했습니다. 때로는 하나님이 훈련을 위해 죽지 않을 정도만 겨우 주실 때도 있습니다. 그렇다고 해서 하나님을 신뢰하지 못하고 인간적인 방법을 좇으면 망할 수밖에 없습니다.

하나님은 이제 눈에 보이지 않는 새 예루살렘을 세우겠다고 하십니다. 그것은 성령의 공동체인 신약 교회입니다. 이 신약 교회도 공격을 받을 때가 있는데, 그 원인은 크게 두 가지로 볼 수 있습니다. 첫째는 구약 시대처럼 세상이 시기심으로 공격하는 것입니다. 그리스도인들 중에는 지식도 없고 돈도 없는 사람들이 많습니다. 그런데도 그들에게는 세상 사람들에게 없는 존귀함이 있으며, 모르드개처럼 힘 있는 자들에게 고개 숙이지 않는 당당함이 있습니다. 사람들은 그것을 오만으로 오해해서 미워하는 것입니다.

그리스도인들이 세상에서 조금이라도 덜 오해받고 덜 미움받으려면 당당하면서도 겸손해야 합니다. 물론 믿지 않는 자들 앞에서 겸손하기란 참으로 어렵습니다. 우리는 하나님의 비밀을 너무나도 많이 알고 있기 때문입니다. 우리 눈으로 세상 사람들이 하는 짓을 보면 유치하고 미련하기 짝이 없습니다. 그럼에도 불구하고 '나도 예전에는 저 사람들과 똑같았지'라고 생각하며 그들을 이해해 주는 자세가 필요합니다.

교회가 공격받는 더 심각한 원인은 사탄이 주변 사람들을 충동질하는 것입니다. 권력자라고 해서 무조건 기독교를 반대하는 것은 아닙니다. 그러나 사탄이 그들을 충동질해서 교회를 공격하며 믿는 자들을 핍박하게 만들 때가 있습니다. 심지어 종교인들을 충동질해서 복음의 역사를 방해할 때도 있습니다. 예수님은 그것을 '성령을 훼방하는 죄'라고 부르시면서, 세상의 다른 죄들은 다 사함을 받아도 성령을 훼방한 죄만큼은 이 세상뿐 아니라 오는 세상에서도 사함받지 못한다고 말씀하셨습니다. 예루살렘 당국자들은 예수님의 사역이 성령의 사역인 줄 알면서도 기득권을 잃지 않기 위해 예수님이 귀신들렸다고 비난했습니다. 그런 죄는 사함받을 수가 없습니다.

사람들이 왜 진리를 대적하고 반대합니까? 자기 고집과 교만 때문입니다. 세상에서 가장 무서운 죄는 하나님의 진리를 의도적으로 반대하며 훼방하는 것입니다. 그것은 스스로 저주와 심판의 자리로 달려가는 것과 같습니다. 물론 진리를 배척하고 반대해도 당장은 저주받지 않는 것처럼 보일 수도 있습니다. 오히려 더 건강하게 잘사는 것처럼 보일 수 있어요. 그러나 그들은 이미 저주받은 자들입니다. 제2차 세계대전 때 유대인들을 학살한 원흉들 중에 종신형을 받고 아직도 살아 있는 자들이 있습니다. 그들은 텔레비전이 있고 냉장고가 있는 감옥 안에서 특별 보호를 받으면서 별 불편 없이 살고 있습니다. 그럼에도 그들은 이미 저주받은 것입니다. 진리를 반대하는 사람은 마음에 평안이 사라지며, 선 자리에서 살이 썩는 것 같은 고통을 맛봅니다. 세상에서 지옥을 미리 경험하는 것입니다.

오늘 우리에게 중요한 것은 건강이나 돈이나 집이 아닙니다. 우리가 볼 때 편안하게 잘사는 것 같은 사람들 중에 사실은 불행한 자들이 많은 이유가 무엇입니까? 자기 고집이나 교만으로 진리를 거부하고 있기 때문입니다. 자기 자신 외에는 믿을 사람이 아무도 없는 상태, 그것이 바로 지옥입니다. 지옥에서는 아무도 서로 믿지 않습니다. 자신과 가장 가까운 사람들을 영원히 미워하며 저주합니다. 그런데 진리를 거부하는 사람들은 이 세상에서 그런 지옥을 미리 맛보는 것입니다.

믿는 자들은 함부로 남을 미워하거나 의심하지 말아야 합니다. 남을 미워하거나 의심하는 순간부터 마음속에 평안이 사라지면서 속이 부글부글 끓어오르기 때문입니다. 제가 안타깝게 생각하는 사실은 믿는 사람들 중에 우울증 환자가 많다는 것입니다. 사실 믿는 사람들은 정신병에 걸릴 요건을 더 많이 가지고 있습니다. 완전하지 않은데도 완전하게 살아야 하기 때문입니다. 사울 왕은 하나님의 기름부음을 받았지만 다윗을 시기하고 미워함으로써 극심한 히스테리성 우울증 발작을 일으켰습니다. 옆에서 음악을 연주하는 다윗을 죽이기 위해 창까지 던졌고, 나랏일은 팽개친 채 다윗을 쫓아다녔으며, 나중에는 무당까지 찾아 나섰습니다.

그리스도인이 완전하게 살려면 '하나님은 나를 용서해 주셨다. 내가 아무리 부족해도 지켜 주신다' 라는 믿음을 가져야 합니다. 그리고 주님이 나를 용서하셨듯이 나도 나 자신을 용서하고 사랑해야 합니다.

세상 사람들도 잘 먹고 잘사는 것만으로는 만족하지 못합니다. 그리스도를 만나지 못하는 한 인간은 끊임없이 고민하며 방황하게 되어 있습니다. 그런데 그런 마음을 부인하고 욕심에 빠져 사는 사람은 선 채로 썩게 됩니다. 눈이 썩어서 제대로 보지 못하며, 혀가 썩어서 제대로 말하지 못하게 되는 것입니다. 그들은 재미있는 영화를 보아도 눈이 썩고, 맛있는 음식을 먹어도 혀가 썩습니다. 그것은 살았으나 죽은 삶입니다.

스가랴는 "그날에 여호와께서 그들로 크게 요란케 하시리니 피차 손으로 붙잡으며 피차 손을 들어 칠 것이며"라고 말합니다. 가장 가까운 사람들끼리, 부모와 자녀끼리, 부부끼리 서로 상처를 주고받는다는 것입니다. 하나님의 은혜가 없으면 아무리 부모라도 자식을 미워하게 되어 있고, 아무리 부부라도 서로를 미워하게 되어 있습니다. 그런 사람들은 오로지 자기 자신밖에 모르기 때문입니다. 아기 예수를 죽이려 했던 헤롯은 자신의 아내와 자식들을 죽였을 뿐 아니라 자신이 죽을 때 백성들이 기뻐하지 못하도록 다른 사람들도 같이 죽이라는 특별 명령을 내렸습니다. 이처럼 자기중심적인 인간은 남이 기뻐하거나 사랑하는 것을 참고 보지 못합니다.

반면에, 유다와 예루살렘에는 귀한 보물들이 쌓일 것입니다. "유다도 예루살렘에서 싸우리니 이때에 사면에 있는 열국의 보화 곧 금은과 의복이 심히 많이 모여질 것이요"(14:14).

교회에는 두 가지 보물이 있습니다. 첫째는 하나님의 말씀입니다. 사도 바울은 이 보물에 비할 때 자신이 예전에 자랑거리로 여기던 것들은 전부 배설물에 불과하다고 말했습니다. 그리스도를 아는 지식이 얼마나 고상한지 학벌이나 가문이나 사회적 인정 같은 것들은 전부 배설물에 불과하다는 것입니다. 예루살렘 성전 안에는 금이 많았지만, 그것은 하나님의 영광을 나타낸다는 의미에서만 귀한 것이었을 뿐 그 자체로는 가치 있는 것이 아니었습니다. 마찬가지로 오늘날 교회의 영광은 값비싼 인테리어 장식이나 건축 자재에 있는 것이 아니라 온전히 선포되는 하나님의 말씀에 있습니다.

바울은 교회 안에 있는 말씀을 질그릇에 담긴 보화에 비유했습니다. 교회에 모인 사람들을 보면 다 질그릇처럼 평범합니다. 그런데 그 가운데 보물 중에 보물인 말씀이 들어 있는 것입니다. 금은은 약탈해 갈 수 있어도 말씀은 약탈해 갈 수 없습니다. 교회에서 선포되는 말씀은 전부 황금 같은 보물들입니다. 그것만 있으면 엄청난 부자로 살아갈 수 있습니다.

교회 안에 있는 두 번째 보물은 바로 변화된 우리 자신입니다. 대제사장의 가슴에는 열두 보석이 달려 있었는데, 그것은 변화된 이스라엘 백성들을 상징했습니다. 말씀으로 변화된 우리는 하나님 나라의 보석들입니다. 우리는 남들이 무엇을 가졌든지 부러워할 필요가 없습니다. 우리 자신이 값으로 환산할 수 없는 보석들이기 때문입니다. "그러면 뭐 해요? 돈으로 바꿀 수도 없는데"라고 말하는 사람이 있을지도 모릅니다. 그러나 굳이 돈으로 바꿀 필요가 뭐가 있습니까? 기도만 하면 죽은 삶을 살던 사람이 살아나고 치료의 역사가 일어나며 부활의 능력이 나타나는데, 뭐가 아쉬워서 돈으로 바꾸어 버리겠습니까? 하나님이 많이 주시면 많이 주시는 대로 감사함으로 쓰고, 조금 주시면 조금 주시는 대로 만족하며 살면 되는 것입니다. 하나님이 눈에 보이는 축복을 많이 주셨습니까? '내게 주신 구원을 더 풍성케 하시는구나' 하고 기뻐하며 감사하십시오. 눈에 보이는 축복을 전혀 주지 않으셨습니까? '앞으로 더 풍성한 성령의 은혜를 주시겠구나' 하고 기대하며 감사하십시오.

그러나 하나님을 의지하지 않는 자들은 지금 누리고 있는 복도 재앙으로 변할 것입니다. "또 말과 노새와 약대와 나귀와 그 진에 있는 모든 육축에게 미칠 재앙도 그 재앙과 같으리라"(14:15).

옛날에는 가축이야말로 확실한 재산이었습니다. 가축은 새끼를 낳았기 때문에 그만큼 확실한 재테크 수단이 없었습니다. 그러나 전염병이 돌면 그 많은 가축들도 전부 죽을 수밖에 없습니다. 하나님은 놀라운 축복을 받고서도 초막절을 지키려 오지 않는 자들, 그 은혜에 보답하기를 싫어하거나 게을리 하는 자들에게 그 복을 전부 재앙으로 변하게 하겠다고 말씀하십니다.

어리석은 사람들은 하나님이 주신 복을 하나님 자신보다 더 사랑합니다. 그러면 복도 빼앗기고 하나님도 빼앗깁니다. 아무리 가축을 많이 주셨어도 하나님을 더 사랑해야 합니다. 아무리 물질적으로 축복해 주셨어도 가난한 마음으로 하나님께 나아가야 합니다. 그렇다고 주신 축복을 거부하라는 말이 아닙니다. 풍성한 삶을 주셨다면 감사함으로 누리고, 영향력 있게 일할 자리를 주셨다면 누구보다 열심히 일하십시오. 그러나 그 자체를 의지해서는 안 됩니다. 그러면 순식간에 재앙으로 변해 버립니다.

이방인들의 초막절

새 예루살렘의 특징은 유대인들뿐 아니라 이방인들도 나아와 초막절을 지킨다는 것입니다. "예루살렘을 치러 왔던 열국 중에 남은 자가 해마다 올라와서 그 왕 만군의 여호와께 숭배하며 초막절을 지킬 것이라"(14:16).

초막절은 이스라엘 백성이 애굽을 떠난 후 광야를 여행할 때 하나님이 물과 만나를 주어 살게 하신 일을 기념하는 절기입니다. 그런데 예루살렘을 공격하러 왔던 자들이 이제는 초막절을 지키기 위해 해마다 예루살렘을 찾아온다는 것입니다. 그들은 "그 왕 만군의 여호와께 숭배"할 것입니다. 즉, 이방인들도 이스라엘 백성들처럼 애굽을 떠나서 광야를 거쳐 하나님을 찾아올 것입니다. 그리고 그들도 이스라엘 백성들처럼 하나님이 주시는 기적의 물과 만나를 먹고 말씀의 능력을 체험할 것입니다.

모세가 반석을 쳤을 때 생수가 터진 사건은 사람들의 마음에 부어질 성령의 역사를 미리 보여 주는 것입니다. 하나님을 모르는 사람들의 마음은 바싹 메마른 광야와 같습니다. 그런데 그 이방인들이 교회를 해치러 왔다가 복음을 듣고 회개하면 그들의 마음속에도 성령의 생수가 쏟아질 것입니다.

예수를 믿는 우리도 광야를 경험할 때가 있습니다. 어떤 이는 질병의 고통을 겪으며, 어떤 이는 경제적인 어려움을 겪고, 또 어떤 이는 사회적으로 자리를 잡지 못하는 어려움을 겪습니다. 짧게는 몇 개월, 길게는 몇 년씩 시련을 겪습니다. 그러나 그 고난은 애굽에서 종살이하던 때의 고난과는 다릅니다. 그때는 자신이 누군지 몰랐기 때문에 종살이를 하면서도 남들처럼 넓은 길로 다니면서 편하게 살았습니다. 그런데 그리스도를 알고 나면 광야의 시련이 찾아옵니다.

출애굽한 이스라엘 백성들만 광야를 경험한 것은 아닙니다. 이방인들도 과거에 그들이 걸었던 길을 따라 하나님께 나아갈 것입니다. 우리는 광야를 거치지 않고 하나님의 백성이 되는 길은 없는지 알고 싶습니다. 고생 없이 편안하게 예수 믿고 복 받을 길은 없는지 알고 싶습니다. 그러나 그런 길은 없습니다. 오늘 본문은 이방인들도 초막절을 지킬 것이라고 말합니다. 광야에서 죽는 경험이 없으면 진정한 하나님의 백성이 될 수 없습니다. 한 번은 세상에 대해 죽고 나 자신에 대해 죽는 경험을 해야 합니다. 한 번은 하나님이 공급해 주시는 힘만으로 사는 경험을 해야 진정한 믿음의 삶을 살 수 있습니다.

하나님은 이러한 고난을 피하려 하는 자들, 초막절을 지키러 예루살렘에 올라오지 않는 자들에게는 비를 내려 주지 않겠다고 하십니다. "천하만국 중에 그 왕 만군의 여호와께 숭배하러 예루살렘에 올라오지 아니하는 자에게는 비를 내리지 아니하실 것인즉 만일 애굽 족속이 올라오지 아니할 때에는 창일함이 있지 아니하리니 여호와께서 초막절을 지키러 올라오지 아니하는 열국 사람을 치시는 재앙을 그에게 내리실 것이라. 애굽 사람이나 열국 사람이나 초막절을 지키러 올라오지 아니하는 자의 받을 벌이 이러하니라"(14:17-19).

초막절을 지키러 올라오지 않는 이방인이란 하나님을 믿지 않는 자와 그리스도의 십자가를 멸시하는 자, 자신의 힘으로 세상을 살고자 하는 자들을 가리킵니다. 그들은 다시 목마를 것입니다. 나일 강처럼 큰 강을 옆에 끼고 있더라도 하나님이 창일함을 주시지 않아서 목말라 죽을 것입니다.

아무리 건장한 사람도 광야에서 40년씩 버틸 수는 없습니다. 이스라엘 백성들이 광야에서 살 수 있었던 것은 하나님이 지속적으로 생수를 공급해 주셨기 때문입니다. 우리 힘으로는 절대 세상에서 끝까지 살아남을 수 없습니다. 반드시 죄의 불구덩이에 빠지게 되어 있습니다.

애굽 사람들은 나일 강의 범람 덕분에 비옥한 땅을 얻을 수 있었습니다. 그러나 그들이 하나님께 감사드리지 않고 오히려 이스라엘 백성들의 예배를 막았을 때 강물이 변하여 피가 되었습니다. 하나님의 복을 받고서도 감사하지 않을 때 그 복은 결코 오래 가지 못합니다. 우리나라도 하나님의 놀라운 복을 받고서도 감사하지 않으니까 그 복이 사라지고 있지 않습니까? 학벌이나 집안이나 자기 능력을 의지해서 살고자 하는 것은 초막절을 지키는 자세가 아닙니다. 초막절은 '우리는 오직 하나님의 능력으로만 살 수 있다'라는 것을 고백하는 절기입니다.

성령의 은혜는 한 번으로 끝나지 않습니다. 아무리 충만한 은혜를 받았더라도 시간이 지나면 또다시 새로운 은혜를 받아야 합니다. 그렇기 때문에 우리는 매일 매순간 성령의 은혜를 간구할 필요가 있습니다. 우리 속에는 아직도 무서운 죄의 불씨가 살아 있습니다. 그 불씨가 살아나서 번지는 것은 한순간입니다. 마음에 평안과 기쁨이 충만했다가도 죄의 충동이 일어나면 순식간에 온 인격이 죄로 뒤덮여 버립니다. 신앙이 성숙하고 수많은 연단을 받은 사람도 그처럼 한순간에 솟구치는 분노와 충동은 막을 수가 없습니다. 우리가 살 수 있는 방법은 오직 한 가지뿐입니다. 매일 매순간 성령의 도우심을 구하고 내 마음을 새롭게 해 주시기를 간구하는 것뿐입니다.

이것이 초막절을 지키는 자세입니다. 이스라엘 백성들은 초막절을 지키기 위해 일 년에 한 번씩 지붕 위로 올라가든지 광야로 나가서 온 가족이 하나님 앞에 새롭게 은혜 받는 기간을 가졌습니다. 우리도 새롭게 은혜 받기 위한 시간을 특별히 마련해야 합니다. 그렇게 하지 않으면 어느 순간 죄가 마음을 사로잡아 은혜를 고갈시켜 버립니다. 신앙에는 용사가 없습니다. 초막절을 지키지 않으면 아무리 위대한 사람도 광야의 더위 앞에 픽픽 쓰러지게 되어 있습니다. 매일 매순간 하나님께 매달리며 새롭게 해 주시기를 간구하는 것만이 끝까지 살아남는 길이고 축복받는 길임을 잊지 마십시오.

온전한 성전의 회복

앞으로 세워질 예루살렘 성전은 구약 성전과 달리 완전히 거룩한 곳이 될 것입니다. "그날에는 말방울에까지 '여호와께 성결'이라 기록될 것이라. 여호와의 전에 모든 솥이 제단 앞 주발과 다름이 없을 것이니" (14:20).

"여호와께 성결"은 대제사장이 머리에 쓰는 수건에 붙이던 글입니다. 대제사장은 몸만 거룩하게 하고 지성소에 나아간 것이 아니었습니다. 생각도 거룩하게 해야 했습니다. 몸만 거룩하고 생각은 더러우면 하나님께 죽임을 당하게 되어 있었습니다. 그래서 대제사장은 항상 머리에 이 글을 붙여 놓았습니다.

그런데 앞으로 세워질 새 예루살렘의 백성들은 얼마나 거룩을 사모하는지, 말방울에까지 이 글을 붙여 놓을 것입니다. 말방울은 말에 다는 액세서리로서 그리 중요한 물건이 아닙니다. 그런데 그런 물건들까지 하나님 앞에 성결해진다는 것입니다. 새 예루살렘에서는 큰 물건 작은 물건 가릴 것 없이 전부 하나님 앞에 거룩해질 것입니다.

구약 성전에는 명백한 차별이 있었습니다. 지성소와 성소는 금으로 만들었지만 성전 마당의 물건들은 놋으로 만들었고, 지성소와 성소는 거룩한 곳이었지만 성전 밖은 그만큼 거룩하지 못했습니다. 그러나 새 예루살렘은 성 전체가 하나님 앞에 거룩해질 것입니다. 심지어 말에 다는 액세서리까지 지성소의 물건처럼 거룩해질 것이며, 모든 솥이 성전 기름을 담는 주발처럼 거룩해질 것입니다.

이것은 성령의 은혜가 우리의 예배뿐 아니라 생활 전체에 풍성하게 넘쳐서 사소한 부분들까지 거룩하게 만든다는 뜻입니다. 성령은 무엇보다 먼저 우리의 생각을 바꾸어 놓으십니다. 우리의 머릿속에 하나님에 대한 인식을 불어넣어서 모든 일을 하나님과의 관계에 비추어 생각하게 만드십니다. 그러면 지극히 작은 죄에도 민감해지게 되어 있습니다. 예수를 믿고 나서 가장 힘든 것이 바로 이러한 가치관의 혼란입니다. 예전에는 아무렇지도 않게 추구했던 것이 사실은 엄청난 욕심이요 죄라는 사실을 깨닫게 됩니다.

또한 성령이 임하시면 다른 사람들을 이해하며 그들의 삶을 소중히 여기는 마음이 생기게 됩니다. 나의 행복이 중요한 것처럼 남들의 행복도 중요하다는 것을 깨닫게 되는 것입니다. 그래서 사소한 농담도 함부로 하지 않습니다. 예전처럼 남을 깎아내리거나 짐승에 비유하거나 상처를 주는 농담을 하지 않습니다.

그리고 사소한 부분들도 성령이 성결케 하시기 때문에 액세서리 하나도 자기 마음대로 달지 않습니다. 액세서리나 장식품을 우상처럼 생각하거나 광적으로 수집하는 사람들이 가끔 있습니다. 요즘은 말이 아니라 자동차에 액세서리를 많이 달아 놓는 것 같습니다. 그렇게 차나 집을 장식해 놓은 물건들을 살펴보면 주인의 가치관을 어느 정도 짐작할 수 있습니다. 별스럽게 장식하다 못해 여물통 같은 시골 농기구까지 가져다가 잔디 심고 꽃 심고 유리판 덮어 놓은 집이 있는가 하면, 집안 구석구석에 성경구절을 예쁘게 적어 붙여 놓고 늘 바라보는 집도 있습니다. 은혜 받은 사람은 그렇게 사소한 부분에서까지 하나님을 향한 감사와 사랑을 표현하고 싶어 합니다.

구약 시대에 성전 건물 밖에 있는 솥은 중요한 취급을 받지 못했고, 기름 담는 주발만 거룩하게 여겨졌습니다. 그러나 새 성전에서는 기름 담는 주발뿐 아니라 솥단지까지 하나님께 귀한 물건이 될 것입니다. 교회에서 설교 듣고 찬송하고 기도하는 것만 거룩한 일은 아닙니다. 집에서 청소하고 밥하거나 직장에서 일하는 것도 거룩한 일이 될 수 있습니다.

특히 21절은 무엇이라고 말하고 있습니까? "예루살렘과 유다의 모든 솥이 만군의 여호와의 성물이 될 것인즉 제사 드리는 자가 와서 이 솥을 취하여 그 가운데 고기를 삶으리라. 그날에는 만군의 여호와의 전에 가나안 사람이 다시 있지 아니하리라."

유다와 예루살렘의 모든 솥이 성물을 삶는 솥이 된다는 것은 이제 더이상 예배가 예루살렘에 국한되지 않는다는 뜻입니다. 어디에서나 하나님께 죄 사함을 받으며 관계를 회복하는 화목제를 드릴 수 있습니다. 이것이 신약 교회의 특징입니다. 신약 교회는 더 이상 장소의 제약을 받지 않습니다. 어디에서나 예배드릴 수 있고, 죄 사함을 받을 수 있으며, 하나님과의 관계든 이웃과의 관계든 회복할 수가 있습니다.

이 새 성전에는 가나안 사람이 다시 있지 않을 것입니다. 이 말씀은 두 가지로 해석할 수 있습니다. 첫째는, "가나안 사람"을 이방인으로 해석하여 믿지 않는 자들이 더 이상 성전을 더럽히지 못한다는 뜻, 즉 이방 군대가 다시는 성전을 약탈하지 못한다는 뜻으로 보는 것입니다. 하나님은 공격하는 자들로부터 교회를 안전하게 지켜 주실 것입니다.

이사야 선지자는 예루살렘 성전이 살아 계신 하나님의 전이기 때문에 절대 앗수르 군대가 이기지 못할 것이라고 예언했습니다. 실제로 앗수르 군대는 185,000명이나 한꺼번에 죽임을 당했습니다. 성전은 그만큼 위대한 곳입니다. 바른 말씀이 있고 진정한 회개의 눈물이 있는 한, 악한 자들은 절대 성전에 들어올 수 없습니다.

둘째는, "가나안 사람"을 상인으로 해석하여 하나님의 전에서 다시는 상인들이 장사하지 못한다는 뜻으로 보는 것입니다. 구약 시대에는 제사를 돈벌이 수단으로 삼는 거짓 제사장들이 많이 있었습니다. 예수님은 이 말씀을 문자 그대로 적용하셨습니다. 성전을 가득 채우고 있던 장사꾼들을 채찍으로 쫓아내신 것입니다. 예수님은 "내 아버지의 집으로 장사하는 집을 만들지 말라"(요 2:16)라고 하셨습니다. 이처럼 성전에 가나안 사람들이 다시 있지 않게 된다는 것은 성전이 더 이상 개인의 잇속을 채우는 장소로 이용될 수 없다는 뜻입니다.

교회에는 죄인들이 끊임없이 들어와야 합니다. 마음이 아픈 사람, 육체가 병든 사람, 무거운 죄의 짐을 진 사람들이 찾아와서 눈물로 회개하고 고침을 받아야 합니다. 그러나 교회가 장사하는 곳이 되어 버리면 그런 사람들은 밀려나고 돈 가진 자들만 모이는 사교장이 될 것입니다. 그런 곳은 성전이라고 할 수 없습니다. 성전은 세상에서 실패한 자, 마음이 병든 자, 죄 사함 받기를 원하는 자들이 나아와 고침받는 곳이 되어야 합니다.

오늘 말씀이 우리에게 약속하는 바가 무엇입니까? 신약 교회에 진정한 하나님의 영광이 있다는 것입니다. 우리가 우리의 욕심과 생각을 따르지 않고 하나님의 용서를 구하며 은혜를 구하는 마음으로 나아가면, 성령으로 우리를 치료해 주시고 살려 주실 것입니다.

우리 힘으로는 세상에서 끝까지 살아남을 수 없습니다. 매일 매순간 하나님 앞에 나아가 성령을 들이마셔야 합니다. 그것도 충만히 들이마셔야 합니다.

또다시 넘어질까 봐, 또다시 상처받을까 봐 걱정하지 마십시오. 하나님은 초막절을 지키는 마음으로 나아가는 우리를 축복하고 보호해 주겠다고 약속하셨습니다. 평소에 극복하지 못했던 언어의 문제, 관계의 문제, 작은 욕심, 사소하지만 내 마음을 상하게 하며 내 믿음의 발목을 붙잡았던 여러 문제들을 가지고 나아가십시오. 성령의 은혜와 능력으로 이기게 해 주실 것이며, 우리 삶의 작은 부분들까지 성결케 해 주실 것입니다.

소선지서 강해설교

스가랴: 오직 나의 신으로

Expository Sermons on Zechariah

지은이 김서택
펴낸곳 주식회사 홍성사
펴낸이 정애주
국효숙 김경석 김의연 김준표 박혜란 오민택
오형탁 임영주 주예경 차길환 허은

2005. 4. 8. 초판 1쇄 발행   2017. 7. 7. 초판 8쇄 발행
2021. 3. 10. 개정판 1쇄 인쇄   2021. 3. 19. 개정판 1쇄 발행

등록번호 제1-499호 1977. 8. 1.
주소 (04084) 서울시 마포구 양화진4길 3   전화 02) 333-5161   팩스 02) 333-5165
홈페이지 hongsungsa.com   이메일 hsbooks@hongsungsa.com   페이스북 facebook.com/hongsungsa
양화진책방 02) 333-5161

ⓒ 김서택, 2005

ISBN 978-89-365-1425-9 (03230)